INTANGIBLE CAPITAL THEORY
THE NEW PERSPECTIVES ON STUDYING KNOWLEDGE
ECONOMY WITH MARXISM CAPITAL LOGIC

无形资本论

用马克思资本逻辑对
知识经济的新阐释

马传兵 著

人民出版社

序 言

在以信息化、智能化为主要特征的新科技革命、产业革命和知识经济快速发展背景下,马克思主义资本理论的坚持和发展、继承和创新,是马克思主义经济学理论工作者面对的一个重大课题。青年学者马传兵同志运用马克思资本逻辑的分析框架和研究方法,将科技革命、产业革命与无形资本结合,对无形资本及其运动规律进行探索,提出"无形资本论",具有较高的理论创新性和学术价值。他以马克思主义政治经济学的理论和方法为指导,在借鉴和吸收国内外相关研究成果的基础上,对无形资本的内涵与外延、无形资本各要素的价值与使用价值及其关系、无形资本中的剩余价值生产与利润问题、无形资本的循环与周转和社会再生产等问题进行了系统的研究。本书最大的优点是具有较强的理论系统性,并且显示了发展和创新马克思主义政治经济学的资本理论的明显旨趣和意图,值得充分肯定。

《资本论》和马克思主义诞生 150 余年来,相关的理论争论一直在进行。2000 年之后,有关劳动价值理论是否能够证明知识、技术、管理和服务等生产要素与工人的活劳动同为价值源泉的争议,有关无形资本如何创造价值的问题,有关无形资本价值论违背或否定了马克思的劳动价值论还是发展和创新了马克思的劳动价值论等观点,在我国的理论界与实务界也产生了广泛的影响,一时间著述频发、观点各异、争论增多。马传兵在《无形资本论——用马克思资本逻辑对知识经济的新阐释》中利用马克思的资本逻辑对无形资本运动和规律的影响进行新阐释,在一定程度上解释和回应了上述不同意见,较为系统地分析和回答了当代社会的新资本现象,成为诸多争论者中独树一帜的学术流派。他没有完全照搬马克思的概念和范畴,而是在继承的基础上沿袭了马克思的资本研究逻辑,大胆地进行了创新和发展,使我们既有些熟悉,也有些陌生。不仅如此,他还借鉴了西方经济学中一些新的理论发展,如垄断竞争理论、垄断优势理论、人力资本理论等,与马克思的研究逻辑相结合。在坚持马克思主义的同时,也并不排斥西方经济学的研究思路和方法,辩证地学习和借鉴西方的研究成果,以开放的心态坚持马克思主义理论的研究。实践也证明,任何理论都有其优点和不足,只有兼收并蓄才能真正地推动理论研究的发展。那些跳进马克思基本概念出不来,或者唯西方经济学马首是瞻,这样的研究都太过偏激。马传兵作为一个青年学者,既不单纯依靠西方经济学逻辑,也不教条式地对待马克思基本概念和范畴的研究方法,确实难能可贵,令人耳目一新。

本书成果的突出特色和主要建树体现在:第一,运用马克思主义政治经济学核心范畴和理论范式的同时,借鉴了现代经济学相关理论范畴和研究方法,对无形资本运动规律以及作用进行了较为系统、全面的研究。本书从无形资本的历史起源和发展出发,把科技革命、产业革命和无形资本的发展联系起来,结合时代发展以马克思的五个研究假设为突破,把不完全竞争、价格不等于价值、供给不等于需求、复杂劳动力(人力资本)成为劳动力主体,生产者和消费者身份不同作为隐含的研究假设来研究无形资本。思路清晰,符合当今时代无形资本存在的市场特点。第二,在对马克思和列宁资本理论及有关"无形资本"的经典论述基础上,借鉴中外理论界研究成果,提出了一些令人思索的概念,如经营性无形资本和社会性无形资本、低等级无形资本和高等级无形资本、无形固定资本和无形流动资本、级差超额利润Ⅰ和级差超额利润Ⅱ、价值利润和价格利润等,都是前人没有提出过的概念,令人耳目一新。这些概念的提出在研究中也很好地发挥了作用,对于今后该领域的研究,具有很好的借鉴作用。第三,本书分十章进行整体架构,沿袭了马克思的资本研究框架,各章节之间具有较强的逻辑性,层层叠进,但是在具体问题的研究上并没有拘泥于马克思的研究思路,使我们在熟悉的马克思资本研究框架基础上,得出了很多新的研究结论,对当今社会新的资本现象进行了独特的解释和分析,为我们研究当今社会的资本形态和规律提供了新的视角。第四,提出了无形资本"是一个主体所拥有的在较长时间内可以持续使用并为主体带来超额经济收益的独特的无形资源或要素的价值";它作为价值形态,"是劳动的成果"、"无形资本是由复杂劳动力经过创造性劳动所创造的资本形式"等观点，既符合马克思的资本概念逻辑，也是一种新的说法，具有很大的继承性和创新性。第五，本书把无形资本分为经营性无形资本和社会性无形资本两大类并在马克思主义政治经济学相关范畴拓展的基础上进行相应的界定，还从宏观经济运行的角度展开研究，视角新颖，研究结论较独到。第六，用马克思资本逻辑对无形资本运动规律和影响的新阐释紧紧抓住了时代发展的脉搏，构建了一个关于无形资本较为全面的理论框架，将无形资本从管理学意义和会计学意义回归到经济学意义，即回归到资本是自行增殖的价值这一本源加以展开，避免了资本泛化的庸俗经济学做派，这是马传兵相对于其他许多研究者而言一个最大的建树；另外，马传兵用马克思经济学的基本范畴——比如使用价值、价值、剩余价值、简单劳动、复杂劳动、资本积累等来研究无形资本的运动，也是特别值得肯定的地方。

随着科技革命的发展和世界经济一体化进程的不断加快，现有资本结构中无形资本的数量与质量呈现出上升的趋势，其中发达国家的无形资本占据非常重要的地位，在经济增长中的贡献率逐年攀升，在世界经济格局中的优势地位日益明显。而近些年来我国高科技企业大规模发展的事实也充分证明了无形资本的重要性。因此，从实际工作的层面探讨无形资本，有助于改善社会不公平和两极分化的状态，促进国民经济的良性发展，加快发展中国家赶超发达国家的步伐。在实施创新驱动战略和建设现代化经济体系、实现经济高质量发展的当下，研究无形资本的运动规律也具有非常重要的政策意义。从以上的角度来看，马传兵《无形资本论——用马克思资本逻辑对知识经济的新阐释》的出版，对于促进现实政策研究，指导我国产业政策升级，经济结构调整，提升经济发展质量，促进社会公平等方面都有现实的指导意义。

总之，马传兵的专著《无形资本论——用马克思资本逻辑对知识经济的新阐释》是一项经济学基础理论研究。专著研究思路清晰，逻辑结构合理，研究方法规范，研究资料翔实，理论价值和现实意义显著。不仅能够有效推进我国马克思主义政治经济学理论的发展，也有利于中国特色社会主义政治经济学的理论构建，推动我国社会主义经济持续健康发展。

当然，任何一项研究都有其不足。《无形资本论——用马克思资本逻辑对知识经济的新阐释》的一些观点还需要有更深入的论证，实证研究略显不足,依据理论研究所应该得到的实践方面的结论还需要进一步拓展和深化。这些都是作者在今后需要不断加强的地方。希望作者能够在这本专著的基础上,继续深挖,不断研究,在无形资本研究领域结出更为丰硕的成果。

中共中央党校经济学教授、博导　王天义

《资本论》研究会副会长

二○一九年二月十六日

目　录

第一章　引　言

第一节　研究背景

人类社会的发展历史大致经历了两种社会经济形态:农业社会和工业社会,这是按照不同的生产要素和生产工具在社会生产中所占地位的不同来划分的。在农业社会,土地作为一种生产要素所占的地位最为重要,农业生产在社会生产中所占的比重最高,社会生产力水平相对较低。原始社会、奴隶社会、封建社会以及资本主义社会的初级阶段都是以农业生产为主[①]。18 世纪末至 19 世纪初,西方资本主义国家爆发并完成了第一次产业革命,人类社会进入了工业社会阶段。土地作为生产要素的重要性逐渐下降,资本的重要性逐渐上升。这里的资本主要是指机器、厂房等有形资本。以机器作为主要动力的社会化大生产成为主要的生产方式,工业生产逐渐代替了农业生产成为国民生产总值中比重最高的产业。随着工业化大生产的发展和人类科学技术的进步,知识与信息作为一种新型的生产要素在社会化大生产中所占的地位越来越重要,呈爆炸式增长,无形资产成为推动经济发展的主要资本形式,工业生产的重要性逐渐下降,高附加值、高知识含量的产业所创造的产值在国民生产总值中所占的比重逐渐增加。因此,自 20 世纪 90 年代以来,很多专家学者提出了知识经济社会的概念。经济合作与发展组织(OECD) 在《1996 年科学、技术和产业展望》中指出:"知识经济是指建立在知识和信息的生产、分配

---

① 蒋萍:《知识经济和可持续发展:测算方法与实证分析》,北京师范大学出版社 2011 年版,第 9 页。

和使用上的经济,知识是提高生产率和实现经济增长的驱动器。"这是"知识经济"一词首次被国际组织公开使用并定义。从此之后,知识经济成了热门话题,对知识经济进行研究的学者非常多。国内学者(赵宏、郭继丰,1998;吴季松,1998;李京文,1998;张守一,1998;李忠民,2006;蒋萍,2011)等也都提出了关于知识经济的看法,他们普遍认为:在知识经济社会知识与信息等无形要素成为主要的生产要素,有形资本的重要性逐渐下降。

自 20 世纪 90 年代以来,以美国为首的西方发达国家出现了新经济现象。美国连续十多年出现低失业低通胀高增长的现象,这是传统经济学难以解释的。按照菲利普斯曲线,如果失业率比较高,通胀率应该比较低;相反,如果通胀率比较高,那么失业率就应该比较低。但是,自 1991 年 4 月以来十多年里美国经济增长幅度达到了 4%,而失业率却从 6%降到了 4%,通胀率也在不断下降,1997 年消费物价指数仅为 1.8%,是 1965 年以来的最低点。这些都在印证着知识经济社会的到来。美国之所以出现新经济现象,正是因为以信息技术、生命科学、新能源、新材料等为特征的第三次产业革命首先在以美国为首的西方发达国家产生,美国成为第三次产业革命最直接的受益者。产业革命导致大量的创新,新技术、新专利层出不穷,无形资产成为主要的资产形式,企业越来越把无形资产作为重要的投资对象,无形资产越来越成为一种重要的资本形式。通过对无形资产的利用和控制,企业获得越来越多的价值与利润。我们可以将经济运行中为企业带来更多价值和利润的无形资产称为无形资本。

在经历了长达十多年的高增长以后,美国高增长低通胀低失业的新经济现象并没有继续。2008 年美国爆发次贷危机,席卷全球,最终形成世界性的国际金融危机,对美国和世界经济造成巨大冲击。美国经济陷入了长期的衰退,到目前为止也没有出现明显的反转现象。这说明,所谓的知识经济社会还有很多规律没有被我们发现。经济周期会一如既往地发生,不会因为技术创新、所谓的知识经济就消失了。即使在知识经济条件下,并不是所有的知识与信息都可以直接参与生产并带来超额收益。只有带有独特性和新颖性、转化为无形资产、受到法律保护的知识和信息,才能为所有者带来超额收益。一般性的知识与信息并不能作为生产要素参加生产,我们需要对知识与信息的转化形式——无形资产进行深入的研究。无形资产在经济运行中实际上是作为一种资本形式在发挥作用。它必须参与生产,通过资本循环与周转才能实现自身的价值。

一、经济全球化与知识经济同步发展

与知识经济现象同步发展的是经济全球化,自 20 世纪 90 年代以来,经济全球化浪潮汹涌澎湃。从 20 世纪 90 年代开始到国际金融危机爆发前,经济全球化发展不断加速。根据世界贸易组织的数据,1990 年世界货物出口总额为 34490 亿美元,进口总额为 35500 亿美元,到国际金融危机爆发前的 2005 年,世界货物出口总额为 103930 亿美元,进口总额为 107530 亿美元,进出口总额 15 年间增长了 141470 亿美元,增长幅度为 202.13%。其中欧美发达国家 1990 年出口总额为 22469 亿美元,亚非拉发展中国家地区出口总额为 10044 亿美元,发达国家与发展中国家的出口差额为 12425 亿美元,发达国家出口总额是发展中国家的 2.24 倍;到国际金融危机爆发前的 2005 年,欧美发达国家的出口总额为 58304 亿美元,亚非拉发展中国家的出口总额为 36915 亿美元,发达国家的出口总额是发展中国家的 1.58 倍。1990 年欧美发达国家的进口总额为 24354 亿美元,以亚非拉为代表的发展中国家的进口总额仅为 9472 亿美元,欧美发达国家的进口总额是亚非拉发展中国家的 2.6 倍;国际金融危机爆发前的 2005 年,欧美发达国家的进口总额为 68063 亿美元,亚非拉发展中国家仅为 34127 亿美元,欧美发达国家是发展中国家的 1.99 倍。这充分说明,经济全球化促进了资源的全球化配置,加速了货物的流动,使世界的进出口总额快速上升。当然,发达国家始终是货物贸易的"领头羊"和较大的受益者。

2005 年与 2000 年相比较,对外直接投资总额大幅度下降,这与世界经济形势有关。但是发达国家与发展中国家对外投资数额的对比还是很有现实意义。2000 年发达国家外商直接投资总额(包含对内直接投资)为 11459.13 亿美元,而发展中国家仅为 2545.93 亿美元,是发达国家的 22.2%,约五分之一强。2000 年发达国家对外直接投资总额为 11078.15 亿美元,发展中国家仅为 1334.64 亿美元,是发达国家的 12.05%,约八分之一强,差距更大。在这些对外直接投资的国家中,美国、德国、英国是投资大户,分别是 3140 亿美元、1982.76 亿美元、1187.64 亿美元。2005 年已经进入国际金融危机前夕,次贷

危机爆发在即,对外直接投资数额下降,尤其是美国,对外直接投资总额变为负数,为-127.10亿美元。

无论是货物贸易还是直接投资,都是发达国家对外进行资本扩张的形式。货物贸易是商品资本,直接投资既有货币资本也有商品资本。按照马克思的说法,经济全球化的本质即资本主义为追求最大的利益,用低廉的商品价格进入别国市场,将贸易扩大至全世界范围。因此,经济全球化的实质是资本在世界范围内的扩张。马克思认为,"资本一方面具有创造越来越多的剩余劳动的趋势,同样,它也具有创造越来越多的交换地点的补充趋势……从本质上来说,就是推广以资本为基础的生产或与资本相适应的生产方式。创造世界市场的趋势已经直接包含在资本的概念本身中"[1]。列宁甚至指出资本主义国家"没有世界市场就不能生存"[2]。由此可见,世界市场,也就是经济全球化对于资本主义来说多么重要。但是,马克思、列宁那个年代,所说的资本主要是商品等有形资本,还没有关注到专利技术等无形资本的存在,而在现代的世界贸易中,无形资本的作用越来越大。

在现代国际贸易中很难区分有形商品和无形商品,它们经常混在一起,进行混合交易。例如,成套设备买卖的同时包含有技术转让、商标许可;高技术含量的核心部件和关键设备的买卖;特许协议中的商标使用、商业外观使用、技术许可等。所以,有形商品贸易中实际上还包含无形商品交易。根据世界知识产权局的统计显示,世界各国以专利技术为主进行的许可证贸易交易总量,1965年仅为20亿美元,2000年突破6500亿美元,平均不到5年就翻一番,2000年贸易额是1965年的325倍,35年间整整增长了32400%[3]。与同期的出口贸易额相比较,2000年世界出口总额为64510亿美元,许可证贸易占比10.08%;2000年欧美发达国家出口总额为38589亿美元,许可证贸易占比16.84%。这些数据仅仅是以专利技术为主进行的许可证贸易,还没有包含商标许可、商业外观使用等其他无形资本贸易。如果把所有的无形资本都统计在内,那么数额将更大,比重会更高。由于专利交易具有隐蔽性,很多数

---

① 《马克思恩格斯选集》第2卷,人民出版社2012年版,第713页。
② 《列宁全集》第1卷,人民出版社2013年版,第80页。
③ 叶留娟、赵有广:《国际知识产权贸易在世界经济发展中的作用》,《黑龙江对外经贸》2008年第4期。

据难以获得。但是无形资本在经济中所发挥的作用越来越重要,这是不争的事实。很多企业的无形资产已经超过有形资产,高达2—3倍。所以,无形资本对外扩张发展非常迅速,所起的作用也越来越大。

二、第四次科技革命方兴未艾

自18世纪中叶发生第一次工业革命以来,人类经历过了三次工业革命。第一次工业革命是以蒸汽机的使用为标志,从农耕社会逐渐过渡到工业社会,机器大生产逐渐成为主要的生产方式,大约在1760—1840年之间,80年左右完成。第二次工业革命大约从1840年开始,到20世纪50年代左右结束,经历了大约100年。人类进入"电气时代",电力、钢铁、化工、铁路、汽车等重工业兴起,石油成为主要的能源,交通迅速发展,世界各国之间的贸易往来更加频繁,交通的发展促进了货物流通,全球化迅速发展,资本扩张极为迅猛。随着资本对外的扩张,资本主义危机也从国内扩张到了全球。正如列宁所说,"原料愈感缺乏,竞争和追逐全世界原料产地的斗争愈尖锐,抢占殖民地的斗争也就愈激烈。"[①]1914年爆发了第一次世界大战;1929—1933年从美国爆发的大经济危机对世界产生了深远的影响,在无法调和的背景下,爆发了第二次世界大战,直到1945年才算结束。这期间,工业革命的发展促进了资本主义的发展,也加剧了资本主义国家之间的矛盾。一方面是生产力的发展,另一方面是危机的积累和爆发,最终以战争收场。第二次世界大战之后世界经济逐渐复苏,以电子计算机为代表的信息技术革命爆发,推动人类进入了信息社会,全球资源和信息交流更为方便快捷,传统产业得到改造,劳动生产率进一步提高。互联网技术把整个地球变成了一个地球村,全球化的障碍进一步减少,资源与信息流动更为高效。此外,新材料、新能源、生物技术、航天技术、海洋技术、空间技术等都得到了快速发展。这些科学技术在社会生产中发挥的作用越来越大,专利技术、专有技术得到很大发展,无形资本的数量和质量得到极大提高。劳动者的素质和能力也不断提升,劳动手段不断改善,生产效率不断提高。人们的衣、食、住、行等生活方式发生了巨大变化。

20世纪80年代以后计算机微型化技术发展迅速,由此带动了人工智能、

①　《列宁全集》第27卷,人民出版社2017年版,第395页。

3D打印、信息技术、无人控制技术、虚拟现实等技术的发展,清洁能源、新生物技术也得到长足进步,出现了互联网产业化、工业智能产业化的新趋势。在这种背景下,德国政府在2011年汉诺威博览会上由三位大学教授提出了"第四次工业革命"(Industriy 4.0)的概念,认为随着信息技术尤其是智能技术的发展,生产中的供应、制造、销售信息可以实现数据化、智慧化,最后达到快速、有效、个性化的产品供应。很多学者(肖肃,2013;乌尔里希·森德勒,2014;克劳斯·施瓦布,2015;王元丰,2016;薛澜,2017)也纷纷发表文章或者出版专著,认为第四次科技革命已经开始了。德国政府在2013年甚至还提出了"工业4.0"战略,引起了世界范围内的广泛关注。2014年2月,中国政府与德国政府在青岛成立了"工业4.0"推动联盟。2015年,中国政府正式对外发布《中国制造2025》,形成了中国的"工业4.0"战略。应该说,自20世纪80年代以来,科技革命发生了新的趋势,逐渐往纵深发展。"第四次科技革命"的说法正是这个新趋势的反映。

2017年,我国发明专利申请量为138.2万件,同比增长14.2%。共授权发明专利42.0万件,其中,国内发明专利授权32.7万件,同比增长8.2%①。美国专利商标局(USPTO)2017年共授予专利320003件,与2016年相比增长5.2%②。欧洲专利局在2017年度,共有来自世界范围的约310784件欧洲发明专利申请被提交,相比2016年增长4.9%③。因此从世界范围来看,在科技革命背景下以专利为代表的无形资本的总量以及增长量都已经非常巨大。

三、国际金融危机引起的大衰退仍然没有转机

2008年,爆发于美国的国际金融危机,后来席卷美国、日本、欧盟等主要发达国家的金融市场,发展中国家也大受影响。

2001年,"9·11"恐怖袭击之后,美联储为了刺激经济发展,实行了低利率政策,直到2004年6月才开始转向。在低利率金融市场环境下,催生了乐观消费和投资情绪,催化了不动产泡沫的产生,房地产价格不断攀升,与次级

---

① 国家知识产权局规划发展司:《中国专利统计简要数据2017年》,知识产权局网站,2018年3月。

② 科技部:《2017年度美国专利授权排名报告发布》,科技部网站,2018年2月。

③ 陈力霆:《欧洲专利局发布2017年度报告》,华孙欧洲知识产权网,2018年3月。

抵押贷款市场互相影响,次级抵押贷款规模不断扩大。2005 年,美联储提升联邦基金利率至 4.25%。随着贷款利率的上升和不动产市场的降温,购房者的还贷压力大为增加,逐渐出现大量违约事件,贷款合同难以履约,银行按照合同规定收回不动产后降价出售,导致大面积亏损,最终资不抵债。2008 年,美国倒闭银行 25 家,2009 年当年累计破产银行上升至 140 家。① 从美国爆发的次贷危机,进一步影响到了日本、法国、德国、英国等国家的金融机构和金融市场,进而演变成世界性的国际金融危机。2010 年,希腊爆发主权债务危机,随后爱尔兰、葡萄牙、塞浦路斯、西班牙、意大利、匈牙利等国纷纷陷入危机,欧洲主权债务危机爆发。

国际金融危机爆发后,无论是发达国家还是发展中国家,都不能独善其身,经济发展受到了严重影响,失业和贫困剧烈增加。美国全国经济研究会于 2008 年 12 月 1 日宣布美国经济从 2007 年 12 月开始陷入衰退。国际货币基金组织(IMF)在 2010 年发表了《2007—2010 年世界各主要经济体 GDP 增长率》,指出发达国家 GDP 增长率从 2007 年的 2.7% 下降到 2009 年的 -3.2%,新兴市场国家 GDP 增长率从 2007 年的 8.7% 下降到 2009 年的 2.5%,世界各地无论发达国家和发展中国家都纷纷陷入衰退。日本 2009 年 GDP 增长率达到 -6.2%,欧盟的经济增长率下降为 -4.1%,美国为 -2.6%。美国在危机最严重的时候破产倒闭企业达到 14 万家,银行破产倒闭 140 家,工业生产下降了 46.2%,整个西方国家工业生产总值下降了 37.2%。据亚洲开发银行报告,全球金融资产仅 2008 年就缩水超过 500000 亿美元。经过此次危机,美国经济相当于倒退了 10 年,英国经济倒退了 6 年,希腊经济倒退了 12 年以上,欧洲其他国家也相当于倒退了 7—8 年以上。② 新兴市场国家经济发展也逐渐减速,中国 GDP 增长速度 2008 年下降为 9%,此后一直处于下滑状态,2017 年 GDP 增速仅为 6.9%(中国国家统计局数据);印度 GDP 增长速度 2008 年下降为 7.3%,2017 年经济增长速度也仅为 7.2%(国际货币基金组织数据);俄罗斯 GDP 增长速度从 8.1% 下降到 2008 年的 5.6%,2017 年 GDP 增长速度仅为 1.5%(俄罗斯联邦统计局数据);拉丁美洲地区 GDP 增长率从 5.7% 下降

---

① 陈力霏:《欧洲专利局发布 2017 年度报告》,华孙欧洲知识产权网,2018 年 3 月。

② 转引自徐崇温:《国际金融危机与当代资本主义》,重庆出版社 2015 年版,第 8—9 页。

到 2008 年的 4.2%,2017 年 GDP 增长率仅为 1.2% 左右(联合国拉丁美洲及加勒比经济委员会数据);非洲 GDP 增长率从 6.2% 下降到 2008 年的 5.2%,2017 年 GDP 增长率仅为 3.4% 左右(OECD 数据)。截止到 2017 年底,美国 GDP 增长速度为 2.3%(美国商务部经济分析局数据)欧盟 GDP 增长速度为 2.5%(欧盟统计局数据),日本的 GDP 增长速度为 1.5%(国际货币基金组织数据),发达国家经济已经出现复苏的苗头。除了美国的 GDP 增长速度超过了 2007 年 0.5 个百分点以外,欧盟的 GDP 增长速度低于 2007 年的增速 0.8 个百分点,日本的 GDP 增长速度低于 2007 年的增速 0.9 个百分点。可以说世界经济增长仍然乏力,远不如经济危机之前的发展速度。①

与经济衰退和增长乏力相伴生的是全球范围内劳动工人失业增加,失业率激增。根据国际劳工组织统计,2009 年全球范围内失业人口总计近 2.12 亿,失业率为 6.6%,与 2001 年相比失业人口增加了 3400 万人。美国的失业率在 2009 年 10 月达到 25 年来最高水平为 10.2%,2015 年 8 月以后才逐渐下降到 5% 以内。欧盟失业率在 2013 年 4—6 月曾经达到 12.1%,创历史新高。2014 年,欧盟平均失业率为 10.2%,长期失业率为 5.1%。希腊短期失业率高达 26.5%,长期失业率逼近 20%。西班牙的短期失业率也逼近 25%,法国、意大利等国均达到两位数以上。2015 年欧盟有 460 万青年劳动人员失业,失业率为 20.6%,高出经济危机之前 5 个百分点。根据欧盟统计局官网 2018 年 1 月 31 日消息,2017 年 12 月欧盟失业率为 7.3%,较 2016 年同期下降 1.1 个百分点。这是欧盟 2008 年 10 月以来的最低失业率水平,但是仍然高于 5%。根据国际劳工组织发布的《世界就业和社会展望(2018 年趋势)》,全球失业率 2017 年预计达到 5.6%,失业总人数超过 1.92 亿人,比 2009 年减少 2000 万人,情况略有好转,但是也仍然高于 5% 的国际公认的充分就业标准线。失业率下降,说明全球经济有所好转,但是还没有出现强劲复苏的明显迹象。

马克思曾经指出:"……这种后备军越大,常备的过剩人口也就越多,他们的贫困同他们所受的劳动折磨成反比。最后,工人阶级中贫苦阶层和产业后备军越大,官方认为需要救济的贫民也就越多。"②"在一极是财富的积累,

---

① 2007 年和 2008 年数据来源于国际货币基金组织在 2010 年秋季号《世界经济展望》上发表的《2007—2010 年世界各主要经济体 GDP 增长率》。

② 《马克思恩格斯选集》第 2 卷,人民出版社 2012 年版,第 289 页。

同时在另一极,即在把自己的产品作为资本来生产的阶级方面,是贫困、受奴役、无知、粗野和道德堕落的积累。"①世界经济大衰退和失业率剧增,世界贫困人口总量也随之大增。按照美国人口普查局统计,国际金融危机之后经济衰退导致大量的美国人生活在贫困之中,2010年达到4620万人,是1959年以来的最高值,2014年更是达到4670万人。2016年美国贫困率为12.7%,是近几年较低的数据(2014年15.5%,2015年14.7%),但总人数仍然高达4060万人。适龄工作的成年贫困人口达到2190万人,几乎占总贫困人口一半,这是一个很严重的社会问题。国际金融危机之后,欧盟的贫困人口率也居高不下。根据欧盟统计局发布的数据,欧盟2012年贫困人口总数达到1.245亿人,贫困率为24.8%,创历史新高。贫困人口比重最高的保加利亚,贫困率达到了49%;其次是罗马尼亚,贫困率为42%;拉脱维亚和希腊分别为37%和35%;贫困比重最低的荷兰和捷克,贫困率也达到了15%。到2016年,欧盟的贫困率仍然高达23.7%。根据联合国拉丁美洲和加勒比经济委员会(拉加经委会)发布的《2017年拉美社会概况》数据表明,2017年拉美地区贫困人口比2016年不降反升,增加了100万人,达到1.86亿人,占该地区人口总数的30.7%,有6100万人处于极端贫困状态,是该地区总人口的10%。据联合国统计,截止到2017年6月底,全球仍然有7亿人口处于极端贫困状态。2017年2月,世界银行报告称,受经济危机的影响2017年底巴西将有360万人返贫,极端贫困人口将达到2960万人。

可以说,国际金融危机给世界经济发展带来了巨大的影响,使全球经济十年多的时间里一直处于萧条和衰退状态,到现在除部分发达国家如美国GDP增长率略高于2007年以外,全球经济一直没有恢复到国际金融危机爆发之前的状态。即使是美国,经济发展状况整体而言也没有国际金融危机爆发之前那么好。国际金融危机还给世界带来了贸易保护主义,根据世界贸易组织(WTO)统计的数,2008年至2016年期间,二十国集团成员(G20)一共实施了1583项贸易保护主义措施。美国是对比最积极的国家,对其他国家和地区采取了600多项贸易限制措施,约占二十国集团贸易保护措施总量的40%。2017年美国特朗普政府上台以后,贸易保护主义势头升级,奉行美国优先的

① 《马克思恩格斯选集》第2卷,人民出版社2012年版,第665页。

政策,把国内的失业率上升,贫困人口增加,贸易赤字加大这些问题进一步归咎于外部世界,退出了"跨太平洋伙伴关系协定"(TPP)谈判,并且质疑北美自贸区以及 WTO 等多边贸易协议,提高特定商品的关税,设置贸易壁垒,大打贸易战。2017 年 4 月,打响与加拿大的贸易战。2018 年 3 月 8 日,特朗普签署命令,将对美国进口的钢铁和铝分别征收 25% 和 10% 的关税。特朗普政府迄今已发起多项贸易调查,包括对其盟友欧盟、日本、韩国等。同年 3 月 23 日,特朗普签署总统备忘录,宣布将对从中国进口的商品大规模征收关税,并限制中国企业对美投资并购。

以上是第二次世界大战以来的主要发展状况,也是无形资本充分发展的时代背景。无形资本促进了以美国为首的发达国家的经济发展,经过长期繁荣,以国际金融危机爆发、科技泡沫破裂为结束,经历了一个无形资本充分发挥作用的大循环。在这个大背景下,无形资本是如何发挥作用的? 为什么会促进经济发展? 它的运动规律是怎样的? 会带来什么样的影响? 这些问题急需研究并得出结论。

第二节　理论基础

本书是建立在前人研究的基础上,学习和借鉴很多大家的经典理论与观点作为理论基础。具体来说有如下的内容。

一、马克思的劳动价值论及相关理论

本书始终是在马克思主义指导下进行的。马克思的劳动价值论是指导课题研究形成主要观点的重要理论基础。马克思在继承亚当·斯密和大卫·李嘉图的观点的基础上,发展了劳动价值论,天才地把劳动分为抽象劳动和具体劳动,提出了劳动的二重性,从而使劳动价值论成为真正的科学,发现了劳动创造价值的秘密。马克思认为,抽象劳动是无差异的人类劳动,与之相对应的是形式各异的具体劳动。抽象劳动创造价值,具体劳动创造使用价值。商品就是价值与使用价值的统一体。商品的价值由社会必要劳动时间决定,当个别劳动时间低于社会必要劳动时间的时候,在单位时间内可以生产更多的使

用价值,而产品仍然按照社会必要劳动时间决定的价值进行销售,所以,生产者就会获取更多的利润。

在劳动价值论的基础上,马克思又提出了剩余价值理论,认为由工人创造但是被资本家无偿占有的价值部分就是剩余价值。资本家追求的就是剩余价值,因此总是想方设法提高自己对剩余价值的占有份额,由此也就产生了绝对剩余价值和相对剩余价值。科学技术方法的改进带来的剩余价值称之为相对剩余价值。在无法无限度地延长劳动时间,提高劳动强度的基础上,资本家越来越倾向于提高技术水平,使相对剩余价值的创造更加充分。

在劳动价值论的基础上马克思还提出了利润平均化理论,认为同样数量的资本需要获取相同数量的利润。资本总是从利润率较低的行业向利润率较高的行业转移,从而推动高利润水平下降,最终只能获取平均利润。平均利润形成的过程,其实是生产领域创造的剩余价值在不同领域进行重新分配的过程。利润平均化的过程是通过竞争完成的。竞争导致了资本在不同行业的选择与流动。

马克思还认为,价格与价值并不总是相等。价格作为价值的表现形式,受供求关系的影响,价格可以高于价值也可以低于价值,也就是说价格总是围绕着价值进行波动。由此,马克思提出了价值规律。

马克思的劳动价值论以及以此为基础形成的相关理论,对于无形资本理论的研究具有重大的理论指导意义。无形资本作为一种特殊的商品形式,也是一种劳动产品,它的价值也是由劳动创造的,主要是一些创造性劳动,如研发、写作、软件编程等具体的复杂的创造性劳动创造了价值量较高的无形资本价值。作为一种特殊的资本形式,无形资本的价值量比较高,给资本家带来的剩余价值量也比较高,因此剩余价值转化的利润也比较高。由于价值规律的存在,价值与价格并不总是相等,尤其是在现代社会,不存在纯粹的自由竞争市场,供求关系也并不总是处于均衡状态,因此价格对价值的背离总是发生。对于无形资本而言,它不仅价值量比较高,带来的剩余价值量大,而且由于法律的保护而具有一定的垄断性和排他性,所以具有较高的定价主动权,可以把价格定得远高于价值水平之上。价格高于价值部分就形成了无形资本的垄断性价格利润。因此,在剩余价值转化为利润的基础上,由于价格高于价值而获得的利润,使无形资本具有了两个利润来源:一个是剩余价值带来的利润,我们可以称之为价值利润;另一个是价格高于价值带来的利润,我们可以称之为价格利润。① 双重利润来源,导致无形资本的利润高于一般商品带来的利润,形成了超额利润。

二、不完全竞争和市场结构理论

马克思时代基本上是属于资本主义自由竞争阶段,市场结构比较单一,基本上是以自由竞争为主。列宁说过"在半个世纪以前马克思写《资本论》的时候,绝大多数经济学家都认为自由竞争是一种'自然规律'"②。在这个阶段,企业不能自己定价,产品几乎无差异,市场的供求关系决定了市场的均衡价格。作为市场竞争的一个组成部分,企业只能是价格的接受者。马克思的价值和价格理论也是在此时代背景下形成的。马克思很少探讨产品的差异性,也很少探讨市场结构对价格形成的影响问题。在研究价值和剩余价值的过程中,直接假设产品的价格与价值是等同的,这样也是理论研究的需要,大大地简化了剩余价值研究的复杂性,也简化了剩余价值向利润转化的价格因素问题,使理论研究更为简洁方便,逻辑更为统一和突出。马克思通过价值规律的研究弥补了这个潜在的不足,承认了价格与价值的不一致,指出了价格围绕着价值③波动的常态化形式,并将其称为价值规律,而且探讨了价值规律对于资本主义经济的影响。

由于自由竞争,利润的平均化也成为一种必然。资本的自由流动和对高利润的追逐,最终导致利润趋向一致。高利润行业,随着资本的流入,竞争加

---

① 保罗·斯威齐在《马克思主义价值论与危机》中论述转型问题时,提出"全部价格不再等于全部价值,价格利润率也不再和价值利润率相等"的观点。罗默也有类似观点。受他们的启发,笔者提出了价值利润和价格利润的概念。剩余价值转化为价值利润,是一个确定的量;垄断价格超出价值形成的利润称之为价格利润。价格利润与斯威齐的价格利润率有一定联系,但是并不完全与他的价格利润相同。斯威齐的价格利润是价值转化为与价值不一致的价格后形成的利润,是一个总体概念。笔者此处以垄断定价为前提,假设价格超过价值,超出部分的垄断价格形成的利润为价格利润。斯威齐也承认垄断的影响,认为在现阶段(垄断资本主义)垄断价格起着主要作用,把垄断价格看作是价值的转型,认为分析垄断价格并不否定价值论。

② 《列宁全集》第27卷,人民出版社2017年版,第336页。

③ 价值有个别价值和社会价值,价格围绕着波动的是指社会价值,也是平均价值或者叫市场价值。但是当商品进行交换时,以价值量为基础的价格已经变为市场价值的货币表现,所以马克思有时把市场价值与价值两个概念等同。

剧,利润摊薄;低利润行业,由于资本流出,供给减少,价格升高,利润也逐渐增加。这种规律在市场结构不完全的情况下也仍然存在,因为竞争无处不在,只是竞争是否充分的问题,是竞争发挥作用是否快速直接有效的问题。

列宁说过:"从自由竞争中生长起来的垄断并不消除自由竞争,而是凌驾于这种竞争之上,与之并存。"①马克思所在的时代,垄断还仅仅是一种个别现象,处于萌芽状态,竞争所发挥的作用是直接的、巨大的。列宁在其著作《帝国主义是资本主义的最高阶段》中曾大段地引用泰·福格尔施泰因《资本主义工业的金融组织和垄断组织的形成》中的观点,认为"现代垄断组织的真正开始,最早也不过是19世纪60年代的事。垄断组织的第一个大发展时期,是从19世纪70年代国际性的工业萧条开始,一直延续到19世纪90年代初期"。"如果从欧洲范围来看,60年代和70年代是自由竞争发展的顶点。"②由此可见,马克思《资本论》第1卷的发表是1867年,正是自由竞争最鼎盛的时期,垄断也只是一种萌芽状态。虽然如此,马克思和恩格斯还是认识到了垄断的存在和作用,指出剩余价值的无偿占有和资本的大量积累,必然会导致垄断。马克思指出:"竞争使资本主义生产方式的内在规律作为外在的强制规律支配着每一个资本家。竞争迫使资本家不断扩大自己的资本来维持自己的资本,而他扩大资本只能靠累进的积累。"③"资本主义生产方式本身造成的垄断。"④资产阶级"对社会生产资料和货币拥有垄断权"⑤这些论述表明马克思已经意识到了垄断发生的可能性与必然性,但是马克思并没有把垄断作为一种已经发生的资本主义主要特征来进行研究,更没有把垄断作为一个研究前提,加入到自己的理论体系中对资本进行新的论述。直到19世纪末20世纪初,垄断才大量出现,逐渐成为市场中的主要现象。这个历史任务是由列宁同志来完成的。列宁同志于1916年写了《帝国主义是资本主义的最高阶段》,充分地论述了垄断问题。列宁指出:"集中发展到一定的阶段,可以说就自然而然地走到垄断。因为几十个大型企业彼此之间容易达成协议;另一方面正

---

① 《列宁全集》第27卷,人民出版社2017年版,第400页。
② 《列宁全集》第54卷,人民出版社2017年版,第53页。
③ 《马克思恩格斯选集》第2卷,人民出版社2012年版,第267页。
④ 《马克思恩格斯选集》第2卷,人民出版社2012年版,第492页。
⑤ 《马克思恩格斯选集》第6卷,人民出版社2009年版,第469页。

是企业的规模巨大造成了竞争的困难,产生了垄断的趋势。这种从竞争到垄断的转变不说是最新资本主义经济中最重要的现象,也是最重要的现象之一。"①列宁指出:"对自由竞争占完全统治地位的旧资本主义来说典型的是商品输出。对垄断占统治地位的最新资本主义来说典型的则是资本输出。"②但是,无论是马克思还是列宁,他们对垄断的论述都是广义的垄断,没有仅仅局限于经济领域,更着重于资本主义的生产方式,涉及国家垄断、金融垄断、军事垄断、殖民统治等内容。

基于市场发展,立足于市场的结构类型,立足于产品特征等微观领域的垄断研究,是由诸多的西方经济学者完成的。比较著名的美国经济学家 E.H.张伯仑和英国经济学家 J.罗宾逊,他们分别于 1933 年出版了两本专著《垄断竞争理论》和《不完全竞争经济学》,对于市场中的垄断竞争进行了科学详细的论述,共同开创了不完全竞争理论。张伯仑认为,市场上的实际情况既不是纯粹竞争的,也不是纯粹垄断的,而是竞争与垄断的结合,也就是说垄断竞争是市场的实际状态。市场的价格决定应该是由不同的市场结构决定的,纯粹的竞争市场、完全垄断市场、垄断竞争市场情况下价格决定机制是不一样的。张伯仑指出:"垄断通常意味着对供给进而对价格的控制。纯粹竞争的唯一先决条件被指出来——没有人具有任何程度的这种控制……只有当所有的生产者在完全相同的市场上生产和销售同质的产品时,对价格的控制才会完全消除。"③

另外,张伯仑认为产品是有差异性的,差异越大,则垄断性越大,销售者拥有的定价权就越大。差别可以是具体的也可以是想象的。产品的品质、设计、包装、款式、颜色等可以造成具体差异,专利和商标也可以使产品表现出具体的差异性。消费者的购买感受、是否满意等则造成想象差异,影响消费者满意度的因素有销售者工作效率、经营方式、商业信誉、销售态度等。每个销售者因为产品的差异性而拥有一定的垄断权,但是同时也面临竞争,一些相似的替代品会对这种论断形成挑战。因此,销售者既是垄断者也是竞争者,可以被称为"垄断的竞争者"。张伯仑指出:"如果产品是同质的,那么竞争就是纯粹的

---

① 《列宁全集》第 27 卷,人民出版社 2017 年版,第 333 页。
② 《列宁全集》第 27 卷,人民出版社 2017 年版,前言第Ⅸ页。
③ [美]爱德华·张伯仑:《垄断竞争理论》,周文译,华夏出版社 2009 年版,第 5 页。

（同时也假设销售者的数量很多）。有差别就有垄断，随着差别的程度越大，垄断的成分就越大。只要有任何程度的差别，那么每一个销售者都对其产品拥有绝对的垄断，不过也要面对或多或少的不完全替代品的竞争。既然每个人都是一个垄断者，同时也存在竞争者，那么我们就可以把他们称为'竞争的垄断者'，并把这种力量称为'垄断竞争'，这也就特别合适。"①

张伯仑指出，在纯粹竞争状态下，价格是一条水平线，与需求曲线重合，销售者就是价格的接受者，没有定价权，他可以按照现行价格进行销售，出售多少市场都可以出清。但是在垄断竞争市场上，由于存在着广告的影响，需求曲线右移，同时，不同的产品性质、不同的产品品牌、不同的定价，都会影响到该产品的销售，厂商彼此之间会因为争夺市场份额，而在产品质量、售后服务、广告宣传等方面和对手展开非价格竞争，必要时也会展开价格竞争。由于垄断性的存在，厂商拥有较大的价格决定权。

罗宾逊在《不完全竞争经济学》一书中也对自己的观点进行了论述，主要观点和张伯仑非常近似。她把市场也分成了完全竞争、完全垄断和垄断竞争等形式，并借助马歇尔的均衡分析法，建立了自己的市场均衡模型。她指出，市场是不完全的，因此现实的市场竞争应该是不完全竞争。很多因素会导致这种竞争的不完全性，如运输成本的大小、品牌产品的质量保证、周到的服务、热情礼貌的销售服务、信用赊欠的便利、对顾客独特需求的特别关照、广告宣传等，使消费者更倾向于购买和选择该种产品，因此不能实现完全竞争。这些说法与张伯仑的观点有很多相似的地方。

张伯仑和罗宾逊共同开创了不完全竞争理论（或者称之为垄断竞争理论），提出了产品的差异性和垄断因素的存在和影响。尤其是他们对广告宣传、品牌销售、产品质量、顾客关系等方面的涉及，已经触及到无形资本在产品销售和市场竞争中的作用问题。他们对于市场结构的分析，尤其是对不完全竞争市场的界定与论述，符合市场经济发展的现实特点，弥补了马克思、恩格斯以及列宁等马克思主义学者偏宏观分析的缺陷，从微观的角度，更为切近实际地对市场和产品的复杂性进行了论述。他们对于价格机制的论述，弥补了价值决定价格的抽象性描述缺陷，使结论更形象更具体。更重要的是他们注

---

① ［美］爱德华·张伯仑：《垄断竞争理论》，周文译，华夏出版社 2009 年版，第 7 页。

意到了一些无形要素对于价格决定的影响。当然,这些理论也具有其自身的局限性,他们只是在经济领域进行研究,忽略了经济现象背后的社会关系因素,因此也就缺乏深度,不够深刻。

不完全竞争理论,对于无形资本理论具有一定的借鉴意义。尤其是对专利、商标、客户关系等无形资本的作用形式有一定的借鉴意义。专利、商标等无形资本增加了产品的客观差异性,使销售者具有更多的定价权,因此可以使产品价格远远高于其价值,从而获得较高的价格利润。良好的客户关系也有利于产品销售,消费者的忠诚度决定了他们对价格的敏感性会降低,因此对于销售者而言定价权进一步加大,只要产品给予消费者的满意度比较高,消费者所获得的剩余比较大,产品价格高一点也没有关系,这进一步保证了价格利润的实现。

三、人力资本理论

诺贝尔经济学奖获得者西奥多·W.舒尔茨于20世纪60年代提出人力资本理论,认为人力资本是能够促进国民经济增长的主要原因,而且人力资本投资能够带来更多的回报和收入,所以人力资本不仅能够促进国民经济的增长而且还能够带来收入分配的公平,缩小收入分配差距。第二次世界大战以后,德国和日本能够迅速地恢复经济,与雄厚的人力资本储备是密切相关的。虽然物质资本受到战争破坏,但是这些国家的人力资本并没有受到太大的损失,这是日本和德国战后迅速崛起的主要原因。人力资本概念的提出,能够很好地解释战后国民财富的增长速度远远超过物质资本的消耗速度这一特殊现象。因此,舒尔茨提出了自己著名的观点:人是影响经济发展因素当中的最关键的因素。在这一点上他是与马克思的观点很相近,马克思认为人是生产力和生产关系当中最活跃、最革命的要素。舒尔茨把人力资本看作是劳动者身上储藏的一种资本,它是劳动者身上所体现的知识程度、技术水平、工作能力以及健康状况等价值的总和。舒尔茨的人力资本概念提出以后,被广泛地接受,它适应了知识经济社会的发展,解释了知识经济条件下新知识、新技术层出不穷的原因。通过教育投资,可以形成更高质量的人力资本,进一步促进新知识、新技术的创造,推动知识经济的发展。

人力资本概念的提出,进一步印证了人作为生产力中最革命、最活跃的要素的正确性,是从西方经济学的角度对马克思关于人的判断的一种确认,再次强调了人在生产力和经济发展中的重要作用。人力资本概念的提出,还为马克思关于简单劳动和复杂劳动两个概念的深入阐释提供了理论工具。马克思在谈到劳动问题时,把具体劳动分为简单劳动和复杂劳动,并认为复杂劳动是简单劳动的倍加。但是如何衡量这种倍加关系,马克思并没有一个具体的标准和更深入的阐述。人力资本概念的提出,显然进一步把简单劳动和复杂劳动区分开来,根据劳动者身上的人力资本水平,就可以做到这一点:人力资本水平比较低、数量比较少的劳动者所从事的劳动一般来说就可以看作是简单劳动;而人力资本水平比较高、数量比较多的劳动者所从事的劳动一般来说就可以看作是复杂劳动。

由于人力资本可以用知识、能力、健康水平等来衡量,因此对于复杂劳动和简单劳动的衡量和判断就多了一些可操作的工具。而不是简单地、毫无标准地把复杂劳动用时间的形式换算成简单劳动。因为知识可以通过教育时间长短、培训次数多少、受教育水平高低等进行衡量,在此基础上能力还可以用工作经历、工作成就等进行衡量。健康水平的好坏可以通过医学标准进行衡量。这样一来,对于复杂劳动的描述都有了具体的标准和依据。我们也可以把复杂劳动看作是劳动者在耗费自己体力和脑力的同时,综合运用自己身上所储存的知识、能力、经验、技巧等无形要素进行生产所表现出来的一种复杂性高、挑战性强、创造价值大的劳动。这种劳动的产生不仅仅表现在生产领域,还有一种无形的劳动发生在劳动者身上。也就是说,这种复杂劳动在生产领域发生的同时,在劳动者身上同步发生了对人力资本的使用,正是因为劳动者对自身人力资本的使用,才使复杂劳动得以形成。因此,人力资本的使用不能直接等同于劳动的使用,它是发生在劳动者身上相对独立的一个隐秘的生产过程,只是这种隐秘的生产所产生的结果就是有形的复杂劳动,而复杂劳动才是真正在生产领域创造价值的活动。所以,人力资本概念的提出,不能理解为是把人资本化,而是把人身上的知识、能力、经验、技巧等无形要素的资本化,而人力资本与体力和脑力的结合又重新输出为活劳动,体现在生产领域与其他资本形式相结合,生产出新的产品,创造出新的价值。

由于人力资本存在于劳动者身上,而且人力资本的使用过程也发生在劳动者身上,只是很特别地与生产经营过程结合在一起,这与劳动本身的特点是密不可分的,因为劳动只有在生产过程中与资本相结合才能创造价值。而在生产过程中所耗费的是劳动者付出的活劳动和以资本形式为代表的死劳动,人力资本作为一种死劳动,它是无形的,是以劳动者为载体而存在的一种特殊的资本形式。它的载体是活的,但是我们不能说人力资本也是活的。人力资本是寄托在活着的人身上的一种死劳动。它与劳动者的活劳动紧密地结合在一起,在进行生产的过程当中,它在劳动者身上也产生了耗费。但是作为人力资本,它有它的特殊性,它并不像其他的物质资本一样可以被有形地损耗,人力资本的损耗是无形的也是微乎其微可以忽略不计的,在不考虑身体健康情况下,我们甚至可以认为人力资本是可以重复使用不会发生损耗。因为知识、能力、经验、技巧这些无形的要素不会随着使用而减少,甚至会随着时间的推移、劳动过程的增加会不断增加,知识与能力也是可以通过学习不断增加的。所以人力资本具有特殊性,它的损耗是无形的,主要表现为随着时代变迁而发生的价值贬值。因为一个人的知识与经验可能会与时代脱节,逐渐落伍,发生无形贬值。如果把健康因素也考虑进来,健康的好坏显然也影响着人力资本价值的高低。在知识、能力、经验、技巧等无形要素确定的情况下,健康状况良好的人,身上储存的人力资本质量是比较高的;相反,人力资本质量就是比较低的。

人力资本的所有者和使用者应该是劳动者本身,但是劳动者的劳动在生产过程中被资本所有者占有了。因此,人力资本的贡献表现为两个方面:一方面是为劳动者增加收入,另一方面是通过复杂劳动为资本所有者创造剩余价值。前者是直接的,后者是通过复杂劳动间接实现的。由于人力资本可以为资本所有者带来剩余价值,因此对人力资本的主动投资也成为很多资本所有者的主动行为。但是这改变不了人力资本的所有者和使用者是劳动者本身的事实。在知识经济条件下,人力资本的作用越来越强大,复杂劳动的重要性越来越大,脑力劳动者的社会地位越来越重要,因此,人力资本理论的提出也体现了劳动者的价值,提供了劳动者获得更多报酬的理论依据。在某些特殊的行业,资本所有者越来越承认这样的事实——自己所付出的物质资本,其重要性远不如公司所拥有的劳动者身上的人力资本。因此,这些特殊的行业如软件开发、编程、精密仪器制造、新材料研发、新能源开发等,工人的工资都很高,对于个别具有突出贡献的专家型人才,公司甚至会给予一定的股份和分红。

这是人力资本理论在现实中的应用和具体体现。

人力资本作为一种无形资本,具有相对的特殊性。它只有通过劳动者的活劳动与生产过程相结合才能转移和创造价值。而且人力资本不仅不产生损耗还会通过学习与工作实现增殖。人力资本与其他的物质性无形资本相区别,是以劳动者为载体的,难以与劳动者本身相分离,也难以单独脱离生产过程进行使用。它是创造其他物质性无形资本的基础,专利权、商标权、计算机软件、专有技术、商业秘密等无形资本离不开人力资本的投入。因此,人力资本是创造其他物质性无形资本的基础。

从一般意义上讲,人力资本存在于所有的劳动者身上。但是在实际操作层面很难区分简单劳动者和复杂劳动者所凝聚的人力资本的多少,如果把人力资本看作所有人都具有的一种资本形式,对于个人而言具有经济学上的投资意义;但是对于社会而言,却难以衡量人力资本数量和质量的多少。人力资本与劳动者的具体特征是密不可分的。

由于从事复杂劳动的劳动者,所凝聚的人力资本是最多的,是人力资本的主要承载主体,所以,我们在后面的论述中可以直接把复杂劳动的承担者称为人力资本,以区别于广义的人力资本概念。在谈及劳动以及劳动所蕴含的人力资本的时候,我们直接把人力资本看作是复杂劳动者的代名词。这样在实际的操作和使用中会更为方便,简化概念之间转化的麻烦。

四、垄断优势理论

20世纪60年代,美国学者海默在其博士学位论文《国内企业的国际经营:关于对外直接投资的研究》中首次提出了垄断优势理论。他认为跨国公司的垄断优势主要有三类:产品市场不完全的优势、生产要素市场不完全的优势和企业拥有的内部规模经济与外部规模经济优势。通过垄断优势的保持,企业可以获取超额利润。他的博士学位论文主要分析美国企业对外投资的行为,通过对美国企业获取垄断优势和超额利润的途径的分析,指出了跨国公司对外直接投资的依据。他的理论在20世纪80年代获得普遍重视,并逐渐成为跨国公司竞争理论的一个重要流派。他所说的三种优势,都直接指向了跨国公司控制产品市场和要素市场的能力,也指出了企业自身规模经济和外部规模经济所带来的优势,这些垄断优势有历史原因形成的自然垄断因素,有企业自身发展能力因素,也有企业人为垄断因素。我们所提出的无形资本,某种程度上可以成为产品市场与生产要素市场不完全竞争优势存在的手段。专利、专有技术、商标的存在,可以加强产品的差异性,使企业面对的产品市场带有一定程度的不完全性;社会关系与渠道资本可以使生产要素市场具有一定的不完全性,保证企业获得高质量、低价格的原材料供应;人力资本的丰裕程度某种程度上也是劳动力要素市场的因素之一,企业如果能够拥有比别的企业更多的高质量的人力资本,也会在市场竞争中拥有比别的企业更多的优势。企业发展到一定程度也就具有了规模经济优势和外部规模经济优势,可以进行行政性垄断,获取更多的市场控制能力和超额利润。

海默的导师金德尔伯格在海默研究的基础上加以拓展,提出了一些新的观点。金德尔伯格认为,只有能够获得比当地企业更高的利润时,美国企业才可能在当地进行直接投资。当地企业和美国企业均有不同的优势,但是市场的不完全性导致美国企业可以保持垄断优势。正是这个垄断优势保证了超额利润的获得,弥补了美国企业海外投资的运营成本,确保了海外直接投资的发生。

20世纪60年代到70年代初,很多学者在海默和金德尔伯格的基础上,继续发展和完善了垄断优势理论。约翰逊认为知识资产是构成垄断优势的主要原因,他指出:"知识的转移是直接投资过程的关键。"跨国公司的垄断优势主要来源于对知识资产的占有,这些资产如技术、诀窍、管理与组织技能、销售技能都是跨国公司的无形资产,生产成本很高,供给富有弹性,可以在若干地点同时使用。跨国公司在知识资产拥有上的优势,使子公司可以以较低的成本利用这些资产,相对于东道国当地企业而言拥有成本优势和垄断优势,东道国企业为获取同类知识资产则要付出更多成本。

凯夫斯认为,技术优势是跨国公司拥有垄断优势的主要原因,它可以使产品发生差异化,既包括质量、包装及外形等实物形态的差异,也包括商标、品牌等消费者心理感受的差异。产品的差异化使得跨国公司保持了产品市场的不完全竞争和垄断优势。跨国公司想获得持续的垄断优势,必须不断进行技术创新,形成技术垄断优势。为了摊平成本,可以广泛采取国际合作、技术联盟、兼并与合资等多种形式,在世界范围内获取技术信息并取得技术研发优势;通过打击侵权、加强知识产权保护等方式,维护自身权益,保持垄断优势。

根据韦斯(Weiss)、劳尔(Lall)、考纳(Connor)、穆勒(Mueller)等人的研究结论,如果一个行业处于高度集中的结构,该行业所获得利润率则高于其他相互竞争行业的利润率。同时,如果一个企业相对市场份额越高,越可能获得超额利润。贝恩、H.德姆塞茨(Damsets)和 D.尼德汉姆(Neadham)从行业集中度与利润率之间的关系角度进行了研究,得出当行业集中度超过50%时,行业间利润与集中度呈正相关。在寡头垄断竞争条件下,少数几个跨国公司依靠规模经济或专业化设备和技术获得竞争优势,形成垄断地位,获取高额垄断利润。随着高额垄断利润的累积,有更多的资本投入产品与技术的垄断中,从而在产品与技术方面获得竞争优势,并利用强有力的竞争优势保持垄断地位,形成良性循环,从而获得发展的优势。

此后,还有很多学者从汇率、利率等角度对垄断优势理论加以发展,使垄断优势理论逐渐系统化。垄断优势理论的提出主要是在跨国公司对外直接投资领域提供了新思路,但是对我们研究垄断竞争企业的垄断优势具有一定的借鉴意义。跨国公司更具有垄断性组织的特征,规模一般比较大,无形资本数量多,世界90%以上的技术贸易是由跨国公司完成的。所以,垄断优势理论对于我们研究垄断组织的无形资本问题具有很好的借鉴和指导意义。

五、其他专家关于无形资本的研究

知识经济条件下,无形资本已经成为主要资本形式。伴随着经济全球化的发展,无形资本的作用越来越重要。J.Contractor(2001)认为,目前世界已经进入无形资本比有形资本重要的时代,无形资本比有形资本更能创造价值。Philip Whiteley(2002)认为,无形资本的作用在 1992 年超过了有形资本,世界经济伴随着信息革命和新经济的出现进入了一个新的阶段。Kirk Hamilton (2005)认为,无形资本包括劳动力、人力资本和社会资本等,是新时期创造国家财富的源泉。Teun Wolters(2007)认为,在新经济时代,效率主要取决于对无形资本的投资,无形资本的数量和质量是衡量新经济的最重要指标,也是国家提高竞争力的主要手段。John F.Tomer 和 Bart.Eikelenboom(2008)认为,无形资本包括人力资本、非相关人力资本(包括个人资本)、社会资本和其他明显的个人能力等,对于生产效率、经济增长、企业绩效的提高都有影响。Michael M.Oleksak 和 Mary Adams(2010)认为,随着知识经济的到来,一般企业的价值80%来自无形资本,而有形资本只占企业价值的20%,个人的社会关系、企业信誉和创新能力比企业的有形资本更为重要。Carol A.Corrado、Charles R.Hulten、Daniel E.Sichel(2006)等人通过实证研究,认为美国的统计中忽略了大量的无形资本,如果把这些无形资本考虑在内,每个劳动者的人均产出率增长非常迅速,资本深化成为劳动生产率迅速提高的主要原因。荷兰学者Myriam van Rooijen-horsten、Dirk van den Bergen等根据Corrado等人的研究方法,对荷兰的无形资本投资进行了实证研究,认为无形资本投资对荷兰的经济增长具有重要的作用,但是对不同的行业而言,无形资本投资的重要性是不一样的。新加坡学者Nan Li于2005年8月对无形资本和股票价格之间的关系进行了研究,并建立了一个动态随机一般均衡模型来测量无形资本存量,研究资本市场价值的隐性风险;发现过去50年中美国的无形资本总量大幅增长,但是2005年以前十年内的增长速度没有预期的快;通过宏观经济变量得出的无形资本变化是非金融公司、非农业公司市场价值比率变化的主要原因。波斯尼亚和黑塞哥维那学者Nino Serdarevic、Ajla Mutatovic Dedic、Inela Karic(2016)从会计学的角度,揭示了人力资本效率与公开披露的资产增长之间的关系、与国家做生意的能力和公司增长之间的关系,发现在信息不对称、国家是主要消费者等不完全市场情况下,社会关系资本会促进公司的成长并促进公司对智力资本发展的投资。美国学者Carl L.Sheeler(2017)认为,企业的资本分为财务资本和人力资本,无形资本是建立在人力资本之上的,企业成败的关键在于企业是否能对人力资本进行很好的运用,而企业的人力资本就是企业管理者的治理能力、关系资本、知识以及管理风险的能力的总和。

国内学者对无形资本也有一些研究。如杨新年(1995)、苑泽明(2002)、柳思维(2002)等认为,无形资本作为无形资产的价值表现形式,如果运用得当可以为企业创造超额利润。韩刚(2001)认为,无形资本是从有形资本中独立出来的、不具有实物形态的资本。张晋光和葛梅(2004)、张伟东和李越(2008)、李虹和罗燕(2009)认为随着知识经济的发展和竞争、国际化的加剧,无形资本与企业竞争力关系密切,培育和运作无形资本可以提升企业核心竞争力。鲍盛祥(2005)认为,依附于企业的人力资本、企业的组织资本和企业的社会资本都是无形资本。张建(2008)认为,无形资本可以用来融资。李生、于君(2009)认为,组织学习力、无形资本投资规模和投资效率以及客户价值是影响无形资本质量的主要因素。陈建光(2010)认为,企业文化也是无形资本。贺云龙(2010)则从超额收益、契约和资产专用性三个维度对无形资本进行了有效识别。

国内外学者关于无形资本的研究角度是多元的,他们都看到了无形资本在经济发展中的作用,看到了无形资本对企业获取利润、提高竞争力的重要性,大部分主张要对无形资本进行主动投资。很多学者对无形资本的概念进行了界定,对无形资本应该包含哪些要素提出了自己的看法;很多学者结合企业竞争力对无形资本进行了深入的研究;有的学者结合行业的特点对无形资本进行研究;有的学者结合国家经济的宏观发展对无形资本进行研究。这些研究对本书研究都有借鉴意义。本书认为,无形资本是能够给企业带来超额收益的一切无形要素,它不仅包含专利、专有技术、商标等知识产权要素,还包含人力资本、企业文化、社会关系等其他无形要素。对无形资本的研究应该立足于微观主体,尤其是对企业盈利能力和竞争优势的研究,是一切关于无形资本研究的基础。只有在弄清楚无形资本对企业发展影响的基础上,才有可能对行业和宏观经济进行研究。我们要遵循从微观到中观、再到宏观这样的一个逻辑顺序去研究,使宏观研究具有更扎实的微观研究基础。我们借鉴马克思对资本问题的研究思路,先从最初的商品问题进行研究,然后是整个资本的运动规律,去阐明对整个社会都适用的价值规律和剩余价值规律,最终揭示资本家与工人阶级的对立关系。马克思正是对资本主义生产关系从小到大各个层面的细致分析,才得出了科学的结论,建立了科学社会主义体系。

本书是立足于研究无形资本的运动规律及其影响。无形资本作为新时代的一个特殊资本现象,是马克思时代没有得到重点关注的现象。现实社会中对于无形资本的研究,绝大部分以西方经济学作为主要的理论工具,研究领域集中于应用经济学的层面,大部分停留于实证研究。以马克思主义为指导,从价值层面进行抽象分析和定性研究,发现无形资本的运动规律及其对当今社会的重要作用和影响,得出较为深刻的结论,指导我国社会主义市场经济发展实践,这样的研究目前非常缺乏。本书力图在这些方面进行大胆的尝试,为今后无形资本的研究作出一定的贡献。

第三节　研究意义与方法

本书本着实事求是的态度,并以马克思主义为指导,结合西方经济学的一些研究成果,尽可能得出对现实社会有指导意义的科学结论。

一、理论意义

(一)以马克思劳动价值论为指导,系统地研究无形资本这种新型资本,从微观到中观、宏观对无形资本的主要规律和影响作出较为全面的阐释,以弥补该领域长期以来系统性研究不足的局面

对于无形资本研究,马克思主义学者研究的相对较少。时代的发展需要一套系统的资本理论对无形资本现象进行科学解释,用以指导现实社会。西方学者大多是就发生的现象进行描述,实证研究较多,得出的结论不能解释无形资本的实质和对社会的影响,有时结论还互相矛盾。本书从新的时代特点出发,以马克思劳动价值论为指导,遵循马克思的资本研究逻辑,既注重现象级规律的研究,也注重规律背后的社会现象;既注重无形资本的现实发展,也注重其历史起源和发展过程;既注重借鉴西方学者的研究成果,也注重坚持马克思主义基本指导思想;系统阐释无形资本的特点、超额利润的来源、不完全竞争市场结构与无形资本之间的关系、无形资本参与资本循环和周转的特点、无形资本条件下简单再生产和扩大再生产的特点与规律等;指出无形资本在微观领域对企业盈利和积累的影响,在中观领域对新兴产业和传统产业发展的影响,在宏观领域对经济波动、社会价值创造和再分配领域的影响。

这些研究,比较系统地阐述了无形资本的特点及其运动规律,指出了无形资本运动对现实社会的影响,弥补了现实领域无形资本理论研究不系统、不全面、不深入的缺陷。

(二)弥补了马克思资本理论只局限于有形资本研究的不足,从时代发展的角度拓展发展了马克思的资本理论,增强了马克思资本逻辑对当今世界的解释能力

马克思的资本研究,基本上是以有形资本研究为主,对于无形资本研究不

足,继续用150年前马克思的有形资本理论难以解释当今世界垄断型企业可以获取超额利润并进行超额积累的现象,也很难解释这种垄断性的积累对中观和宏观层面的影响。本书坚持马克思的劳动价值理论,坚持创造者在创造无形资本价值的同时也创造剩余价值的观点,把无形资本作为固定资本的一部分,从资本循环和周转、简单再生产和社会扩大再生产等角度进行研究,系统地阐述了无形资本的特点和运动规律,解释了不完全竞争市场结构的影响,解释了无形资本与垄断优势的关系,解释了定价主动权和垄断性价格利润之间的关系,解释了垄断性价格利润对社会的影响,从促进企业积累、产业发展、社会进步的角度来研究无形资本,既坚持了马克思主义的资本逻辑,也借鉴了西方经济学者的研究成果,增强了马克思资本理论与西方资本理论的融合和对现实的解释力。

(三)通过对历史资料的搜集和分析,对无形资本的历史发展脉络和学术研究起源进行了梳理,并对马克思和列宁无形资本思想进行了总结,使无形资本研究从历史的角度和传统马克思主义学者研究逻辑的角度获得理论支撑,为进行无形资本领域的学科性研究提供资料支持

对于无形资本研究,很少有人对无形资本概念的起源和发展进行考证,也很少有人对无形资本这种现象的产生根源进行研究,导致无形资本研究缺乏历史断代,对无形资本缺乏从历史角度的全面认识和理解,导致对无形资本的当代研究出现很多断章取义和“跟风”式研究现象。本书通过对无形资本概念出现和发展的考证,以及对无形资本在历史上的发展简史研究,再现了无形资本现象的历史面貌和无形资本研究发展的脉络;并总结归纳了马克思列宁的无形资本思想,从马克思主义学者研究中寻找本书研究逻辑的理论支撑,为从根源上认清无形资本提供了历史思考的视角,指出了无形资本出现的历史必然性,为正确地认识无形资本的特征和规律提供了历史发展背景,为今后学者们进行学科性研究提供了资料支持。

二、现实意义

本书立足于企业超额利润的来源探讨,以马克思主义资本理论为指导,结合市场结构理论和垄断优势理论,比较系统地总结归纳了无形资本的特点、构成要素和类型、剩余价值创造、垄断性价格利润的来源、资本循环和周转、简单

再生产和扩大再生产等方面的内容,揭示了无形资本运动的规律和影响,总体来说具有如下的现实指导意义。

(一)指导企业建设和发展无形资本,确立垄断优势,获取超额利润,提高市场竞争力,促进企业健康发展

通过研究,我们发现无形资本具有超额收益性,这主要与无形资本的垄断性相联系。企业通过提升无形资本的数量和质量,可以提升劳动生产率,增加效率利润;也可以增加企业的垄断优势,增强垄断定价能力,获取更高的垄断性价格利润。超额利润的获得,可以增加企业的积累资金,进一步扩大企业生产经营规模,增强市场竞争力。

企业竞争的垄断优势在企业发展的初级阶段是合理的,有助于促进企业的发展和迅速壮大。在企业进入成熟阶段之后,无形资本导致的行政性垄断增加,不利于社会效率的提高,不利于企业的创新发展,由此带来的垄断利润也不是越多越好,国家应该制定相应的政策适当地控制这种垄断性的发展,以促进企业健康发展,也更好地促进社会进步。

(二)指导国家制定产业升级发展战略,在保证市场公平和知识产权基础上发展新兴产业,同时注意保护传统产业发展,避免产业之间发展比例失调

对于新兴产业的发展很多国家都给予了政策上的支持。这在新兴产业发展的初期是必要的,维护市场公平和保护知识产权是对新兴产业发展最好的支持。因为根据无形资本条件下的简单再生产和社会扩大再生产模型推导,新兴产业在无形资本数量和质量占优的情况下,获利能力强,市场优势会越来越强,规模不断壮大;而传统产业在有形资本占优的情况下,劣势明显,会出现"剪刀差"式的输血现象,为无形资本占优的新兴产业转移价值,实现无形资本占优部门的价值和实物补偿,使无形资本占优部门获得超常发展的机会。而传统产业随着失血越来越多,获得价值和实物补偿的数量不断缩减,发展规模会越来越小。

这种现象能够很好地解释很多国家(包括中国)在历史上发展新兴产业时的产业政策和习以为常的"剪刀差"现象。"剪刀差"现象在无形资本条件下是自然存在的,不需要人为地设定。国家制定产业升级发展战略,只需要维护好市场竞争秩序,保护好知识产权,保证市场公平和新兴产业知识产权不受侵犯,必然促进新兴产业实现超常规发展,获得产业竞争优势。同

时,也应该适当保护传统产业发展,避免失血过多,萎缩太快,出现产业空心化或者产业发展比重失调,影响国民经济协调健康发展。以美国为首的西方发达国家的产业空心化现象以及农业、传统制造业产值比重萎缩现象,就是最好证明。传统制造业和农业等有形资本占优部门的萎缩和空心化,导致社会吸纳就业的能力下降,对国民经济发展的贡献度下降,国民经济发展比例失衡,进出口贸易也会因此失衡。传统消费品进口数量多,有形产品贸易量出现进超。中美之间的贸易失衡现象,主要是美国自身产业发展比例失调的结果。实际上美国的高科技企业,如微软、苹果等从中国赚取了大量的垄断利润,但是在有形产品贸易领域却表现为中国出超,顺差严重。特朗普以此为依据,要求中国采取政策消除中美之间的贸易逆差,是典型的霸凌主义。

美国等国家产业发展比例失调的现象表明,新兴产业的快速发展①会同时伴随传统产业的萎缩和比值下降,国家应该适当地保护传统产业的发展,避免比重失衡现象严重,使国民经济发展陷入不健康、不协调的旋涡。

(三)指导国家宏观调控,避免经济出现大的波动和社会分配不公平,促进经济长远健康发展

无形资本的超额利润一方面来自对人力资本的剥削,另一方面来自垄断性的价格。对人力资本的剥削并不能按照和其他普通劳动力剩余价值率同样的水平,由于人力资本是简单劳动力的倍加,所获得的工资水平绝对量是普通劳动力的若干倍,但是为资本家创造的剩余价值可能会更多,因此剩余价值率也会更高。这可以用现代社会白领阶层"过劳死"现象频发进行解释。以白领阶层为代表的人力资本获得的多于普通劳动力的工资是以自己自愿增加劳动时间和提高劳动强度为代价获得的,与为资本家创造的剩余价值相比远不成正比。因此,人力资本所遭受的剥削程度可能会高于普通劳动力。这样就导致更多的收入流入资本家的腰包,社会分配两极分化更为严重。

垄断价格的存在,导致资本家可以获得更多的垄断利润。而对于人力资

---

① 从 20 世纪 90 年代美国信息技术产业兴起到 21 世纪初科技泡沫破灭,不到 20 年时间。

本和普通劳动者而言,同等的收入水平,在通货膨胀背景下出现缩水,实际收入水平下降,社会再分配向无形资本所有者倾斜,进一步加大两极分化趋势,导致更大的社会不公现象。

生产者收入水平的下降和以无形资本所有者为代表的资本家收入水平和积累的增加,导致社会财富越来越集中在资本家手中。在经济处于上升期时,较多的积累会促进企业增加投资,扩大规模,产业发展迅速,投资促进需求进一步扩张,经济发展表面上更加繁荣;在经济处于收缩阶段,在资本家边际消费能力不增加的情况下,来自社会大众的消费能力越来越低,社会总需求会不断下降,进而影响宏观经济的长远发展,经济危机爆发的可能性进一步增加。在现代金融支持下,积极的财政政策和宽松的货币政策,刺激经济在短期内虚假繁荣,但是社会积累的问题会越来越多,风险会越来越大,在金融坏账增多,经济刺激难以发挥效用的时候,也就出现了金融危机或经济危机。金融危机是经济危机的另一种表现形式。

因此无形资本条件下的生产可以促进经济发展,也可以导致社会分配更加不公,两极分化更为严重,导致资本主义内在的矛盾更加激化,由此产生的经济危机和金融危机也会更具有破坏性。如果国家制定科学的无形资本发展政策,合理地抑制无形资本导致的垄断性价格利润水平,避免出现无形资本价值泡沫,有助于宏观经济长远健康发展。

三、研究方法

(一)马克思主义分析视角与西方经济学视角相结合

本书始终坚持马克思主义的资本分析逻辑,从价值创造和社会关系的角度探讨无形资本,继承和发展了马克思的资本观。同时也借鉴和学习西方经济学者对于市场结构、垄断优势等理论的研究,从历史和现实的角度推理和分析无形资本现象。既保证了研究结论的马克思主义方向,也保证了研究视角的全面性。本书也借鉴和学习了很多西方学者对于无形资本的研究结论。

(二)历史与现实相结合

无形资本发端于近代,发展于当代,是资本主义经济发展的必然产物。因此在研究时离不开对无形资本发展历史的研究,在历史分析中还原无形资本的本来面貌,探求无形资本的本质特征,更好地认识无形资本。对历史的研究是为了更好地了解现在,历史研究要与现实相结合。无形资本现象在当代的表现和影响,都是本研究中要考虑的因素。从本质抽象中获得的规律和结论,必须能够接受现实的检验,能对现实存在的问题和现象进行解释。因此,对现实现象和资料的分析也是本书必不可少的内容。

(三)抽象推理与归纳总结相结合

无形资本的形态千变万化,不同的时代、不同的环境、不同的主体都会有不同的内容。这也是导致无形资本研究五花八门的主要原因。但是万变不离其宗,只要是资本就离不开劳动与价值,无形资本价值研究是典型的抽象研究,剥离了无形资本千变万化的形态要素,在抽象推导中探求无形资本的规律和影响。关于无形资本的价值与剩余价值、资本循环和周转、简单再生产和社会扩大再生产等问题的推导和探索,都属于抽象推理。同时也离不开归纳和总结,既有对抽象推理的归纳和总结,也有对无形资本在现实社会中现象及规律的归纳和总结。

(四)文献资料法与实证分析法相结合

无形资本的研究离不开对前人研究的学习。研究中对于马克思、列宁的文献引用和分析数量颇多,目的就是始终坚持马克思主义资本理论的指导,保证研究的马克思主义方向和结论的现实性及科学性。除此之外,西方学者对无形资本及其相关问题的探讨,也是本书要借鉴和学习的对象。

历史文献的借鉴和学习,要以现实为基础。现实的无形资本现象和数据,是本书的分析内容之一。对于美国股票市场垄断型企业十几年财务数据的采样和分析,得出的结论验证了研究中的一些隐含假设,保证了研究结论的正确性和现实应用性。

(五)从微观到中观、宏观,三个层次研究一体化

由于无形资本主要是以企业为载体,因此企业的超额利润来源是本书的基础。通过不完全竞争条件下,无形资本给企业带来价值利润和价格利润的分析,指出无形资本给企业带来超额利润的双重来源,解释无形资本对于企业发展的重要性。在此基础上,通过资本循环和周转的研究,简单再生产和社会扩大再生产的研究,逐渐上升到产业层次和社会宏观层次,推导出产业发展和社会发展的一些特殊规律,指出这些规律存在的现实影响,有利于从微观、中

观和宏观三个层次更好地理解无形资本现象。

第四节　可能的创新点和研究框架

本书是在坚持马克思主义资本观的基础上,结合西方经济学视角进行的研究,研究结论与传统经济学相比较,不同之处较多。

一、可能的创新之处

(一)将企业利润分为剩余价值带来的价值利润和垄断价格带来的价格利润①,双利润来源的结论更有利于解释无形资本条件下生产的商品价格高、利润高的现实

将企业的利润分为价值利润和价格利润两个部分,综合了价值理论和价值规律合理的部分,充实了马克思关于剩余价值转化为企业利润的内容,使价值规律这种常态现象,在充分考虑市场结构特征的情况下,更为现实地解释利润形成的两个来源。本书是在坚持劳动创造价值、价值决定价格这一逻辑思路的基础上去研究的。同时也考虑了价格与价值相互背离的常态化现象,结合垄断竞争理论和市场结构理论,提出了剩余价值转化为价值利润和垄断价格转化为价格利润的说法,使劳动价值论与市场结构理论结合了起来,更为实际地解释了劳动创造价值利润、垄断带来垄断性价格利润并行不悖的社会现实。作为一种特殊的资本形式和商品,创造无形资本的劳动者在生产制造领域创造了高于一般资本或者商品的价值,在不改变剩余价值率的情况下,资本所有者能够获得更多的剩余价值。无形资本本身的垄断性特点,使生产者拥

---

① 保罗·斯威齐在《马克思主义价值论与危机》中论述转型问题时,提出"全部价格不再等于全部价值,价格利润率也不再和价值利润率相等"的观点。罗默类似观点。受他们的启发,笔者提出了价值利润和价格利润的概念。剩余价值转化为价值利润,是一个确定的量;垄断价格超出价值形成的利润称之为价格利润。价格利润与斯威齐的价格利润率有一定联系,但是并不完全与他的价格利润相同。斯威齐的价格利润是价值转化为与价值不一致的价格后形成的利润,是一个总体概念。笔者此处以垄断定价为前提,假设价格超过价值,超出部分的垄断价格形成的利润为价格利润。斯威齐也承认垄断的影响,认为在现阶段(垄断资本主义)垄断价格起着主要作用,把垄断价格看作是价值的转型,认为分析垄断价格并不否定价值论。

有较高的定价空间,获得更高的垄断利润。因此,价值可以带来利润,价格也可以带来利润,双利润来源可以更好地解释品牌企业和品牌产品的高利润水平。

(二)系统地梳理和界定了无形资本的概念,把社会性无形资本纳入无形资本的概念范畴中

本书把无形资本分为社会性无形资本和经营性无形资本两大类,经营性无形资本是指专利权、专有技术、著作权、商标权、计算机软件、特许经营权、土地所有权(使用权)等可以在生产经营中直接使用并为企业带来超额收益的无形资本;社会性无形资本是指人力资本、企业文化资本和社会关系与渠道资本等。传统经济学并没有把社会性无形资本概念列入资本的范畴。通过对资本概念的梳理,对资本概念泛化的考证,批判地吸收和继承了现代学者对企业文化、人力资本、社会关系与渠道等要素的研究结果,从资本价值增殖的角度对社会性无形资本所发挥的作用进行研究,使社会性无形资本的概念在传统经济学的分析逻辑中得以成立。

(三)结合资本主义的发展从历史角度弄清楚了无形资本的发展和研究历程,把科技革命、产业革命与无形资本的发展联系起来,并从马克思列宁等学者的研究中总结归纳出了无形资本思想

对于无形资本的研究,20世纪90年代中后期在知识经济理论兴起之后日益增多。该领域的研究缺乏历史断代,从传统学者的研究中难以寻找到理论支持。本书通过对大量国内外资料的梳理和分析,根据所掌握的资料对无形资本出现的源头、发展进行了具体的判断,使无形资本概念的出现具有了清楚的历史界定。本书还把科技革命、产业革命与无形资本的发展联系起来,认为科技革命促进了无形资本的发展,也促进了产业革命的发展。

另外,本书也根据现在对无形资本的界定,从马克思列宁的研究中,总结归纳出了符合现代意义的无形资本思想,使无形资本的研究更加丰满起来,突出了无形资本研究的历史连续性,更突出了无形资本研究的时代性和创新性,使无形资本在马克思主义学者的资本理论中获得一脉相承的研究逻辑,为后续的无形资本分析和研究奠定理论基础。

（四）从马克思资本理论研究逻辑出发，对简单劳动力和复杂劳动力在不同时代的作用进行了论述，指出了价值创造主体由普通劳动力向人力资本转移的必然性

通过对马克思劳动力概念内涵的探讨，指出了马克思对于劳动力平均化界定的时代性和历史局限性。马克思指出用平均化的劳动力概念，抵销劳动力的质量差异，主要原因是当时简单劳动力的历史地位非常高，简单劳动者在社会生产中占据主要地位，而劳动者相对于机器而言处于附属地位，不同质量和层次的劳动力对于价值创造的不同影响，几乎可以忽略不计。另外，马克思的研究目的和重点也不是劳动力质量的差异，他的主要目的是阶级分析，平均化的劳动力概念更适合马克思的研究。因此，劳动力平均化的假设是合理的，也是符合时代特点的。但这不可避免地使平均化劳动力的概念具有了历史局限性。在科学技术日新月异，新知识、新产品层出不穷的时代，劳动质量的差异性日益重要，人力资本概念的提出和发展是历史的必然。平均化的劳动力概念转向以复杂劳动为主的人力资本概念，是研究的需要，也是时代发展的必然。在知识经济时代，人力资本必然是创造无形资本的主体，而不是简单劳动力。

（五）对马克思资本研究中技术初创期超额利润存在的"初恋期"现象进行分析，并对马克思资本理论的五个研究假设进行了归纳，探讨无形资本垄断性和超额利润之间的关系以及马克思传统资本理论的适用范围，使无形资本研究继承了马克思的研究逻辑，也批判地发展了马克思的资本研究逻辑

马克思对于超额利润的"初恋期"的研究，实际上涉及科学技术的垄断性问题，与无形资本的垄断性特征非常相近，这对我们研究无形资本的超额利润现象提供了理论指导，也为后续在不完全市场竞争条件下的无形资本垄断性价格利润研究提供了理论指导，使无形资本研究继承了马克思的资本研究逻辑；同时，鉴于马克思研究的时代局限性，总结出了五个研究假设：自由竞争、价格等于价值、生产者就是消费者、供给等于需求、简单劳动力等五个假设，指出了马克思资本理论适用的范围，从而为后面无形资本研究假设的突破提供了靶子，体现了无形资本研究在市场结构、价格与价值、生产者和消费者、供给与需求、人力资本等方面与马克思假设的不同，体现了社会与时代的进步，也体现了马克思资本逻辑在不同研究假设下的创新发展。

（六）指出了垄断性价格利润与虚假的社会价值之间的关系，并结合市场的不完全性和垄断优势理论，指出了经营性无形资本和社会性无形资本在超额利润形成过程中的作用

根据马克思提出的虚假的社会价值现象，指出垄断性价格利润的实质是虚假的社会价值。在社会总生产中并没有实际的劳动价值与这些虚假的社会价值相对应，是对社会的实实在在的剥削。在假设通过无形资本投资可以保持垄断优势的前提下，通过垄断定价，无形资本所有者可以获得垄断性价格利润。在垄断优势不能保持的前提下，通过竞争只能获得平均利润。马克思的生产价格理论就是建立在垄断优势不能保持的前提下形成的。社会性无形资本对于企业形成垄断优势非常重要。人力资本可以通过创造性复杂劳动为资本家创造超额剩余价值，带来效率利润；在增加人力资本投资的同时，一般也会增加对经营性无形资本投资与之相匹配，这样就会带来垄断优势，使垄断定价权上升，获得垄断性价格利润；社会关系与渠道资本，可以使企业获得独特的垄断优势，提升垄断定价能力，增加垄断性价格利润；对外联盟扩大生产规模还可以提升效率利润；企业文化可以提升效率利润，也可以通过提升生产经营者的积极性，通过创新间接地提升垄断优势。社会性无形资本和经营性无形资本往往是相互结合发挥作用，而不是单独发挥作用。一方面是提高生产经营效率，增加效率利润；另一方面是提升垄断优势，增加垄断定价权，获得垄断性价格利润。

（七）根据马克思对级差地租Ⅰ和级差地租Ⅱ的理论，得出了无形资本也存在级差超额利润Ⅰ和级差超额利润Ⅱ现象

本书把无形资本分为核心无形资本、中等无形资本、边缘无形资本，或者优质无形资本、中等无形资本、劣质无形资本。与级差地租不同的是，无形资本的级差超额利润是相互依存的。如果核心无形资本或优质无形资本的利润率下降，那么其他级别的无形资本利润率也会下降。在经济全球化背景下，同一个产业中不同等级的无形资本形成一个产业链和价值链，缺少了任何一个等级的无形资本，产业链将不完整，产品难以完成制造，产品的最终价值难以形成。相对来说，低等级无形资本对高等级无形资本的依赖性高一些，核心无形资本对低等级无形资本的依赖性低一些。如2018年中美贸易战中，"中兴通讯"因为美国拒绝提供芯片等核心配件导致整个公司停产。"中兴通讯"作

为一个高科技公司,在产业链中有自己的无形资本,可是层次比较低,利润率也比较低,对核心无形资本的依赖性强,因此当被停止供应核心配件时,被迫全面停产歇业。我们把这种因为在产业链中所处位置不一样和质量优劣不同而导致的级差超额利润称为级差超额利润Ⅰ。

与社会平均利润相比较,最低端的无形资本也有级差超额利润,通过连续投资可以获得更多的超额利润,这个利润称之为级差超额利润Ⅱ。对于持续的投资而言,投资利润率既可以是增长的也可以是下降的,这取决于新的投资对于垄断优势和效率提高的作用,如果能够不断提高要素使用效率,效率利润会增加;如果能够不断增加垄断优势,定价能力得到提高,价格利润也会增加。总体来说,应该会导致利润总量绝对值增加,这是必然的结果。但是利润增长率的高低取决于资本有机构成的大小和增长速度与幅度,也取决于效率与垄断优势的提高幅度与速度。这能很好地解释很多企业通过持续不断的投资进行研发和推广,以获得更多无形资本,目的是获得更多的垄断优势、更高的生产效率和更多的级差超额利润Ⅱ。

(八)根据马克思的资本循环与周转理论,对经营性无形资本和社会性无形资本的循环与周转进行了论证,认为无形资本以固定资本形式参与资本循环和价值周转,并指出了一些特殊的规律

本书把经营性无形资本分为生产型和流通型。生产领域的无形资本就像固定资产那样,是生产的前提条件,它在生产的过程中只是转移自己的价值而不创造价值,由于用于生产的无形资本价值一般比较高,所以每次转移的价值量和无形资本生产者所创造的剩余价值量也相对较高;同时,由于利用无形资本生产的有形产品保持了无形资本的垄断性特征。所以,企业可以利用这个特征制定较高的价格,来获取垄断利润。流通型的无形资本在流通领域也只是实现自身的价值,并不参与创造价值,转移和实现价值的过程,也就是实现无形资本生产者所创造的剩余价值的过程。它在转移自身价值的同时,也使有形商品具有了无形资本的垄断特性,因此资本所有者可以制定较高的价格获得垄断利润。与单纯的有形资本循环相比较,货币的增殖额要大很多,因为无形资本实现的是超额利润。无论是生产型还是流通型无形资本,都是以无形固定资本的形式发挥作用,逐渐转移价值,实现自身价值。

人力资本是作为可变资本的一部分进入资本循环,并与生产资料相结合

发挥作用。企业文化资本作为企业生产的必要条件之一,以无形固定资本形式参与价值生产,并通过产品销售实现自身价值。企业文化资本在传统会计学上记为管理费用,因为企业文化的可投资属性和无形固定资本特征而资本化,通过参与资本循环实现价值增殖。社会关系和渠道资本是一种特殊的生产资料,与其他资本一起,共同实现资本价值的转移,具有无形固定资本属性。通过排他性的合同安排,社会关系和渠道资本使企业获得垄断优势,实现垄断定价,获得垄断利润。总之,社会性无形资本参与资本循环,并没有改变资本循环总公式。无论是经营性无形资本还是社会性无形资本,在资本运动中与有形资本相结合,不再区分资本形态,资本的价值属性在循环中得到体现,循环的一般过程仍然是货币资本—生产资本—商品资本。

无形固定资本和有形固定资本在性质上是一致的,影响预付资本总周转的是固定资本和流动资本的比重。在固定资本总值不变的情况下,无形资本所占的比重越高,固定资本的周转速度也越快;反之,则越慢。无形资本对于生产时间和流通时间的缩短都有一定的贡献。某些特定的经营性无形资本和社会性无形资本,可以提高劳动生产效率,达到缩短生产时间和流通时间的目的。无形资本可以加速资本周转,可以促进社会再生产。有必要利用无形资本对社会再生产中周转比较慢的部门进行改造,促进社会资本的周转。

(九)通过实证研究,验证了无形资本与垄断型企业获利能力及其他相关变量之间的相关性

考虑到市场结构问题,本书选择规模比较大的行业龙头企业作为样本,以美国股票市场为来源,选择谷歌、微软等21家垄断型企业作为典型,涉及互联网、计算机软件、半导体、航空航天、数据处理、健康管理、生物制药、信息科技咨询等行业,通过实证研究,对于相关变量之间的相关性进行验证得出:研发营销费用作为无形资本投资可以增加无形资本;无形资本作为固定资本的一部分,无形资本增加可以使固定资本增加;无形资本在固定资本总值中的比重越高,企业垄断优势越强,获利能力越强;资本有机构成随着研发营销经费的增加和无形资本的增加不断提高;资本有机构成提高并不一定导致利润率下降,但是销售毛利不断提高;薪酬增加速度慢于无形资本投资(研发营销费用)增加的速度,但是无形资本投资增加的速度不能过快,否则会影响劳动者积极性,影响劳动生产率的提高。

（十）对无形资本条件下简单再生产和扩大再生产进行研究,得出一系列结论,并指出了现实意义

通过对无形资本条件下的简单再生产和扩大再生产研究,得出以下的推论:垄断性价格利润的存在,并不是劳动创造的社会价值,社会总价值并不因此增加;垄断性价格利润的存在,会倒逼社会货币量发行增多,导致通货膨胀,实现社会价值因贬值在不同部门的再分配;无形资本条件下的社会扩大再生产,有形资本占优部门的生产由于通货膨胀的存在,通过本部门的贬值对外进行价值输出,生产规模有不断缩小的趋势;无形资本占优部门,由于承接价值输入,而导致货币积累和实物积累较多,规模有不断扩大的趋势,发展速度比较快;应该优先发展无形资本占优的新兴产业部门,从而加速产业发展转型,带动经济发展升级;由于传统的有形资本占优部门会不断萎缩,短时间内会影响社会总需求并导致大量失业,带来经济波动。

以上的结论,对于正确认识无形资本,在现实层面做好相关工作具有现实指导意义:有利于我们正确认识无形资本垄断性价格利润的作用,合理控制社会价值再分配,防止出现更多的社会不公平和两极分化;更好地指导制定新兴产业部门的发展政策,保护知识产权,维护市场公平,对新兴产业在不同发展阶段采取不同的政策;合理控制无形资本占优部门的发展,适当的鼓励和扶持有形资本占优部门,以保证整个国民经济健康协调地发展;有利于正确认识当今世界政治经济格局,探求发展中国家追赶发达国家的无形资本战略;有利于从宏观角度科学认识无形资本可能带来的经济影响,避免无形资本价值泡沫的出现和经济剧烈波动,保证国民经济健康稳定发展。

二、研究框架及其内容

本书从国内外的研究综述开始,综合国内外学者不同层次、不同角度的研究,对于无形资本形成一个全貌式的了解,明确了本书的突破点和研究方向;通过对无形资本发展历史和研究历史的梳理,认识到无形资本出现的必然性;通过对无形资本的界定和不同构成要素的分析,得出无形资本的本质特征;结合不完全竞争和垄断优势理论,对无形资本的超额利润来源进行探讨;探讨了无形资本的价值循环和周转特点;分析了简单再生产和扩大再生产的规律等。

本书共分十章内容,以下为各章的简要内容:

第一章引言,介绍研究背景、理论基础、研究意义与方法、可能的创新点和研究框架。

第二章国内外研究综述及评价,从微观、中观和宏观三个层次进行总结归纳,并对此进行评价,特别突出以马克思主义为指导的无形资本研究成果,指出值得借鉴的地方和存在的不足。

第三章无形资本概念的内涵及特征,从国内外学者对无形资本的界定出发,总结归纳了八种定义类型,并从资本概念内涵发展的逻辑出发,探讨无形资本的内涵与特征,把无形资本划分为经营性无形资本和社会性无形资本。

第四章无形资本发展简史和马克思列宁的无形资本思想,总结无形资本的发展简史,探讨无形资本出现的历史条件和科技革命之间的关系,从产业革命、产业组织的变化探讨无形资本出现的必然性,并对马克思和列宁研究中的无形资本思想进行归纳和总结,寻求马克思主义资本理论与无形资本研究之间内在的逻辑联系。

第五章无形资本各要素的价值、使用价值及其关系,从马克思对于生产劳动和生产工人的论述出发,探讨劳动价值创造和总体生产工人的概念,进而阐述经营性无形资本和社会性无形资本的价值及其使用价值,并指出各要素之间的关系,也对品牌概念和无形资本概念之间的关系进行界定。

第六章无形资本与剩余价值生产,特别指出普通劳动力向人力资本转移是历史的必然,并探讨人力资本创造剩余价值的规律,把人力资本和其他无形资本区别开来,突出人力资本在价值和剩余价值创造中的主体性,也对其他无形资本在创造性劳动条件下参与剩余价值创造的规律进行探讨,总结归纳马克思资本理论研究的五个假设,指出马克思剩余价值理论和利润理论的研究前提,为后续的研究提供突破口。

第七章无形资本与超额利润来源,从市场竞争的不完全性出发,结合马克思关于超额利润的论述和西方学者不完全竞争理论与垄断优势理论,从经营性无形资本和社会性无形资本两个角度,利用马克思价值创造和剩余价值创造的逻辑,加入垄断价格条件来推导超额利润产生的特征和规律,指出在垄断优势可以保持的情况下,通过无形资本投资可以获得垄断利润,创造超额利润;指出无形资本存在级差超额利润的现象,"中兴通讯"被卡脖子现象,是我们在无形资本价值链中处于低端、获取超额利润能力低的表现。

第八章无形资本的价值循环与周转,从经营性无形资本和社会性无形资本两个角度探讨无形资本的价值循环,以资本循环总公式的变化为标准,指出无形资本并没有改变资本循环总公式;探讨无形资本与周转方式、周转时间、周转效益之间的关系,指出无形资本的固定资本属性,在生产经营中逐渐转移自身价值,同时也转移自身的垄断属性,使产品具有垄断性特征;无形资本具有无形贬值和加速周转的特征,可以通过增加无形资本改造传统产业,提升产业效益。

第九章无形资本与积累及其社会扩大再生产,探讨无形资本与积累之间的关系,指出无形资本可以加速积累,扩大企业规模;并从实证的角度分析资本有机构成和利润率之间的关系,指出资本有机构成存在不断提高的现象,无形资本投资可以增加资本有机构成,可以增加企业获利能力,但不一定导致利润率下降;按照马克思两大部类的划分方法,在假设两大部类均存在无形资本占优和有形资本占优两个部门的情况下,从简单再生产和社会扩大再生产的角度推导可能的结论和影响,得出垄断利润不增加社会总价值,只会导致通货膨胀和社会价值的再分配,资本占优部门会出现超额积累和快速发展趋势等结论。指出产业发展可能失衡,经济发展波动可能加剧,国家有必要从宏观角度加强对垄断利润的控制并对传统产业适当支持。

第十章结论与展望,总结结论和研究的不足,指出未来研究的努力方向。

第二章　国内外研究综述及评价

第一节　国外有关无形资本研究的文献综述

关于无形资本问题的研究,国内外的资料非常多,但是大部分集中于应用经济学或管理学领域去谈无形资本的作用。真正以马克思主义为指导,运用马克思主义的分析方法,对无形资本的运动规律及其影响进行研究的非常少。国外的文献主要分三大块方向:宏观研究、微观研究和中观研究。

一、与无形资本相关的宏观研究

（一）无形资本与股票市场及其股票价值的关系研究

Robert E.Hall(2000)在对美国 20 世纪 90 年代股票市场和劳动力市场的联系研究中,把企业的技术和组织知识的集合看作是企业的 E-资本,认为 E-资本是股票市场的一种测量工具。产品和服务的生产过程就是 E-资本与机器、受过大学教育的工人(c-workers)和没有受过大学教育的工人(h-workers)相互结合的过程。[①]

Nazim Belhocine(2009)通过对加拿大所有股票的市场价值信息进行分析得出了无形资本存量的规模,发现无形资本存量是 1994 年以来所有资本的30%,无形资本的积累在 20 世纪 90 年代后期所起的作用远超有形资本。对此进行研究的学者还有 Hall(2001)和 McGrattan & Prescott(2005),他们以未

[①]　Robert E. Hall, *E-Capital*: *The Link between the Stock Market and the Labor Market in the 1990s*, Brooking Papers on Economic Activity 2000, 2. pp.73-102/10. 1353/ ceca.2000. 0018.

测量的无形资本水平为基础,对于美国和英国 90 年代后期股票市场的上涨进行了合理解释。Hall(2001)发现股票市场的上涨与无形资本积累的持续增加是相一致的。McGrattan & Prescott(2005a)能够对无形资本投资的规模进行合理解释,同时能用税收管制的变化去解释英国和美国股票市场不同的表现。McGrattan & Prescott(2005b)发现无形资本被明确地纳入国民核算体系能够很好地解释生产率以前不能解释的矛盾问题。Eliades & Weeken(2004)运用Hall 的方法对英国的情况进行研究,发现在 1990 年以前英国不存在无形资本的痕迹,但是 20 世纪 90 年代后期却达到了 Hall 2001 年研究结论同样的效果。

Brynjlfsson et al.(2002)讨论了公司在特有的组织资本方面投资的重要性,这些投资决定了公司的成功。McGrattan & Prescott(2007)和 Hall(2001)研究表明,无形资本投资对企业中期的生产率和资产收益影响非常重要。在前人研究的基础上,Brynjlfsson et al.(2002)认为无形资本数量的增加导致股票价格大幅上涨。

McGrattan & Prescott(2003,2005)在包含无形资本的资本价值基础上对1929 年美国股票市场的股票价格进行了研究,发现无形资本的价值被明显低估了。Hiroki Arato & Katsunori Yamada(2012)在 McGrattan & Prescott(2005)新古典研究框架的基础上,在把无形资本纳入核算体系之后,发现在 1980—1986 年日本迅速进入泡沫经济期间,公司生产性资产的价值和公司债务的净值与公司的股本净值在股票市场的实际价值是大体相等的。他们还发现,日本的无形资本与有形资本的比率与美国和英国的同类比率是近似的。

Jean-Pierre Danthine et al.(2007)发现自然无形资本与物质资本有很大不同,无形资本的积累过程与物质资本的积累过程完全不同。无形资本的积累对于公司的价值属性和股票价格具有重要影响。

(二)无形资本与生产率、溢出效应和经济增长的关系研究

芬兰学者 Hannu Piekkola(2011)认为无形资本是欧洲经济增长的关键,组织资本更是欧洲国家资本深化的重要来源。无形资本投资提高了资本深化的比率,而不仅仅是提高劳动生产率。公司的生产率与公司自有的无形资本和地区性无形资本密切相关,地区性无形资本存在着溢出效应。生产率最高的公司也相应地具有较好的人力资本。管理能力和营销工作等组织资本表现

为无形资本,与利润率和生产力增长显著相关。通过无形资本投资在未来可以获得更加稳定的经济增长。[①] 他通过对欧洲国家经济增长的分析和对无形资本投资的比较,得出了无形资本可以使经济更加稳定健康增长、组织资本比研发资本更重要的结论,要整体上提高无形资本投资,从而更好地促进经济的稳定健康增长。

Mark A.Dutz et al.(2012)对于无形资产投资在新兴市场经济国家中的作用进行了研究,发现它与出口增长和制造业的全要素生产率具有正相关性,无形资本对于生产力增长作出了贡献。[②] Kirk Hamilton & Gang Liu(2013)对人力资本、有形财富和无形资本残值之间的关系进行了研究,得到一个人力资本在总财富中的平均份额为62%——这是生产性资本价值的4倍和自然资本价值的15倍,平均25%的总财富为全要素生产率的"存量等价物"创造的——是制度质量和社会资本等资产的价值,它们放大了生产性资本、自然资本和人力资本的生产力。[③] 这个全要素生产率的"存量等价物"实际上就是无形资本,他们把全要素生产率和无形资本挂起钩来。

McGrattan & Prescott(2007,2010)把无形资本投资引入新古典经济增长模型形成新的理论,他们发现现有的会计统计方法严重地低估了无形资本对生产力的影响。他们(2008)通过建立多国模型得出结论,无形资本投资对美国国外的分公司和国外公司在美国的分支机构的收益率具有重大影响,估计一半以上的差距——美国的直接投资和美国国内的直接投资收益差距,是由于无形资本投资的会计统计问题造成的。分公司特有的无形资本和技术资本对收益影响巨大。技术资本主要是通过研发投资、品牌投资、组织投资所积累的专门知识。

Corrado et al.(2005)发现无形资本投资在最近的几个年代增加非常巨大,远超有形资本投资。他们的测算表明由无形资本导致的美国非农产业的

---

① Han-nu Piekkola., *Intangible Capital：the Key to Growth in Europe*, Inter-economics, 2011(4), pp.222-228.

② Mark A.Dutzetal., *Measuring Intangible Assets in an Emerging Market Economy-An Application to Brazil*, The World Bank, Poverty Reduction and Economic Management Network, Economic Policy and Debt Department, July 2012.

③ Kirk Hamilton & Gang Liu, *Human Capital*, *Tangible Wealth*, *and the Intangible Capital Residual*, Policy Research Working Paper 6391, The World Bank 2013.

产出从 1973—1995 年期间平均 9.4% 增长到 1995—2003 年期间大约 14% 的水平。在 2000—2003 年期间,无形资本所有者收入份额达到了 15%,而物质资本所有者达到了 25%,剩余的 60% 被劳动吸收。他们(2006a)认为,美国公开的数据中无形资本没有被充分地包括,数据表明无形资本投资是美国经济中日益增长的很大的组成部分。Corrado et al.(2006b)发现,进入 21 世纪以来无形资本对有形资本的投资比率从十年之前的大约 1.1 上升到超过 1.3。Corrado et al.(2009)从美国公开发布的数据入手,发现大多数无形资本投资都被从 GDP 中排除了。当无形资本被看作是资本时人均产出变化率增长非常快,资本深化成为劳动生产率增长的非常明确的主导性来源。技术性知识的运用和快速扩张是美国经济增长的关键特征。在投入要素和产出统计纳入无形资本之后,非农产业部门的每小时的产出增长率与原先完全忽视无形资本相比较,增长了 10%—20%;1995 年之后,无形资本和有形资本作为经济增长来源的重要性达到了同等,当二者被密切结合在一起之后,资本深化代替全要素生产率成为经济增长的主要来源。更重要的是,无形资本所做贡献的绝大部分是来自非传统种类的无形资产(非科学研发、品牌价值、公司专有资源),这个比率大约为全部无形资本深化的 60%。1995—2003 年期间,每小时产出增长中仅有不超过 8% 的份额是由有形资本贡献的,但是另外 92% 的贡献也并不全是知识资本和知识经济造成的,创新、人力资本和知识获取之间的关系,以及无形资产投资、信息技术资本、劳动质量变化和全要素生产率之间的关系对此也有贡献,即无形资本各要素之间的关系对于劳动生产率的增长也具有重大影响。[①] Belhocine(2009)运用 Corrado et al.(2009)的模型进行测算,发现加拿大的情况与美国非常相似,无形资本投资已经变得和有形资本投资一样规模巨大。Fuko et al.(2009)和 Marrano & Haskel(2007)对日本和英国也都独立地得出了相似的发现。

O.N.Boldov(2010)发现,无形资本水平越高,劳动生产率水平越高。高质量的人力资本的增加会促进经济增长。

Basu Fernald Oulton & Srnivansan(2003)提出了一个 BFOS 模型,认为要

---

① Carol Corrado, Charles Hulten, Daniel Sichel, *Intangible Capital and U.S. Economic Growth*, The Review of Income and Wealth, Series 55, Number 3, September 2009.

想收获信息通信技术所带来的全部的收益,企业需要积累无形知识资本。他们的理论在解释全要素生产率在信息通信技术应用广泛的行业的增长之谜时,与新古典的假设非常相近。该理论可以用来解释外部性——无形资本在信息通信技术应用领域的积累主要是知识,是非对抗性产品,具有外部性。

Ram Acharya & Susanto Basu(2010)在 BFOS 模型基础上,从无形资本和生产的外部性两个角度探讨了全要素增长率之谜,发现了国内外研发投资的积极效果,认为研发投资具有巨大的溢出效应。

Nazim Belhocine(2009)对加拿大 GDP 的增长和无形资本投资之间的关系进行研究,发现到 2002 年无形资本投资额几乎与有形资本投资额一样大,这个结果与美国和英国的情况是相似的。Nazim Belhocine(2010)把托宾 q 值理论加以扩展形成新的模型,来解释企业无形资本投资问题。模型揭示了有形资本中无形资本的作用,揭示了两种不同资本相对价格变动的作用。总投资中处于下降趋势的平均价格指数系列被发现在 20 世纪 90 年代具有重大的下降趋势。这个模型也解释了 20 世纪 80 年代后期到 2000 年总资本的增长主要是由于无形资本的增长所导致的。不过,他们发现无形资本的贡献在2000 年后持续地下降。通过这些观察结果,他们强调了无形资本价格运动的重要性,而不是仅仅聚焦于他们在总投资中日益增长的份额。通过这些研究,他们确认在经济发展中资本存量的性质正在发生变化,强调了无形资本问题量化的重要性,也强调了无形资本作为公司价值来源的重要性,以及作为任何投资理论关键组成部分的重要性。[1]

Felix Roth、Anna-Elisabeth Thum(2013)对欧盟 1998—2005 年的样本数据进行面板分析,发现无形资本投资和劳动生产率增长之间具有非常明显的正相关关系。这验证了以前的一些发现——无形资本投资被纳入国民核算体系可以迅速提升每小时的产出率。无形资本成为劳动生产率大幅度提升和经济增长的重要原因。[2]

欧盟委员会非常重视无形资本投入对经济发展的影响,他们专门设立了

---

① Nazim Belhocine, *The Embodiment of Intangible Investment Goods: A Q-Theory Approach*, IMF Working Paper, WP/10/86, 2010.

② Felix Roth & Anna-Elisabeth Thum, *Intangible Capital and Labor Productivity Growth: Panel Evidence for the EU from 1998-2005*. Review of Income and Wealth, Series 59, No 3, Sept 2013.

"欧洲竞争力、创新和无形投资"的专项研究计划(COINVEST),专门对无形资本投资给欧洲经济发展和创新以及竞争力的提升带来的影响进行研究。根据项目组长 Jonathan Haskel(2011)测算,无形资本投资被纳入核算之后对于经济发展和科技进步贡献都有显著的提高。

(三)无形资本与国民财富和收入的关系研究

世界银行(2006)曾发布报告,对无形资本残值和国民财富之间的关系进行探讨。指出任何无形资本残值模型必须只包括那些没有被生产性资本和自然资源所占有的要素。人均受教育年限、法律规则、人均收到的外汇汇款这三个要素解释了世界上所有残值变化的89%。因此,政策制定者应该非常确定地相信投资教育和公平的法律体系以及制定吸引外汇汇款的政策是提升总财富中无形资本份额的最重要的方法。① 无形资本残值的说法,与索洛余值的说法有些近似,但是世界银行进一步明确了无形资本残值包含的内容,并选出了三个主要的因素来建立模型进行测算。因此,这个无形资本残值的提法在内容上又不同于索洛余值。

Markandya & Pedroso-Galinato(2007)在国家水平的生产函数中把资本分成四类,生产资本和物质资本、人力资本、非再生性能源的生产和净进口以及土地资源。他通过对 208 个国家 2000 年的跨部门数据进行分析,发现不同种类的资本相互之间替代的弹性系数很高。例如,自然资本的损失可以很容易地被人力资本和物质资本的增长所弥补。②

Susana Ferreira & Kirk Hamilton(2010)对全面的财富、无形资本和发展进行了研究,发现对大多数国家来说,尤其是 OECD 国家,无形资本是全面财富的最大的组成部分,平均占 60%以上。事实证明,非人力无形资本与全要素生产率具有明显的联系。③

Ferreira & Vincent(2005)有相似的观点,他们发现无形要素远比生产性资本和自然资本重要,它是高收入国家消费增长的主要来源。

---

① *Where is the Wealth of Nations? –Measuring Capital for the 21st Century*,The World Bank,2006.

② Anil Markandya,*Suzette Pedroso Galinato*,*Economic Modeling of Income*,*Different Types of Capital and Natural Disasters*,The World Bank,Policy Research Working Paper 4875.

③ Susana Ferreira,*Kirk Hamilton*,*Comprehensive Wealth*,*Intangible Capital*,*and Development*,The World Bank,Development Research Group,Environment and Energy Team,October 2010.

O.N.Boldov(2010)从无形资本的视角研究经济增长和国民财富之间的关系。他认为国民财富是自然资本、生产资本、无形资本三种资本的总和,无形资本可以提升利润率,创造附加价值,提升国民财富总量和边际生产率。在国民财富总量中无形资本所占比重的上升会促进经济增长。在主要发达国家中无形资本构成国民财富的80%以上。一个国家的发展水平越高,无形资本在国民财富中所占的比重越高。

世界知识产权局(2017)研究发现,制造类商品的价值有三分之一是来自无形资本,无形资本在制造类产品价值中所作的贡献平均占30.4%(2000—2004),无形资本的份额从2000年的27.8%上升到2007年的31.9%,但是从那以后基本保持稳定不变。无形资本所获得的收入从2000年到2014年增长了75%。食品、摩托车和纺织品三类产品中无形资本创造的收入大约占50%。实际的研究数据表明,无形资本有助于特定行业的收入的增加。

(四)无形资本与商业周期的关系研究

Keqiang Hou 和 Alok Johri(2009)在实证研究的基础上,以美国的数据为依据,把无形资本引入了真实景气商业模型,发现公司利润的波动性是产出的7倍。其中,无形资本是作为生产最终产品技术的第三个投入要素被引入模型的(另外两个是劳动和物质资本)。无形资本模型能够产生收益的波动性。缺少无形资本,那么模型就难以解释数据的特征。无形资本投资是顺周期的,量级巨大,在生产率内生变化的商业周期中起着重要作用。[1]

Stefano Giglio 和 Tiago Severo(2011,2012)在资产泡沫研究中引入了无形资本概念,把无形资本看作是一个非常重要的影响因素。由于无形资本不能用作抵押进行融资,而技术变化使无形资本在生产中的重要性又进一步增加,加重了企业家借款的限制,导致了高收益资产非常稀缺,这就为资产泡沫创造了条件。由于投资过多集中在物质资本上,导致了边际生产力下降,减少了利息率,理性泡沫可以在均衡状态下得以维持。当无形资本没有那么重要的时候,理性泡沫不会存在。当无形资本变得越来越重要时,由

---

① Keqiang Hou, *Alok Johri*, *Intangible Capital*, *Corporate Earnings and the Business Cycle*, Department of Economics Working Paper Series 2009-2017, McMaster University.

于有形资本的积累使无形资本的生产率越来越高,理性泡沫就可以一直在均衡状态下得到保持。① 泡沫问题,我们把它归为周期问题,因为一旦泡沫破裂,也就意味着经济陷入萧条,经济发展进入一个新的周期。

巴基斯坦学者 Kashif Zaheer Malik 等人(2014)把无形资本引入真实景气循环理论模型,发现对无形资本的投资是顺周期的。不管是短期的还是长期的无形资本投资都是这种性质。但是对长期的技术变化来说,公司会分配更多的劳动和物质资本去创造无形资本,这虽然会损失目前的利润,但将会提高未来的利润。对无形资本的投资在生产率的内生变动中起着非常重要的作用。当永久的技术变化持续一个很高的水平,会对就业产生很强的负面效果。他们的模型预测永久性技术变化的影响持续时间会更长,公司会获得更多的无形资本,这会进一步提高未来的生产率并产生长期效果。研究结果的重要的政策含义是建立无形资本的稳定性,无形资本可以被建设成为一个稳定器,政府有必要直接引导企业或者在国家层次建立一个中介机构,持续地投资以创造无形资本。②

McGrattan & Prescott(2014)对无形资本和商业周期之间的关系进行了研究,发现在2008—2009年大萧条的低迷时期,总产出和劳动时间下降非常明显,但是劳动生产率却是上升的。研究发现无形资本投资数量巨大,在商业周期运行中起着重要的作用。McGrattan(2017)通过建立多部门一般均衡模型,把无形资本投资纳入其中,发现部门特有的转变和行业联系对于行业的宏观波动和宏观联动起着重要的作用,全要素生产率在商业周期变化频率中并没有联系。无形资本投资与有形资本投资的时间序列属性不一样,无形资本投资在商业周期变化中相对于有形资本投资变化较小,这会延缓周期波动几个季度。McGrattan & Prescott(2010)曾经对无形资本投资和有形资本投资加以区别,但是仅限于对20世纪90年代技术投资繁荣时期特别现象的研究,不具有普遍意义。在此之前的一些实证研究,证明了无形资本投资非常巨大,并会在商业周期中随着有形资本投资的变化而发生变化。Corrado、Hulten、Sichel

① Stefano Giglio., "Tiago Severo, Intangible Capital, Relative Asset Shortages and Bubbles", *Journal of Monetary Economics*, 2012, pp.303-317.

② Kashif Zaheer Malik, "Syed Zahid Ali, Ahmed M.Khalid, Intangible Capital in a Real Business Cycle Model", *Economic Modelling*, 2014, pp.32-48.

(2005,2006)认为,无形资本投资和有形资本投资数量都同样巨大;McGrattan & Prescott(2014)用公司层级的数据进行研究,发现无形资本投资与有形资本投资高度相关。McGrattan & Prescott(2017)对 2008—2009 年的大衰退进行研究,发现在经济下降阶段,GDP 和工作时间下降非常明显,但是全要素生产率却下降很少并且迅速恢复,在 2009 年就得以回升,这时真实的经济活动还处于下降过程中。这些现象与在此之前很多的商业周期理论的预测是不一样的,这些理论认为资源被有效地分配,经济波动主要是全要素生产率变动造成的。

二、与无形资本相关的微观研究

（一）无形资本与企业竞争力、企业绩效之间关系的研究

David G.Hula(1989)通过对美国 12 家制造企业集团进行研究,认为广告、研发和多元化战略影响巨大。研发对于增加企业的利润比广告更为有效,是形成无形资本的最主要的因素。无形资本的积累对于每个企业来说都是最有效的获取利润的手段。研发支出的利润报酬率远高于广告支出,对于提高市场占有率也比广告更有效。在企业获取利润的过程中,管理的质量对于利润的获取具有非常重要的影响。他还通过利润指标公式推导出研发的利润率与每个公司的平均研发支出是非常明显的正相关,公司利用研发作为增加公司利润率的途径是最优选择。[①]

Hunt & Morgan(1995)研究发现企业的竞争优势是建立在特殊的无形资源的基础上。具有类似观点的还有 Barney(1991)、Griffith(2006)、Harvey & Buckley(1997)、Hitt et al.(2001)等学者。

Hunt(2000)认为,资源是指公司无形和有形的实体,可以使公司有效地生产或者是对有价值的细分市场进行产品供应。无形资源可以向公司能力转化,也可以给公司带来更好的绩效。Hunt(2000,2008)认为,竞争优势是建立在无形资本基础上,可辨认的高层次的复杂的无形资本积累不仅可以作为资源,而且也可以成为创造额外资源的基础。Michael G.Harvey & Milorad M.

---

① David G.Hula,"Intangible Capital,Market Share and Corporate Strategy",*Applied Economics*,1989,pp.1535-1547.

Novicevic(2005)通过建立以组织能力为基础的理论框架,建立了一个模型,解释了管理技巧和能力向组织的无形资本转变的过程。认为对人力资本、社会资本、政治资本和跨文化资本有效的累积性的运用可以最终帮助组织获得竞争优势,对组织绩效产生积极影响。组成无形资本的每一个要素,其真正的价值取决于每个资本完成组织目标过程中自身累积的重要性。在评估组织的无形资本的价值过程中,技巧和能力向组织的无形资本的转化非常重要。[1] De和 Dutta(2007)认为这些无形资本的价值存在于它对生产率和公司战略的贡献。

Emanuela Marrocu et al.(2011)发现,企业内部的无形资本对于企业的生产率起着重要的作用,外部的经济和制度环境也对企业起着关键性的影响作用,因此要控制企业所在地区的技术和人力禀赋,以及地区的基础设施和人口布局。为了获取地区的知识溢出效应,企业应该通过获取无形资本建立自己内部的知识获取能力。[2]

O.N.Boldov(2010)从微观的角度研究发现,无形资本决定企业的发展动力和竞争优势。

(二)无形资本与市场营销能力

Griffith 和 Harvey(2001)对无形资源转化为市场营销能力进行了探索,Hitt、Bierman、Shimizu、Kochhar(2001)探讨了无形资源向公司能力的转化,认为可以给公司带来更好的绩效。Griffith、Yalcinkaya、Calantone(2010)重点地对无形资本的四种要素——人力资本、关系资本、信息资本、组织资本和市场营销能力之间的关系以及企业的绩效进行了研究,发现人力资本、关系资本会影响市场营销能力,通过制度环境,市场营销能力会相似地影响企业的绩效,企业的经营效率会提高,市场销售增长会加快。组织资本对市场营销能力的影响在不同国家影响不同,信息资本不能影响公司的市场营销能力。市场营销能力的提升,会很明显地影响到公司的绩效。整体来说,无形资本对企业绩

---

[1]　Michael G.Harvey and Milorad M.Novicevic,"The Challenges Associated with the Capitalization of Managerial Skills and Competencies", *Int.J.of Human Resources Management 16*, 8 August 2005, pp.1374-1398.

[2]　Emanuela Marrocu et al.,"Intangible Capital and Firms, Productivity", *Industrial and Corporate Change*, Volume 21, Number 2, pp.377-402, 2011, July 22.

效的作用主要是通过市场营销能力来传导的。①

（三）无形资本与供应链的关系研究

Teece(1998)认为,企业越来越依靠供应商,这些供应商能够在企业无形资本的积累方面作出弥补和贡献,这可以用来进行竞争定位。Hunt(2000)认为,资源是指那些公司的无形的和有形的实体,这些实体可以使公司有效地生产或者是对有价值的细分市场有效地进行产品供应。Kim & Wagner(2012)、Wynstra et al.(2012)认为,在发展新产品和创新型产品的过程中,这样的供应链和无形资本发挥着重要的作用。Chen & Shih & Yang(2009)、Wagner & Coley & Lindermann(2011)认为,人们很少知道供应链内部的无形资本所发挥的动态作用,依据必要的过程,可以获得最基础的新产品发展收益。Tobias Schoenherr et al.(2014)通过对195个制造行业中小企业供应链数据进行研究,发现容易转移的资本存在于显性知识,不容易转移的资本存在于隐性知识,这两种知识在供应链中影响新产品发展的能力是不同的。隐性知识对于产品发展的影响力更强,两种知识的相互作用也会影响产品发展的能力。

（四）无形资本与企业流动性关系研究

Bates & Kahle & Stulz(2006)研究发现无形资本增长是过去几十年里美国企业现金库存大幅增长的主要原因,它不仅影响现金水平,也影响现金调整动能,以及公司投资和现金库存之间的关系。Shleifer & Vishny(1992)、Hart & Moore(1994)、Rampini & Viswanathan(2010)认为,有形资本或资产可以导致更多的债务,而无形资本不能用来抵押,可以降低企业债务融资能力。Karabarbounis & Neiman(2012)研究发现,资本份额的增加会导致现金库存增加。Ryan H.Peters、Lucian A.Taylor(2014)认为,如果可以恰当地进行无形资本投资,可以使投资和现金流之间产生很强的关系。

Antonio Falato、Dalida Kadyrzhanova、Jae W.Sim(2013)研究发现,无形资本对企业的现金持有决策有普遍的影响,这个影响是由于财务矛盾和现实投资矛盾决定的。他们通过建立一个包含无形资产和有形资产两种类型资产的现

---

① David A.Griffith,Goksel Yalcinkaya,Roger J.Calantone,"Do Marketing Capabilities Consistently Mediate Effects of Firm Intangible Capital on Performance across Insititutional Environments?", *Journal of World Business*,2010,pp.217-227.

金库存动态模型,得出以下结论:1.美国过去二十年企业现金库存(净债务)随着时间出现的增长(减少),在时间序列和横断面上与无形资本正相关(负相关)。2.投资和增长与现金库存正相关,特别是对那些拥有更多无形资本的企业而言。3.现金调整的动态对拥有更多无形资本的企业来说更加缓慢。4.对于那些融资受限和具有更高投资率偏值和峰值的企业而言,无形资本和现金流之间的联系更强。①

关于无形资本和流动性管理之间关系的研究,对于企业投资和现金管理决策具有一定的现实指导意义。该研究假设无形资本不能进行抵押融资。实际上从1952年美国制定《统一商法典》开始,就规定了无体财产作为担保物融资的问题,商业票据、银行存款和收款、信用证、仓单、提单和其他所有权凭证、证券、账债和动产契据、油气开采权等都被看作是无体财产,其中当然也包括知识产权等无形资产。1975年美国就进行过知识产权质押贷款的纠纷判例。美国小企业管理局还和商业银行合作,推动知识产权质押贷款。现在,知识产权质押贷款已经成为美国商业银行的一项基本业务。当然,由于无形资产的特殊性,美国银行一般在合同拟定、资产评估等环节要求非常严格。

以上学者的研究结论如果成立,对于宏观经济研究也具有重要意义。它解释了无形资本构成较高的企业在投融资方面的运行机制,解释了流动性管理的机制,对于宏观经济运行中解释新经济长期繁荣和迅速从衰退中走出提供了理论依据。正是由于企业现金流充分,不倚重外部银行贷款,因此银行债务会减少,宏观债务风险降低。流动性充足又导致了企业运行正常化和投资可持续化;企业储蓄剩余多,表现为银行存款,企业可以用来发放贷款的资金来源增多,推动了银行贷款业务的增长。对于那些需要贷款的中小企业而言,获得贷款会更容易,因此促进了投资和宏观经济的繁荣。这种推理还有待进一步深入展开并论证。

(五)无形资本与会计管理研究

Lev & Zarowin(1999)认为,应该扩大传统财务报表的范围,把无形资本产生的经济利益纳入报表中。Kaufmann & Schneider(2004)也强调,应该在每年

---

① Antonio Falato, Dalida Kadyrzhanova, Jae W. Sim, "Rising Intangible Capital, Shrinking Debt Capacity, and the US Corporate Savings Glut", 2013, p.67. Finance and Economics Discussion Series, DI.visions of Research & Statistics and Monetary Affairs, Federal Reserve Board, USA.

的财务报表中提供附加的信息,以体现无形资本。Mouritsen(2006)、Van der Meer-Kooistra & Zijlstra(2001)认为目前的财务报表是不合适的,不能很好地体现无形资本,而无形资本在财务报表中的体现是必要的。Mouritsen(2003)认为,有关无形资本的信息尽管形式简单,也特别应该纳入财务报表,因为无形资本已经成为动态市场上的主要信息来源。Grasenick & Low(2004)认为,由于世界经济的变化,无形资产作为价值创造的主要来源,使财务报表的相关性已经丧失。因此,有必要修改传统的财务会计制度,纳入无形资产,以体现这一变化。Brannstrom & Giuliani(2009)认为,尽管会计要求一致性,但在实践中涉及无形资本元素的会计报表仍然存在不一致的现象,这可能是因为无形资本的复杂性造成的。

Wong(2005)通过对新西兰股票市场上市公司数据的研究发现,商业资金的分期付款和可辨认无形资产的缺失会导致企业价值倍数和市盈率出现明显减少,这些指标是用来评估企业的,这种减少会导致对企业不恰当的评估。Cristina-Ionela Fadur & Daniela Ciotina(2011)认为,必须改变旧的会计方法,对无形资本的忽略已经成为企业绩效提升的障碍,在当前经济危机背景下,管理者必须面对如何有效地使用无形资本,也就是人力资本、结构资本和关系资本。[①] 很多国家已经开始走出这一步,澳大利亚国防部创造了 CEVITATM 指数(Capability Economic Value of Intangible and Tangible Assets),把无形资产和有形资产的价值结合起来(Ratnatunga et al.,2004)。

Grimaldi & Cricelli(2009)确定了一个理论模型来测量无形资产价值和类型与财务绩效指标之间的关系,该模型以层次评价指标为基础,确认了关键性无形资产在公司内部的价值创造。层次评价指数是对无形资产客观的评价方法和经理们的主观评价相结合的一种反映。无形资产是决定公司价值的关键性组成部分(Green,2006),既考虑传统的财务指标,又考虑无形资产的价值,这会确保年度报表能够真实反映在可靠信息基础上所做决策和产生的结果(Sriram,2008)。

---

① Cristina Ionela Fa˘dur & Daniela Ciotina˘.,"The Accounting of Intangible Capital,Annals", *Economics Science Series*.Timisoara(Anale.Seria Stiinte Economice.Timisoara),issue:XVII / 2011,pp. 848–852.

（六）无形资本管理研究

日本学者 Shigeki Sugiyama（2013）从管理的角度研究无形资本,把无形资本管理方法看作是动态的知识智慧,上升到一个很高的高度。他认为,资本的形式很多,如货币、设施、房地产、移动财产、建筑物、制度体系、信息、关系、人力资源、知识产权、知识、智力、动态的知识智慧等。这些资本对于生产、销售、管理、经济、社会、国家和世界等影响巨大。有些是有形的,有些是无形的。有形资本可以在现实使用中发展各种管理方法,无形资本难以找到合适的方法进行管理。他研究并介绍了一个基本的概念——把无形资本管理方法看作是动态知识智慧。通过研究,他得出了一些结果:1.任何组织（系统）都可以通过运用这种动态知识智慧实现系统化;2.这种动态知识智慧使系统增加了必要的相关的功能;3.这种动态知识智慧可以用来观察系统内部行为和情况;4.这种动态知识智慧可以用来管理和控制系统内部的无形资本,使系统运行得更好;5.这种动态知识智慧可以把无形资本和有形资本的功能结合起来,以便更好地控制一个系统。①

基于无形资本的无形性和复杂性,提出动态管理无形资本,并把这种管理看作是动态知识智慧,可以说把无形资本管理上升到了很高的高度,提升了大家对无形资本重要性的认识。也说明西方学者越来越重视无形资本的管理,在实践中进行了有益的探索。但是他对无形资本没有明确的定义,无形资本要素包括哪些内容也没有严格的界定,这使他对管理方法的研究仅仅停留在概念和重要性探讨阶段。

三、与无形资本相关的中观研究

（一）无形资本与地区发展

Sergio Bossier（2001）综合以前学者对无形资本的研究,在 Bourdieu、Putman、North、Williamson、Schultz、Fukuyama、Montero、Becker、Coleman、Hirschmann 等学者提出的概念的基础上,提出了十种无形资本来研究地区发展,认为这些资本合理的流通会产生外部效应,促进特定地区的发展。这十种

---

① Shigeki Sugiyama, Intangible Capital Management Method as Dynamic Knowledge Wisdom. DOI:10.4018/978-1-4666-3655-2.ch002,IGI Global,2013.

无形资本是：认知资本、象征资本、文化资本、社会资本、民间资本、制度资本、心理资本、人力资本、媒介资本、协同资本。[①] Sergio Bossier & Giancarlo Canzanelli(2008)在研究经济全球化和地区发展的论文中，对于影响地区发展的有形和无形要素进行了列举：基础设施、服务体系、经济体系、知识、社会和公民价值观体系、房地产、地区精神、文化遗产、经济和文化领导力、外部经济和文化交流、社会资本及分布。[②] 这里面，除了基础设施、房地产以外，几乎都属于无形要素。这说明了无形要素在地区经济发展中的重要作用。Maricela Flotts de los Hoyos & Paula Antunez Diaz(2012)对智利马普切妇女协会所在的地区发展与无形资本之间的关系进行了研究，发现特定的无形资本有利于地区发展进程。他们重点论证了三种无形资本：认知资本、文化资本和制度资本。[③]

（二）无形资本与行业发展

世界知识产权局在《2017 年世界知识产权报告：全球价值链中的无形资本》中对具有全球价值链性质的公司研究发现，制造类商品的价值有三分之一是来自无形资本(如品牌、设计、技术)，这个数字 2014 年是 5.9 万亿美元，表明无形资本所做贡献是有形资本(如建筑、机器)的两倍，说明了知识产权和保护知识产权经济的重要性。无形资本将决定企业的生死，为企业获得竞争优势。无形资本在制造类产品价值中所做的贡献平均占 30.4%（2000—2004）。无形资本所获得的收入从 2000 年到 2014 年增长了 75%。食品、摩托车和纺织品三类产品中无形资本创造的收入大约占 50%。报告又对咖啡产业、光伏产业和智能手机产业进行了详细的分析，以此来说明无形资本在不同行业价值创造中的作用。

Pamela Megna & Mark Clock(1993)对半导体行业无形资本的影响进行了研究，他用托宾 q 值作为中间变量，看无形资本对 q 值的影响，进而研究无

① Sergio Bossier, "What If development is Really the Emergency of a System", *Working Paper*, *No 6*, 2003, p.21, *Esther Gravalos Publishing House.*

② Sergio Bossier & Giancarlo Canzanelli, "Globalization and Local Development", *Universality Forum of International Journal on Human Development and International Cooperation*, Vol 1, No 1, 2008.

③ Maricela Flotts de los Hoyos & Paula Antunez Diaz, "Cognitive, Culture, and Institutional Capital, :An Approximation to a Local Development Perspective", *International Social Work*, 2012, 55 (3), pp.369-382.

形资本对半导体行业的影响。在此之前,Iain Cockburn & Zvi Griliches(1988),Griliches(1981)已经把 q 值与无形资本联系起来。Pamela Megna & Mark Clock(1993)以研发支出和专利作为无形资本,获取相关数据,允许无形资本具有一定的折旧率。研究结果表明无形资本对 q 值有影响,但不能完全解释它的变化,不同企业和不同行业变化巨大。竞争对手的无形资本存量对 q 值的变化也有影响,竞争对手的专利对 q 值的影响是负面的,即竞争者专利存量越大,会导致 q 值越低。而竞争对手的研发支出对 q 值则具有正面影响。

McGrattan & Prescott(2014)发现,无形资本密集型的产业生产很多的中间产品,能够间接地影响非无形资本密集型产业。2012 年,美国建筑性投资占 22%,设备投资占 45%,知识产权投资占 33%。这些比重从 20 世纪 90 年代早期技术繁荣开始就一直保持稳定。在有些行业这个比率更显著。以计算机产品为例,知识产权投资是建筑性投资和设备投资的四倍还多。20 世纪 90 年代技术繁荣期间,计算机软件和研发支出增长迅速,在 2000 年达到顶峰,然后下跌上涨,2008 年至 2009 年金融危机爆发期间再次下降。其间关于无形资本的统计,没有包括广告、营销、组织资本,因为缺少足够的测量工具。如果包含无形资本,以上特征会更为明显。无形资本投资非常巨大,和有形资本投资密切相关,在投入产出关系上对很多部门影响巨大。这说明在测量生产率的实际波动中索洛残值标准并不可靠。

第二节　国内有关无形资本研究的文献综述

中国国内也有很多学者对无形资本问题进行了很深入的研究。与国外研究不同的是,国内有关无形资本的研究有些侧重于基础理论研究,研究方法比较抽象,呈现了和国外主要依靠实证研究不一样的趋势。应用研究也是国内研究的一个重要方面。比照国外应用研究从宏观、微观、中观研究的三个层次,国内关于无形资本的应用研究也基本上可以分为三个方面。

一、与无形资本相关的宏观研究

（一）无形资本与经济增长方式、全要素生产率、国民财富等相关问题的研究

韩廷春（2001）认为实际经济部门的发展效率提高主要是依赖于投资增加和资本积累过程当中所呈现出来的外部经济性，这主要得益于知识的积累和技术的提高，是人力资本与研发资本水平提高的结果。人力资本体现了劳动者从事生产经营与管理的效率水平，而研发资本是有形资本技术水平的体现，这两种无形资本共同提高了劳动生产的效率，从而推动了经济的持续增长。金融部门的发展以及无形资本的增加对于提高储蓄率、推动储蓄向投资转化、提升资本边际生产率起着非常关键的作用，经济增长的质量和速度也会由此决定。他用实证分析的方法，得出 1978—1989 年间单位资本上的无形资本数量每增长 1%，经济增长速度会提高 0.08%；1990—1999 年间，单位资本上的无形资本数量每增长 1%，经济增长速度会提高 0.34%。[1] 他运用改革开放以来的经济数据，说明了技术创新和制度创新对于中国经济增长的重要作用。

宋会丽（2009）对无形资本与经济增长之间的关系进行实证研究，认为全要素增长率取决于无形资本投资和人力资本投资。他通过对我国 1978 年至 2007 年这三十年的全要素增长率、无形资本投资增长率和人力资本投资增长率相关性的分析发现：后两者与我国这三十年的经济增长之间存在着一定的正相关关系，但是无形资本投资对全要素增长率的影响并不明显。同时，通过对企业中无形资产比重相关性的研究，发现无形资产投资可以加强企业的竞争力，并对经济增长起到积极作用。[2]

戴书松（2007）对无形资本的投资、价值创造与经济增长方式转变之间的关系进行研究，认为无形资本对经济增长发挥着越来越重要的作用，但只有当经济增长达到一定高度和规模之后才有可能对无形资本进行大量投资。由于边际资本收益递减的影响，为了提高有形资本的投资效率和存量资本的利用效率，就必须要增加无形资本投资。他通过历史数据的分析得出：分省的无形

---

① 韩廷春：《金融发展与经济增长：经验模型与政策分析》，《世界经济》2001 年第 6 期，第 3—9 页。

② 宋会丽：《无形资产与经济增长关系的实证研究》，天津财经大学硕士学位论文，2009 年。

资本存量的变动情况对分省的全要素生产率的变动存在显著的影响；无形资本投资存量的变动与资本产出比、边际资本产出比存在显著的负相关关系；无形资本投资存量的变动与经济增加值率具有较高程度的正相关性；由于我国目前无形资本投资水平较低，无形资本投资并没有显著改善我国的经济增长方式。①

邓晓丹、李鸿燕(2007)根据马克思资本有机构成理论和社会发展趋势，提出了资本有机构成同步指数概念，以资本技术构成指数和资本价值构成指数反映技术进步或知识与信息因素对资本构成影响程度的相对值。资本有机构成同步指数数值越大，说明技术进步的作用就越强。② 他的研究结论突出了无形资本的重要性，有针对性地指出了我国转变经济增长方式的政策选择。

文礼朋、郭熙保(2010)对于我国的全要素生产率和经济增长率的关系进行了研究，认为全要素生产率是无形资本投资的结果，无形资本投资包括研发投资、品牌建设、教育培训、广告支出、商业方法研究、软件研究、管理研究等。无形资本投资体现为技术进步，但是不能根据全要素生产率作为衡量经济的唯一指标，不同国家处于不同的经济发展阶段，不同的资本形式对促进经济发展作用是不同的。在有形资本迅速积累的阶段，全要素生产率可能会下降，只有经济进入成熟阶段，无形资本投资才有可能成为经济增长的主要推动力，全要素生产率成为最主要的衡量指标。通过借用技术实现快速追赶的国家，有形资本对经济增长的贡献会更为突出，只有当借用技术所提供的收益逐渐下降，不得不依靠自主创新来获取技术进步的时候，全要素生产率才有可能成为最主要的衡量指标。③ 他的研究从不同经济发展时段的角度，指出了无形资本对经济发展的不同作用，具有一定的现实政策意义。不能因为无形资本的特殊性而盲目地加大对无形资本的投资，有形资本在某些特殊的阶段对经济发展的促进作用甚至高于无形资本，发展中国家应该根据自己发展的情况和所处的发展阶段去决定无形资本和有形资本的投资。这与后来李连光

---

① 戴书松：《无形资本投资、价值创造与经济增长方式转变》，上海社会科学院博士学位论文，2007年。

② 邓晓丹、李鸿燕：《经济发展方式转变的马克思主义经济理论依据——从创新资本有机构成论视角解析经济发展的持续性》，《学术交流》2007年第12期，第63—66页。

③ 文礼朋、郭熙保：《借用技术与资本积累型经济增长——兼论全要素生产率与经济增长效率的异同》，《当代财经》2010年第8期，第14—19页。

（2012）提出的资本配置理论有异曲同工之妙，从不同的角度指出了无形资本在不同的国家对经济发展速度的贡献，不同的国家应该选择不同的发展路径。

侯若石、李金珊、侯方玉（2010）从中国经济发展方式转变的国际经验出发，认为经济发展方式转变必须以劳动力政策调整为终点。经济发展方式的转变实质上是生产要素的作用发生转变。对人力资本的投资，是发达国家经济发展的成功经验。OECD 国家劳动者的收入增长速度超过了国民经济增长速度，但是这些国家的国际竞争力却最强。进入知识经济时代以后，人的作用远远超过物的作用，经济发展方式从以物为本转变为以人为本，无形资本成为衡量财富的重要指标，它包括劳动者的知识和技能，也包括社会资本和制度因素，促进劳动力充分利用的机制是最重要的制度因素。为了增加社会财富，最首要的就是充分利用无形资本。中国应该树立以人力资本投资带动经济增长的理念，转变以投资促进经济增长的方式，建立和谐的劳资关系。提高劳动者素质是产业结构升级的必然要求，也是提升企业竞争力的基本保障。[①] 他们研究的落脚点虽然是和谐的劳资关系，但是仍然是以推动我国经济增长方式转变为目的，以发达国家的经济发展所积累的经验作为切入点。

朱迎春（2012，2013）借鉴欧盟委员会"欧洲竞争力、创新和无形投资（CO-INVEST，Competitiveness，Innovation and Intangible Investment in Europe）"专项研究计划对无形资本的划分，把无形资本投入分为三类：电子信息类、创新资产类、提升经济竞争力的资产类，把无形资产投入带来的经济增长作为科技进步贡献的一部分，测算出我国科技进步贡献率在 2005 年至 2010 年间约为51%，无形资本存量与有形资本存量比重大约为 0.65∶1，提出要跟踪学习国外无形资产测度方法，开辟无形资产数据采集渠道，深入研究无形资本的核算方法等建议。[②] 他的研究思路与西方经济学者对科技进步贡献率的测算基本上是一致的，明确提出了向国外学习的口号。他所说的科技进步贡献率就是西方经济学者所说的全要素生产率。

黄亮雄、才国伟、韩永辉（2013）借助世界银行 2011 年财富报告所创建的财

---

① 侯若石、李金珊、侯方玉：《中国经济发展方式转变的国际经验》，《中国市场》2010 年第42 期，第 85—90 页。

② 朱迎春：《基于无形资本测算的科技进步贡献率》，《科技日报》2012 年 12 月 24 日第1 版。

富指标,从我国省区财富结构及其发展模式的角度对不同形式的资本所发挥的作用进行了研究,发现其中我国的人均生产资本增长速度最大,无形资本次之,自然资本的人均增长率最低,我国的财富增长还主要依靠生产资本。综合比较,相对于各个组成部分,总财富的差异较小,各地形成了有自身特点的财富结构,各个省区之间的人均生产资本区域差异正在逐渐缩小。但是无形资本与自然资本在增长的同时导致了区域差异的扩大,我国的财富结构仍然有待优化。①

(二)无形资本与经济全球化、国际竞争力、国际金融危机等相关问题的研究

柳思维(2001)以经济全球化为背景,对企业无形资本的国际化经营进行了研究。他认为第三次科技革命的发展提高了技术水平和劳动生产率,大大降低了经济全球化的制度成本和交易成本,促进了国际经济合作,无形资本也需要走出国门,实现国际化。无形资本的国际化可以给企业带来成倍的效益增长,已经成为国家竞争力的标志。作为发展中国家,中国应该充分重视无形资本国际化趋势,深化产权改革,加强无形资本评估,在国际营销和网络保护方面采取有力措施,推动我国无形资本国际化发展战略的实现。②

马传兵(2003,2004,2006)提出经济全球化的实质是资本扩张,其扩张形式已经不再局限于有形资本,无形资本已经成为对外扩张的急先锋和主导力量。他把无形资本界定为以专利、商标、著作权、计算机软件等无形资产为表现形式,依靠法律和行政手段通过垄断市场直接获取垄断利润的一种新型资本。无形资本扩张具有超前性、有序性、辐射性、垄断性、渐进性、逆向选择性、偏单向性等特点,通过直接投资建厂或者特许经营等方式实现对外资本扩张。他指出,发展中国家快速提升无形资本的质量和数量积累,是抵御发达国家无形资本扩张,实现跨越式发展的必由之路。马传兵(2011)对不同的资本形态在三次产业革命中的作用进行了研究,认为无形资本已经成为第三次产业革命中对外资本扩张的主力。

马传兵(2010)还对经营性无形资本融资问题进行研究,他以沪市上市公司信息技术产业的数据分析为基础,进行了实证研究得出结论:公司的实收资

---

① 黄亮雄、才国伟、韩永辉:《我国省区财富结构及其发展模式研究》,《经济学家》2013年第7期,第52—61页。

② 柳思维:《论经济全球化与企业无形资本的国际化经营》,《湖南财经高等专科学校学报》2001年第2期,第1—7页。

本、短期负债与经营性无形资本之间存在着正相关关系,经营性无形资本对于企业融资能力具有正向放大作用,同时,对企业的短期偿债风险具有更大倍数的正向放大功能。以此为基础,马传兵(2012)从无形资本的角度对 2008 年爆发的国际金融危机进行了分析,认为无形资本对于短期债务风险具有放大功能,无形资本在国际金融危机中也发挥了不可忽视的作用。

李连光(2012,2013)通过构建资本分类配置理论来探讨国际分工中价值链所起的作用,认为无形资本和有形资本两类不同的资本在数量上和形成速度上的不同导致了不同国家在价值链利益分配上存在巨大差距。通过观察发现,有形资本以简单体力劳动和加工制造为特点,主要存在于发展中国家;无形资本以吸收复杂智力劳动和技术研发、产品设计、销售渠道、品牌管理等为特点,主要存在于发达国家。这个现象在制造业领域非常明显。不同国家间这种资本的分类配置决定了国家间不同的比较优势。无形资本领域的竞争是激烈而残酷的,发展中国家应该根据自己的国情和发展水平去决定无形资本的形成战略。国家间对两种不同资本的配置也必然体现在无形资本收益的国际收支账户上,处于无形资本国际收支顺差地位的也就是无形资本存量比较丰富的国家。他还以研发占 GDP 的比率作为指标把不同的国家分成"无形资本占优国家"、"精密制造国家"和"有形资本占优国家",从长期来看,"有形资本占优国家"也可以转变成"精密制造国家"。他还认为,两类不同资本的数量对比决定了在国际分工中制造业价值链的利益分配,而发达国家作为"无形资本占优的国家",始终占据主导地位,在国际价值链利益分配中始终获得较高的份额。无形资本和有形资本不存在着高低贵贱之分,它们在利益分配中的作用取决于其稀缺性,相比较而言,无形资本的稀缺性更大。按照1996 年到 2007 年世界研发投入数据进行比较测算,世界无形资本和有形资本的增长率分别为 89.53% 和 86.8%,说明较近十年内两者的发展并没有失衡。总体来说,国际间价值链利益分配是不均衡的,有利于无形资本而不利于有形资本。部分有形资本占优的国家,可以通过无形资本的积累,转化为精密制造国家,由此在国际分工中获得较高的利益份额。① 他的这个研究与文礼

---

① 李连光:《国际分工下的制造业资本分类配置与价值链利益分配》,《财贸经济》2012 年第 11 期,第 70—77 页。

朋、郭熙保(2010)对资本积累型经济增长的研究结论有一致性的地方,也就是无形资本和有形资本对经济发展都有贡献,不同经济发展阶段的国家,无形资本和有形资本的积累比重不一致,也导致这些资本所做的贡献不一致,不同资本形态的存在都有合理性。但未来总体的发展方向,是无形资本占优才能真正提高经济发展效率。李连光的这个研究,建立在传统的比较优势的国际分工理论基础上,形成了自己的资本配置理论,结合价值链理论,对于发达国家和发展中国家在资本积累方面的政策形成了独特的观点,对于发展中国家在国际分工中获取更高的利益份额提出了可行的政策性建议。他不仅突出了无形资本的重要性,而且通过历史数据的分析,对有形资本和无形资本在不同国家的配置进行了研究,得出了较为可靠的结论,也指出了目前国际分工中发展中国家与发达国家之间在资本积累方面的矛盾,从资本配置的角度,揭示了目前的利益分配格局,为发展中国家获取更高的利益份额从理论上指出了发展方向。

李连光(2013)运用归纳的方法,对影响资本分类配置国家角色变化的决定因素进行了研究,认为人口数量、成人平均受教育年限、研发投入、储蓄率、外汇储备率、对外版权与专利技术支出等因素是影响国家角色变化的决定因素,这些因素彼此之间相互作用也是重要的影响因素。对于中国来说,要想改变已有的有形资本占优国家角色,转变为精密制造国家,关键的条件在于降低外汇储备率,提高对外版权和专利技术支出,进行人才引进,弥补中国成年人平均受教育年限的不足。[①]

二、与无形资本相关的微观研究

(一)无形资本与企业竞争力、企业绩效等相关问题的研究

王仲兵(1999)从资源基础企业观出发,认为企业的竞争优势来自企业拥有的无形资源,包括企业文化、专有技术、经营诀窍、组织能力、企业关系等。他认为无形资产资本化是无形资产会计形成的基础,是企业对外竞争的必备条件,通过无形资本保全可以保持无形资本获取超额利润的能力。[②] 王仲兵

---

① 李连光:《资本分类配置国家角色变化的历史经验:1970—2010》,《云南财经大学学报》2013年第6期,第49—56页。

② 王仲兵:《论扩展资本保全理论》,《四川会计》1999年第6期,第19—23页。

（2000）建立了一个以利润率为横轴、以资产为纵轴的象限坐标，来说明有形资产和无形资产以及利润率的关系，当有形资产一定而企业盈利越来越大，这意味着无形资产的优势也越来越大，在象限坐标中表现为a（平均利润率与无形资产盈利能力直线之间的夹角）角度越大。①

吕凌（2001）把组织资本、人力资本、技术资本、知识资本看作是无形资本。组织资本对提高组织绩效具有积极作用，人力资本是技术创新的重要源泉和技术扩散的必要条件，在技术应用过程中也离不开人力资本，对人力资本进行投资是促进企业进步的最有力的手段。企业的技术创新能力是提升企业核心竞争力的关键，对组织资本和人力资本的开发和应用是否合理？决定了企业技术创新的成败。②

宋小敏（2003）提出了无形资本深化概念，认为一个经济体内人均无形资产量随时间推移而增长，并促使产值增加的进程就是无形资本深化。他认为企业联盟的动因主要是相关企业之间存在着无形资本深化的需求，并建立了三维向量（包括市场向量需求、能力向量需求、硬资源向量需求）坐标象限图形来解释企业联盟的动因。无形资本深化可以增强信息对称性，节约联盟成员彼此联系、信息交流的成本。联盟成员之间双向的收益、情感与信誉贴水会促进专用性无形资产的合理使用，也会直接影响着无形资本深化的速度。③

马传兵（2007）指出了无形资本获取超额利润的实质是垄断利润，认为无形资本的超额收益性，使企业获得持续的竞争优势，国有企业通过无形资本再造，可以提升自身的竞争力。马传兵（2008）还认为利用无形资本创业，可以最大限度地节省有形资源的投入，迅速打开市场局面，提升创业的成功率和竞争力。马传兵（2009）对无形资本和女企业家的经营绩效之间的关系进行研究，把无形资本分成社会性无形资本和经营性无形资本，这两种无形资本对于企业绩效提升都有明显的促进作用。马传兵（2012）从生产和流通两个不同领域对无形资本的价值实现和转移进行研究，认为无形资本只转移自身价值

---

① 王仲兵：《论无形资产对企业竞争优势的贡献》，《华北电力大学学报（社会科学版）》2000 年第 3 期，第 32—36 页。

② 吕凌：《企业技术创新的资产战略研究》，中国社会科学院研究生院博士学位论文，2001 年。

③ 宋小敏：《企业联盟中无形资本深化问题的制度思考》，《经济管理》2003 年第 11 期，第 69—72 页。

并不创造价值,但是无形资本的垄断性和由此导致的产品差异性会增强企业的定价权,获取超额垄断利润,从而提升企业的竞争力。

孙白杨、曹邦英、李虹(2008)把无形资本的运作与企业核心竞争力联系起来进行研究,并从无形资本的角度提出了若干考察企业核心竞争力的评价指标,他也提出了无形资本运作的概念及内容,无形资本大体上可以分为四类:与市场相关联的无形资本、知识产品类的无形资本、人力优势的无形资本、组织管理优势的无形资本等。①

李生、于君(2009)对无形资本的质量、影响因素及其评价标准进行了研究,认为无形资本质量是指企业无形资本持续的价值创造能力,该种能力越强,持续的时间越长,无形资本的质量就越高。组织的学习能力、无形资本的投资规模、投资效率以及客户价值会影响到无形资本的质量。可以通过价值创造力、价值创造的持续性、稀缺程度、模仿难度等标准来衡量无形资本的质量。②

以上学者都看到了无形资本对于提升企业竞争力和提高企业经营绩效的正面作用。

(二)无形资本运营、无形资产资本化以及其他相关问题的研究

1. 无形资本运营问题的研究

何国臣(1998)从无形资本经营运作的角度进行了研究,强调无形资本经营,以实现无形资产的增殖。他认为无形资本经营能够确定企业的垄断优势,超额增资获利。③ 缑毛生(1998)认为无形资本是商品经济活动中没有实物形态资产的货币表现形式。而无形资本经营是指企业对其拥有的各类无形资本进行运筹和谋划,使其价值增殖实现最大化的经营活动。④ 徐远明(2000)提出了无形资本营运的概念,认为可以通过规模化资本营运,调整国有企业资产结构和国有企业布局,促进国有企业经济发展。⑤

---

① 孙白杨、曹邦英、李虹:《关于运作无形资本提升企业核心竞争力的探讨》,《统计与咨询》2008年第5期,第14—15页。

② 李生、于君:《无形资本质量的含义、影响因素及评价标准》,《财会月刊》2009年第15期,第13—14页。

③ 何国臣:《论企业无形资本的经营运作》,《辽宁经济》1998年第2期,第20—21页。

④ 缑毛生:《无形资本经营解考》,《经济师》1998年第8期,第20—21页。

⑤ 徐远明:《关于我国国有工业企业无形资本营运的探讨》,西南财经大学硕士学位论文,2000年。

谢代银（2001）①,张铭（2002）②,刘艳龙（2002）③,蒋政、王琪、韩立岩（2002）④,苑泽明（2002）⑤等都对无形资本运营问题进行了研究,认为通过无形资本的科学运营可以快速实现公司价值的最大化,无形资本可以用来筹资、对外扩张、参与利润分配等,不断扩大企业的发展空间;通过无形资本的合理经营,可以降低和节约交易费用,实现规模经济,提升企业竞争力。王晓燕（2003）⑥认为无形资本的运作可以赢得竞争优势,扩大市场份额,加速企业的发展。张建（2008）认为可以依托无形资本进行融资。品牌融资、人力资本融资是企业无形资本融资的重要组成部分。品牌可以作为股本,用作抵押贷款,授权他人使用收取使用费。⑦

丁泉、戚振忠、曲海潮（2013）指出无形资本运营对企业发展越来越重要,他们还把资本运营划分为产业资本运营、金融资本运营和无形资本运营。在企业发展的不同时期,各种资本运营方式所发挥的作用不同。随着经济的不断发展,这三种资本运营方式显示出融合趋势。金融资本与知识等无形资本的相互融合,被看作是新经济发展的支撑。⑧

2. 无形资产资本化问题研究

彭坚（1998）认为资本是资产的价值表现,资产用来投资就转化为资本,因此无形资产经营与无形资本经营既相联系又有区别。⑨

何娟（2005）根据马克思的地租理论和知识资本相关理论对品牌超额利润的来源和品牌资本的运行机制进行了分析和研究,她把品牌资本形成的级差地租称为品牌租。她把品牌资本面临的市场结构看作是不完全性的,认为

---

① 谢代银:《现代企业融资策略研究》,西南农业大学博士学位论文,2001年。
② 张铭:《无形资产资本化运营问题研究》,首都经济贸易大学硕士学位论文,2002年。
③ 刘艳龙:《浅谈企业的无形资本经营》,《税务与经济》2002年第6期,第46—48页。
④ 蒋政、王琪、韩立岩:《企业无形资本》,《资本市场》2002年第6期,第57—58页。
⑤ 苑泽明:《无形资本运营对策的经济学思考》,《商业研究》2002年第14期,第5—8页。
⑥ 王晓燕:《论无形资本的运作》,《中国轻工教育》2003年第1期,第5—6页。
⑦ 张建:《浅谈无形资本融资——品牌融资和人力资本融资》,《知识经济》2008年第2期,第56—57页。
⑧ 丁泉、戚振忠、曲海潮:《企业资本运营的内涵与外延:一个分析框架》,《重庆社会科学》2013年第12期,第83—90页。
⑨ 彭坚:《无形资产经营与无形资本经营的联系与区别》,《政策与管理》1998年第8期,第6—8页。

品牌资本不可能在完全竞争市场和垄断市场形成,完全竞争市场中消费者和生产者都是价格的接受者,不存在通过制造产品差异来培养顾客忠诚度的可能性,在完全垄断市场中企业缺乏动力去创造品牌产品,垄断竞争与寡头垄断市场是品牌资本面临的市场环境。她把品牌资产的资本化看作是品牌资本形成和品牌资本运营的重要前提。①

李锐(2011)利用马克思的地租理论对无形资产进行分析,认为无形资产也存在着级差地租和绝对地租以及垄断地租。无形资产不是商品,所以没有价值,对无形资产的评估属于价格范畴。因为拥有的无形资产数量和质量的不同而获得不同水平的超额利润,这种现象是无形资产的级差地租;拥有知名品牌等无形资产的企业与不拥有类似无形资产的企业相比所获取的利润较高,这是无形资产的绝对地租;因为拥有土地使用权、特许经营权、技术秘密或诀窍而使产品价格以垄断价格出售获得超额利润,这是无形资产的垄断地租。②

3. 无形资本管理方面的研究

这方面的研究涉及的面很广,有营销方面的,有制度建设方面的,有决策方面的,有法律保护方面的,有保值增殖方面的,有无形资本内部要素相互影响方面的,非常广泛。

柳思维(1999)提出了企业要确立无形资本兴企强企的整体营销战略,利用无形资本优势实现企业资本低成本扩张营销,突出运用名牌策略等观点。③柳思维(2000)撰写了《企业无形资本》一书,从经营管理层次对无形资本进行了较为系统的研究,他把无形资本按照国际通行的观点划分为知识产权、技术秘密、特许经营权、商誉等。④

韩刚(2001)从企业制度创新的角度研究了无形资本理论,认为无形资本是推动企业发展的核心要素,无形资本的质和量决定了一个企业的竞争实力和发展潜力。⑤ 王晨、茅宁(2004)以企业价值网络分析为起点,对无形资产价

---

① 何娟:《品牌资本运营论》,四川大学博士学位论文,2005 年。

② 李锐:《马克思的地租理论在无形资产领域的运用与发展》,《郑州轻工业学院学报(社会科学版)》2011 年第 1 期,第 87—90 页。

③ 柳思维:《知识经济下无形资本营销若干策略》,《市场营销导刊》1999 年第 4 期,第 42—43 页。

④ 柳思维:《企业无形资本》,中国财政经济出版社 2000 年版。

⑤ 韩刚:《无形资本理论与国有企业的制度创新》,《理论导刊》2001 年第 5 期,第 18—21 页。

值创造的作用机理,各类无形资产形成和积累的动态规律,无形资本投资决策与管理等问题进行了系统深入的研究。① 章继刚(2008)认为无形资本属于战略资本,作用越来越大,要建立以无形资本为核心的企业资产保护和管理体系,保护和管理我国中小企业知识产权。② 潘文年(2008)结合民营书业的发展对民营书业的无形资本进行了研究,并提出了品牌形象营造法等七种无形资本运营方法。③

杨碧萍(2008)认为知识、信息、技能和人力资本等是构成无形资本的要素,对于中小企业竞争取胜至关重要,要通过计划、组织、协调、控制等活动加强对无形资产的管理。④ 霍世平(2011)指出高校拥有的、不具有实物形态而能为高校提供某种权利的资本,如专利权、商标权、著作权等都属于高校的无形资本。对无形资本科学的鉴定、正确的价值计算和转让是高校无形资本管理的主要内容。⑤

王莉红、顾琴轩(2013)从人力资本与社会资本两大无形资本的视角出发,发现二元学习在以上两种无形资本以及突破性和增量性创新能力之间起着中介作用。⑥ 王莉红、顾琴轩、吴一穹(2016)从无形资本的视角对团队错误中学习对成员创造力的跨层次影响进行了研究,发现人力资本、社会资本对知识共享及创造力均有明显的正向作用。知识共享对人力资本、社会资本和创造力之间的关系起着中介作用。⑦ 他们的研究对科技管理具有一定的政策指导意义。

---

① 王晨、茅宁:《以无形资产为核心的价值创造系统》,《科学学研究》2004 年第 4 期,第 405—410 页。

② 章继刚:《战略资本运营:提高企业核心竞争力的新途径》,《柴达木开发研究》2008 年第 4 期,第 42—45 页。

③ 潘文年:《谈市场化条件下民营书业无形资本的营造》,《出版发行研究》2008 年第 6 期,第 44—47 页。

④ 杨碧萍:《论中小企业无形资本的管理与经营》,《邵阳学院学报(社会科学版)》2008 年第 4 期,第 70—72 页。

⑤ 霍世平:《试论我国高校无形资本运作方式的创新》,《山西高等学校社会科学学报》2011 年第 12 期,第 130—131 页。

⑥ 王莉红、顾琴轩:《组织无形资本对突破性与增量性创新能力的影响——以组织二元学习为中介》,《科学学与科学技术管理》2013 年第 10 期,第 152—160 页。

⑦ 王莉红、顾琴轩、吴一穹:《团队错误中学习对成员创造力的跨层次影响:基于无形资本视角》,《科技管理研究》2016 年第 13 期,第 117—214 页。

（三）从会计学、财务管理学、资产评估等角度对无形资本相关问题的研究

蔡吉祥（2003）把无形资产对外投资形成的资本性权益看作是无形资本，把无形资本等同于会计学上的资本金，大大限制了无形资本的外延与内涵。有类似观点的学者如李锐（2011）。

莫守忠（2004）指出了国有中小企业在无形资本评估中应该注意的问题，提出了规范评估、健全无形资本交易市场等建议。① 鲍盛祥（2005）认为在企业清算中，那些没有被进行评估处理而损耗掉的无形资本具有无形性、生产性、默会性、难于测量性、专属性等特征，与商誉的特点一致，可以把它们看作企业商誉的组成要素。②

曾洁琼（2006）从智力资本的概念出发谈及了无形资本，认为无形资本只不过是智力资本的别名词。她从会计学的角度研究了我国企业智力资本的计量和报酬等问题。③ 李虹、孙白杨（2007）对无形资本的会计处理进行了研究。他们认为，应该在无形资产确认的基础上对无形资本进行确认。④ 贺云龙（2008）从会计学的角度建立了无形资本会计理论体系。贺云龙（2010）认为识别无形资本要遵循显性契约优先、隐性契约滞后的原则，应该按照核心层次、紧密层次、松散层次三个层次对无形资本确认。⑤ 赵志坚（2008）从会计学的角度认为在知识经济条件下应该把企业资本保全的重点放在无形资本上面，他把无形资本和知识资本等同起来，把知识资本分为人力资本、智力资本、市场资本和组织管理资本，认为人力资本是资本保全的重心。⑥

蒋冲、罗焰（2013）对低碳经济条件下无形资本战略进行了财务学的思考，认为低碳经济条件下，应该从战略的高度研究无形资本财务运行的规律和特征。无形资本通过价值转移的灵活性增加组织适应财务环境的弹性，使企

---

① 莫守忠：《中小企业无形资本融资担保法律问题研究》，湘潭大学硕士学位论文，2005 年。

② 鲍盛祥：《企业清算中损耗的无形资本》，《经济师》2005 年第 1 期，第 181—183 页。

③ 曾洁琼：《我国企业智力资本计量和报告研究》，华中科技大学博士学位论文，2006 年。

④ 李虹、孙白杨：《无形资本及其会计处理刍议》，《会计之友》2007 年第 2 期，第 38—39 页。

⑤ 贺云龙：《无形资本的识别与确认》，《财经科学》2010 年第 5 期，第 110—117 页。

⑥ 赵志坚：《知识经济下公司资本保全措施探讨》，《商丘职业技术学院学报》2008 年第 1 期，第 31—32 页。

业保持持续的竞争优势。① 他们的研究,从财务学的角度,说明了无形资本对于企业竞争优势的重要性,也指出了无形资本作为企业财务管理的战略基础的必然性。

罗焰、王凯(2014)从无形资本战略的角度探讨了财务管理的路径及其实施障碍,认为无形资本是能给企业带来较高经济性收益的无形资产,主张实施柔性的财务管理战略。② 王建新(2014)从无形资本循环视角对科研院所知识产权财务管理进行了研究,认为知识产权作为无形资本的一种,在资本循环过程当中同样经历着价值增殖的过程,有必要建立知识产权财务管理框架。向显湖、刘天(2014)提出建立无形资产财务战略体系的框架,要求关注和规划表外无形资产。③

杨林(2014)认为无形资源是经济学概念,无形资产是会计学概念,而无形资本则是财务学概念。由于现行会计和制度上的不健全,三个概念在实践中的转换非常困难。无形资源可以资本化,包括价值化、资产化和权益对象化三个方面。他从收入与成本的角度对无形资产创造经济增加值进行研究,探讨了无形资产的作用机理,重点对不同类型的人力资产和品牌资产对于收入创造的作用机理进行了深入系统的研究。④

郑黎星(2014)认为会计学的无形资产科目是知识与人力资本价值存在与处理的最优载体,人力资本是无形资本的构成主体,知识资本与无形资本是一回事,认为知识资本从资产负债表上看应该包含在股东权益中。⑤ 白福萍(2015)从会计学中知识资本(智力资本)主要是无形资产的代名词出发,对企业知识资本创造价值的经历和过程进行研究。认为企业是一个价值创造实体,无形资本和有形资本相互结合共同实现价值增殖。她指出了知识资本过

①　蒋冲、罗焰:《基于低碳经济的无形资本战略财务学思考》,《财会通讯》2013年第30期,第121—123页。

②　罗焰、王凯:《无形资本战略下财务管理的路径选择与实施障碍》,《商业时代》2014年第16期,第82—83页。

③　向显湖、刘天:《论表外无形资产:基于财务与战略相融合的视角——兼析无形资源、无形资产与无形资本》,《会计研究》2014年第4期,第3—9页。

④　杨林:《无形资产价值创造研究——基于经济增加值的视角》,西南财经大学博士学位论文,2014年。

⑤　郑黎星:《知识与人力资本的价值贡献机理及价值载体的选择》,《生产力研究》2014年第6期,第15—20页。

度投资可能会导致投资成本上升,对企业产生不利的影响。知识资本具有路径依赖特征,在外部环境发生变化而企业内部知识资本配置与结构没有发生变化的情况下,知识资本会产生刚性,不利于企业价值的形成。①

三、与无形资本相关的中观研究

国内关于无形资本的中观研究相对较少,主要集中在一些特殊行业,如广告创业创意产业。

梅琳(2009)对无形资本、金融资本和创意产业新创企业成长之间的关系进行了研究,发现创业者的管理经验、关系资本等无形资本和金融资本对创意产业新创企业的成长具有显著的正相关关系,其中管理经验的作用最为明显,其次是金融资本的影响,关系资本对于创意产业新创企业的影响作用最小。② 买忆媛、梅琳、Yanfeng Zheng(2011)比较了无形资本与有形资本对创意产业新企业生存能力的影响大小,结果发现,在创业初期有形资本的重要性比无形资本要强,关系资本、先前经验等无形资本只有依附于有形资本才能发挥重要作用。③ 梅琳(2012)以创意产业中的广告业作为主要的研究对象,把人力资本、社会资本这两类无形资本作为变量,在 Mirjam van Praag 新创企业成长模型基础上,分析无形资本对新创企业成长性的影响,发现无形创业资本能够有效地促进创意产业的成长,在企业成长的不同阶段,人力资本和社会资本的作用效果不同。④

黄亮雄、才国伟、韩永辉(2013)在研究无形资本对国民财富的影响时,借助世界银行 2011 年财富报告所创建的财富指标,从我国省区财富结构及其发展模式的角度对不同形式资本所发挥的作用进行了研究,发现无形资本与自然资本在增长的同时导致了区域差异的扩大。在我国东部地区,初始的生产

---

① 白福萍:《企业知识资本创造价值的机理与过程研究》,中国海洋大学博士学位论文,2015 年。

② 梅琳:《无形资本和金融资本对创意产业新创企业成长性影响的比较研究》,华中科技大学硕士学位论文,2009 年。

③ 买忆媛、梅琳、Yanfeng Zheng:《无形资本 VS 有形资本:创意产业新企业生存能力的影响因素分析》,《管理学报》2011 年第 4 期,第 577—586 页。

④ 梅琳:《无形资本对创意产业新创企业成长性的影响——以广告业为例》,《科技管理研究》2012 年第 9 期,第 130—134 页。

资本和无形资本存量较高,他们选择了制造业出口导向模式,初步成效明显。中西部地区,无形资本数量较少,发展模式依然依靠自然资本。我国的财富结构仍然有待优化。①

第三节　马克思主义学派的相关研究

国内的很多学者,以马克思主义资本理论为指导,对无形资本进行研究,也取得了一些成果。

一、劳动价值论方面的探讨

马克思主义理论对无形资本研究的指导性表现为方法论上的指导。劳动价值论被探讨的最多,甚至还有一些新的价值论出现。

王书瑶(1986②、1992)③提出了无形价值论来研究无形资本。他们以马克思的劳动价值论为基础,创造性地把劳动分为有形劳动和无形劳动,认为马克思的劳动价值论是建立在有形劳动基础上,应该称之为有形劳动价值论。知识经济条件下主要的劳动是无形劳动,无形劳动所创造的价值被称为无形价值。有形劳动价值论是无形劳动价值论的特例。他还提出了与物化劳动相对应的象化劳动概念,把间接凝结在产品和关系中的劳动,人类世世代代累积下来的科技生产人员的劳动,也就是无形劳动的凝结称之为象化劳动,并总结了象化的三种形式:以人力资本对无形价值的吸收为基础的学习转化,以有形资产对无形价值的吸收为基础的有形转化,和以无形资产对无形价值的吸收为基础的无形转化。他们认为产品价值的构成应该是由三部分组成:一个是物化劳动转移的价值,一个是有形价值,一个是无形价值。第一个是指机器设备等转化的价值,第二个是有形劳动所创造的价值,第三个是无形劳动创造的

---

① 黄亮雄、才国伟、韩永辉:《我国省区财富结构及其发展模式研究》,《经济学家》2013年第7期,第52—61页。

② 王书瑶:《无形价值论和经济动力学》,《数量经济技术经济研究》1986年第1期,第52—57页。

③ 王书瑶:《无形价值论》,东方出版社1992年版。

价值。衡量经济增长中技术进步作用的时候,可以通过无形价值吸收率指标来确定,他提出了劳力价值吸收率、有形资金价值吸收率和无形资金价值吸收率公式。郑文范(2001)①在自己的博士学位论文里面以此理论为基础,对马克思在当今时代指导意义的不足进行了论证并提出了自己的观点,继承和发展了王书瑶的无形价值论。他们的研究比较抽象,更侧重于哲学层次的思考,研究中强调了无形资本的重要性。他们突破了马克思在同等时间创造等量价值的观点,认为在社会必要劳动时间没有发生变化的前提下,以科技劳动为代表的无形劳动在同等时间内可以创造出更多的价值。他们把因为个别劳动价值低于社会劳动价值、劳动生产率提高而获得更高的利润,看作是创造了更多的价值,混淆了价值与价格的区别,把价格层次的利润,直接等同于所创造的价值。因此,他们的理论是值得质疑的。

韩刚(2001)、马传兵(2003)把无形资本的价值决定看作是个别劳动时间,而不是社会必要劳动时间。马传兵(2003)认为无形资本作为一种商品,它的价值也是由三个组成部分组成,即等于 c+v+m——不变资本价值加上可变资本价值再加上剩余价值。无形资本的作用相当于固定资本,它的价值是在生产经营过程中逐渐转移的,不是一次性转移。无形资本的使用价值属性也随着价值转移同时转移到商品上面,使商品具有了垄断属性,从而使企业可以通过垄断定价获取更多的垄断利润。②

二、马克思资本分类法和资本循环理论的运用

马克思主义理论除了劳动价值论以外,马克思研究《资本论》的逻辑框架和分析方法也已经成为一种经典的研究思路。尤其是资本分类方法和资本循环理论,成为被借鉴最多的理论方法。

杨新年(1995)在马克思资本运动形态分类和资本循环运动理论基础上,运用马克思关于资本的基本原理,提出了关于无形资本研究的基本框架。他认为无形资本是无形资产价值形态上的一种提升,它同有形资本一样也参与社会总循环运动,但是拥有其独立的特点。无形资本具有稀缺性和非竞争性,

---

① 郑文范:《科技进步与劳动价值论的发展》,东北大学博士学位论文,2001 年。
② 马传兵:《运用劳动价值论科学分析无形资产》,《当代财经》2003 年第 2 期,第 17—20 页。

对无形资本的开发和利用有助于企业的成功。他试图建立无形资本的研究框架,提出要从无形资本的产生、发展与积累,无形资本的营运规律,市场经济中的无形资本,案例研究四个方面对无形资本进行系统的研究。① 但是杨新年没有展开进行深入的研究,只是提出理论研究的基本框架。

李欣广(2000)运用马克思的理论范式把企业资本划分为物质资本、人力资本和无形资本三大类,认为知识资本与生态资本是社会资本的新形态,无形资本是人类的劳动成果。他把员工培训、感情投资、文化熏陶等方面的投资所形成的人力资本称之为第二形态的人力资本,认为这一部分支出要按照固定资本形式在较长时间内进行分摊。从资本循环来看,三大资本形态使资本循环具有了很多新特点。第一,生产资本的形成不再简单的依赖购买,第二形态人力资本和主要的无形资本都是依靠内部积累形成的;第二,无形资本的不同构成要素,如技术和商标,分别在生产和销售阶段起作用。从资本周转来看,三种形态的资本,其固定资本部分都有损耗,物质资本应该由折旧资金来补偿;人力资本的损耗应该由教育培训资金的提取来补偿;无形资本的损耗应该由法律支出费用、科技开发资金、广告资金等方面的提取来补偿。②

马传兵(2012)从生产领域和流通领域两个不同的角度对无形资本的价值实现和转移进行研究,认为无形资本只转移自身价值并不创造价值,而且生产领域和流通领域资本价值的转移方式不同。生产领域由于劳动的存在,会产生新的价值,通过流通,最终价值得到实现。而流通领域没有新的价值产生,只负责价值实现。但是无形资本本身的垄断性,和由此导致的产品差异性会增强企业的定价权,流通领域的产品会因为定价权而给企业带来较高的垄断利润,从而提升企业的竞争力。生产型无形资本和流通型无形资本的价值实现方式略有不同。一个是与劳动结合创造新的价值,一个是只实现价值。③

李连光(2013)对无形资本的形成及其运动过程进行了研究,他从马克思

---

① 杨新年:《无形资产的营运与关于无形资本的系统研究》,《科技进步与对策》1995 年第 4 期,第 60—64 页。

② 李欣广:《知识经济与资本理论的发展》,《广西大学学报(哲学社会科学版)》2000 年第 4 期,第 26—30 页。

③ 马传兵:《无形资本价值转移与实现方式研究及其现实意义》,《中华女子学院学报》2012 年第 2 期,第 113—117 页。

的资本理论入手,认为无形资本形成的来源是智力劳动,在实践中接受检验,通过传承与创新,最终形成无形资本。无形资本的原始积累来自企业内部的脑力劳动与体力劳动分工,智力劳动成果的物化,赋予其物的属性,使其拥有所有权和专有使用权。重大的原始的制度和技术创新也是无形资本的积累来源。无形资本也需要投入,剩余价值可以转化为无形资本。企业是无形资本的主体,科技研究和教育是无形资本形成的基础,创造和形成无形资本所面临的竞争是世界性的,对无形资本的投入成本巨大、风险很高。无形资本运动的过程由于生产过程的扩展也出现了一些变化,在资本购买阶段不变资本区分为有形资本和无形资本,可变资本表现为对体力劳动力和智力劳动力的预付;生产过程也区分为两个部分,一是有形加工部分,二是为了应对风险与不确定性,通过智力劳动进行设计、加工等。无形资本具有固定资本的性质,它的消耗需要价值补偿,只有补偿大于消耗,无形资本的扩大再生产才能进行,在这个过程中国家对无形资本受益的保护非常重要。无形资本的实物补偿表现为无形资本的改进和完善,它的补偿方式表现为部类内部交易或者自主形成。无形资本各个部分的周转速度表现不一样,技术周转最快,应用技术周转比基础技术周转更快,制度周转要慢于技术周转,作为品牌内在规定性的制度周转要快于品牌,作为技术、制度外在表现的品牌周转最慢。他认为两类资本的外在特征及其运动规律都极不相同,认为传承与创新是无形资本形成的基本方法,有形资本产权的确立和重要的原始创新是无形资本积累的主要来源。①他的研究是沿用了马克思进行资本分析的逻辑,结合时代的发展,创造性地提出了自己的观点。

三、历史唯物主义抽象分析的运用

马克思在研究社会问题时,历史唯物主义是最基本和最灵魂性的方法。理论层面的它以历史事实为基础,通过抽象分析揭示事物发展的规律和本质。比如对资本本质的分析,指出了资本的实质不是物,而是社会关系。

马传兵(2003,2004,2006)以马克思的劳动价值论作指导,研究了无形资本创造剩余价值的规律,并提出了目前的经济全球化实质上是又一次的资本

---

① 李连光:《无形资本的形成及其运动过程》,《商业研究》2013 年第 5 期,第 171—175 页。

扩张,是资本世界范围内追求利润的一种表现。资本扩张的形式已经不再局限于有形资本,无形资本的特征决定了它具有超额收益性,成为资本家在新的历史时期获取超额利润的更重要手段,是资本对外扩张的急先锋和主导力量。目前的无形资本扩张基本上是西方发达国家对发展中国家的单向扩张,从发展中国家掠取了大量的利润,强化了发展中国家对西方发达国家的经济依附和政治依赖。发展中国家应对发达国家无形资本扩张的任务非常紧迫。马传兵(2011)还对无形资本在三次产业革命中的作用进行了研究,论证了无形资本作为资本扩张主力的历史必然性。无形资本的力量由小变大,作用越来越大,重要性逐渐超过有形资本,成为对外扩张的主力。

四、地租理论和资本有机构成理论的运用

由于无形资本具有垄断性特征,有的学者如何娟(2005)、李锐(2011),就借用马克思的地租理论来分析无形资本;马克思的有机构成理论也是无形资本研究难以回避的问题,邓晓丹、李鸿燕(2007)等做出了这方面的探讨,并结合时代的发展提出了新的观点,

何娟(2005)根据马克思地租理论对品牌超额利润的来源和品牌资本的运行机制进行了分析和研究,她把品牌资本形成的级差地租称为品牌租。但是她在分析品牌租的时候又结合了西方经济学中的市场结构理论,把品牌资本面临的市场结构看作是不完全性的,认为品牌资本不可能在完全竞争市场和垄断市场中形成,垄断竞争与寡头垄断市场是品牌资本面临的市场环境。[①]她结合市场结构进行研究的思路,非常具有现实意义,对我们的研究具有一定的借鉴意义。

李锐(2011)利用马克思的地租理论,对无形资产进行分析,认为无形资产也存在着级差地租和绝对地租以及垄断地租。无形资产不是商品,所以没有价值,对无形资产的评估属于价格范畴。由于每个拥有无形资产的公司并不能获得相同的超额利润,因此存在着无形资产的地租现象。因为拥有的无形资产数量和质量的不同而获得不同水平的超额利润这种现象是无形资产的级差地租;拥有知名品牌等无形资产的企业与不拥有类似无形资产的企业相

---

① 何娟:《品牌资本运营论》,四川大学博士学位论文,2005 年。

比所获取的利润较高,这是无形资产的绝对地租;因为拥有土地使用权、特许经营权、技术秘密或诀窍而使产品价格以垄断价格出售获得超额利润,这是无形资产的垄断地租。无形资产的价格是其获取的超额利润的资本化。通过对外投资,无形资产可以转化为经济实体的资本,无形资产此时便转化为无形资本。[①]

邓晓丹、李鸿燕(2007)根据马克思的资本有机构成理论和社会发展的趋势,创造性地把不变资本划分为有形不变资本和无形不变资本,后者主要是非物质性预付资本投入,主要包括技术专利、品牌、商誉、知识产权以及管理流程、生产流程等。以此为基础,他还提出了资本有机构成同步指数的概念,以资本技术构成指数和资本价值构成指数反映技术进步或知识与信息因素对资本构成影响程度的相对值。他通过实证研究发现,20世纪80年代以来,以美国为代表的发达国家开始进入信息社会发展阶段,资本有机构成同步指数呈现出持续上升的态势,资本技术构成指数上升的速度要快于资本价值构成指数。资本有机构成同步指数数值越大,说明技术进步的作用就越强,表现为物质技术装备的质量性能不断提升,无形资本在固定资本构成中的比重不断上升,各种流动不变资本得到节约,使用效率得到提高,人力资本投资的比重不断增加。在微观领域的政策指导意义体现为:要重视技术创新,更加重视无形资本投资,加强知识产权保护,强化管理,实现管理创新。[②] 他以马克思主义的有机构成理论为指导,结合时代发展的新趋势,创造性地提出了资本有机构成同步指数理论,突出了无形资本的重要性,有针对性地指出了我国转变经济增长方式的政策选择倾向。

以马克思主义为指导的无形资本理论研究,目前国内外的资料可以搜集到的文献仅限于以上这些。研究数量相对较少,但是研究结论比较有深度,有一定的创新性。

---

① 李锐:《马克思的地租理论在无形资产领域的运用与发展》,《郑州轻工业学院学报(社会科学版)》2011年第1期,第87—90页。

② 邓晓丹、李鸿燕:《经济发展方式转变的马克思主义经济理论依据——从创新资本有机构成论视角解析经济发展的持续性》,《学术交流》2007年第12期,第63—66页。

第四节　国内外文献评价

一、对国外文献的评价

国外对于无形资本的研究已经比较广泛深入,几乎涉及无形资本相关的方方面面,在宏观、微观和中观三个层次均有涉及。出现了一些代表人物,如McGrattan,Prescott,Hunt,Corrado,Hulten,Sichel,Harvey,Griffith 等,他们分别从不同的角度对无形资本和宏观经济的发展、企业的竞争优势之间的关系等进行了深入的研究。其中 Prescott 是 2004 年诺贝尔经济学奖获得者,他在自己的获奖感言中也多次提到了无形资本的作用。他和同事 McGrattan 对无形资本问题进行了长期的关注,取得了大量的研究成果。

更多的研究成果集中在经济增长和生产率的变化方面,McGrattan,Prescott,Corrado,Hulten,Sichel 等的研究是主要代表。他们发现了无形资本对劳动生产率的促进,看到了无形资本对经济增长的积极作用,并从实证的角度,对美国和欧洲等地的经济增长数据进行了分析,在无形资本被纳入国民核算的情况下,发现了无形资本的重要作用。把保护无形资本,加强对无形资本的经营和管理,作为政策取向的必然选择。在微观领域,无形资本的研究重点主要集中于企业绩效和竞争力方面,以 Hunt,Harvey,Griffith 为代表,强调了无形资本对于企业绩效和竞争优势的正面作用。他们的研究不仅仅局限于经营领域的无形资本,还扩大到人力资本、组织资本、信息资本和关系资本(社会资本),甚至包括跨文化资本,认为这些社会要素也是无形的,会转变成企业的能力,促进绩效,带来竞争优势。中观层次主要集中在行业研究,由于不同行业无形资本的数量和质量不一样,不同行业的无形资本的密集度也不一样。无形资本比较密集的行业,无形资本对于价值创造、收入增加都有正向促进作用。世界知识产权局可以作为代表之一,McGrattan 和 Prescott 对此也有较为深入的研究。

总体来说,国外对于无形资本的研究非常广泛深入,涉及经济生活领域的诸多方面。但总体上以宏观研究为主,微观研究和中观研究为辅。并且主要以应用研究为主,绝大多数都是通过建立模型,以历史数据为基础,充分利用数学工具,通过复杂的数学公式进行推导,得出一定的实证经验和结论。比较常用的方法是多元回归分析、主成分分析、灰色关联度分析、多重标准语言决策定位分析等。这些分析结论揭示了二战以来无形资本在经济生活中越来越重要的事实,从微观、宏观、中观等多个层次解释了无形资本的作用和影响。基本结论几乎都是肯定的,包括对经济周期的研究,无形资本也是具有稳定作用(McGrattan & Prescott,2014,2017),而理性泡沫的存在(Stefano Giglio & Tiago Severo,2011,2012)、企业充裕的流动性(Hart & Moore,1994;Rampini & Viswanathan,2010;Karabarbounis & Neiman,2012;Ryan H.Peters,Lucian A.Taylor,2014)和高利润水平、高增长率(Corrado et al.,2005,2006,2009;O.N. Boldov,2010)等结论,某种程度上解释了所谓的知识经济或新经济的动因。很多结论印证了现实社会的一些现象,如高科技企业的高利润水平和快速发展,发达国家长时期的经济繁荣,都可以从以上学者的研究中不同程度地获得一些启示。

但是由于西方学者研究视角的局限性,不能跳出资本主义制度进行反思,不能从人类社会发展的趋势去认识无形资本,使研究结论大部分停留在现象解释阶段,不能揭示背后的深层次原因和实质,不能从根本上对无形资本这种新的经济现象、新的资本形式做出更为客观和科学的解释,更不能从马克思主义的角度对这种资本形式进行批判性的思考和反思。他们都无一例外地运用数理方法对历史数据进行分析,常常得出相互矛盾的结论,如 David G.Hula (1989)得出结论,认为研发的作用非常大,对于无形资本的积累意义非常,比一般的无形资本重要;而芬兰学者 Hannu Piekkola(2011)认为组织资本比研发资本更重要,与 Hula 的研究结论前后矛盾。这主要是数据来源不一样,分析对象不一样,导致数据分析结果也不一样,也充分说明了数理分析的不科学性和局限性。

二、对国内文献的评价

国内对无形资本问题的研究也非常的广泛。研究的内容也大体可以分为三个层次:宏观、中观和微观。国内的研究对微观层次问题的研究比较集中,其次对宏观问题的研究也逐渐地向国外靠拢。在微观层次,我国的学者对于资本运营问题非常感兴趣,从 1998 年到 2015 年,与无形资本相关的研究资料达到 659 条,其中研究无形资本运营的资料达到 133 条,占比达到 20% 以上。这与我国在 20 世纪 90 年代进行国有企业改制,"破产、兼并、重组"成为重要的时代主题密切相关。针对资本运营问题的研究,我国的学者大部分是根据时代的需要,强调对无形资本的重视,以及在实际运作中如何通过无形资本实现国有资产的保值增殖。很多还从会计角度探讨了如何改进会计制度,改进对国有企业无形资本的管理和运营。宏观层次的研究基本上和国外的研究思路一致,主要集中在经济增长和全要素增长率以及国民财富增长的实证研究方面,所得出的结论基本上都是正面的。有些结论非常有现实指导意义,如:文礼朋、郭熙保(2010)指出在不同发展阶段,不同形式资本的重要性不同,只有经济进入成熟阶段,无形资本投资才有可能成为经济增长的主要推动力,全要素生产率成为最主要的衡量指标;李连光(2012)认为不同国家间应该选择不同的资本分类配置,这种配置决定了国家间在资本形成领域存在着不同的比较优势,发展中国家应该根据自己的国情和发展水平去决定无形资本的形成战略。在中观层次的研究上,我国学者研究的数量相对较少,只有个别行业如广告创意产业得到有关学者关注。

在应用研究领域,国内学者的研究手法与国外学者几乎是一致的,都喜欢利用历史的财务及非财务数据进行统计分析,在多元回归分析等数学方法基础上,得出一定的结论。与国外不同的是,我国学者对微观层次的问题研究要多于宏观研究,研究的对象也是局限于国内问题,视野不够开阔。宏观方面如无形资本与经济周期关系问题,我国学者的研究基本处于空白状态。美国 20世纪 90 年代以来发生的高经济增长和 2008 年爆发的金融危机,引起了国外学者的高度关注和广泛的兴趣,很多有关无形资本的研究都是紧紧围绕着如何解释 20 世纪 90 年代美国经济的高速发展和 2008 年金融危机的爆发进行的。与无形资本相关的流动性问题、理性泡沫问题、股票市场价格问题、顺周期和逆周期问题实际上也都紧紧围绕着解释经济周期波动和金融危机问题。2004 年获得诺贝尔经济学奖的 Prescott,就是长期关注无形资本和经济周期问题的著名学者。中国的学者往往都立足于中国的发展阶段和中国作为发展中国家的国情去研究无形资本相关问题。

与西方学者不同的是,中国的学者不仅注重应用性研究,也注重基础性研究。尤其是作为一个以马克思主义为指导的社会主义国家,马克思主义理论成为现实社会问题研究重要的方法论工具。以马克思主义理论为指导进行无形资本的研究,成为中国学者的一个特色和亮点。在马克思理论的指导下,中国学者研究的系统性和深度都在不断加强。年轻学者马传兵和李连光逐渐在无形资本研究领域形成自己的特色。但是,以马克思资本理论为指导的比较系统的无形资本理论还没有建立起来。

第三章　无形资本概念的内涵及特征

第一节　有关无形资本概念的文献研究

无形资本的概念到现在为止都没有统一,众说纷纭。基本上可以分为两大类:一类是狭义的无形资本概念,主要是围绕着现有会计学无形资产的概念进行界定;另一类是广义的无形资本概念,在现有会计学无形资产概念的基础上,不断扩大无形资产的范围,把组织、文化、社会、环境、政策等多种因素纳入无形资产或者无形资本的范畴。下面就分这两种情况来分别介绍无形资本的定义。

一、狭义无形资本的定义及内涵

G.J.Kruell(1910)把许可经营权、专利权和著作权当作是无形资本。1925年,C.O.Hardy 和 S.P.Meech 以当时的会计核算为基础,用无形资本来代替无形资产,把无形资本周转率表示为销售额与无形资产额的比值。无形资本周转率也就是无形资产的周转率,如果资本的周转速度过慢,有可能是无形资产高估了。[①] 他们都是把无形资产直接等同于无形资本,并且局限于当时的会计核算,属于狭义的无形资本。

Griliches(1981)、Iain Cockburn & Zvi Griliches(1988)、Pamela Megna & Mark Clock(1993)以研发支出和专利作为无形资本。这些概念基本上是以现

[①]　C.O.Hardy & S.P., "Meech, Analysis of Financial Statements", *The University Journal of business*, Vol. 3, No. 4, Sept.1925, pp.378-396.

有的会计制度为基础,是狭义的无形资产概念的翻版。

国内的学者在无形资产概念上提炼无形资本概念的有很多。杨新年在1995年第一个提出无形资本概念,他认为无形资本是无形资产价值形态上的提升,同有形资本一样也参与社会总循环运动,但拥有独立的特点。无形资本具有稀缺性和非竞争性,对无形资本的开发和利用有助于企业的成功。① 猴毛生(1998)认为无形资本是商品经济活动中没有实物形态资产的货币表现形式,把无形资本看做是无形资产的货币表现形式。柳思维(2000)认为无形资本与无形资产没有严格的界限,无形资本是指能够带来剩余价值、参与经营实现价值增殖的无形资产,他把无形资本按照国际通行的观点划分为知识产权、技术秘密、特许经营权、商誉等。② 苑泽明(2002)认为无形资本是无形资产的价值表现,能够为企业创造超额收益。③

这些学者关于无形资本的定义基本上是以会计学所限定的无形资产要素为主,把无形资本看作是无形资产的价值或者货币表现。通过对无形资产的运作,也就形成了无形资本运作。这些学者观点产生的时间比较早,大部分在20世纪90年代和2000年左右。

随着知识经济的发展,很多学者把无形资产的概念进一步扩大化,把无形资产或者无形资本的外延扩大到组织文化、外部关系、政策环境、人力资本等。

二、广义无形资本的定义及内涵

(一)无形资产等同论。也就是把广义的无形资产和无形资本概念等同。无形资本基本上就是无形资产的代名词

1.国外学者的研究

国外的学者有很多是建立在无形资产概念基础上对无形资本进行定义的。

David G.Hula(1989)认为广告、研发和多元化战略对于集团发展影响巨大。其中一个很重要的因素就是研发,它对于增加企业的利润比广告更为有

① 杨新年:《无形资产的营运与关于无形资本的系统研究》,《科技进步与对策》1995年第4期,第60—64页。
② 柳思维:《企业无形资本》,中国财政经济出版社2000年版。
③ 苑泽明:《无形资本运营对策的经济学思考》,《商业研究》2002年第14期,第5—8页。

80

效,研发是形成无形资本的最主要的因素。① 在这里他没有提及无形资本是什么,但是他指出了研发是形成无形资本的主要途径,并且证明了研发对公司绩效的影响水平。

Nazim Belhocine(2009)认为无形资本主要是对企业知识项目的支出,如研发、培训、组织变化、市场营销和计算机软件等要素的投资所形成的无形资产。类似研究的学者还有 Hall(2001)和 Eliades & Weeken(2004)。

Stefano Giglio&Tiago Severo(2011,2012)把无形资本看作是研发、信息技术、广告和企业品牌等,是影响企业发展的非常重要的影响因素。②

Mark A.Dutz et al.(2012)在研究无形资本的过程中,重点关注了计算机软件和数据库、创新性财产(绝大多数是研发和金融服务中的新产品发展)、经济能力(包括品牌、员工培训和组织改善)等。③ 他把资产与资本的概念并列使用,无形资产与无形资本的概念同时混用,基本上把无形资产等同于无形资本概念。

McGrattan & Prescott(2005,2008,2014)把无形资本的研究范围扩大到了计算机软件、研发支出、广告、营销和组织资本,提出了技术资本(研发投资、品牌投资、组织投资等形成的专门知识)和企业专有的无形资本概念。世界知识产权局(2017)以知识产权为研究对象,把品牌、设计、技术等作为主要研究要素,研究了特定行业收入和价值增长问题。

2. 国内学者的研究

王书瑶(1986④、1992)⑤提出了用无形价值论来研究无形资产,认为知识经济条件下主要的劳动是无形劳动,无形劳动创造的价值被称为无形价值。王书瑶并没有提出无形资本的概念,但是他对无形价值的研究,是为了解决现

---

① David G.Hula, "Intangible Capital, Market Share and Corporate Strategy". *Applied Economics*, 1989,21,pp.1535~1547.

② Stefano Giglio, Tiago Severo, " Intangible Capital, Relative Asset Shortages and Bubbles". *Journal of Monetary Economics*,59(2012),pp.303~317.

③ Mark A. Dutz et al., *Measuring Intangible Assets in an Emerging Market Economy-An Application to Brazil*, The World Bank, Poverty Reduction and Economic Management Network, Economic Policy and Debt Department,July 2012.

④ 王书瑶:《无形价值论和经济动力学》,《数量经济技术经济研究》1986 年第 1 期,第52—57 页。

⑤ 王书瑶:《无形价值论》,东方出版社 1992 年版。

实中有关无形资产的问题,对于无形资产和无形资本研究具有很大的现实指导意义。他把马克思的劳动价值论称为有形价值论,而把自己的理论称为无形价值论。郑文范(2001)①在自己的博士学位论文里面以此理论为基础,对马克思在当今时代指导意义的不足进行了论证并提出了自己的观点,继承和发展了王书瑶的无形价值论。他们的研究比较抽象,更侧重于哲学层次的思考。郑文范在研究中强调了无形资本的重要性,把无形资产和知识资本等同起来,并且把无形资本和无形资产两个概念毫无区别地加以使用,事实上把无形资本和无形资产等同起来。

王仲兵(1999)认为无形资产的资本化就是无形资本,对无形资本的研究离不开对无形资源和无形资产的研究。他认为企业的无形资源,包括企业文化、专有技术、经营诀窍、组织能力、企业关系等。王仲兵(2000)从无形资产的内涵开始研究,从狭义、中义和广义三个角度定义无形资产,把企业品牌价值看作是中义无形资产的代表,而客户名单、供货合同与垄断加盟、企业秘密、购销网络与渠道、地理位置、企业档案、管理制度、工艺配方、技术诀窍、企业文化、企业形象、土地使用权、矿业权、特殊政策等各式各样的获利资源被看作是广义无形资产。② 这些广义的无形资产都可以看作是无形资本。

徐远明(2000)把无形资本看作是政策、环境和技能等无形要素的组合,这些要素表现为信息、资源等,没有实物形态,但是可以借助有形资产实现企业价值增殖,如政府的政策法规、特许经营权、经营环境、企业文化、科学技术、经营管理能力、品牌、网络营销等,他在后续研究中把无形资本分为环境资本、技能资本、政策资本。③ 他实际上是直接把无形资产当做无形资本进行研究,又把无形资产的概念扩大化了,把环境、政策、技能等都算作是无形资产,又在概念方面把资产当做资本直接加以运用。他把无形资本的外延进一步扩大,把无形要素不再仅仅停留在会计概念,而是扩大到了一些管理要素,如企业文化、环境、政策、技能等,做了一些有意义的探索。政策资本和环境资本的

---

① 郑文范:《科技进步与劳动价值论的发展》,东北大学博士学位论文,2001 年。

② 王仲兵:《论无形资产对企业竞争优势的贡献》,《华北电力大学学报(社会科学版)》2000 年第 3 期,第 32—36 页。

③ 徐远明:《关于我国国有工业企业无形资本营运的探讨》,西南财经大学硕士学位论文,2000 年。

提出,实际上提出了宏观无形资本的问题,也提出了地区性无形资本的问题。

　　李虹、孙白杨(2007)从无形资本的价值取向、增殖功能以及与有形资本的互动性特征出发,对无形资本的概念和特征进行了研究。他们把无形资本定义为企业实收资本中应对无形资产部分的资本以及靠无形资产带来经济效益积累的资本,也就是把无形资产作为产权要素进行确认和反映的资本。[①]孙白杨、曹邦英、李虹(2008)把无形资本分为四类:与市场相关联的无形资本,如品牌、客户资源、环境资源、特许经营权与专利使用权协定等;知识产品类的无形资本,如商业秘密、专利技术等;人力优势的无形资本,如员工教育状况、业务能力、心理素质等;组织管理优势的无形资本,如企业文化、管理哲学与方法、网络工程系统和融资关系等。[②]

　　贺云龙(2010)把无形资本定义为无形资产所有者以无形资产对企业投资,并按照约定收取无形资产使用费或者分享企业净收益而形成的一种资本生产要素。以投资为手段,把无形资产和无形资本对应起来。他认为无形资本具有超额收益性,可以降低企业成本,维护企业与顾客、战略联盟成员之间的良好关系,有效整合企业的异质性资源。无形资产投资会形成专用性投资,形成进入壁垒和退出壁垒,有利于维持企业的超额收益性。[③]

　　向显湖、刘天(2014)对无形资源、无形资产和无形资本的概念进行了辨析,认为无形资源的转化就是无形资产,无形资产是无形资本的对应物,无形资本是无形资产的价值综合与抽象,它具有价值增殖性和权益属性。[④]

　　以上这些研究仍然是在无形资产概念基础上提炼出来的,但是所包括的要素已经扩大了,远远超出会计制度目前所涵盖的范围,因缺少足够的测量工具,不能对这些要素的价值进行精准测量。其所提出的政策建议也大部分与改革现有的会计制度有关。

---

　　①　李虹、孙白杨:《无形资本及其会计处理刍议》,《会计之友》2007年第2期,第38—39页。

　　②　孙白杨、曹邦英、李虹:《关于运作无形资本提升企业核心竞争力的探讨》,《统计与咨询》2008年第5期,第14—15页。

　　③　贺云龙:《无形资本的识别与确认》,《财经科学》2010年第5期,第110—117页。

　　④　向显湖、刘天:《论表外无形资产:基于财务与战略相融合的视角——兼析无形资源、无形资产与无形资本》,《会计研究》2014年第4期,第3—9页。

(二)无形资产区别论。认为无形资本概念来自无形资产,但是又不同于无形资产

彭坚(1998)认为资本是资产的价值表现,资产用来投资就转化为资本,因此无形资产的价值形式就是无形资本,但是两者既相联系又有区别。

刘艳龙(2002)对无形资产和无形资本的概念进行了辨析,认为无形资本是一个流量概念,是指不具有实物形态、能够参与企业经营并能为企业带来剩余价值的资本。只有能够增殖的无形资产,才是无形资本。无形资本是一种特殊的商品,是人类的劳动成果,具有特殊的使用价值。他把无形资本分为知识产权类无形资本、契约权利类无形资本、组织管理类无形资本、市场关系类无形资本、人力资源类无形资本。无形资本的特征主要有无形性、排他性和共享性、交易的特殊性、不确定性、公开性等。[①]

蒋政、王琪、韩立岩(2002)认为无形资本是在无形资产概念基础上提炼出来的,是指能够参与经营带来剩余价值,通过实际投入市场经营与资本循环形成增殖效应的无形资产。无形资本大致可以分为四类:体现市场竞争力的资本,如品牌、客户关系、特许经营权协定、专利使用权协定等;体现智力劳动的资本,如专利权、专有技术、商业秘密、商标权等;体现企业内在发展动力的资本,如企业文化、经营管理方法、信息管理系统等;体现人力资源的资本,如员工的教育状况、知识水平、工作技能等。企业的无形资本是知识产权与工业产权相统一的结晶。[②]

张建(2008)把无形资本看作是对无形资产价值认定的高级形式,品牌与人力资本是核心。人力资本是指以人为载体,以知识技能健康等为表现形式,能提高生产效率增加未来收益能力的价值的资本化。[③]

杨林(2014)认为无形资源是经济学概念;无形资产是会计学概念;而无形资本则是财务学概念。他认为无形资本是一种能带来增殖的无形资产的价值。无形资本具有综合性,都是以价值的形式对无形资产进行反映;无形资产运营的目的就是实现价值增殖;无形资本具有权益属性,从财务层面可以表现

---

① 刘艳龙:《浅谈企业的无形资本经营》,《税务与经济》2002 年第 6 期,第 46—48 页。
② 蒋政、王琪、韩立岩:《企业无形资本》,《资本市场》2002 年第 6 期,第 57—58 页。
③ 张建:《浅谈无形资本融资——品牌融资和人力资本融资》,《知识经济》2008 年第 2 期,第 56—57 页。

为所有者对企业无形资产的要求权。他把企业无形资源划分为可分离型无形资源和依附型无形资源,可分离型无形资源主要是指专利权、商标权、土地使用权等;依附型无形资源主要是指人力资源、制度资源、关系资源、文化资源等。①

李连光(2014)认为无形资本是应对风险与不确定性过程中智力劳动成果物化的载体,是不变资本或固定资本的一部分。无形资本可以独立存在,具有独特的运动规律和特点。技术是无形资本的核心,品牌是无形资本外在的表现,制度是技术形成和品牌维护的重要保证。无形资本是个经济学概念,不同于无形资产,注重形态的变化研究,在内容上与无形资产有交叉,但并不完全等同。②

(三)特殊性质论。认为无形资本是一种特殊的资产或者资本,具有特殊的性质,不同于有形资本

孙琳(2002)对无形资本的构成要素和分类进行了研究,并论述了不同要素之间的联系和区别。她认为无形资本是权力技术等特殊性资本,包括商誉、服务标记、企业标志、商标、专利权、发明权、专用技术、特许经营权、土地使用权、矿山开采权、某些资源的租赁权、企业风格、企业人才开发能力、企业信息整合能力、企业技术开发能力、企业计划决策能力、企业环境资源等。她把无形资本的要素从知识产权扩大到了企业能力和某些特殊资源。她把这些要素划分成四大类:人力资本、产品品牌、生产经营技术、企业信誉。按照来源和属性,又可以把它们划分为无形资产类和人力资源类。无形资本不强调是否为企业控制,无形资产的资本化就是无形资本。③

王晓燕(2003)认为无形资本是指那些没有物质实体、能够在企业生产经营过程中较长时期发挥作用的权利、技术等特殊性质的资本,主要包括人力资本、生产经营技术、企业文化、产品形象等。④

----

① 杨林:《无形资产价值创造研究——基于经济增加值的视角》,西南财经大学博士学位论文,2014年。

② 李连光:《论无形资本的产生及其内容》,《南京财经大学学报》2014年第1期,第47—53页。

③ 孙琳:《无形资本的构成要素及其相互关系》,《当代财经》2002年第9期,第74—76、79页。

④ 王晓燕:《论无形资本的运作》,《中国轻工教育》2003年第1期,第5—6页。

莫守忠(2005)把无形资本定义为能参与经营并带来剩余价值的无形资产,是一种对生产经营长期发挥作用并带来经济利益的经济资源。它是一种特殊资产,可以分为四类:知识产权类、契约权利类、关系类、综合类。[①]

(四)有形资本对立统一论。把无形资本看作是从有形资本中独立出来、同时又相互作用、相互依存的一种资本

韩刚(2001)认为无形资本是从有形资本中独立出来的、不具有实物形态的资本,以技术、品牌、商誉为代表。无形资本的价值取决于企业的个别劳动时间,具有较高的价值;对无形资本的使用具有非排他性;无形资本的增殖功能非常强大;无形资本与有形资本可以实现良性互动。[②] 对于无形资本特征的认识,孙白杨(2006)、李虹和罗燕(2009)、罗焰和王凯(2014)都有类似的观点。

蒋南平(2002)认为无形资本是有形资本的基础和条件,它的作用发挥的越好,有形资本的形成和积累就越充分。无形资本通过人或人群这个载体来体现。人类劳动力是无形资本的基本内涵,人类智力已经成为无形资本基础内涵的重要因素,社会文化是影响无形资本、有形资本以及社会经济进步的基本因素。

何娟(2005)把无形资本看作是从有形资本中独立出来的、不具有实物形态的资本,技术、品牌、商誉是无形资本的代表,具有资本的一般属性,在价值增殖能力方面远超有形资本。她认为品牌资本是无形资本的重要内容。[③]

(五)范围扩大论。把无形资本的范围进一步扩大,把人力资本、组织资本、知识资本、文化资本等多种资本形式和无形要素看作是无形资本的子要素

1. 国外学者的研究

国外学者对无形资本的研究具有扩大化倾向的很多。Charles Allen Wright et al.(1920)把特许经营、促销和组织成本、货币成本、专利权等都看作

---

① 莫守忠:《中小企业无形资本融资担保法律问题研究》,湘潭大学硕士学位论文,2005 年。

② 韩刚:《无形资本理论与国有企业的制度创新》,《理论导刊》2001 年第 5 期,第 18—21 页。

③ 何娟:《品牌资本运营论》,四川大学博士学位论文,2005 年。

是无形资本。①促销成本和组织成本以及货币成本在这里都被看作是无形资本,可见早期的研究者就已经具有了把无形资本外延逐步扩大化的倾向。

Hunt & Morgan(1995)把资源具体地划分为有形资源和无形资源,前者主要是财务资源、物质资源和法律资源,后者主要是人力资源、组织资源、信息资源和关系资源。他们研究发现,企业的竞争优势是建立在特殊无形资源的基础上的。持有类似观点的还有 Barney(1991)、Harvey & Buckley(1997)、Hitt et al.(2001)、Griffith(2006)等学者。此处无形资源的概念就是无形资本的基础性概念,在此基础上他们又直接使用无形资本的概念,进行无形资本投资研究。

Sergio Bossier(2001)综合以前学者对无形资本的研究,在 Bourdieu、Putman、North、Williamson、Schultz、Fukuyama、Montero、Becker、Coleman、Hirschmann 等学者提出的概念基础上,提出了十种无形资本:认知资本、象征资本、文化资本、社会资本、民间资本、制度资本、心理资本、人力资本、媒介资本、协同资本。② Brynjlfsson et al.(2002)认为公司特有的组织资本是企业重要的无形资本。

Michael G.Harvey & Milorad M.Novicevic(2005)认为无形资本包括:人力资本、社会资本、政治资本和跨文化资本等,有效累积性的运用可以帮助组织最终获得竞争优势。③

以上这些观点,指出了无形资本的构成要素,把一些社会性因素,如人力资本、社会资本、政治资本和文化资本,都算作了无形资本的内容,并且分析了这些社会性要素对于组织绩效的影响。

世界银行(2006)认为无形资本包括一系列弱有形资产,如原始劳动、人力资本、社会资本或者是制度质量。任何无形资本残值模型必须只包括那些没有被生产性资本和自然资源所占有的要素。人均受教育年限、法律规则、人

---

① CA Wright et al., *Cross Talk and Inductive Interference*, Engineering Experiment Station of the Ohio State University, 1920.

② Sergio Bossier, "What if Development is Really the Emergency of a System", Working Paper, No 6, 2003, p.21. *Esthe Gravalos Publishing House*.

③ Michael G.Harvey and Milorad M.Novicevic, "The Challenges Associated with the Capitalization of Managerial Skills and Competencies", *Int.J.of Human Resources Management16*, 8 August 2005, pp.1374–1398.

均收到的外汇汇款——这三个预测指标解释了世界上所有残值变化的89%。[1] 世界银行实际上提出了国家层次的宏观无形资本问题,它谈到的人力资本、法律规则和外汇汇款,并不涉及具体的企业,研究的落脚点是无形资本对国民财富增长的贡献。

Markandya & Pedroso-Galinato(2007)认为人力资本有两个测量指标:一是与教育成就相关的人力资本,二是作为无形资本残值一部分的人力资本。无形资本残值包含人力资源和各种形式制度的质量,它是由总财富和生产性资本、自然资本之间的差额来测量的(世界银行,2006)。自然资本的损失可以很容易地被人力资本和物质资本的增长所弥补。[2] 在这里,人力资本和无形资本是两个不同但又有交叉的概念。在后面的研究中,他们又因为数据来源的原因把人力资本和无形资本残值放在一起来进行研究。他们对人力资本和无形资本的探讨,是针对国家层面的宏观无形资本,与国民财富有关。

Sergio Bossier & Giancarlo Canzanelli(2008)认为影响经济发展的无形要素有:服务体系、经济体系、知识、社会和公民价值观体系、地区精神、文化遗产、经济和文化领导力、外部经济和文化交流、社会资本及分布。[3] 但是 Sergio Bossier 对于无形资本的认识,前后出现了不同。这说明,他们对于无形资本的要素并没有确切的概念。

John F.Tomer(2008)写了一本《无形资本》,把无形资本定义为包含标准的人力资本、非认知型人力资本(包含个人资本)、社会资本和其他与人类能力相关的无形表现。显然,他是把通常意义上的人力资本和社会资本当做了无形资本要素。[4]

Griffith、Yalcinkaya、Calantone(2010)把无形资本分为四种要素——人力资本、关系资本、信息资本、组织资本。人力资本被定义为企业员工的商业技巧和知识,包括一般商业技巧、教育培训、专门技术等。它可以产生两方面的

① *Where is the Wealth of Nations? - Measuring Capital for the 21st Century*, The World Bank, 2006.

② Anil Markandya, Suzette Pedroso Galinato, *Economic Modeling of Income*, *Different Types of Capital and Natural Disasters*, The World Bank, Policy Research Working Paper 4875.

③ Sergio Bossier & Giancarlo Canzanelli, "Globalization and Local Development", *Universality Forum of International Journal on Human Development and International Cooperation*, Vol 1, No 1, 2008.

④ John F.Tomer, *Intangible Capital*, Edward Elgar Publishing, Number 12605, 2008.

收益:隐性知识和编码知识的集成导致效率提高;利用学习曲线导致的效力的提升。关系资本被定义为企业和消费者、供应商、竞争者、政府机构和协会等单位的关系,有的专家还把商业网络(Achrol,1997)、公司与消费者的互动(Bhattacharya & Sen,2003)也算作是关系资本。关系资本可以减少交易的不确定性,建立有意义的合作关系。组织资本被定义为企业的政策理念等,它存在于企业家的偏好和组织的学习中。组织资本可以提高企业的效率和竞争力。信息资本是指与企业自身或竞争者的产品、程序、消费者、资源等相关的知识,来源于企业的技术研发、市场调研和有竞争力的情报系统等方面的投资,市场取向的调研特别强调信息资本积累的重要性,如企业对消费者需求反应能力的提高等。[1]

Susana Ferreira & Kirk Hamilton(2010)认为无形资本包括:人力资本、社会资本(或制度资本)和其他的资本。[2] Susana Ferreira & Kirk Hamilton(2010)把人力资本和社会资本看作是无形资本的组成部分,但是在后面的分析中又把人力资本和社会资本单独分列出来进行研究,并根据社会发展的实际情况,为这两项资本选定了测量指标。他们对人力资本和社会资本的探讨,是站在国家层面上进行的,属于宏观视角。

O.N.Boldov(2010)认为无形资本主要包括:人力资本、正式的和非正式的制度(企业治理、社会资本等)、国外金融资产(可以获得收入或利息)。无形资本在计算中被看作是一种残值,是国民总财富与自然资本和生产资本的差额。

Emanuela Marrocu et al.(2011)认为企业无形资本分为内、外两类。内部无形资本包括软件、研发费用、专利、经济能力、雇员培训;企业外部无形资本包括人力资本、社会资本、知识资本、技术资本和制度资本等这些决定地区经济绩效的无形禀赋。为了获取地区的知识溢出效应,企业应该通过获取无形资本建立自己内部的知识获取能力。[3]

---

① David A.Griffith,Goksel Yalcinkaya,Roger J.Calantone,"Do Marketing Capabilities Consistently Mediate Effects of Firm Intangible Capital on Performance across Institutional Environments?" *Journal of World Business 45*,2010.pp.217-227.

② Susana Ferreira,Kirk Hamilton,"Comprehensive Wealth, Intangible Capital, and Development",*The World Bank*,*Development Research Group*,*Environment and Energy Team*,*October 2010*.

③ Emanuela Marrocu et al.,"Intangible Capital and Firms' Productivity",*Industrial and Corporate Change*,Volume 21,Number 2,pp.377-402,2011,July 22.

芬兰学者 Hannu Piekkola(2011)根据国民核算账户中的内容,认为无形资本包括:娱乐、文学和艺术原创、数据库和软件、建筑设计、新财务产品、自营和购买的经济能力、公司特有的人力资本(培训)、品牌(广告)、市场调研和科学研发,后来又把信息技术资本列入分析范围。他在宏观研究中发现,无形资本投资提高了资本深化的比率,而不仅仅是提高劳动生产率。全要素生产率增长的重要性降低,物质资本成为无形资本的有益补充。微观研究主要集中在自营无形资本的生产,主要是信息技术资本、研发资本、组织资本。公司的生产率与公司自有的无形资本和地区性无形资本密切相关,地区性无形资本存在着溢出效应。①

Cristina-Ionela Fadur & Daniela Ciotina(2011)认为无形资本包括人力资本、结构资本和关系资本。Marcela Flotts de los Hoyos & Paula Antunez Diaz(2012)重点论证了三种无形资本:认知资本、文化资本和制度资本。②

日本学者 Shigeki Sugiyama(2013)认为无形资本的形式很多,如制度体系、信息、关系、人力资源、知识产权、知识、智力、动态的知识智慧等。无形资本难以找到合适的方法进行管理。因为无形资本是无形的,难以捉摸。③

2. 国内学者的研究

清华大学经济管理学院教授魏杰(1999)提出人力资本也是一种无形资本,国有企业的经营者是一种无形资本,知识经济条件下知识的所有者应该成为社会的主导力量,企业经营者的经营管理能力是各种自我投资的综合,这种能力就是企业家素质,可以推动企业的发展。④ 魏杰教授实际上指出了人力资本与普通劳动力的不同,提出了正确衡量并确定人力资本的贡献和报酬的问题。

① Hannu Piekkola, "Intangible Capital: The Key to Growth in Europe", *Inter-economics*, 2011, 4pp.222-228.

② Marcela Flotts de los Hoyos & Paula Antunez Dias, "Cognitive, Culture, and Institutional Capital: An Approximation to a Local Development Perspective", *International Social Work*, 55(3), pp. 369-382, 2012.

③ Shigeki Sugiyama, "Intangible Capital Management Method as Dynamic Knowledge Wisdom", DOI:10.4018/978-1-4666-3655-2.ch002, IGI Global, 2013.

④ 魏杰:《国企经营者是一种无形资本》,《经理人》1999 年第 8 期。

柳思维(2000)撰写了《企业无形资本》一书,对于人力资本与无形资本的关系提出了自己的看法,认为人力资本是无形资本的源泉,是无形资产之本。无形资本与其他生产要素的有机结合能够产生乘数效应。①

吕凌(2001)把组织资本、人力资本、技术资本、知识资本看作是无形资本,它在知识经济时代中的作用越来越重要。在企业资本战略中,要综合考虑以上各种无形资本不同的功能,实现有效组合,提高企业经济效益。在企业技术创新过程中,人力资本和组织资本是企业核心能力的组成部分。企业组织资本存量被划分为战略资本存量、结构资本存量和文化资本存量,三种要素存量之间相互依赖互为因果。吕凌认为组织资本具有收益递增性,对物质资本和人力资本具有激活和催化作用,它表现为一种关系资本,具有专用性。人力资本具有产权特性、社会特性、专用属性、组织依赖性等特征。②

费涓洪(2005)认为社会资本也是一种无形资本,是企业家获取信息、资源和机会的重要来源。他通过实证分析具体考察了女性创业中社会资本的存在形式、作用和构建,并指出除了血缘关系、社会地位、信任等构建社会资本的途径外,公共社会组织也是妇女建立社会资本的最重要途径之一。③

鲍盛祥(2005)认为无形资本是指投入商品生产的一切有价值的没有实物形态的资源,无形资本大致可分为:企业的社会资本、企业的组织资本和依附于企业的人力资本。④

苏兆利(2006)认为企业文化是一种无形资本,它是一种环境、价值理念和判断标准。陈建光(2010)也认为企业文化是企业发展的无形资本和重要力量,它由价值观念和行为准则构成。

赵志坚(2008)认为无形资本和知识资本是一样的,并把知识资本分为人力资本、智力资本、市场资本和组织管理资本。⑤潘文年(2008)把无形资本划

① 柳思维:《企业无形资本》,中国财政经济出版社2000年版。
② 吕凌:《企业技术创新的资产战略研究》,中国社会科学院研究生院博士学位论文,2001年。
③ 费涓洪:《社会资本与女性创业——上海30位私营企业女性业主的个案调查》,《中华女子学院学报》2005年第2期,第51—56页。
④ 鲍盛祥:《企业清算中损耗的无形资本》,《经济师》2005年第1期,第181—183页。
⑤ 赵志坚:《知识经济下公司资本保全措施探讨》,《商丘职业技术学院学报》2008年第1期,第31—32页。

分为权利类无形资本、市场类无形资本、人才类无形资本、制度文化类无形资本四大类。①

李生、于君(2009)把无形资本的构成要素界定为人力资本、组织资本和关系资本,把无形资本的质量和企业的能力与绩效联系在了一起。他们认为无形资本质量是指企业无形资本持续的价值创造能力,该种能力越强,持续的时间越长,无形资本的质量也越高。②

马传兵(2009)把无形资本分为两大类,一类是经营性无形资本,另一类是社会性无形资本。前者主要是那些能够参与生产经营过程,可以为企业带来超额利润的无形资产,主要包括专利、专有技术、商标、著作权、特许经营权、土地使用权等等;后者主要是指那些存在于管理过程中,并最终为企业带来超额利润的无形要素,如企业文化、人力资本、社会关系等等。两类无形资本从经营和管理两个层面互相影响,相辅相成。③

科技部副部长刘燕华(2009)认为政策、信息、金融、创造力与创新氛围、创造方法与价值观、创新行为的连续性与持久性这些无形的因素是我国创新管理的无形资本。无形资本管理也是一种知识管理。他认为今后必须加大无形资本开发的力度,在管理上把无形资本和有形资本结合起来,才能真正实现创新。④ 他把无形资本的概念进一步扩大到了政策、氛围、方法、信息,甚至是金融等无形要素。不仅范围扩大了,而且和其他学者对无形资本的定义有所不同。他更侧重于创新管理的无形要素,立足于创新管理的政策制定。但他又把无形资本管理和知识管理等同起来,这完全是两个不同的概念。

陈梅(2011)把无形资本分为个人层次上的人力资本、组织层次上的组织资本、组织之间的关系资本,认为无形资本具有高不确定性和价值增殖性。她从战略控制的角度,把无形资本看作是企业的战略资源,主张对无形资本的价

---

① 潘文年:《谈市场化条件下民营书业无形资本的营造》,《出版发行研究》2008 年第 6 期,第 44—47 页。

② 李生、于君:《无形资本质量的含义、影响因素及评价标准》,《财会月刊》2009 年第 15 期,第 13—14 页。

③ 马传兵:《无形资本与女企业家经营绩效的关系研究》,《中华女子学院学报》2009 年第 4 期,第 115—120 页。

④ 刘燕华:《实现从研发管理到创新管理的转变》,《求是》2009 年第 13 期,第 46—48 页。

值投资、价值评估和价值实现等全过程进行全面控制。①

　　罗福凯、袁龙龙(2012)把无形资本分为知识资本、环境资本、市场资本、关系资本以及信息资本,主要包括商标、专利权、发明权、专有技术、特许经营权、土地使用权、矿山开采权、企业文化、品牌、环境资源、客户关系等,并在此基础上提出了无形资本运营的主张。②

　　丁泉、戚振忠、曲海潮(2013)通过对资本概念的考证,把智力资本、人力资本、信息资本、组织资本、社会资本、文化资本等都归为无形资本,并指出无形资本的运营对企业发展越来越重要,其内容主要是品牌、人力、信息等方面的资本运营,目的是提升企业的运营效率。③

　　蒋冲、罗焰(2013)认为无形资本是一种文明的、可持续的资本形态,以技术、制度、智力、组织文化、渠道等无形要素为载体不断追求价值实现的权力就是无形资本。无形资本在企业价值驱动中起着核心作用,无形资本在价值创造过程中存在着外部性、不确定性、复杂性、非标准化和相对的垄断性等特征,还存在着累计效益和溢出效益。④

　　张文桥、李兵(2014)从无形资本的角度对我国体育界明星人力资本的开发进行了研究,他们把体育明星的人力资本划分为有形和无形两种,并对其关系和特点进行研究。虽然他们研究的重点是人力资本,但是他们把人力资本看作是无形资本的一个组成部分,并从人力资本开发的角度进行研究。郑黎星(2014)认为无形资本也是知识资本,包括人力资本、结构性资本和顾客资本。⑤

　　(六)与其他资本概念通用论。把无形资本概念和其他具有类似无形特征的资本概念等同,把知识资本、智力资本、战略资本等概念互相通用

　　1. 国外学者的研究

　　Corrado et al.(2005)对未被国民核算纳入的无形资本投资进行研究,认

---

　　①　陈梅:《企业无形资本的战略控制》,《科学决策》2011年第12期,第58—71页。

　　②　罗福凯、袁龙龙:《企业无形资本运营分析》,《财务与会计(理财版)》2012年第4期,第21—23页。

　　③　丁泉、戚振忠、曲海潮:《企业资本运营的内涵与外延:一个分析框架》,《重庆社会科学》2013年第12期,第83—90页。

　　④　蒋冲、罗焰:《基于低碳经济的无形资本战略财务学思考》,《财会通讯》2013年第30期,第121—123页。

　　⑤　郑黎星:《知识与人力资本的价值贡献机理及价值载体的选择》,《生产力研究》2014年第6期,第15—20页。

为低端是对研发投资、广告成本、著作权和特许经营成本的直接投资;高端是对公司特有的人力资本投资和组织发展与变化的成本进行直接和间接测量的总和。Corrado et al.(2006)认为在研发、经济能力、软件和其他的计算机信息技术等方面的支出可以产生多种类型的无形资本。这些支出还包括战略计划支出、重新设计和重新改造现有产品支出、保留或获得市场份额的投资、品牌投资等。他们又进一步把研发支出划分为科学和非科学的两类,非科学的研发支出包括服务部门的新产品发展。Corrado et al.(2009)把研发、资本性技术变化、人力能力、相关的企业特有的共同投资等都看成技术性知识。更重要的是,无形资本所做贡献的绝大部分是来自非传统种类的无形资本(非科学研发、品牌价值、公司专有资源),这个比率大约为全部无形资本深化的60%。无形资本各要素之间的关系对于劳动生产率增长也具有重大影响。[①] Belhocine(2009)、Fuko et al.(2009)、Marrano 和 Haskel(2007)对无形资本的界定持有相同的观点,他们对 Corrado et al.(2009)模型进行了直接使用,得出类似观点。他们把无形资本和知识资本看作是等同的,是现代经济增长的重要驱动器。无形资本要素的发展最终都形成专门的知识。对于无形资本概念和知识资本概念他们也是混用的。

2. 国内学者的研究

柳思维(1999)认为知识资本和无形资本两个概念的内涵是一样的。[②] 但是他又把人力资本等概念看作是无形资本的子要素,认为人力资本是无形资本的主要源泉。

马传兵(2005)认为无形资本应该成为知识经济条件下的主要资本形式,知识资本与无形资本是同一个东西,知识经济社会同时也是无形资本社会。

曾洁琼(2006)从智力资本的概念出发,谈及了无形资本,认为无形资本只不过是智力资本的别名词。她从 1836 年西尼尔(Senior)提出智力资本这

---

① Carol Corrado, Charles Hulten, Daniel Sichel, "Intangible Capital and U. S. Economic Growth", *The Review of Income and Wealth*, Series 55, Number 3, Sept.2009.

② 柳思维:《知识经济下无形资本营销若干策略》,《市场营销导刊》1999 年第 4 期,第 42—43 页。

个概念到 1969 年加尔布雷思(John Kenneth Galbraith)发展了这个概念,延续众多学者对智力资本这个概念的采用,而不是无形资本。[1]

赵志坚(2008)认为无形资本和知识资本是一样的概念。[2]

章继刚(2008)提出了战略资本的概念,认为无形资本属于战略资本。战略资本是在推行企业发展战略、实现企业战略目标过程中积累和形成的无形资本的总和。只有进行长期投资和经营,无形资本作为战略资本才能产生持久稳定的回报。人力资本在企业战略资本运营管理中具有重要作用。企业家能力是战略资本的核心资本。[3]

陈梅(2011)根据无形资本的英文表述,把广义的无形资本概念定义为泛指未来能够为企业带来经济收益的非物质性资源,并把它与智力资本、知识资本等概念等同起来。[4]

郑黎星(2014)认为人力资本是无形资本的构成主体,知识资本、无形资本、智力资本三个概念完全等同。[5]

白福萍(2015)认为知识资本(智力资本)主要是无形资产的代名词,认为企业是一个价值创造的实体,无形资本和有形资本相互结合共同实现价值增殖。企业的价值驱动要素主要是企业的人力资本、企业文化、企业品牌和研发等要素,人力资本包括企业家和员工两方面的人力资本。企业的人力资本、技术资本、知识资本等彼此相互影响、相互作用,共同形成了企业的价值创造力。知识资本与其他要素资本之间存在着互补性,也存在着一定程度的替代性,在产出一定的情况下知识资本越多,所消耗的其他资本就越少。[6] 她对知识资本的界定,局限于会计学的认识,把知识资本和无形资本等同起来。持有类似观点的还有曾洁琼(2006)。他们又把知识资本和技术资本、信息资本等并列

---

① 曾洁琼:《我国企业智力资本计量和报告研究》,华中科技大学博士学位论文,2006 年。

② 赵志坚:《知识经济下公司资本保全措施探讨》,《商丘职业技术学院学报》2008 年第 1 期,第 31—32 页。

③ 章继刚:《战略资本运营:提高企业核心竞争力的新途径》,《柴达木开发研究》2008 年第 4 期,第 42—45 页。

④ 陈梅:《企业无形资本的战略控制》,《科学决策》2011 年第 12 期,第 58—71 页。

⑤ 郑黎星:《知识与人力资本的价值贡献机理及价值载体的选择》,《生产力研究》2014 年第 6 期,第 15—20 页。

⑥ 白福萍:《企业知识资本创造价值的机理与过程研究》,中国海洋大学博士学位论文,2015 年。

起来,把技术信息等无形要素排除在无形资本之外。这就出现了一定逻辑上的矛盾,因为知识这个概念的局限性,用知识资本等同于用无形资本,却矮化了无形资本这个概念,使无形资本的外延缩小了。

作为世界唯一的以《无形资本》(Intangible Capital)(2018)为名的学术杂志,其公开声明该杂志致力于发表理论性和实证性前沿文章,包括管理和组织行为、智力资本、战略管理、人力资源管理、应用心理学、教育学、信息技术、供应链管理、会计学等学科的前沿文章。① 这是西班牙从 20 世纪 60 年代末开始办刊,以英、法、西班牙等多种语言文字印刷发行的有关无形资本研究的前沿杂志。他们显然把智力资本和无形资本等同起来,而且发表的研究内容所涉及的范围也非常广泛,横跨多个学科。

在通用论定义下,无形资本、知识资本、智力资本的概念是可以通用的,对于一些研究成果可以互相借鉴。很多学者把知识资本、智力资本的研究结论直接以无形资本概念的形式加以借用。

(七)其他资本概念并列论。也就是无形资本和知识资本等其他概念二者既不是从属关系,也不是等同关系,而是并列的两种完全不同的资本概念

持有这种观点的只有李欣广同志。李欣广(2000)运用马克思的理论范式把企业资本划分为物质资本、人力资本和无形资本三大类,认为知识资本与生态资本是社会资本的新形态。先有无形资本,后有知识资本。无形资本中的技术是价值生产的关键条件,无形资本中的商标只在销售中起作用。他把工资支付之外所进行的员工培训、感情投资、文化熏陶等方面的投资所形成的人力资本称为第二形态的人力资本。产业资本、商业资本、生息资本和银行资本等都属于社会资本,随着知识经济的来临,新的资本形态,如知识资本、生态资本出现了。知识资本被看作是专门生产知识商品(如软件、专利、版权以及各种技术等)的企业资本,它存在于科研、出版、咨询、教育等高科技企业中。知识资本的高增殖和高贬值属性非常明显。生态资本是用经济方法来生产维护的自然资产、环境资源与生态系统,在知识经济时代,它越来越成为重要的社会资本形态。② 他对资本定义的形式比较特别,概念的内涵与外延也不同

---

① Omniscience,Announcements of Intangible Capital,http://www.intangible-capital.org/index.hp.

② 李欣广:《知识经济与资本理论的发展》,《广西大学学报(哲学社会科学版)》2000 年第 4 期,第 26—30 页。

于其他学者。比如社会资本概念，他用了大社会的概念形式，把产业资本、商业资本、生息资本和银行资本等看作是社会资本，与其他学者把社会关系、渠道等作为社会资本的定义不一致；知识资本和生态资本是社会发展所带来的新资本形式，与无形资本是并列关系，而且知识资本是从产业的角度、特定的行业进行知识生产所拥有的资本。

（八）其他资本概念替代论。也就是不认可无形资本的概念，而以另外的概念代替。如 E-资本、智力资本、知识资本等等，而实质上他们这些概念的内涵都和通常意义上的无形资本的概念内涵差不多

Robert E.Hall（2000）提出了"E-资本"概念，他把企业的技术和组织知识的集合看作是企业的 E-资本，包括对计算机和计算机软件的使用。生产E-资本的技术很简单：受过大学教育的工人（c-workers）他们自己就能制造E-资本。[①] 他在这里所说的 E-资本实际上是无形资本的一种。他在研究中提到了无形资本积累和社会对无形资本需求的迅速增长，并提到了互联网企业主要是以无形资产进行价值评估。他说的 E-资本又与我们通常所说的无形资本有一定差异，主要是建立在计算机技术、计算机软件和组织能力基础上的一种特殊资本，与美国 20 世纪 90 年代信息技术的兴起有密切关系。

直接以智力资本来代替无形资本进行研究，这样的中外学者非常多，如Thomas A.Stewart（1991）、Hudson（1993）、Sveiby（1997）、Marin L & Ruiz S.&Rub A.、傅元略（2002）、温素彬（2014）、郭献强等（2014）。他们研究的内容，实际上和通常意义上的无形资本内涵差不多。如 Thomas A.Stewart（1991）把组织的所有成员知晓的、能为企业在市场上获得竞争优势的所有事物之和称为智力资本，并把人力资本、结构资本、客户资本看作是智力资本的三要素；Hudson（1993）把智力资本看作是教育、经验、基因遗传与工作态度四种无形资产整合之后的结果，它的定义内涵比较局限，但是仍然是以无形资产概念为基础加以提炼得出；Sveiby（1997）把企业中以知识为基础的无形资产，包括员工能力、内部结构和外部结构等看作智力资本，他的概念也没有离开无形资产；Marin L & Ruiz S.& Rub A.把人力资本、声誉资本、创新资本、客户资本四

① 　Rober E.Hall，"E-Capital：The Link between the Stock Market and the Labor Market in the 1990s"，*Brookings Papers on Economic Activity*，2000，2.：73-102/10. 1353/ ceca.2000. 0018.

种要素整合看作是智力资本,它的内涵和外延与很多学者对无形资本的界定基本上是一致的;茅宁(2001)认为无形资产是会计学概念,它的资本形态是智力资本,茅宁(2004)又基于企业价值网络,把无形资产所包含的要素划分为人力资本、组织资本、关系资本、声誉资本,他在这里把资产和资本的概念混用了;傅元略(2002)把知识产权资本、人力资本、品牌与客户网络资本、信息资本与管理方法五大要素看作是智力资本的必不可少的组成部分,这五个要素也是其他无形资本定义所涵盖的范围;温素彬(2014)把货币资本之外的能够给公司价值带来积极影响的隐形资本(人力资本、社会资本、生态资本)称为智力资本,这些要素也是很多无形资本研究学者的重点研究对象;郭献强等(2014)把智力资本定义为以知识为主体、可参与社会再生产循环、具有高度增殖性的资本化知识要素,这和知识资本、无形资本所涵盖的内容差别不大。

很多学者把知识资本和智力资本看作是一个概念,如华中科技大学的葛秋萍(2007)在一篇《知识资本理论的研究现状综述及新发展》中把知识资本(Knowledge Capital)和智力资本(Intellectual Capital)看作是一回事,整个研究综述也是从 Senior(1836) 、Galbraith(1969)他们提出的观点开始,这和国内的学者戴理达(2016)对智力资本的研究综述思路是一致的。其他的对知识资本研究的学者如李元旭和陈志刚(2001)、李浩和戴大双(2003)、白福萍(2005)、曾洁琼(2006)、霍海涛等(2007)、韩静(2007)、杨帆(2008)、王哲(2009)、李姣滢(2014)等都是把知识资本和智力资本等同的。

以上学者,除了白福萍(2005)、曾洁琼(2006)曾经对无形资本、知识资本和智力资本的概念进行过考证外,其他学者基本上是直接使用知识资本或者智力资本的概念来代替无形资本,很少提及无形资本,更没有对他们之间的关系进行论证。白福萍(2005)、曾洁琼(2006)属于认可无形资本的概念,但是最终却用知识资本、智力资本的概念代替了无形资本,所以她们属于通用派观点。

20 世纪 90 年代中后期,国内以知识资本为名进行的研究逐渐增多,很多著名的学者,如王丁丁、金吾伦也都对知识资本进行了探讨。国内最早对知识资本进行介绍的学者是胡汉辉、沈群红(1998),中共中央党校的刘炳瑛(2001)教授出版了第一本知识资本专著——《知识资本论》。这些学者都是直接以知识资本代替无形资本概念。

三、无形资本概念的演进路径及评价

（一）演进路径及解释

通过对国内外无形资本概念内涵的总结和探讨，可以大体上得出无形资本概念内涵演进的路径：无形资产——狭义无形资本——广义无形资本——地区性（行业性）无形资本——国家性无形资本。微观、中观、宏观三个不同层次的概念逐渐发展。

无形资本首先是在无形资产概念上发展起来的，先是狭义的无形资本概念，后来逐渐扩大它的内涵与外延，所包含的要素逐渐增多，形成了广义的无形资本概念。在不断扩大无形资本的内涵与外延的基础上，又事实上相继提出了地区性（行业性）的无形资本和国家性无形资本概念，因为很多无形资本的要素，已经不仅仅局限于企业内部，而是扩大到了地区和国家的政策与环境等。这几个概念具有发展的先后逻辑性，但是在时间的先后上，很难加以区别。如王仲兵（2000）把客户名单、供货合同与垄断加盟、企业秘密、购销网络与渠道、地理位置、企业档案、管理制度、工艺配方、技术诀窍、企业文化、企业形象、土地使用权、矿业权、特殊政策等各式各样的获利资源都看作是广义无形资产。[1] 这些广义的无形资产都可以看作是无形资本。这实际上提出了广义的无形资本概念，但是特殊政策实际上属于地区性（行业性）无形资本或者是国家性无形资本的概念。几乎同时，徐远明（2000）把无形资本看作是政策、环境和技能等无形要素的组合，特别指出政府的政策法规、经营环境、科学技术等都是无形资本，提出了环境资本和政策资本的概念。[2] 他实际上提出了国家性无形资本的概念，也提出了地区性（行业性）无形资本的概念。稍后，Sergio Bossier（2001）提出了十种无形资本：认知资本、象征资本、文化资本、社会资本、民间资本、制度资本、心理资本、人力资本、媒介资本、协同资本。[3] 其中的民间资本概念，就已经具有了地区性无形资本的含义。在这里，广义的无形资本和地区性无形资本的概念同时出现了。Sergio Bossier & Gi-

---

[1] 王仲兵：《论无形资产对企业竞争优势的贡献》，《华北电力大学学报（社会科学版）》2000 年第 3 期，第 32—36 页。

[2] 徐远明：《关于我国国有工业企业无形资本营运的探讨》，西南财经大学硕士学位论文，2000 年。

[3] Sergio Bossier,"What if Development is Really the Emergency of a System",*Working Paper*,No 6,2003,Esthe Gravalos Publishing House：Page 21.

ancarlo Canzanelli(2008)认为影响经济发展的无形要素有:服务体系、经济体系、知识、社会和公民价值观体系、地区精神、文化遗产、经济和文化领导力、外部经济和文化交流、社会资本及分布。[①] 他们在这里提出的"服务体系"、"经济体系"、"社会和公民价值观体系",既有宏观视角也有中观视角,属于国家性无形资本或者是地区性无形资本;"地区精神"和"文化遗产"明显的是地区性无形资本。所以,广义的无形资本概念和地区性(行业性)无形资本概念、国家性无形资本概念在逻辑上存在先后的递进关系,但是在提出的时间上几乎难以分辨。

(二)关于无形资本概念演进的评价

1. 无形资本的概念来自无形资产

无形资本概念的提出是为了从经济学的角度,对影响经济发展的无形要素进行研究。而无形资产作为一个基础性的概念,已经有了一些成熟的研究成果和方法,对于从经济学的角度进行研究具有很好的参考价值。但是,无形资产的概念属于会计学概念,经济学研究不能直接拿过来使用,因此很多学者从价值的角度、货币的角度、资源的角度、要素的角度对无形资产概念进行加工和提炼,得出无形资本概念。随着知识经济概念的提出,学者们力图通过对无形资源和无形要素的研究来解释知识经济现象。这一研究趋势最早出现在国外,以美国为代表,如 Galbraith(1969)、Sveiby(1997)对知识资本的界定。显然,知识资本概念的提出是与知识经济相对应的,也是为了解释知识经济现象。所以知识资本的概念一度受到追捧,也是目前研究较多的学术领域。但是知识资本概念最大的缺陷,是缺少在现实管理层面的微观基础。传统的经营管理中,没有出现过一项知识资产的内容,也没有现实的管理工具。即使是有人采用知识资产的概念,但是也没有被会计界完全接受。[②] 对知识资产研究的学者,也大部分用无形资产的概念和方法来解释知识资产。无形资产作为一个普遍被接受的概念,有成熟的计量方法和管理工具,也是现行会计制度的重要内容。国内的学者贺云龙,在对无形资产会计研究基础上,在2008年出版了一本专著——《无形资本会计论》,对无形资本会计进行系统的探讨。

---

① Sergio Bossier & Giancarlo Canzanelli, "Globalization and Local Development", *Universality Forum of International Journal on Human Development and International Cooperation*, Vol.1, No.1, 2008.

② 汤湘希等:《企业知识资产价值论》,知识产权出版社 2014 年版,第 71 页。

无形资本概念的提出,在现实的经营管理中具有坚实的现实基础。2004年西班牙创刊了《无形资本》杂志,英文名称为 Intangible Capital,同年研究无形资本的经济学者 Prescott 获得诺贝尔经济学奖。这些都说明无形资本这个概念已经被世界广泛接受。

2. 无形资本概念内涵的不断扩大既是研究的需要,也是资本概念不断泛化的结果

无形资本概念的产生一开始就具有了扩大化的倾向,没有仅仅局限于现行会计制度所规定的无形资产。在经济学应用研究中,20世纪90年代以前或者90年代初期,大家还仅仅局限于专利、研发投资等方面的研究。但是现有会计制度所规定的无形资产要素,已经不能完全解释经济生活领域的很多新现象,传统的会计制度和国民经济核算体系有很多不合理的地方,亟待完善。经济学者对无形资产和无形资本概念的探讨,以及管理学者在现实管理领域进行的超前研究,也都是社会发展的需要。

管理学者进行相关研究时,一开始就把企业文化、组织资源、战略设计、制度、人力资源、社会关系等与管理有关的无形要素列为无形资本的组成要素。由于知识经济概念的普及,无形资本在多个学科成为研究的热点,众多学者纷纷从自己学科领域,把相关无形要素加入到无形资本当中。这一方面是经济学与管理学、社会学、心理学等多个学科交叉研究的结果,另一方面也是资本概念被泛化的结果。刘松博、苏中兴(2008)认为资本概念的泛化,已经抽象了资本原来的含义。社会资本、组织资本、智力资本、知识资本、关系资本等概念纷纷涌现,实际上主流经济学并不认可这些概念。这些概念大部分是被管理学所使用,对管理学的研究非常重要。[①]所以,广义无形资本概念的提出,与资本概念在其他学科领域的泛化具有密切的关系。由于交叉研究和互相学习,这种资本概念的泛化,最终又影响到经济学对无形资本概念的界定。2004年诺贝尔经济学奖获得者 Prescott 就深受这种资本概念泛化的影响。他和他的同事 McGrattan(2005,2008,2014)把无形资本的研究范围扩大到了计算机软件、研发支出、广告、营销和组织资本,提出了技术资本(研发投资、品牌投

[①]　刘松博、苏中兴:《管理学研究领域中各类"资本"概念的相互关系》,《江淮论坛》2008年第5期,第11—16页。

资、组织投资等形成的专门知识)和企业专有的无形资本概念。世界知识产权局(2017)也没有把无形资本的概念仅仅局限于现有会计制度规定的无形资产,而是以知识产权为研究对象,把品牌、设计、技术等要素都纳入了无形资本的概念中。无论是Prescott还是世界知识产权局,他们对无形资本的测量和计算都有现实的基础,在现行的会计统计中都能找到可靠的依据。虽然无形资产的概念没有把广告、营销、品牌投资、技术投资、组织投资等纳入现有的会计制度规定的无形资产,但是这些支出和费用在现有的会计制度下都是可以查询、统计和测量的。所以,他们对无形资本概念的研究,超出了现有会计制度对无形资产的界定,却具有非常大的合理性,符合知识经济社会发展的需要,解决了现有经济中的新问题,对出现于美国的和当今世界的新经济现象从经济增长和国民收入的角度做出了良好的阐释。因此以现实传统工具为基础,适当扩大无形资产的内涵和外延,改革现有的会计制度和国民经济核算体系,已经成为学者们的共识。所以,以无形资产概念为基础提出的无形资本概念,是从经济学的角度对当今时代新经济现象进行解释的一个合理的概念和工具。

3. 地区性(行业性)和国家性的无形资本概念也是资本概念泛化的结果,更大程度上是从属于中观和宏观管理需要而产生的概念

学者们研究经济增长方式和国民财富的时候,地区性(行业性)和国家性的无形资本概念也就产生了。地区性的和国家性的无形资本概念只是研究视角和企业无形资本概念有所不同,二者之间也具有密不可分的关系。地区性(行业性)的无形资本,往往是企业无形资本在一个地区或者在一个行业的集聚。比如人力资本概念,一个企业有人力资本,而一个地区或者一个行业也都存在着人力资本。当一个地区或者行业的人力资本储备相对丰富时,一个企业获得人力资本的可能性和便利性都会提升,这样有利于企业的发展。对于国家性无形资本也是这样,作为一种外部条件,某一种无形资本相对丰富,具有比较优势,这会有利于企业获得这种无形资本的便利性,提升企业的竞争力。这种地区性(行业性)或者国家性无形资本某种程度上是企业无形资本在中观层次和宏观层次的汇集。但是,当我们把环境与政策以及外在的文化因素都算作是无形资本的时候,地区性(行业性)无形资本和国家性无形资本又具有了相对独立性,因为对于企业无形资本而言,这些要素只能是作为外部资源,而不是内生的,只能由外部环境提供。这种外部环境所提供的资源如果是丰富的便利的,具有某种优势的,则可以提升企业的经营管理效率,节省交易成本,提高企业的竞争优势。这种竞争优势在一定程度上可以表现为企业运行效率提升或者利润增加。所以,地区性(行业性)无形资本和国家性无形资本的概念也是建立在广义的泛化的资本概念基础上的。如果纯粹从传统的经济学角度来研究,这些概念是不应该存在的。在经济领域,资本的概念只能是建立在微观主体的基础上,而且只能存在于经济发展和生产经营领域,而不是管理层次。对于地区、行业和国家经济发展的研究,只是视角的不同,研究层次的不同,资本的概念不会因此而发生变化。但是随着时代的发展,企业在经营管理过程当中,经营与管理难以互相剥离,对企业的利润和发展意义都非常重大。管理领域的一些要素也实质性地影响到企业的经营和发展,如企业家因素、企业文化因素、产品研发因素、外部销售渠道和社会关系因素等等,都会影响甚至决定企业的生死。没有这些要素的支持,生产经营也难以为继,企业产品的价值实现和利润创造都是不可能的。从学术研究的角度来讲,把一些管理因素纳入经济学的研究范畴,也是一种研究趋势。管理学本身也是从经济学中分离出来的。而当今世界跨学科研究、交叉研究已经成为一种学术潮流。所以从大经济学的概念出发,把无形资本的内涵与外延适当地扩大,已经成为现实的学术需要。但是,资本的概念也不能无限地扩大,对于资本概念泛化我们要秉持科学的态度,既要适当地接受,也要反对生拉硬扯、无限扩大资本内涵与外延的倾向。

总而言之,无形资本的概念是从无形资产概念基础上提炼得出的,无形资产概念及其理论的发展和无形资本对企业发展不可或缺的作用,都是无形资本研究的坚实基础。但是传统会计制度的发展明显落后于现实社会发展的需要,也落后于现实经济管理研究的需要。无形资本概念的演进路径具有一定的必然性,是社会发展需要在理论研究层次的一种表现。但是在演进的过程中,由于资本概念泛化的倾向,导致无形资本概念内涵与外延不断扩大化,这既对无形资本研究提出了新课题,又对无形资本研究带来了干扰与困惑。对于无形资本概念内涵与外延无限扩大的倾向要坚决反对。

第二节　资本理论的发展

要想对无形资本的内涵和特征进行界定,就必须要了解资本的概念,了解无形资产和无形资本两个概念的联系,还要对目前比较流行的一些资本概念,比如知识资本、智力资本、社会资本、道德资本等进行分析、比较和批判。

一、"资本"概念的语意变迁

"资本"的英文是 Capital,它来自拉丁文 Capitalis,而拉丁文的词源又是来自印欧语 Kaput。最初的意思在印欧语中是"头"的意思,这是一个测量牲畜数量多少的度量单位。在那个时代谁拥有的牲畜(比如牛)最多,谁的财富也就越多。Kaput 的另外一个衍生词就是 Cattle(牛)。① 所以,从词源学的角度来讲,"资本"最初的含义是与财富多少相关联的。

12 世纪至 13 世纪,"资本"一词已经具有了"资金"和"生息资本"的含义。② 在古罗马法律中,"资本"主要是指本金,后来演变成投资的货币或者其他等价物。14 世纪,经济学者开始大量使用"资本"一词。15 世纪末到 17 世纪下半叶,重商主义者对于"资本"一词的使用和推广发挥了重大的作用,他们把货币看作是资本,认为货币是资本的唯一形式。重农学派的代表则把资本看作是生产投资,使资本具有了垫支投资的含义。作为现代意义的"资本"概念出现在 1770 年,杜尔阁把资本看作是一种生产资料,使资本的含义从单纯的货币身份转变成了生产资料,成为资本家投资和支配工人的手段。在此之后,亚当·斯密、大卫·李嘉图等经济学家基本上都把资本看作是货币资金和生产资料的代名词。

到了 19 世纪,随着资本主义经济的深入发展,资本主义社会阶级关系和社会矛盾逐渐激化,资本的社会属性逐渐被关注到,最典型的代表就是马克思。马克思指出:"资本也是一种社会生产关系。这是资产阶级的生产关系,

---

① 燕继荣:《社会资本与国家治理》,北京大学出版社 2015 年版,第 20 页。

② F. Braudel, " Civilization and Capitalism, 15th – 18th Century ", *Vol. II*: *The Wheels of Commerce* , *N.Y.* : *Harper and Row* , 1982, p.233.

是资产阶级社会的生产关系。"①马克思对资本的判断不再仅仅停留于财富或者生产资料的属性,或者说是物的属性,而是关注到了它的社会属性。资本不再仅仅被看作是物,而是一种社会关系。所以,马克思在分析资本的时候,他已经看到了资本作为能够带来剩余价值的价值,不断地再生产着社会生产关系。资本的概念在这里被马克思赋予了社会属性,并成为马克思分析资本主义社会阶级关系的一种理论工具和范畴。

20 世纪 60 年代,美国的经济学家舒尔茨提出人力资本的概念,把资本的概念从有形的物质实体引向了无形的非物质实体,认为劳动者受过教育和训练所积累下来的知识、能力和经验等可以给劳动者带来更高的收益,这些知识、能力和经验就是人力资本,它可以通过投资教育和培训得到。著名经济学家贝克尔也认可并使用人力资本的概念。人力资本这个概念的提出,成为资本概念泛化的开始。② 在此之后,知识资本、智力资本、社会资本、道德资本等概念纷纷出现。资本的概念不再局限于实体的物质,而是转向了非物质形态。

在资本形态转向非物质实体,资本概念的语义逐渐扩大之后,马克思对资本所界定的社会属性却逐渐被忽略了。这一方面是由于第二次世界大战以后,资本主义国家采取了各种改革手段,缓和了社会矛盾,阶级斗争也没有以前那么激化,社会关系问题不再那么迫切,对社会关系问题的研究大部分局限于政策研究。以资本概念作为基本范畴进行深刻的社会关系分析,不被社会重视。但是资本的社会属性,与资本作为物的属性,两者是并存的。只要人类社会存在着资本,它的这两种属性就不会消失。本书认为,资本的形态可以是物质的,也可以是非物质的,但是无论什么形态的资本,都具有自然属性和社会属性,自然属性就是它作为物的属性,社会属性就是它作为社会关系的属性。我们在研究资本作为物的属性和它价值增殖过程的时候,不能忘了它的社会属性。

从 20 世纪 60 年代开始的资本概念泛化现象,既有一定的合理性,也具有一定的庸俗倾向。合理的一面,体现了社会发展对资本概念研究的需求;庸俗

---

① 《马克思恩格斯文集》第 1 卷,人民出版社 2009 年版,第 724 页。

② 刘松博、苏中兴:《管理学研究领域中各类"资本"概念的相互关系》,《江淮论坛》2008年第 5 期,第 11—16 页。

的一面,是把一些不符合学术逻辑和资本概念特征的要素纳入了资本概念的范畴。

二、古典的资本理论

17 世纪中后期,封建关系逐渐瓦解,资本主义经济关系迅速建立。在这种历史背景下,古典经济学家威廉·配第把资本看作是可以获取利息的货币,利息是货币的租金。在安全可靠的情况下,利息的获取量应该和地租差不多。

18 世纪中叶,资本主义的发展已经积累了一定的物质条件,机器大工业生产开始出现。亚当·斯密把资本看作是以货币形式表现出来的资金和以实物形式表现出来的生产资料,他看到了机器大工业生产的特点,把机器厂房等看作是固定资本,而把原材料和劳动力的支付看作是流动资本。

18 世纪末 19 世纪初,李嘉图也提出了自己对资本的看法。他从年轻时就从事金融事业,所以资本在他的眼里最初就是货币。1813 年至 1814 年,他开始关心利润问题,他认为:资本数量的增加,相应的投资途径也必须增加,否则利润率和利息率都会下降。① 所以,李嘉图也把资本看作是货币和投资物。

19 世纪初期,法国的古典经济学者萨伊把资本看作是生产要素之一,是能够协助劳动共同创造价值的装备和产物,生产工具、生活资料和原材料都是生产资本的重要内容。他鼓励大家节约资本,把资本投资于生产性用途,把资本看作是个人财富增长和经济繁荣的源泉。

这些古典的经济学家,基本上把资本看作是货币或者是生产资料,是一种物,着重强调了资本能增殖的经济属性。

三、马克思的资本理论

马克思是资本理论的集大成者,他不仅继承了以往学者的理论精华,而且创造性地提出了若干鲜明的观点。这些观点,对于当今世界的资本理论分析仍然具有重大的指导意义。他的资本观点主要表现在以下几点。

(一)通过对资本的定义,指出了资本的价值增殖属性和剥削属性

马克思在《资本论》中说:"可见,原预付价值不仅在流通中保存下来,而

① 胡世凯:《大卫·李嘉图的生平和著作》,《山东大学学报(哲学社会科学版)》1987 年第 S1 期,第 33 页。

且在流通中改变了自己的价值量,加上了一个剩余价值,或者说增殖了。正是这种运动使价值转化为资本。"①在这个定义中,马克思强调了资本作为预付价值产生剩余价值的增殖性特征,也说明了资本在运动中增殖的特征,这个运动过程经历了生产过程和流通过程,而在流通过程当中预付价值仅仅是保存了下来,增殖过程的发生是在生产过程中。也通过剩余价值的概念,指出了资本的剥削属性。

(二)通过历史条件的论述,指出了资本是一个历史范畴

马克思提出了资本产生的两个前提条件:一是商品生产和商品流通已经相当发展,二是劳动力已经成为商品。在这两个前提条件下,一部分资本家已经拥有了相当数量的货币,可以去雇佣更多的劳动者为自己生产商品创造剩余价值;而作为劳动者,除了自身的劳动力以外,自由得一无所有,只能把自己的劳动力出卖给资本家才能够继续生活。而劳动力的活劳动就是创造剩余价值的源泉。因此,资本的产生是具有一定的历史前提,是历史的产物。

(三)按照资本的特点和不同的运动规律,对资本进行了科学分类

马克思将资本分为产业资本、商业资本、生息资本、虚拟资本、银行资本等。在这众多的资本形式中,只有产业资本是可以在生产过程中与劳动力紧密结合在一起创造和生产价值与剩余价值;商业资本存在于流通领域,担负着价值实现的功能,并不参与创造价值的过程;生息资本是通过让渡资金的使用权而获得一定的利润,这个利润是生产领域所创造的剩余价值在流通领域的再分配;虚拟资本和银行资本也不参与价值创造过程,只是作为一种社会信用,支持生产过程的发展,它们所获得的利润也都是生产领域所创造的剩余价值的让渡。马克思事实上通过这种分类把资本划分为价值创造型资本和非价值创造型资本。离开生产领域,马克思在《资本论》的后续论述中,认为储存和交通运输会在原有商品生产的基础上增加产品的价值,他认为储存和交通都是生产不可缺少的部分,具有生产性特征。所以,在储存和交通过程中存在的资本仍然是产业资本。马克思对资本的分类和论述,也进一步解释了价值增殖的含义。马克思更为重视和强调的是生产领域的劳动工人创造价值的过程,从这个意义上来解释价值和剩余价值。马克思的劳动价值论,最本质的含

———————————

① 马克思:《资本论(节选本)》,人民出版社2016年版,第86页。

义也是建立在生产工人的劳动创造价值基础上的。随着知识经济的出现,物质财富形式发生了变化,以知识、信息以及各种文化产品为代表的无形财富或者精神财富成为一种重要的财富形式。机器大工业生产时代以有形劳动创造的纯粹的物质财富不再是占据主要地位的财富形式,因此,很多学者对马克思的劳动价值论提出了质疑,认为劳动创造价值的论断已经过时了。事实上,这是过于拘泥于财富的形态,否定了无形财富的物质属性,否定了劳动在创造无形财富的过程当中所发挥的作用,否定了无形财富的生产过程。无形财富的创造,不可能凭空产生,它仍然离不开劳动的参与,只是生产工人的身份发生了改变,他们不再是传统工业产品的生产者,随着新财富的出现,他们成为知识产品或者无形产品的创造者,他们的身份演变成了知识工人。由于物质形态的变化,知识、信息等产品的生产流水线在新的技术条件下已经不同于工业化产品的生产线,但是这种变化改变不了物质财富的生产特征,知识型的生产工人的劳动在这个过程中决定着知识、信息等无形财富的价值。所以,不是马克思劳动价值论过时了,而是在新的社会阶段,生产的条件、劳动者的身份、产品的形式都发生了变化,我们需要根据这种新的变化,对劳动价值论进行新的解释,也需要进行一些创造性的发展,但是不能全盘否定而陷入历史虚无主义。

(四)马克思还提出了资本有机构成理论

马克思指出:在资本主义整个发展的历史过程中,资本的有机构成是一直在发生变化的。不变资本和可变资本之间的比率随着技术的变化而不断发生变化,这种由技术决定并且反映技术构成的变化的资本价值构成就是资本的有机构成。资本有机构成的不断提高,会排挤工人,出现机器排挤人的现象。随着资本的积累和生产规模的扩大,相对过剩人口会越来越多。所以,在资本积累的同时也生产着贫困的积累。

(五)马克思指出了资本的社会属性

马克思不仅关注到了资本的经济属性,更看到了资本的社会属性。马克思指出:"……资本不是一种物,而是一种以物为中介的人和人之间的社会关系。"[①]"……生产资料和生活资料,作为直接生产者即工人本身的财产,不是

---

① 《马克思恩格斯全集》第 42 卷,人民出版社 2016 年版,第 784—785 页。

资本。它们只有在同时还充当剥削和统治工人的手段的条件下,才成为资本。"①"……资本不是物,而是一定的、社会的、属于一定历史社会形态的生产关系,后者体现在一个物上,并赋予这个物以独特的社会性质。"②马克思对于资本社会属性的论述,是任何一个经济学家所不能及的。他不仅看到了资本价值增殖的特征,更看到了资本的实质,它是一种社会关系的再生产。

总之,马克思作为一个资本理论的集大成者,极大地丰富和发展了资本的理论内容。他对于不变资本和可变资本的划分,找到了剩余价值的真正源泉。他对生产资本的强调和重视,也印证了当代实体经济发展的重要性。在当今时代,金融资本、虚拟资本越来越被很多国家重视,但是在金融危机爆发之后,我们再来看马克思的资本理论,会发现马克思对于生产资本以及金融资本、虚拟资本关系的论断是多么的科学。

四、现代资本理论的发展

从20世纪60年代开始,当代学者对资本概念的探讨,已经不再仅仅局限于物质资本,逐渐关注和研究经济生活当中新出现的很多无形要素。自第二次世界大战以来,世界经济出现了一个非常繁荣的时期。20世纪五六十年代,以信息技术为代表的新的经济浪潮开始出现,对世界经济生活带来了很大的冲击。世界各个国家,社会制度也发生了巨大的变化。人们的生产和生活方式发生了显著的改变。面对技术的迅速发展和知识信息的快速更新,人的作用越来越重要。知识、信息、技术、制度等要素的重要性也越来越大。技术与制度的变化也越来越快,到了80年代以罗默为代表的新经济增长理论,已经把技术看作是内生因素,不再把技术当作外在的条件。新制度经济学的出现和迅速发展,使制度作为内生因素得到越来越深入的研究。这都反映了当今社会的巨大变化,也对学术研究领域提出了新的要求。在这个背景下,很多新的资本观点纷纷出现。比较有代表性的主要有以下几个。

(一)人力资本理论

自20世纪60年代以来,以美国经济学者舒尔茨(Schultz)为代表,提出了

---

① 《马克思恩格斯全集》第42卷,人民出版社2016年版,第785页。
② 马克思:《资本论(节选本)》,人民出版社2016年版,第605页。

人力资本的概念,研究了教育、在职培训、保健、人力迁移等投入对一国经济增长的贡献,认为人力资本是通过投资而凝聚在人身上的知识、技能和健康等因素的集合。① 人的知识、技能和健康等要素是无形的,所以,很多学者也把人力资本看作是无形资本。舒尔茨被看作是无形资本、知识资本、智力资本等概念的最早提出者之一。1962 年,经济学家阿罗(Arrow)指出除了学校教育,人们还可以在工作实践中积累知识和技术,他还强调了人力资本存在着外部效应。1964 年,贝克尔(Becker)从个人和家庭的微观视角,对人力资本积累与个人收入分配的关系进行了研究,认为通过投资教育和培训,可以提升人力资本的收益。② 1974 年,明赛尔(Mincer)第一次将受教育年限作为衡量人力资本的重要指标,他构建了人力资本收益率模型,认为受教育水平的提高可以增加个人收入增长,缩小和他人的收入差距。③ 1988 年,卢卡斯建立了专业化人力资本的增长模型,认为只有专业化的人力资本积累才是经济增长的真正源泉。④

人力资本概念的提出和发展,把资本的形态从实物形态转向了非实物形态,从有形资本转向了无形资本。这也为其他资本概念的提出奠定了基础。人力资本概念的提出不仅强调了无形资本的重要性,也丰富和发展了劳动力的概念,增加了对劳动者进行分析的理论工具。教育年限、工作经历、健康状况等具体的指标使劳动者的劳动力数量和质量都有了现实可靠的衡量方法和工具,某种程度上解决了马克思资本理论中劳动力质量均质化、抽象化、难以衡量的理论困境,使我们在分析劳动价值创造时,对于简单劳动和复杂劳动的分析有了更可靠的衡量指标。

(二)社会资本理论

社会资本的概念是由社会学者在社会学领域提出的,但是经济学者也随

---

① Schultz TW., "Capital Formation by Education", *Journal of Political Economy*, 1960, 68(6): 571-583.

② Becker GS., "Investment in Human Capital: A Theoretical Analysis", *Journal of Political Economy*, 1962, 70(5): 949.

③ Mincer J., "Human Capital Responses to Technological Change in the Labor Market", *Social Science Electronic Publishing*, 1989, 31(3), pp.20-202.

④ Lucas R E., "On the Mechanics of Economic Development", *Journal of Monetary Economics*, 1988, 22(1), pp.3-42.

之借用这个概念进行研究。经济学家格林洛瑞(Glenn Loury,1977)是最早使用"社会资本"这个概念的经济学学者。他从社会结构对经济活动影响的角度提出了"社会资本"这个概念,但是并没有进行系统研究。1980年,法国社会学家皮埃尔·布迪厄(P.Bourdieu)第一个对社会资本进行了系统分析,他在《社会科学研究》杂志上发表了一篇短文,正式提出了"社会资本"这一概念。自此之后,这个概念越来越被众多的学者所接受,并用来分析许多社会现象和区域经济或国家经济的发展。他还把资本划分为三种形式:经济资本、社会资本和文化资本。社会资本与经济资本既有联系又有区别。它们都属于资本的范畴,但是禀赋不同,社会资本属于无形资产。① 由于皮埃尔·布迪厄的研究中也涉及了文化资本,所以他也被看作是文化资本的最早提出者。1988年,美国学者詹姆斯·科尔曼(James Coleman)对社会资本和人力资本之间的关系进行了论述,认为人力资源的积累离不开社会资本。社会资本具有不可转让性和公共产品属性。②

以上的研究基本上局限于社会学领域。后来普特南(Putnam)把"社会资本"概念引入了经济学、政治学等领域,引起了社会科学界的广泛关注。

(三)知识资本、智力资本与无形资本理论

自20世纪80年代末以来,知识资本、智力资本等概念纷纷出现。这与世界经济发展中出现的新情况密不可分。90年代美国出现了新经济现象,1996年世界经济合作与发展组织(OECD)提出了"知识经济"的概念,更是引起了学者们对知识经济的浓厚兴趣。这些概念研究的热潮与这些新的经济现象是密不可分的。

最早研究知识资本的应该是加尔布雷思(Galbraith),他提出这个概念是在20世纪60年代,但是这个概念被大家普遍接受并形成研究的热潮是在80年代。加尔布雷思认为知识资本是动态的非固定形式的资本,不仅仅是单纯的知识。③ 斯维比(Sveiby)把知识资本看作是企业的核心竞争力,他

① Bourdieu,P.,The Forms of Capital,Richardson J.G.,"Handbook of Theory and Research for The Sociology of Education",*New York*:*Greenwood*,1985,pp.241-258.

② Coleman,J.,"Foundations of Social Theory",*Cambridge*,*MA*:*Harvard University Press*,1990.

③ Nick Bontis,"Assessing Knowledge Assets:A Review of the Models Used to Measure Intellectual Capital",*Intellectual Journal of Management Reviews*,2001,13(1)pp.41-60.

用无形资产来表示知识资本。① 埃德文森(Edvinson)和沙利文(Sulivan)把企业真正的市场价值与账面价值的差额看作是知识资本,将知识资本分为人力资源和知识资产,商业化资产、顾客资产和结构资产是知识资产的主要内容。② 斯图尔特(Stewart)认为知识资本是所有能够被利用于创造财富的知识、信息、知识产权和经验等,它们以潜在的方式存在,却拥有实实在在的价值。③ 尤利克(Ulrich)认为知识资本=能力×热情,建立合理的员工选拔、培训和任免制度,培养良好的企业文化和施行人性化的管理,可以提升企业的知识资本水平。④ 此外,罗斯(Roos)将知识资本理论与企业的战略管理理论联系在一起,哈维(Harvey)从传统会计学的角度提出了无形负债的概念来平衡知识资本,进一步完善了知识资本的理论体系。

知识资本和智力资本一直被看作是同一个概念,很多学者都是把 Knowledge Capital 和 Intellectual Capital 混用。知识资本和智力资本的主要内容实际上与无形资本是一致的。三者的内涵与外延大部分是重叠的。但是由于无形资本的英文 Intangible Capital 和知识资本、智力资本的英文不一样,因此在研究文献的时候,就没有完全把他们等同起来。而在后续的应用中,本书赞同通用派观点,并没有把三者严格地区分开来。在前面的无形资本的文献研究中,严格按照 Intangible Capital 的字面意思来收集中外文献资料。我试图通过这种文献的研究发现他们三者的区别,而实际上发现这是一个很困难的工作,它们的内涵和外延基本上是相同的。因此,我对于无形资本的文献研究,遵循了"无形资本"这个概念纯正的单一的英文原意和中文字意,但是在他们的内涵和外延上,我赞成通用派。因此在这里,也就不再对无形资本的文献进行重复。

无论是知识资本、智力资本还是无形资本,他们都有一个共同的特点:资

---

① Karl Erik Sveiby, "The New Organization Wealth: Managementand Measuring Knowledge Based Assets", *San Francisco*, *Barrett Koehler Publication*, 1997, 5.

② Leif Edvinson & Patrick Sullivan, "Develop a Model forManagement Intellectual Capital", *European Management Journal*, 1996, 14(4), pp.356–364.

③ Stewart Thomas A., "Brainpower: How Intellectual Capital is Becoming America's Most Valuable Assets", *Fortune*, 191, 123(11), pp.44–70.

④ Dave Ulrich., "Intellectual Capital = Competence×Commitment", *Sloan Management Review*, 1998, 39(2), pp.15–26.

本的形态是无形的,不同于传统资本的有形形态,而它们的价值往往又超出有形资本的价值,在知识经济条件下,这些无形资本要素的重要性已经远远超出有形资本的重要性。

(四)对道德资本、心理资本等概念的批判

1. 道德资本

王泽应、刘湘波 1999 年在《湖南师范大学社会科学学报》上发表一篇题为《论道德资本要素对市场经济低效困境的化解》,指出在经济研究中有必要引入新的市场经济要素——道德资本要素,并且把这一要素看作是管理、创新和信息之后的又一个新的要素。[1] 他们成为第一个提出道德资本概念的人。此后,王小锡教授在 2000 年发表了一篇文章《论道德资本》,对道德资本进行了较为深入的论述,认为道德资本是无形的,是人力资本的精神层面和实物资本的精神内涵,它是精神资本或者知识资本的一种,在生产过程中起着独特的协调和制约作用。他随后论述了道德资本与生产力水平、企业活力的关系。[2] 王小锡教授第一次较为系统的对道德资本进行了论述。此后王小锡教授多次就道德资本展开论述,成为道德资本概念和理论的推动者与发展者,相继提出了"道德生产力""经济德性"等学术概念,并于 2014 年由译林出版社出版了《道德资本研究》一书。2002 年张鹄以《道德资本论——道德资本的效用及供给路径》为题撰写了硕士学位论文,从经济学的视角论述了道德资本在节约交易费用、消解企业低效、资源配置等方面的效用,分析探讨了我国道德资本的有效供给途径。[3] 2017 年 4 月 15 日至 16 日,来自西班牙、印度、日本、菲律宾的四十多名国内外学者召开了"道德资本与企业经营"学术研讨会,对道德资本的概念及理论进行了深入的探讨。

2. 心理资本

2002 年,美国心理学会前任主席 Seligman 第一次提出"心理资本"概念,把那些可以导致个体积极行为的心理因素纳入资本的范畴,引起了更多学者

---

① 王泽应、刘湘波:《论道德资本要素对市场经济低效困境的化解》,《湖南师范大学社会科学学报》1999 年第 5 期,第 13—18 页。

② 王小锡:《论道德资本》,《江苏社会科学》2000 年第 3 期。

③ 张鹄:《道德资本论——道德资本的效用及供给路径》,首都师范大学硕士学位论文,2002 年。

的关注。Luthans 等人在 2004 年又把这一概念扩展到组织管理领域,认为心理资本是指能够导致员工积极组织行为的心理形状。Hosen(2003)等人认为心理资本是个体通过学习等投资途径获得的具有耐久性和相对稳定性的一种心理内在基础构架。Avolio(2006)等人认为心理资本既具有状态性又具备特征性,既可以通过投资来开发,又相对比较稳定。①

中国学者田喜洲(2008)通过研究发现 Luthans 等人(2004)的研究在中国文化环境里也是成立的。柯江林等(2009)将本土的心理资本界定为:中国组织情境下,个体在为人处世过程中所拥有的积极心态或心理能力。李冰(2013)把心理资本划分为三类:情感因素心理资本、主观因素心理资本和社交因素心理资本。②

3. 对资本概念泛化的批判

以上两种资本理论的提出,基本上是建立在广义资本概念基础上的。这是资本理论泛化的结果。这两种理论的出现基本上都处于非经济学领域,只是借用了经济学领域的资本概念、分析工具和方法,也是道德领域和心理领域研究的需要。但是从经济学的角度来看,他们所说的资本概念并不符合经济学对于资本的界定。主要原因如下:

(1)资本是某一个主体所拥有的可以进行预付投资的生产资料。

一般情况下这个主体是企业,特殊情况下也可以扩大到其他组织和个人。这种主体性特征,是私有产权广泛存在的情况下所必然具有的特征,也是研究资本作为投资物进行预付投资的前提。只有尊重这种主体性特征,才有可能继续探讨资本的收益性和增殖性。道德和心理都是一种特殊的与人密不可分的无形要素,不同个体所拥有的道德和心理都不能进行剥离,不能单独存在,不能既为个体所有,又为集体和社会所有,这些要素的主体性特征并不明确,不能为企业独立拥有并进行运营。道德既有个人道德,也有社会道德;心理既有个人心理,也有社会心理。社会道德和社会心理都是个体的最大公约数。它是一种无形的整体状态,是不可控的。道德和心理对于不同的群体,不同的个体都具有极大的差异性。缺乏良好道德和心理状态的一群罪犯,在严格管

---

① 王雁飞、朱瑜:《心理资本理论与相关研究进展》,《外国经济与管理》2007 年第 5 期,第 32—39 页。

② 曹任飞、芮雪:《本土心理资本研究综述》,《科技经济导刊》2018 年第 8 期,第 101—102 页。

理和控制之下,也可以生产出合格的产品,使企业盈利。在这样的企业组织中,道德和心理状态几乎是可以忽略不计的。

(2)资本是一种内生要素,可以通过运营不断实现保值增殖,为企业组织带来收益和利润。

具有良好道德和心理状态的企业,社会责任感强、员工积极向上的企业,在产品质量差、成本高、市场需求低迷等情况下,并不能为企业带来收益和利润。也就是说,企业的责任感、员工的积极性都不能作为一种要素进行运营,使企业资产实现保值增值。道德和心理状态只能作为外在条件,成为生产运营的一种前提,而不是内生的生产要素。资本必须是内生的一种生产资料,能够为企业所拥有并直接使用和运营,直接为企业带来收益和利润。因此,很多学者把环境等外在因素当作内生因素来资本化,也是错误的。

(3)资本是一种社会关系,具有社会属性。

这种社会属性,是从属于资本的人与人之间的关系,也就是资本所有者和劳动者之间的关系。这种关系在资本的积累和扩大再生产过程中,不断地被再生产,因此资本主义的社会关系才会得以维护。资本和资本的生产方式,决定了社会状态和阶级关系。道德和心理是人们在社会中所处的地位和彼此之间的关系影响之下所形成的结果,它们是资本运行的产物之一。不同阶层、不同群体、不同社会地位的个人,他们的道德和心理属于不同的层次,内涵和标准都是不一样的,是不可调和的。因此把资本运行的结果又当作一种可投入的要素,纳入资本的范畴,与资本共同运行,这在逻辑上是矛盾的,也是不现实的。

(4)资本需要不断地循环和运动,道德与资本积累的长期性和渐进性也决定了他们的非资本属性。

道德需要经过漫长时期的积累才能逐渐形成;心理状态也受环境的影响,具有长期性和渐进性。他们并不可以通过投资进行人为的控制,使人的道德状态和心理状态按照预期的规划去发展,也不能实质性参加资本的循环和运动。虽然资本循环中固定资本的循环和运动比较特殊,但是固定资本是实质性参加生产运营,它的价值是通过多次循环逐渐实现的。道德和心理并不具有固定资本的属性,他们只在管理层次存在,并不实质性参加生产运营和资本的循环及运动,也就难以参与价值创造和价值实现。

（5）道德和心理缺乏客观的可以计量的测量工具。

人力资本概念被提出以后，开启了资本概念泛化的先河，但是人力资本在现实领域仍然有很多客观的测量工具可供使用。道德资本和心理资本都是依托人力资本提出来的，但是道德和心理属于与人结合在一起的因素，与知识、技能、资历等要素相比较，它们是难以测量的，而知识、技能和资历都是可以通过教育年限、工作年限、职位信息、技术职称等来客观衡量。学者们对于道德资本和心理资本的测量也有一定的研究，如柯江林等（2009）、谢颖（2013）、杨牟茜（2015）对心理资本的测量都是建立在量表和问卷的基础上，这些仍然都属于主观测量。

五、对现代资本理论发展的评述

从人力资本概念提出开始，资本概念已经不仅仅局限于经济学领域，开始扩展到管理学、社会学、政治学、心理学、伦理学等领域，成为一个各个学科都乐于接受和使用的分析工具。在这个过程中，"资本"概念已经泛化，不仅仅局限于以企业为代表的微观主体，而是扩大到了国家、社会和企业以外的所有的组织及个人。这种扩大化是一种学术分析工具的扩大化，是经济学分析方法①的扩大化。这些分析工具被其他学科借鉴，"资本"的概念也随之被借用。这是学科交叉发展、互相学习的一种结果，总体来说是好的。但是也混淆了学科界限，影响了学科自身发展的系统性和逻辑性。如社会资本的概念已经超出了经济学领域对资本本身的定义，资本的概念已经不仅仅局限于一个组织范围内，而是扩大到个人、社会和政府，资本所对应的也不再是一个组织的利润，而是宏观的效率或者效益。按照布尔迪厄的说法，社会资本是一个社会或者群体所具有的现实或潜在的资源集合体，它主要是由确定的社会或群体成员身份的关系网络所构成。这样的概念，与群体或者社区的收益或者行动紧密联系在一起，而不是利润。当然，收益问题也是经济学研究的问题，但是资本所对应的分配物应是利润而不是其他，"资本"作为一个概念，它所对应的概念也应该是"利润"。"社会资本"的概念也被经济学所借用，用来分析经济

---

① 如成本分析、价格分析、投资收益分析、风险分析、均衡分析、边际分析、规模效益分析、价值效用分析、效率分析、交易成本分析等等。

增长和发展,把社会资本看作是实物资本和人力资本之外的一个新的资本要素,用来解释和说明地区或者国家经济增长和发展的成就。

对于"资本"概念的这种泛化现象,我们应该怎么看呢?本书认为"资本"概念内涵和外延的扩展,具有一定的合理性。作为分析工具,在进行跨学科研究和交叉研究中,把经济学的一些方法和适用范围适当地加以扩大,也有利于促进各个学科彼此之间的发展。"资本"概念作为经济学的一个分析范畴在更广大的范围内被使用,说明这个概念本身的生命力和有效性,这是经济学繁荣的表现,也是经济学对于其他学科所应该作出的贡献。我们也看到,"资本"概念的泛化有的已经违背了基本的经济学逻辑,朝着无限扩大的方向发展,这就有了一定庸俗的倾向。这种"资本"概念的滥用是学科发展缺乏创新、缺乏理论工具的表现。我们应该理清"资本"概念内在的逻辑,坚持经济学自身的发展方向,合理地借鉴其他学科的发展。资本理论的发展也应该是遵循资本自身的逻辑。

对于"资本"概念的泛化我们有的部分是应该接受的,比如说文化资本、社会资本、人力资本,这些概念都已经被广泛地使用,而且取得了很多的研究成果,这方面的研究也正在趋于深化与成熟。这也可以看作是资本理论深度发展的结果。但是对于经济学而言,我们研究"资本"概念的内涵,有以下几个原则是必须坚持的。

(一)要坚持资本所有者主体的明确性

资本一定是有所有者的,在马克思《资本论》里面,资本的所有者被称为资本家。在现代社会,资本家的概念已经被淡化,但是资本所有者仍然是存在的。资本所有者必须是自然人或者是法人等微观主体。即使是从国家和地区的角度来研究,只是研究视角的不同,也不能否定资本的微观主体属性。国家或者地区的资本,除了以政府为代表或者以地区组织为代表的主体所拥有的资本以外,国家或者地区的资本可以看作是微观主体资本的汇总。所以,宏观研究是建立在微观研究的基础上的,对于资本问题的宏观研究和中观研究,并不能否认资本的微观主体属性的明确性。忽视了这个属性,资本的研究就进入了广义的范畴。比如人力资本,它本质上属于个人,企业也可以因为自己的投资拥有对人力资本的部分使用权。在对人力资本的使用过程中,企业事实上把人力资本的主体看作是企业自己。很多学者在研究的过程当中,大部分也是把企业看作是人力资本的主体,或者是把人力资本看作是企业和个人共同拥有。这就模糊了资本的主体所有权属性,也会导致在研究中分不清投资主体,研究目的也会不明确,缺乏针对性。但是目前人力资本的概念已经被广泛接受,这种矛盾可以从企业和个人投资角度从法律上得到一定程度的解决,我们可以从更广义的角度来理解和接受人力资本的概念。但是,这并不能否定我们在经济学研究领域坚持资本所有者主体的明确性原则。

(二)要坚持资本作为预付价值的物质属性和社会关系的社会属性

资本首先是资金或者是生产资料,可以用来进行投资,并且通过投资来实现价值增殖。不能单纯地把资本看成是社会关系,也不能单纯地把资本看作是生产资料和资金。资本首先是能够在生产经营中加以使用的物质资料,在此基础上,资本同时又代表社会关系。资本通过不断循环和周转,在实现价值增殖的过程当中,不断地生产和再生产着原有的社会关系。这个基本的理论判断是不会变的。只是在社会条件不发生改变的情况下,学者们大部分只对资本的物质属性感兴趣,更多地研究资本作为物如何实现价值增殖,很多学者甚至把价值增殖当作是资本的本质属性。价值增殖是资本的主要特征和存在目的,资本的本质是社会关系而不是物。资本作为生产资料和资金等预付物,是它所代表的社会关系的物质载体。这种社会关系是建立在资本能够实现价值增殖,不断循环和周转的基础上。资本的价值增殖性是它的基础属性,而不是本质属性。对资本的研究,我们要坚持从物质属性和社会属性两个维度去研究,才有可能把"资本"这个概念所蕴含的内涵全部挖掘出来。

(三)资本是一种内生的通过参与生产经营实现价值增殖的预付物

资本的所有者主体属性已经决定了资本的内生性。我们不能无限地扩大资本的内涵和外延,把一些外在的因素也看作是资本,这不利于对资本问题的研究。无论是微观研究还是中观研究和宏观研究,都要坚持资本作为一种内生性要素的特点。这种内生性要素也必须参与生产经营,参与资本的实质性循环和周转,最终实现价值增殖。资本是可投资的,是有成本的,是有价值和价格的,最终要获取利润。任何不以价值增殖为目的的资本是不存在的。我们不能把一些有利于发展的外在因素,都看作可以进行投资运作、参与生产经营的内生性因素,外部有利条件(比如说环境),可以为企业等组织节省成本,提高获利的可能性,但是其本身不能被运作,不能参与生产经营,不能实现价值增殖,所以不能作为资本。

(四)作为资本的构成要素,应该有坚实的现实基础,在会计、统计和评估等领域都是可测量、可统计、可汇总、可评价、可标记的

资本作为可以运营的一种生产经营资料,一定是可以测量、可以统计、可以加总求和的,这样才便于对投资产出进行测算。资本本身也应该是可以被评价的,有具体的评价标准,具有现实的可操作性。这样才便于控制,便于在生产经营中加以运用。脱离了这些现实的基础,过于虚幻过于抽象的要素是不应该被纳入资本范畴的。比如说心理和道德,这些要素都过于抽象,难以衡量,无法在生产经营中被经营和运用,甚至也不符合我们前面所说的其他的特征。

(五)对于已经被广泛接受和运用的一些概念,如人力资本、文化资本、社会资本、知识资本、智力资本等概念,我们有必要辩证的吸收和采用

这些资本概念已经是广义的资本概念,对于这种泛化现象我们采取完全回避或者完全否定的态度是不合适的。因此有必要重新界定和划分资本的层次,区分研究的重点和一般。马传兵(2009)在研究无形资本的过程中,把无形资本分成经营性无形资本和社会性无形资本。[①] 这种划分方法实质上把资本按照性质进行划分,一种是经营性资本,一种是社会性资本。经营性资本离不开生产经营领域,参与生产经营和资本循环,并在这个过程中实现价值增殖;社会性资本主要是指企业文化、人力资本、社会关系、销售渠道等受社会因素影响而形成的要素,这些要素并不具体参与生产经营,但是在管理中会为生产经营节省成本,提高效率,为生产经营领域的价值增殖创造各种便利条件。脱离开这些社会性因素,生产运营也难以顺利展开,资本价值增殖的目的也难以实现。这些社会性资本虽然存在于管理领域,但是并不是单纯由管理创造,很多是受社会因素影响而形成的,管理本身也受社会的影响,所以把这些资本称之为社会性资本而不是管理性资本,从概念的内涵和外延上来说更准确一

---

① 马传兵:《无形资本与女企业家经营绩效的关系研究》,《中华女子学院学报》2009 年第 4 期,第 115—120 页。

些。这样,资本的构成就可以表示图 3-1:

经营性资本　　社会性资本

图 3-1　资本构成图

第三节　无形资本的内涵与外延

19 世纪 60—70 年代人们已经把无形的东西作为财富,这些无形财富和银行的资本一样都需要缴税,甚至要双倍缴税。① 他们并没有提出无形资本的概念,只是把无形财富等同于资本纳税。1892 年 8 月 4 日,在《弗吉尼亚法学》杂志有一篇《劳动资本和货币资本》的文章,开篇就把资本分为两类,一类是货币资本,另外一类存在于劳动能力之中。第一类是有形的,第二类是无形的,但是和信用一样有价值,虽然无形但是和货币资本一样是真实存在的。劳动资本的力量在它的物质生产过程中会体现得非常有效,真实可见。货币资本和劳动资本是相互依存的,任何一方离开另外一方都没有价值。两者都是企业所必需的投入要素。② 在这里,劳动资本就是无形资本的一种,劳动资本已经成为无形资本的代名词,也是现代人力资本的代名词。1908 年在《经济学季刊》上有一篇文章《论资本的性质:投资、无形资产和金钱大亨》,直接把无形资产当作资本来进行论述,强调了无形资产和有形资产具有同等的重要

---

① James A.Frazier & S.W.Siebern et al., "Supreme Court of Ohio.The American Law Register (1852-1891)", Vol.15,No 8,New Series Volume 6(Jun.,1867), pp.475-486.Published by:The University of Pennsylvania Law Review.

② "Labor capital and Money Capital", *Virginia Law Journal*,Vol 16.August 4,1892.Edited by H.M Tyler.

性,"无形资产是和有形资产一样的资本"。① 1910 年,有一位学者 George John Kruell 在自己出的《威斯康星公共设施财产的实物估价成本》一书中,正式提出了无形资本(Intangible Capital)的概念,把权利和许可证、著作权等都看作是无形资本。② 此后,1915 年学者 J.Bauer 继续沿用无形资本的概念把专营权的摊销等都看作是无形资本。③ 1920 年,Charles Allen Wright 等人继续沿用无形资本的概念,把特许经营、促销和组织成本、货币成本、专利权等都看作是无形资本。④ 1925 年无形资本的概念在财务分析报告中开始出现,一个是无形资本比率,与固定资本比率并列;一个是无形资本周转率。⑤ 这说明无形资本这个概念已经被学术界所接受,并被当作类似于固定资本的一种资本。进入 20 世纪 30 年代以后,智力资本(Intellectual Capital)研究兴起,美国甚至成立了《智力资本》杂志(The Journal of Intellectual Capital),冲击了无形资本(Intangible Capital)研究,导致 30—40 年代以无形资本为主题的研究资料非常少。直到 60 年代中后期,无形资本研究才逐渐开始恢复,西班牙甚至成立了《无形资本》(Intangible Capital)杂志,一直开办到今天。80 年代以后,有关无形资本的研究进入繁荣时期。

无形资本的外延一开始就有扩大化的趋势,对于无形资本概念的争论一直没有停止。20 世纪 60 年代,出现了资本概念泛化以后,无形资本的外延不断扩大化的趋势进一步加强。

一、无形资本的内涵

根据上述我们对无形资本文献的研究和对资本属性的探讨,可以对无形

---

① Thor-stein Veblen, "On the Nature of Capital: Investment, Intangible Assets, and the Pecuniary Magnate", *The Quarterly Journal of Economics*, Volume 23, Issue 1, 1 November 1908, pp. 104-136.

② George John Kruell, "Cost of Making Physical Valuation of Wisconsin Public Utilities Properties", *University of Wisconsin-Madison*, 1910.

③ J.Bauer., "Rents in Public Utility Accounting", *Journal of Accountancy*(Pre-1986), New York Volume 20, Issn 00001, July 1915, p.21.

④ C.A.Wright et al., "Cross Talk and Inductive Interference", *Engineering Experiment Station of the Ohio State University*, 1920.

⑤ C.O.Hardy & S.P.Meech, "Analysis of Financial Statements", *The University Journal of Business*, Vol. 3, No. 4, Sept 1925, pp.378-396.

资本下如下的定义：

所谓无形资本，就是一个主体所拥有的在较长时间内可以持续使用并为主体带来超额经济收益的独特的无形资源或要素的价值。

无形资本作为一个经济学概念，它必须是某种价值形态。这种价值形态是对具体的资源或要素的一种抽象。这些资源的具体形式和具体特征，对于经济分析来说都不重要，更重要的是这些具体形态背后所代表的价值属性。只有作为价值，才能不加区别地在推理和分析过程中加以使用。这也体现了各种资源对于主体①来说，在实现价值增殖的目的过程中，它们的具体特征和差异性都不重要，重要的是作为一般价值能为企业所用，并为企业赚取剩余价值，实现利润而服务。除此之外，作为价值形态也决定了无形资本的社会劳动属性，它必须是与人类劳动密切结合，或者是劳动的成果，或者是人类劳动成果的代表。就像货币虽然不具有价值，但是它能够购买商品，能够反映人类的劳动成果，所以货币也是资本。无形资本的各种构成要素，也必然具有这个特征，它必须是人类社会劳动的成果，或者是人类社会劳动成果的反映。

资本的主体性特征也必须强调。不能为企业所用的所谓的资源或者要素，都只能是作为一种外在条件或者经营管理前提。这些外在的要素一般来说不能资本化。比如说环境和国家政策，企业只能借助它们提供的某种便利条件为自己谋取更多的利益。这些要素虽然是无形的，但是对于企业来说它只是外部条件，并不为企业所拥有，不能作为生产资料加以运用和使用。这些外部条件的存在并不决定企业的价值增殖和盈利，只是以自己特有的方式在为企业提供资源、生产经营便利等方面创造一定的机会。从经济学的角度来讲这些机会也是有成本的。企业是否选择利用这些机会，取决于自己对这些机会的判断和这些机会给自己带来的机会成本。因此，外部的这些资源或者条件只要不是为主体所拥有，不能无条件地使用，那么就不能称之为企业的资本。资本的主体性特征非常明显，这也是它的社会属性所决定的，资本背后所代表的是一定的社会关系，这种主体性特征与它的社会关系属性密切相关。

无形资本是能给企业带来超额经济收益的。所有的资本形态目的都是为了实现价值增殖。无形资本作为一种特殊的资本形式，毫无例外地也要实现

---

① 如企业，下文用企业代指主体，市场经济条件下企业是资本最主要的拥有主体。

价值增殖。当无形资本在自身基础上,总的价值数量变得越来越多的时候,也就实现了它存在的意义。这种价值增殖对于企业来说表现为利润或者是经济效益,所有获取和拥有无形资本的企业,目的都是赚取剩余价值,实现经济收益的增长。剩余价值并不一定是经济收益的所有来源,它不是构成利润的唯一来源。在市场经济情况下,价格围绕价值的波动,也会对企业主体的利润和收益产生影响。无形资本的特殊性之一,是具有垄断性,它使企业和企业的产品具有了某种垄断优势,从而在产品定价中和市场营销中能够占据主动地位,使自己获得更高的收益和利润。

无形资本是无形的要素或者资源,这是它形态上的特征,也是最明显的特征,但不是最本质的特征。它和有形资本一样,具体形态背后隐藏着社会关系。无形资本的主体性特征,决定了它被一定的主体所拥有,这是私有产权和多元化产权制度下,必然存在的特征,也是它能够成为资本的一个法律前提,同时也是历史前提。没有了私有制度和多元化产权制度,也就没有了资本。没有了主体性特征,资本也是不存在的。

无形资本要在较长时间内被拥有和使用。无形资本的存在,对于企业而言类似于固定资本。它的价值需要在较长时间内逐渐地转移到产品当中去,而不是一次性转移。对于纯粹的无形资本交易而言,无形资本本身就是商品,可以一次性实现自身的价值。对于购买无形资本的企业而言,或者自己生产创造无形资本的企业而言,拥有无形资本的目的,就是为了实现价值增殖,以获取更多的剩余价值和超额利润。所以,无形资本参与生产后一定是在较长时间内才可能实现自己的价值,从而为企业获取经济效益作出贡献。

无形资本的垄断性和无形资本的主体性两者密不可分。这种垄断性的第一含义是一种自然属性,是建立在无形资本的独特性基础上的。但是,这种垄断性很容易被人为地加以运用,如操纵价格或垄断市场,使企业获得超额垄断利润,这种垄断就不再是自然垄断,而是人为的行政垄断。正常情况下,应该是以自然垄断为主,行政垄断被控制在合理范围之内。

二、无形资本的外延和分类

从上述的定义可以看出,无形资本的外延是企业所拥有的那些独特的可以为企业带来超额经济收益的无形资源或要素的全部。这些独特的资源必须是有价值的,能够为企业带来超额经济收益。而且是企业能够长期拥有和使用的。有很多资源虽然是无形的,但是不一定能够成为企业的无形资本。比如说道德和心理,这些因素都是无形的,但是不能为企业所拥有,主体性特征模糊,不具有价值,不能实现价值增殖,从而不能使企业获取超额收益。一般性的道德和心理都是不可以投资的,不可以经营和管理的,不能称之为产品,不能拥有价格,不能用来交易,也就不能为企业带来超额收益。作为企业自身拥有的独特的道德品质和心理特征,属于企业文化的组成部分,具有不可分割性。企业在进行企业文化打造时,难以有针对性地对道德或者心理进行投资或者打造,只能通过培训、教育和制度建设,引导大家具有共同的行为特征。影响这种共同行为特征的因素,有社会因素、企业自身发展的历史因素、企业特殊阶层如老板的因素等等,也有企业基于自身定位和未来发展目标主动打造的因素。在形成的过程当中,企业文化的打造耗费了一定的人类劳动,因此具有一定的价值。就主动投资打造的企业文化而言,它的目的性很强,对于企业发展具有重要作用,也是企业生产经营不可缺少的条件。排除外部社会影响等因素,企业文化的打造具有可控性,主体性特征明显,是企业拥有可以长期使用,并能为企业带来良好的影响以及经济效益的无形要素,它们已经成为企业资产的一部分,这些无形要素或者无形资产可以称之为无形资本。但是,由于企业文化中的道德和心理部分是企业文化的有机组成部分,与企业文化具有共生性,不能单独剥离出来,不能称之为道德资本或心理资本。企业文化中的道德因素和心理因素,必须与企业的核心理念、使命、战略目标、制度等要素具有一致性才有可能成为企业文化的有机组成部分。那些不能与企业文化相契合的道德和心理要素,也就不能成为企业文化的有机组成部分,更不能称之为无形资本。

无形资源必须是长期拥有、长期使用才能成为企业的无形资本。短期的市场机会也是无形的,由于稍纵即逝,不具有长期使用性,不能为长期获取经济利益服务,只能形成短期投机,这样的资源和要素不能称之为无形资本。

根据以上论述,我们可以把无形资本划分为以下几类。

(一)经营性无形资本

经营性无形资本是指那些能够在生产经营领域长期被使用,而且能够为企业带来经济收益的无形资源。比如说,目前会计学领域所确定的专利权、商标权、著作权、计算机软件、特许经营权、专有技术、商业秘密、土地使用权、网络域名等等,这些无形资产可以直接在生产经营过程中给企业带来超额经济收益。这些无形资产的产生,都是需要一定的前期投入,除了土地使用权是纯粹由垄断权利而产生收益外,其他都有助于企业在生产和流通领域的经营过程中,创造和实现价值,产生超额收益。

经营性无形资本又分为生产型无形资本和流通型无形资本。生产型无形资本是指在生产过程中与劳动相结合实现价值创造的无形资本,比如说专利权、专有技术、著作权、生产领域的计算机软件等等,这些无形要素在生产产品的过程中,把自身的价值转移到产品中去,并使产品价值增大。这些无形要素或者是资产的价值都是非常大的,因为创造它们的过程本身就是一种复杂劳动,所需要的社会必要劳动时间更多。在这些生产型无形资本发挥作用的过程中,也仍然需要创造性劳动加以指导、操作和运行,因此生产型无形资本所参与的生产过程,必定是具有创造性的复杂劳动,由此所生产的产品价值也非常高。

流通型无形资本主要是指那些存在于流通领域,帮助产品实现价值的无形资产。如商标权、网络域名等。网络域名和商标权,它们的价值也来自劳动的投入,创意人员前期的设计和创意形成了网络域名和商标权,并通过后期的宣传和推广,使之具有更大的价值。这种价值在产品宣传和推广时会有助于产品价值的实现,网络域名和商标权自身的价值也随着产品的销售得到实现。

土地使用权本身可以作为商品进行交易,也可以作为一种生产要素参与到生产过程中去,比如房地产建设,离不开土地使用权。所以土地使用权可以算是一种特殊的生产型无形资本。特许经营权是基于特殊产品、特殊技术、特殊诀窍而形成的一种权利,是一种纯粹的垄断权利,由于不需要付出特别的劳动,只需要支付一定的费用就可以获得这种权利,而拥有这种权利会使自己拥有生产经营某种产品并在未来获利的能力,所以也可以把它算作特殊的生产型无形资本。

(二)社会性无形资本

社会性无形资本主要是指那些受社会因素影响的在管理过程当中存在的可以为企业所使用的无形资本。比如,企业文化、社会关系及渠道、人力资本等。企业文化是指企业所拥有的长期积累和打造的不同于其他企业的价值观念和行为特征,这些价值观念和行为特征有利于企业的经营和管理;社会关系与渠道是指企业所拥有的在原材料获取、产品销售、技术研发、市场机遇的获得等方面可以获得特别机遇的人脉资源和渠道,这些人脉资源和渠道是其他企业组织难以模仿和获取的,也需要企业管理者在前期的关系搭建、感情投入、关系维护、信息管理等方面进行一定的投资,这些时候关系本身是为企业创造机会和便利而存在,是企业作为赢利主体所刻意生产和维护的专用性产品,所以这些社会关系具有特殊的价值。人力资本是指存在于劳动者身上的能力、经验、知识和健康状况等的总和。人力资本可以通过教育和培训等投资方式获得。人力资本和劳动者是两个不同的概念,人力资本存在于劳动者身上,二者相互依存。但是不同的劳动者身上,所拥有的人力资本数量和质量是不一致的。人力资本的主体是个人,但是同时又能为企业所用,企业拥有人力资本的使用权,可以利用人力资本的使用权为企业创造效益。但是为了应用的方便,也是为了论述创造性劳动主体与一般劳动者的不同,我们后续的价值创造研究中可以简单地直接把人力资本和复杂劳动者等同起来。因为人力资本主要存在于复杂劳动者身上。

以上的这些资本形式,都是在企业的管理过程中必然存在的,对于企业的生产和经营都是不可缺少的。它们通过管理发生作用,能够为企业发展节省成本、获取机遇、扩大规模、提升质量、提高效率等创造更多的可能性和便利条件。它们的存在,对于企业而言意义重大。但是在管理领域并不存在价值创造的机会,这些无形资本相当于是费用的资本化。这些费用的支出是企业生产经营所必需的条件。但是这些费用的支出背后是复杂的人类劳动,不仅仅是费用的资本化,而是人类劳动的成果的结晶。人力资本需要经过长期的教育和培训才能形成,关系和渠道资本需要长期的投入和维护才能保持,企业文化资本需要长期的积累和打造才能形成,这些资本的形成需要特殊的人类劳动投入。在这里,产品的形式已经不同于可以在市场上进行交易的纯粹为消费者消费的商品。它们是为了维护企业的正常生产运营所必需的企业专用的资本品。对这些资本品的投入,在会计上一般是作为费用需要冲销或者摊销,通过这种形式回收成本。但是这些资本品的投入,是为了企业发展创造更多的机遇和便利条件,能使企业获得更多的收益而存在。所以,这些费用的支出也是需要获得收益的,不能仅仅是回收成本。作为一种特殊的人类劳动产品,它具有价值,更应该看作是一种特殊的固定资本,是生产型经营资本的必要条件,也具有生产性,是生产领域的延伸。管理就是为经营存在的,是生产经营在企业内部的延伸。因此,这些社会性无形资本虽然不存在于直接生产领域,但是对于产品的生产和经营都是必不可少的,也具有一定的生产性特征。就如马克思所说的,交通运输业也具有生产性。"生产越是以交换价值为基础,因而越是以交换为基础,交换的物质条件——交通运输工具——对生产来说就越是重要。"[1]"……投在运输业上的生产资本,会部分地由于运输工具的价值转移,部分地由劳动价值追加,把价值追加到所运输的产品中去。"[2]马克思明确指出运输产品"……这种效用交换价值,和任何其他商品的交换价值一样,都是由其中消耗的生产要素(劳动力和生产资料)的价值加上运输工人的剩余劳动所创造的剩余价值决定的。"[3]由此可见,交通运输业虽然存在于流通领域,但是不仅具有生产性,而且还创造价值。

存在于管理领域的社会性无形资本,它不是孤立地存在,它们的存在是为了企业生产运营更好地进行,对于企业的发展而言非常重要。企业文化的打造、关系资本的维护需要特殊的人才以特殊的劳动形式来进行,人力资本的获得也需要进行特殊的投资,这些都需要付出人类劳动。作为资本,它们也存在着参与价值循环、实现价值增殖的内在需求。因此,社会性无形资本同时也具有生产性,社会性无形资本的劳动者也创造价值,社会性无形资本随着资本循环也能实现价值转移,并把自身的价值转移到产品中去。所以,价值创造并不仅仅存在于生产领域,流通领域、管理领域的生产性劳动都会创造价值。

第四节　无形资本的性质与特征

伴随着帝国主义而兴起的无形资本,一开始便被打上垄断的烙印。在资本主义进入帝国主义阶段以后,垄断成为最根本的特征。无论是有形资本还

---

[1] 《马克思恩格斯全集》第30卷,人民出版社1995年版,第521页。
[2] 马克思:《资本论(节选本)》,人民出版社2016年版,第278页。
[3] 马克思:《资本论(节选本)》,人民出版社2016年版,第252页。

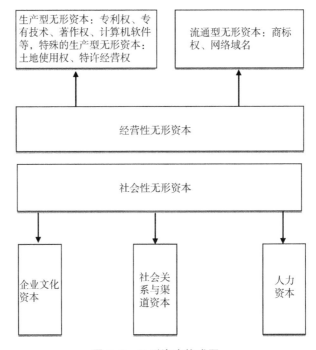

图 3-2　无形资本构成图

是无形资本,都要服务于帝国主义发展的特征。19 世纪末 20 世纪初资本主义进入帝国主义阶段之后,到今天为止帝国主义的特征并没有发生改变,而是越来越加强了。所谓知识经济,也是资本所有者利用知识、信息、技术等无形要素的稀缺性和独特性进行垄断实现垄断利润的一种经济类型,只不过是在知识、信息、技术产品独特性垄断(也可以称之为自然垄断)的基础上,用法律和行政手段进一步强化垄断。知识经济的实质是垄断经济,与有形资本垄断不同的是知识经济条件下资本所有者不一定是有形资本的所有者,无形资本成为另外一种形式的重要资本形态,而无形资本的所有者完全可能是劳动者本人,技术发明创造者绝大部分都是劳动者,而人力资本所有者排除企业家、职业经理人等管理阶层以外绝大部分也是劳动者。这样,知识经济条件下资本的所有者主体出现了多元化,利润分配也必然要求多元化,这个特征和传统的有形资本经济条件下的分配状态不一样。

一、无形资本的性质

作为一种新型资本,伴随着帝国主义的兴起和知识经济的发展,无形资本越来越成为一种比有形资本更重要的资本形态。"目前,美国许多高技术企业的无形资产已超过了总资产的60%。"①有的企业的无形资产甚至是有形资产的若干倍。有的专家认为:"知识经济中的第一生产要素是作为无形资产的知识。"②把无形资产看作是知识经济条件下的主要的资产形式,那么自然而然无形资本也就成为知识经济条件下的主要资本形式。在知识经济条件下,无形资本作为一种特殊的资本形式,它的存在是以完善的知识产权法律体系以及对私有产权保护的法律体系为前提条件,缺少了完善的法律保护,无形资本也就不复存在。比如,一个专利技术被发明以后,如果其他人随意模仿,随意使用,不受惩罚,市场上同类产品大量存在,那么正宗产品的销售也必然受到影响,利润难以保证,前期的研发投入难以收回,甚至导致破产。这样发明创造者的积极性就会受到打击,社会上发明创造的数量就会下降。所以,完善的法律保护是无形资本存在的前提条件,一旦失去了法律的保护,无形资本的超额收益性就难以保证。

列宁在资本主义进入垄断阶段后指出:"……帝国主义就其经济实质来说,是垄断资本主义。"③"……集中发展到一定阶段,就自然而然地走到垄断,这种从竞争到垄断的转变,是最新资本主义的最重要的现象之一。"④这些论断到今天为止也仍然是有效的。随着资本的集聚,企业规模的扩大,发展到一定阶段后市场必然会出现垄断。

在20世纪30年代,美国经济学家E.H.张伯仑和英国经济学家J.罗宾逊,分别于1933年出版了两本专著《垄断竞争理论》和《不完全竞争经济学》,对于市场中的垄断竞争进行了科学详细的论述,共同开创了垄断竞争理论。两个人提出垄断竞争理论的时代背景与列宁1917年出版《帝国主义是资本主义的最高阶段》提出垄断的时间相差仅仅16年,这16年里垄断的特征进一步加强,这是张伯仑和罗宾逊提出垄断竞争理论的时代基础。在这里,西方经济学者和马克思主义学者在垄断问题上达成了一定程度的共识。虽然列宁同志对垄断的判断不仅仅局限于市场结构,更为广泛,但是他们在市场垄断这方面的

---

① 于玉林主编:《现代无形资产学》,经济科学出版社2001年版,第8页。
② 孙慕天、刘玲玲:《知识经济:前所未有的经济》,《光明日报》1998年6月5日。
③ 《列宁全集》第27卷,人民出版社2017年版,第434页。
④ 《列宁全集》第27卷,人民出版社2017年版,前言第Ⅲ页。

认识是一致的。

张伯仑指出："垄断通常意味着对供给进而对价格的控制……只有当所有的生产者在完全相同的市场上生产和销售同质的产品时,对价格的控制才会完全消除。"①他的论断指出了市场垄断的特征,对供给和价格的控制导致了垄断,而无差异化的生产则不会导致垄断。利用专利进行生产,产品本身具有独特性,总量生产也会在控制之中,产品的定价也完全取决于生产者,因此由专利技术生产形成的特定的行业与市场,在本质上就是垄断市场。另外,张伯仑认为产品是有差异性的,差异越大,则垄断性越大,销售者拥有的定价权就越大。产品的品质、设计、包装、款式、颜色等可以造成具体差异,专利和商标也可以使产品表现出具体的差异性。他的论述中指出了专利和商标等经营性无形资本可以使商品具有差异性。张伯仑指出："只要有任何程度的差别,那么每一个销售者都对其产品拥有绝对的垄断,不过也要面对或多或少的不完全替代品的竞争。"②

J.罗宾逊在《不完全竞争经济学》一书中也对自己的观点进行了论述,她指出,市场是不完全的,因此现实的市场竞争应该是不完全竞争。很多因素会导致这种竞争的不完全性,如运输成本的大小、品牌产品的质量保证、周到的服务、热情礼貌的销售服务、信用赊欠的便利、对顾客独特需求的特别关照、广告宣传等,使消费者更倾向于购买和选择该种产品,因此不能实现完全竞争。她对不完全性的论述事实上已经涉及了无形资本,品牌产品的质量保证既有品牌因素,又有技术因素和文化因素,品牌本身就是经营性无形资本,而质量的保证取决于专利技术和生产领域存在的企业文化,作为扩大化的质量概念,产品宣传、售后服务都可以提升产品的质量概念。J.罗宾逊后续的论述,又提到了周到的服务、热情礼貌的销售服务、信用赊欠的便利、对顾客独特需求的特别关照、广告宣传等,这些都与企业文化、社会关系与渠道维护的社会性无形资本密切相关。

张伯仑和罗宾逊共同开创了垄断竞争理论,提出了产品的差异性和垄断因素的存在和影响。尤其是他们对广告宣传、品牌销售、产品质量、顾客关系

---

① [美]爱德华·张伯仑:《垄断竞争理论》,周文译,华夏出版社 2009 年版,第 5 页。
② [美]爱德华·张伯仑:《垄断竞争理论》,周文译,华夏出版社 2009 年版,第 7 页。

等方面的分析,事实上已经探讨了无形资本在产品销售和市场竞争中的作用问题,也就再次把无形资本和垄断联系了起来。

综合现实中无形资本受法律保护而享有的独占权与列宁、张伯仑和罗宾逊等的论述来判断,我们可以肯定:无形资本的实质就是垄断性资本。正是因为垄断,无形资本才能为所有者和使用者带来垄断利润,也就是超额收益。当然,这种垄断本身带有一定的合理性,尤其是经营性无形资本,专利、专有技术等,代表了社会的进步和生产效率的提高,依靠这些无形资本获取一定程度的垄断利润是合理的,有利于补偿研发者前期的投入成本,有利于保护社会发明创造的积极性,有利于促进社会的整体技术进步和产业升级换代,所以,列宁说:"……因为当代技术发展异常迅速,今天无用的土地,要是明天找到新的方法(为了这个目的,大银行可以配备工程师和农艺师等等去进行专门的考察),要是投入大量资本,就会变成有用的土地。"[1]"当然,拥有亿万巨资的大银行企业,也能用从前远不能相比的办法来推动技术的进步。例如,银行设立了各种专门的技术研究会……"[2]对于垄断的作用,列宁也看到了它积极的一面,看到了它对资本主义发展的推动作用。列宁指出:"……在帝国主义时代,某些工业部门,某些资产阶级阶层,某些国家,不同程度地时而表现出这种趋势,时而又表现出那种趋势。整个说来,资本主义的发展比从前要快得多……"[3]所以,垄断并不是一件坏事情,对于社会的进步具有很大的促进作用。当然它的消极作用也非常明显,在这里就不再论述。

从以上的论述可以看出,无形资本是随着帝国主义的兴起和不完全竞争市场结构的发展而兴起的一种新型资本,本质上是一种受法律保护的垄断资本。

二、无形资本的特征

无形资本的特征很多,把握无形资本的特征有利于我们准确地了解无形资本的内涵。对于无形资本的特征,专家们众说纷纭,至今也没有形成统一的认识。大体来说,本书具有以下基本特征。

---

[1]　《列宁全集》第27卷,人民出版社2017年版,第396页。
[2]　《列宁全集》第27卷,人民出版社2017年版,第360页。
[3]　《列宁选集》第2卷,人民出版社2017年版,第436页。

（一）垄断性

无形资本的本质是一种垄断性资本,那么它的主要特征之一就是垄断性,离开了垄断性,无形资本也就难以成为无形资本。无形资本是依照法律的规定由特定的主体所拥有或者占有,从法律上来讲这种权利是排他的,不允许其他人侵犯。现代知识产权体系和私有财产的保护法律体系,保护无形资本作为一种无形财富被独家占有,其他人员不能无偿获得或者侵犯。垄断也是无形资本获取收益的一种手段,只有通过对产量和价格的控制,无形资本的所有者才能获取更高的收益。

（二）超额收益性

很多学者认为无形资本不一定具有超额收益性,作为无形资本能够给所有者带来一定的经济收益,但是收益性不一定很高。有的学者认为无形资本具有超额收益性,这是无形资本区别于有形资本的重要特征。本书同意后面的观点,因为无形资本的垄断性特征已经决定了无形资本必须具有超额收益性。无形资本作为一种特殊的资本形态,是资本所有者提升自己对价格控制能力的一种合法手段,垄断是一种有意识的行为,也只有通过垄断才有可能使企业获得超出其他企业平均利润的垄断利润,这个垄断利润就是超额收益的主要来源。专利、专有技术等无形资本更能从技术创新的角度提升企业的劳动生产率,获得超出行业平均利润的垄断利润。所以无形资本的存在,就是为了超额收益。超额收益性是无形资本的关键性特征。

（三）无形性

无形资本最显著的特征就是无形性,看不见摸不着,没有独立实体,不占用或者很少占用空间,它的功能性作用并不能在三维空间中展示,而只能在人们的大脑中存在。它依托于一定的物质实体,巨大的价值在没有实现之前也只能存在于人们的认识中,通过资本循环得以实现之后,表现为超额利润。先进的机器设备、高端的生产流水线、超前的工艺设计以及厂房等有形资本作为无形资本的载体,在一定程度上体现无形资本的价值。无形资本需要借助一定的有形资本来发挥自己的作用,实现自身的价值。缺少物质资本的支持,无形资本难以独立实现价值。如专利、专有技术,如果没有实体性设施作为基础,只是抽象地存在于纸上,难以发挥作用并实现自己的价值。

（四）长期性

无形资本被很多专家看作是无形固定资本，如蔡吉祥（1999）。这就决定了无形资本需要在长期内发挥作用。无形资本的形成需要大量的投入和长期的劳动，价值一般比较巨大，它的价值实现也是需要一个漫长的周期。知识产权法对无形资本的保护也是一个相对较长的固定期限，如我国的专利法规定发明专利权受保护的期限是 20 年，实用新型和外观设计专利受保护的期限是 10 年。

（五）生产要素属性

无形资本是一种重要的资源，尤其是在知识经济条件下，已经成为主要的资源形式。无形资本从自身创造产生的来源来说，是可以不断投入、不断生产、不断扩张的，在法律的保护下，一定时间一定空间范围内是稀缺的，不受侵犯，非所有权人不能无偿使用；但是从资源的整体供应来说，这种类型的资源是取之不尽用之不竭的，它对有形物质资源的消耗是有限的，生产供应具有相对的独立性，而且低投入高产出，价值巨大，给企业带来的利润非常高。所以无形资本已经成为一种特殊的生产要素。

无形资本的特征很多，但是最本质的特征是垄断性，在此基础上决定了无形资本具有超额收益性。超额收益性是无形资本的关键性特征。无形性是无形资本的最显著特征，但不是最本质的，也不是最关键的。无形资本已经成为一种特殊的生产要素，成为资本所有者进行低投入高产出的必然选项，在生产经营过程中发挥着重要的作用，需要经过长期的循环过程才能完全实现价值。

对于技术类无形资本来说，如专利、专有技术，还有一些特殊的特征，如迅速贬值性和累计增殖性。由于社会技术进步速度加快，研发创新的频率越来越高，研发成果的产出周期越来越短，当同类同性质的研发成果面世的时候，已有的技术类无形资本就会出现贬值，贬值的程度取决于同类同性质的研发成果对现有的无形资本的替代程度。所以，知识产权保护是必要的，它可以保证投资者在尽可能短的周期内回收投资成本，避免被贬值。为了避免被贬值，在原有技术基础上通过持续不断地研发投入，可以保持原有技术的领先性，不断累计增加原有无形资本的价值。

对于企业文化、社会关系与渠道等社会性无形资本是不可交易的，以服务于企业的生产经营为目的，依附于企业的有形资本发挥作用，是不可剥离的，也不能独立发挥作用。人力资本也具有不可剥离性，只能以劳动者为载体才能发挥作用。

第四章　无形资本发展简史和马克思列宁的无形资本思想

无形资本作为一种新的资本形式出现具有历史必然性,这与财富形式的变化是有关系的。人们很早就认识到无形财富的存在,并通过法律加以确认。随着历史的发展,对无形财富的确认在会计领域出现,商誉等无形资产概念逐渐出现在会计账簿上。随着资本主义经济的发展和经济全球化的兴起,资本形式也逐渐由以有形资本为主过渡到以无形资本为主的局面,无形资本的作用越来越大。

第一节　无形资本发展简史

无形资本的作用人们很早就认识到了,不过那时没有出现无形资本的概念,只是把很多无形的东西看作是财富。

一、古代无形资本的发展

公元前 500 年,古希腊国王就曾经对一种特殊的烹调方式授予有效期一年的独占权。[1] 更为有意义的是,古希腊国王在意大利的锡巴里斯特许对技术改进和提高授予专有权[2]。其后,在漫长的中世纪时期,欧洲主要国家英

----

① Phylarchus of Naucratis, *The Deipnosophists*, *or Banquet of the Learned of Athenaeus*, Benediction Classics, 2014, p.835.

② 徐海燕:《中国近现代专利制度研究(1859—1949)》,知识产权出版社 2010 年版,第16 页。

国、法国、德国等都出现过大量的史实,证明在这些国家都不同程度地存在着特许经营的专利记录。

在中国,很早以前人们也认识到了无形财富的重要性。早在周代,为了增加政府的收入,政府直接把盐、铁、酒等利润比较高的产品收归自己直接经营,其他普通百姓和地方贵族都不得从事该项业务。西汉武帝元狩四年(前119),汉武帝下旨颁布了盐铁专卖制度,成为我国历史上最早的比较完备的专卖制度,盐铁由私营收归中央,设盐铁官,私营盐铁将受刑事处罚。后来专卖制度扩大到酒类,进一步扩大了西汉政府的财富收入,为后来平定匈奴等战争奠定了良好的物质基础。专卖制度类似于现代的特许经营制度,代表着无形的财富。周汉时期,盐、铁、酒均是重要大宗商品,盐铁是生活和军事生产必需品,而酒不是生活必需品,需求弹性非常小,只要经营就会获利,利润丰厚,所以这种专卖制度一开始就代表了巨额无形财富。

除此之外,版权制度也是无形财富中比较早的内容。中国是印刷术的发明国。公元105年,东汉蔡伦发明了造纸术,用树皮、麻头以及破布、鱼网造成纸,改变了过去用丝绸和竹简。宋庆历年间(1041—1048)毕昇发明了活字印刷,这些都推动了印刷术在中国的发展。为了保护著作权人的利益,宋朝政府下令一般人不得随便翻印相关书籍。

15世纪末,在欧洲威尼斯共和国授予印刷商冯·施贝叶5年的印刷出版专有权。这被认为是西方第一个由政府颁布保护翻印权的法令。此后,16世纪初,罗马、法国和英国都出现过禁止他人随便翻印书籍著作的法令。在法令保护之下,翻印权成为无形财富的代名词。

专利制度出现在13世纪的欧洲。专利制度最早以垄断权形式出现。1236年,一个波尔多市民发明了染布技术,英国政府特别授予他15年专营垄断印染布匹的制作技术的权利。这种垄断权具有最初的专利性质。但是,世界上最早建立专利制度的国家是当时商业经济最发达的威尼斯共和国,它早在1416年批准了世界上有文字记载最早的一件专利,并在1474年颁布了世界上第一部专利法。英国于1623年颁布了事实上的专利法——《垄断法》,一直沿用至今。① 专利法的出现,代表这种基于垄断的权利正式成为一种受

① 于玉林主编:《现代无形资产学》,经济科学出版社2001年版,第2页。

法律保护的无形财富。

二、近代无形资本的发展

(一)近代专利权的发展

英国颁布《垄断法》标志着世界上第一部正式完整的专利法就诞生了。该法律规定,专利权只能授予那些真正第一个发明的人,发明的产品必须是以前不存在的新产品,被授予权利的专利持有人可以在 14 年内拥有独占实施和制造该产品的权利。自此之后的一两百年里,美国(1790)、法国(1791)、荷兰(1809)、奥地利(1810)、俄罗斯(1812)、普鲁士(1815)、西班牙(1826)、德国(1877)、日本(1885)等相继制定了自己的专利法,其中美国和法国时间相对较早。

(二)近代著作权的发展

17 世纪中叶英国完成了市民革命,资本主义经济的发展,需要相应法律的保护,尤其是对财产的保护。1709 年英国颁布了世界上第一部版权法,名为《安娜法》,并于 1901 年开始生效实施。该法律对于作者的作品保护期限为 14 年,时间届满后还可以再续展 14 年。这对于保护作者的作品起到了很好的作用。著作权成为无形财富的一种。

法国分别于 1791 年和 1793 年通过了《表演权法》、《作者权法》。其中《作者权法》对后世著作权的立法影响很大。

随着产业革命的发展,尤其是 19 世纪 30 年代第一次产业革命达到高潮,科学技术不断发展,资本主义经济活力得到释放,相应的也促进了制版和印刷技术的发展。这些技术的发展,不仅促进了原版图书的发展,而且也导致大量盗版书的出现,所以对于版权进行保护的需求越来越迫切。在此背景下,法国于 1852 年首先宣布,对于所有作品不分国籍、不分出版地点都给予版权保护,使著作权法的保护由国内扩大到了国际。自此之后,意大利、奥地利、法国、英国、比利时都纷纷签订双边协定,保护版权。1883 年,有比利时、西班牙、巴西、法国、意大利、荷兰等 11 个国家发起签订了《保护工业产权巴黎公约》。1886 年,由法国、英国、德国、意大利等 10 个国家发起通过了《保护文学和艺术作品伯尔尼公约》,第一个世界性的版权保护公约诞生了。版权保护在世界范围内受到了重视。

（三）近代商标权的发展

商标权很久以来也被看作是一种无形财富。1804 年,《拿破仑法典》第一次明确规定商标权也应该受到保护,是财产权的一种。1857 年,法国政府制定并实施了《关于以使用原则和不审查原则为内容的制造标记和商标的法律》,这是世界上第一部成文商标法。1862 年,英国政府也颁布了《商标法》。英法两国的立法对于世界上其他的国家,如美国、日本、德国等,都产生了示范作用。美国在 1870 年、德国在 1874 年分别制定和通过了自己的商标法。1884 年,日本也制定了以注册原则为基本方针的《商标条例》。

随着产业革命在世界范围内的扩展,国际贸易不断的发展,商标的国际保护也提上了日程。1883 年签订的《保护工业产权巴黎公约》也包含着对商标的保护。在此基础上,1891 年巴黎公约的成员国又缔结了《商标国际注册马德里协定》(一般称之为《马德里协定》),同年还缔结了《制止商品来源虚假或欺骗性标记马德里协定》。这些国际性条约的发展,是对国际商标权保护的需要,也是无形资产越来越受到重视的表现。国际性条约的签订,标志着对于无形财富或者是无形资产的认定以及保护在国际范围内已经达成一致。某些国家的法律已经明确规定商标权以及其他的知识产权都是不可或缺的资产和财富。如法国的《营业资产出售及抵押法》(1909 年颁布),明确规定招牌、商号、客户关系、租约和知识产权都是经营性资产,需要加以保护。

（四）近代中国无形资本的发展

由于几千年封建专制的影响,资本主义在中国的发展非常滞后,无形资本在中国近现代的发展历史非常短。在鸦片战争以后,随着帝国主义的入侵,西方资本主义进入中国。著作权、专利权、商标权这些资本主义经济的产物,逐渐进入和影响中国的经济发展。

1910 年,清朝政府颁布了《大清著作权律》,这是中国历史上第一部版权法,但可惜并没有得到实施。清朝灭亡之后,北洋政府在此基础上制定并通过了《著作权法》(1915)。北洋政府灭亡后,国民政府也制定了《著作权法》。后面的这两部法律,基本上是以《大清著作权律》为基础和参照。

1898 年,"百日维新"代表的戊戌变法开始,光绪皇帝颁布了一系列新政,其中就包括《振兴工艺给奖章程》,这是中国第一个有关专利的法规。1944 年5 月 29 日,由国民政府正式通过并颁布了一部专利法,这是中国历史上第一部专利法。

1922 年,北洋政府在清政府制定但未实行的《商标注册试办章程》基础上,公布了《商标法》及其实施细则,这是中国历史上第一部真正意义上的商标法。此后,1930 年前后也曾公布过《商标法》及其实施细则,并先后两次修改。

三、现代无形资本的发展

第二次世界大战以后,世界经济和科学技术迅猛发展,出于国际合作和贸易的需要,各国的知识产权制度纷纷发生巨大的变化。20 世纪六七十年代开始,主要发达国家先后修改和完善了专利法、商标法和版权法。发展中国家也相继建立起自己的知识产权保护体系。各国之间互相学习,在知识产权制度建设方面日渐趋同,国际化知识产权保护体系的建设需求产生。1886 年 9 月关贸总协定开始了乌拉圭回合多边贸易谈判,最终于 1993 年签署了《与贸易有关的知识产权协定》。由于关贸总协定成员国数目众多,达 107 个成员国,这个知识产权协议覆盖面非常大,影响广泛。

（一）现代专利权的发展

二战以后,很多发达国家为了适应形势发展的需要,不断修订专利法。英国分别在 1947 年、1977 年、1988 年多次对专利法进行修改和调整。1988 年的修正案还把版权法、商标法统一起来考虑,制定了《版权、设计和专利法（修正案）》,避免了彼此之间的重叠。2007 年、2010 年再次修订,通过了《与专利有关的法规（修正案）》,目前实施的是 2010 年修订过的。20 世纪 80 年代以来,生物技术、计算机软件等专利的重要性凸显,要求法律做出相应的调整,以保护这些行业的发展。为了适应和促进高新技术产业发展,美国不断拓展专利制度的客体保护范围,努力使更多的创新成果置于专利法的保护之下。很多发展中国家也纷纷制定和修订本国专利法。

与此同时,国际性专利保护条约也不断制定。丹麦、瑞典、芬兰、挪威等国制定了统一的专利法,还签订了一些新的国际公约。1970 年《专利合作条约》签订,目前有 39 个国家加入,1978 年生效。1973 年欧洲 14 国为了促进欧洲经济科技一体化发展,签订了《欧洲专利公约》,并于 1978 年正式生效。后来成员国扩大到 19 个。

（二）现代著作权的发展

1886 年签订的《保护文学和艺术作品伯尔尼公约》到目前为止仍然是最主要的国际版权保护公约，成员国已经增加到 90 多个。1952 年，为了解决美洲国家签订的《泛美公约》与《伯尔尼公约》之间的矛盾，联合国教科文组织主持并通过了《世界版权公约》，也就是《日内瓦公约》，1955 年开始生效，成员国目前已达 80 多个。《伯尔尼公约》和《日内瓦公约》是目前世界上最重要的两个国际版权保护公约。

（三）现代商标权的发展

1957 年，《商标注册用商品和服务国际分类尼斯协定》在法国尼斯签订，并于 1961 年生效。该协定由于在法国尼斯签订，又被广泛称为《尼斯协定》。1958 年，《保护原产地名称及其国际注册里斯本协定》在葡萄牙里斯本签订，并于 1976 年签订实施细则，目前有 17 个成员国。1991 年关贸总协定乌拉圭回合谈判签订的框架文件《与贸易有关的知识产权协定》中也有一些有关商标权的规定，涉及商品商标、服务商标以及原产地标志等。

（四）中国知识产权的发展

1949 年以后，中国政府出台了一系列有关新闻版权的条例和规定，促进了中国文化产业的发展。但是直到 1990 年《中华人民共和国著作权法》才正式颁布。1992 年 7 月，中国批准加入《伯尔尼公约》和《世界版权公约》，实现与国际著作权保护的接轨。

专利权方面，1949 年以后也出台了一系列的暂行规定和条例。1980 年中国成立国家专利局。1984 年通过了《中华人民共和国专利法》，并于 1985 年 4 月开始实施。1985 年 1 月 19 日国务院发布了实施细则，1992 年再次修订，此后逐步完善。

商标权方面，《中华人民共和国商标法》于 1982 年通过，并于 1983 年 3 月 1 日起施行。1988 年修订颁布了实施细则，1993 年再次修改。

我国自 1949 年以后通过不断的立法，多次修订与知识产权相关的法律，逐步与世界接轨，支持和推动了中国改革开放事业的发展。

四、对无形资本发展简史的评述

资本是商品经济的产物。只有在商品经济发展到一定阶段，具备了一定历史条件,尤其是进入资本主义社会以后,资本才真正充分发挥它的历史作用。无形资本的出现,既符合资本发展的一般规律,也是在有形资本充分发展之后才相对独立地出现。在有形资本的机体中,同时也蕴含着无形资本的萌芽。那些特殊的、有一定垄断特征的资本要素,实际上已经具备了无形资本的特征,比如在古代出现的特殊权利保护,甚至是在资本主义发展初期就已经出现了。比如说,商誉作为一种无形财富很早就出现了。根据美国在线辞典,商誉(Goodwill)一词最早出现于 12 世纪。①

英国早在 1623 年就通过了以专利法为代表的相关法律体系,这也是产业革命从英国兴起的主要原因之一。英国 1623 年的《垄断法》适应了 17 世纪英国工业的兴起,保护了技术创新,规范了专利保护,改变了无法可依、法规乱用的现象,促进了机器大工业的发展。17 世纪,英国已经成为领先于世界其他国家的强国,通过海外掠夺和圈地运动,英国政府积累了大量资本,也为资本主义发展创造了条件。

在专利法保护下,英国的专利技术获得了长足发展,也最终促进了产业革命的发展。以珍妮纺纱机为例,1768 年发明者哈格里夫斯获得了专利;到了 1784 年,"珍妮机"得到改进,四年后英国已有两万台改进型"珍妮机"。此后,相应的专利层出不穷,水力纺纱机和水力织布机的发明相继出现,使沿河建立的纺纱厂和织布厂开始出现。瓦特于 1765 年发明了全新的改良式蒸汽机,并因此而获得大量财富。但是财富的主要来源,来自发明专利的转让而不是制造蒸汽机的工厂。② 专利创造了财富效应,也促进了英国的技术创新,促进了产业的发展。

在英国发生产业革命之后,其他国家也纷纷开始模仿英国,在本国采用新技术,发展资本主义经济,美国、法国、德国都相继开始了工业革命,资本主义大工业生产模式在世界范围内得到推广。与此相对应,各国的知识产权立法也都逐渐兴起。1790 年,美国通过了专利法,一年后法国也颁布了自己的专利法。

随着现实领域无形财富和无形资产保护的发展,学术领域相应的概念和

---

① 高娟、汤嘉欣:《无形资产会计理论:演进与发展》,《财会通讯》2012 年第 7 期。
② 徐晓敏:《瓦特的蒸汽机专利的故事》,《影响世界的专利》,国家知识产权局网:ht-tp://www.sipo.gov.cn/sipo/ztxx/yxsjdip/watt/2011-01-02。

研究也随之出现。19世纪末期,随着世界性工业产权保护公约的制定,无形资产相关问题也受到重视。据考证,19世纪末期美国经济学家托尔斯·本德首次提出无形资产概念,各国的司法实践开始承认无形资产,并在一系列经济纠纷案中得到强化,同时会计和资产评估活动对无形资产的运用提供了现实操作基础。①而无形资本概念的出现,则在20世纪初期,以电力、汽车等为代表的新的科技开始得到推广和应用。新的发明、新的成果不断涌现,世界性知识产权条约也不断发展,《巴黎公约》与《伯尔尼公约》均已签署多年,对世界知识产权形成良好的保护,促进了无形资本的发展。20世纪五六十年代以及70—90年代签订的世界性知识产权公约与协定,对于无形资本进行了更好的保护,相关的学术研究也逐渐繁荣起来。

第二节 无形资本出现的历史条件与科技革命

一、无形要素成为资本的历史条件

按照马克思的观点,资本出现的历史条件是劳动力能够成为商品,只有在特定的历史阶段,资本才会出现。对于无形资本而言既有有形资本的一般性特征(那就是实现价值增殖,可以用来投资),同时也有自己的特殊性。它最初是以无形财富的形式出现,并没有被直接当作资本来使用。资本出现的历史条件,也是无形资本出现的一般性历史条件。私有制的存在和劳动力能够成为商品,也是无形资本出现的一般性历史条件。无形资本是资本的一种,不可避免地带有资本的一般性特征。

无形资本的特殊性在于它的无形性和受法律保护的垄断性。法律对于无形资本的保护历史并不久远,知识产权的出现也是近现代的事情。1623年英国颁布的《垄断法》是近现代知识产权法的开端。国际性的知识产权法出现在19世纪中后期。1883年,比利时、西班牙、法国、意大利、荷兰等国家发起签订的《保护工业产权巴黎公约》是第一个影响比较广泛、参与国家众多、到目前为止都仍然有效的国际性知识产权条约。1993年关贸总协定乌拉圭回

---

① 高娟、汤嘉欣:《无形资产会计理论:演进与发展》,《财会通讯》2012年第7期。

合谈判签署的《与贸易有关的知识产权协定》是迄今为止最为完善的国际性知识产权协议。这些国际性知识产权法律法规的颁布和签署,最大程度保护了各个国家的无形财富,也促进了无形财富成为资本的发展过程。所以无形要素成为资本,除了产权主体属性明确、劳动力成为商品以外,更重要的是知识产权法律体系的发展和完善。因此,无形资本的出现比有形资本的出现要晚一些。

知识产权法律体系的出现也是经济社会发展需要所决定的,它本身也有历史性。近现代才出现的知识产权法律体系,表明大量急需要保护的客体出现也是近现代的事情。这与人类历史上的历次科技革命密切相关。英国从16世纪一直延续到17世纪末,近代物理学得以诞生,后来包括天文学、化学、生物学等在内的近代科学体系也逐渐形成。在此期间,相应的知识产权法律在各个国家开始出现。以18世纪六七十年代蒸汽机和机械革命为标志,引发了第一次产业革命,机器大工业开始普及。这个阶段,资产阶级革命兴起,以法国为代表的包含《表演权法》《作者权法》等著作权类法律的知识产权法律体系开始建立。19世纪,美国产生了以电力发明和运输革命为标志的科技革命引发了第二次产业革命。19世纪以来,相应的知识产权体系进一步完善和发展,国际性知识产权法律体系开始出现。而且科学技术研究出现了加速现象,对于经济社会的促进作用进一步加强。20世纪初,爆发了以相对论和量子力学的诞生为标志的科技革命,极大地促进了现代物理学、航空航天、核能、分子生物学等学科的发展;20世纪中期,又爆发了以电子、计算机和信息网络的广泛应用为标志的科技革命,也引发了人类历史上第三次产业革命——信息产业革命。

在后面两次科技革命中,知识产权法律体系得到深入发展,各个国家纷纷建立自己的知识产权法律体系,并不断修订完善。在著作权、商标权、专利权等不同领域,都建立了相应的国际性知识产权体系。《伯尔尼公约》《日内瓦公约》《罗马公约》《集成电路知识产权条约》《专利合作条约》《欧洲专利公约》《尼斯协定》《保护原产地名称及其国际注册里斯本协定》《与贸易有关的知识产权协定》等世界性知识产权法律在世界范围内被广泛认可和参与,对于无形资本在国际贸易和国际投资中起到了重要的推动作用。以英国为例,英国专利局成立以后,专利申请总量从1851年的400件左右增加到1852年的 2000 多件。此后申请数量一直上升,1883 年达到 6000 多件,1884 年激增到 17000 件左右。专利授权数量 1852 年为 1384 件,1853 年达到 2187 件,1883 年达到近 4000 件,1884 年达到近 10000 件。[1] 这些数量在当时情况下相当可观,也充分说明了专利法修正案的促进作用。因此知识产权法律体系的建立和完善,是无形资本出现的特殊的历史条件。

二、科技革命对无形资本发展的推动

(一)科学技术的综合化一体化发展,极大地推动了无形资本的发展

人类进入 20 世纪以来,科学技术大发展,呈现出与以往科技革命不同的特征。而且随着时间的延续,这种特征日益加强。简单来说,科学与技术综合化,不同的领域互相支持、互相融合、互相交叉,科技在最广泛的领域内都得到了很大的发展,这种广泛性,使科学技术资本化成为可能,每一个行业每一个领域都因为这种大融合大发展,而导致新技术新产品层出不穷,无形资本大量出现。

文艺复兴时期的科技革命基本上是各自为战,以哥白尼的《天体运行论》为例,虽然涉及了天文学、地学、生理学以及运动学,各个学科彼此之间基本上是独立的,只有天文学和运动学有一些联系。哥白尼的《天体运行论》主要是有关天文学方面的发明,与当时的地理发现没有多大的关系。学者们彼此之间没有学术观点上的互相支持。例如开普勒的行星运动三定律与伽利略的天文学发现,有些甚至是矛盾的,用现在的观点来看也是不科学的。[2] 这就导致当时的天文学和运动学之间的联系仅仅停留在表面,并没有产生实质性的学科支持。这种孤立性和表面性限制了科学技术的发展,使这一时期的科技革命发展速度比较缓慢,有创造性的科学技术相对较少,无形资本的数量较少,质量也不高。

进入 20 世纪以后,这种局面得到彻底改变。各学科之间的联系大幅度增加,彼此之间相互支持的有效性大幅度提升,产生了综合的协同效应。比如物理学,它的发展很快就辐射到了其他学科。卢瑟福 α 粒子的发现对放射性化

---

[1]　邹琳:《英国专利制度发展史研究》,湘潭大学博士学位论文,2011 年。

[2]　王诗宗:《知识经济与当代科技革命》,浙江大学出版社 1999 年版,第 47—48 页。

学和同位素的研究产生推动作用。而物理学与化学的发展，又很快渗透到生物学、地学、天文学等领域，产生了更为广泛的影响。① 这种科学进步的综合统一性和协同效应，导致各个方面的专利发明大幅度增加，为生产技术的资本化提供了可行性条件。"整体发展的统一科学知识的出现意味着知识拥有了一系列新的性质，这些性质是知识成为一种资源的关键条件。"②正是这一时期，相应的经济学理论，开始注意到了技术发展对经济的贡献，如索洛在 1956 年提出了索洛增长模型，把技术进步率作为重要的变量。20 世纪 80 年代以后，罗默和卢卡斯提出了新经济增长理论，把技术作为内生要素，来研究经济的增长。罗默甚至把技术进步看作是经济增长的核心要素，并提出了知识商品的概念，指出了知识商品的可重复使用性和使用成本的一次投入性。罗默也看到了人力资本的作用，把人力资本和技术进步都看成是生产函数必不可少的变量。他的生产函数变成了 $Y=F(K,L,H,t)$，资本 K、劳动力 L、人力资本 H 和技术 t 共同成为影响总产出 Y 的内生变量。人力资本在这个过程当中被看作是无形资本。在这个过程中，有形资本 K 成为四要素之中的一个，它对经济增长的关键性作用已经降低到次要地位，无形资本（人力资本 H 和技术 t）已经取代了有形资本的关键性作用。

(二)科技革命的加速发展和科技总量的爆发使无形要素成为可行的关键性资本

二战以后，人类所取得的科技成果比过去两千年的总和还要多。截至 1980 年，人类社会取得的科学知识有 90%以上是二战以后获得的。19 世纪人类的科技知识是每 50 年增加一倍，20 世纪中叶是每 10 年增加一倍，90 年代以来则是每 3—5 年增加一倍。一方面是科技知识的总量在增加，另一方面科技知识创新的速度也在加快。③ 科技知识在速度与总量发展上面的质变，使人类社会已经越来越离不开科技知识。科技知识等无形要素已经成为人类生活必不可少的一部分，无论是在速度上还是在总量供给上为无形要素参与生产提供了可行性，这些无形要素已经成为生产投入的关键性来源。而科技知识更新换代的加快，使通过不同的技术投入来获取更高的超额利润成为一

---

① 王诗宗：《知识经济与当代科技革命》，浙江大学出版社 1999 年版，第 47—48 页。
② 王诗宗：《知识经济与当代科技革命》，浙江大学出版社 1999 年版，第 48 页。
③ 王诗宗：《知识经济与当代科技革命》，浙江大学出版社 1999 年版，第 54 页。

种可能,技术已经成为一种内生性要素。创新速度的加快和使用周期的缩短,是技术成为内生性要素的前提条件。科技知识、信息与技术等无形要素已经成为代替有形资本的另外一种资本形式,那就是无形资本。

当知识、信息与技术已经成为一种可用的无形资源,通过投资可以为企业获取更多的利润时,这种无形资源作为生产要素的必要性大大提升,在生产中的重要地位也已经与有形资本和劳动相匹配。企业也越来越愿意投资,从更多的先进的专利中去获取超额利润。比如,微软公司只投入了很少的有形资本进行视窗软件开发,研制和推销第一盘软件全部投资也只有 5000 万美元,但是所获取的收益却是巨大的。① 这时,知识、信息、技术等无形要素的公共属性已经被改变,不再是作为公共产品,政府也已经不是唯一的生产者和提供者,企业已经成为研发投资主体。

(三)知识经济的出现,实际上是科技革命发展的结果,也是以知识为代表的无形要素成为主要资本形式的结果

20 世纪 70 年代末期以后,人类的经济增长越来越依靠知识等无形资源,有形物质资源的重要性逐渐下降。经济合作与发展组织(OECD)国家经济发展成果一半以上是由知识等无形资源所做的贡献。据统计,OECD 国家制造业中高技术产品份额和出口份额变化极大,投资正在流向高技术产品和服务,尤其是信息和通信方面。在研发、劳动力培训、计算机软件和专门技术方面的无形投资也不断增长。② 正是在这样的背景下,OECD 提出了知识经济的概念,把建立在知识生产流通和使用基础上的经济称为知识经济。

在知识经济条件下,知识等无形资源成为主要的生产要素,无形资本成为主要的资本形式。在科技革命的推动下,科技创新的速度越来越快,以专利、专有技术等为代表的知识总量越来越多,使人类逐渐摆脱了对有形物质资源的依赖,土地和有形资本的重要性下降,人力资本、专利、专有技术等无形资本逐渐成为主要的资本形式,在生产中发挥着比有形资本更为重要的作用。知识经济的出现,实际上是人类历史上无形资本发展到一定历史阶段之后的产物。在知识经济条件下,无形资本作为一种特殊的财富,成为财富构成中重要

---

① 王诗宗:《知识经济与当代科技革命》,浙江大学出版社 1999 年版,第 58—59 页。

② 王诗宗:《知识经济与当代科技革命》,浙江大学出版社 1999 年版,第 63 页。

的一个组成部分。20世纪以来的两次科技革命,极大地推动了无形资本发展,也极大地推动了知识经济发展。科技革命还在继续,以人工智能为代表的第四次科技革命正在发生,这必将对人类经济和社会生活产生重大影响,无形资本的作用还会进一步增强。

第三节　产业革命、产业组织与无形资本

伴随着科技革命而来的是产业革命的发展。科技革命直接或间接地引发了三次产业革命。每一次科技革命都是以前一次科技革命为基础,每次产业革命也都是以前一次产业革命为基础。科技革命引发了产业革命,而产业革命又对于人类的经济社会生活方式产生了广泛而深远的影响。它对产业组织和市场结构的影响,在某种程度上也影响了无形资本的发展。

一、第一次产业革命与工场手工业向机器大工业的转变

18世纪60年代第一次产业革命爆发之前,在西欧市场上,广泛存在的是规模小、封闭性强、地区分散的工场手工业,规模不经济情况比较普遍,市场基本处于自由竞争阶段。每一个企业都是原子型的手工作坊。规模小,竞争力差,在市场上只能以价格接受者存在。创新能力比较差,难以进行大规模的扩张,在地理空间上分布非常分散,对社会经济发展的推动能力非常弱。这些规模小、组织结构分散、创新能力差、竞争力弱的工厂手工作坊,越来越难以适应市场发展的需要。这个阶段的无形资本,基本上也是零星的,小规模的。

纺纱技术的创新和以蒸汽机为代表的机械动力的采用,代表着机器大工业的产生。企业的组织形式也变成了资本主义工厂制。随着技术创新的深入发展和不断扩散,社会分工也进一步深化,分工与协作开始出现,提高了工作效率。合伙制的资本组织形式也为提升企业规模、加强管理提供了更大的组织便利性。以铁路、公路和水运为标志的大型交通运输建设推动了欧洲经济的发展。市场的规模急剧扩大,货物的集聚越来越迅速,大型的产业集聚区开始产生并形成,如布登的细纱业、奥尔德汉的粗纱业等。企业的规模越来越大,技术创新能力增强,市场竞争力也不断提高,市场的结构也逐渐由分散型

向集中型过度,部分企业对于市场的影响力开始增强。19世纪20年代第一次产业革命后期,使用机器生产的大工厂成为占绝对优势的产业组织形态,合伙制成为主要的资本组织形式,英国的产业集中度明显上升,企业规模经济明显,大型企业开始逐步出现,市场结构开始出现一些垄断性特征,自由竞争的状态被打破。经营性无形资本的数量明显比手工作坊时期大幅增加,机械动力、纺纱技术方面的专利层出不穷,推动了经济的发展,并引起了社会分工等方面的深刻变革。

第一次产业革命期间,1789年法国出现了资产阶级革命,提出了"天赋人权"的口号,并以这个思想为指导,在18世纪90年代初相继出台了《表演权法》《作者权法》《专利法》等知识产权法。1804年法国出台了《拿破仑法典》,第一次承认商标权也是一种财富,应该受到保护。美国于1790年,荷兰于1809年,奥地利于1810年,俄罗斯于1812年,普鲁士于1815年,西班牙于1826年,纷纷出台自己国家的专利法。1857年,法国制定了《关于以使用原则和不审查原则为内容的制造标记和商标的法律》。

国际性知识产权法律体系也逐渐开始出现。1840年,意大利与奥地利签署了双边版权协定;1843年,意大利又与法国签订了双边版权协定;1851年,法国与英国签订了双边版权协定;1852年,法国与比利时签订了双边版权协定;1852年,法国宣布:不论国籍,不论首次出版地点,对所有作者的所有作品都给予版权保护。1852—1862年间,法国又与其他23个国家签订了双边版权协定。这些版权协定可以看作是国际性知识产权法的起源与发展,推动了当时知识产权的国际保护与发展。

二、第二次产业革命与垄断组织的出现

19世纪三四十年代,少量的大规模企业开始出现,雇佣人数动辄几千人。风险投资等新型投资方式开始出现,股份有限公司成为新的资本和管理组织形式,这些都为企业大规模运营提供可能,也为垄断出现创造了条件。而19世纪60年代末,电力照明、铜电解工艺和染料工艺的出现,标志着新一轮产业革命开始了。钢铁、汽车和电力等新的产业部门开始出现,并迅速成为国民经济发展的主导力量。1879年美国美孚石油公司的建立,标志着垄断组织的出现。随着各个国家技术创新和市场竞争的发展,卡特尔、辛迪加、康采恩等多

种类型的垄断组织在德国、英国、法国等国家相继出现。采矿、化工、运输、烟草、水泥等行业和部门都不同程度地存在垄断现象。1913 年,福特汽车流水线的引入标志着大规模生产方式的诞生,并逐渐演变为社会生产的标准方式。19 世纪末 20 世纪初,寡头垄断成为西方发达国家的主要市场结构。股份制在 19 世纪 80 年代以后开始广泛流行。股份制和流水线生产方式使企业规模进一步扩张,纵向一体化的巨型企业成为当时市场上主要的组织形态。美国成为当时经济发展强国,在高市场集中度、大规模生产、大规模消费方面形成了良性循环,开始了二战以后长达二十多年的经济增长。市场集中度的提高和垄断组织的出现,标志着垄断型的市场结构成为一种主要的市场类型。随着企业规模的扩大,企业市场竞争能力增强,研发创新能力也优于小规模企业,市场效率得到提高,以专利、专有技术为代表的经营性无形资本和以企业文化为代表的社会性无形资本开始大量出现,并在企业运营和管理中发挥了巨大作用。品牌类企业开始出现,如 1867 年宝洁公司成为一家专门制造肥皂盒、蜡烛等日常生活用品的中型企业。

在此期间,知识产权法建设得到进一步推动。1870 年,美国商标法诞生。1874 年,德国颁布有关商标的法律。1884 年,日本颁布实施《商标条例》。1877 年,德国颁布实施专利法。日本于 1885 年颁布实施专利法。

国际性知识产权法得到发展。1883 年,《保护工业产权巴黎公约》被 11 个国家签署并通过。1886 年,《保护文学和艺术作品伯尔尼公约》得到签署并通过,这是第一个世界性版权保护公约。1891 年,《马德里协定》被签署并通过,同时缔结了《制止商品来源虚假或欺骗性标记马德里协定》。

三、第三次产业革命与网络化组织及企业联盟的兴起

20 世纪 50 年代末 60 年代初,第三次产业革命开始。以计算机为代表的信息技术得到广泛应用。在此期间,由石油涨价带来的经济滞胀和布雷顿森林体系的瓦解,使世界陷入经济衰退。大规模生产导致产品数量迅速增加,供求关系遭到破坏,供给严重大于需求,消费市场出现饱和。为了促进产品的市场销售,市场与技术均出现了创新需求。多样化、个性化的产品形式开始出现,这些都推动了产业组织变革。在企业层面,M 型组织结构成为发达国家企业的主导组织形态,股份制成为资本的主要组织形式,规模经济与范围经济

并重,分工与协作得到提升,系统性和集成性创新成为大企业技术创新的新方向,创新效率大幅度提高。20世纪90年代,随着互联网技术的推广,以洲际铁路、远洋船舶和航空运输为代表的综合运输体系逐渐形成,大型跨国公司开始兴起,在全球范围内寻求资源配置,追逐高额利润,通过国际分工降低成本,提高效率。与此同时国际范围内的竞争越来越激烈,企业在国际分工中的位置越来越明确,企业的发展战略开始向归核化和外包制发展,逐渐形成"核心—外围"型的网络化组织。由于分工的细化,企业越来越关注自身的关键资源和核心能力,无形资本的重要性更加凸显,以某一技术为核心的系列创新、持续创新以及企业文化打造日益受到青睐,企业越来越把自身的竞争优势建立在经营性无形资本和社会性无形资本之上。战略联盟和企业集团等竞争合作形式也大量出现,产业集群重新得到恢复和发展。这些组织形式和产业形式,保证了企业自身在产业中的地位和竞争优势。市场垄断竞争的特征非常明显。

在此期间,国际性知识产权法律体系得到较大发展。1952年,联合国教科文组织主持签订了《世界版权公约》,1955年生效,成员国目前已有80多个国家和地区。1954年,美国与35个国家和地区签订双边版权保护协定,并于1988年批准加入《伯尔尼公约》。另外,还与一些美洲国家签署并通过《泛美公约》。1961年通过于1964年生效的《罗马公约》,对于保护表演者、唱片制作者和广播组织做了相关规定;1971年通过并于1973年生效的《唱片公约》,对唱片制作者的版权保护进行了规定。1978年,世界知识产权组织主持签订了计算机软件保护示范规定;1989年,《集成电路知识产权条约》得到签署并通过。

商标权保护也逐步走向国际化,1957年一些国家在法国尼斯通过了与商标有关的《尼斯协定》。1958年,《巴黎公约》的部分成员国又缔结了《保护原产地名称及其国际注册里斯本协定》。

1970年,35个国家在华盛顿签署并通过《专利合作条约》,并于1978年开始实施,目前已经有148个成员国(截至2013年7月数据),目前由世界知识产权组织负责管理。1973年,由欧洲14个国家联合缔结签订《欧洲专利公约》,并于1978年开始实施,目前成员国已经达到19个。

1991年经过乌拉圭回合谈判,关贸总协定签订了一个框架文件《与贸易有关的知识产权协定》,第一次把知识产权与国际贸易联系在一起,并规定了一些强制措施。由于成员国数量众多,达 107 个,这个知识产权协议是目前影响最为广泛的。

总之,科技革命的发展推动了产业革命的发展,也引起了企业组织和市场结构的变化,也影响了无形资本的发展。科技革命的直接结果就是科技成果的繁荣,而经营性无形资本就是科技成果的法律形式和资本形态。企业组织和市场结构的变化,对于不同类型的创新具有直接的影响。小规模的企业创新能力明显弱于大规模的企业,它的企业文化形式也不同于大规模企业;自由竞争市场和垄断市场对于企业市场行为提出的要求是不一致的,同质化的产品是自由竞争市场下的特征,而个性化、差异化的产品是垄断竞争市场情况下的产品特征。在此基础上,企业的经营性无形资本和社会性无形资本都因此而发生变化。

第四节　关于马克思无形资本思想的探讨

马克思所处时代的特点,决定了马克思所关注的重点不会是无形资本,但是他的很多探索事实上已经触及到了无形资本这一新型资本形态。

一、马克思所处时代的特征

马克思生于 1818 年,逝于 1883 年,生活所处时代主要处于第一次产业革命时期,晚年大约 20 年左右的时间,社会开始转向第二次产业革命。他关于资本理论的相关著作,如《1844 年经济学哲学手稿》(1844 年)、《雇佣劳动与资本》(1849 年)、《政治经济学批判(第一分册)》(1859 年)、《剩余价值理论》(1862—1863 年)、《工资、价格和利润》(1865 年)、《资本论》(1867 年、1885 年、1894 年)大部分都是第一次产业革命期间完成和发表的。《资本论》后两卷是由恩格斯整理,所反映的内容,应该是马克思去世之前的年代,即 1883 年之前的时代特点和内容。

第一次产业革命一直持续到 19 世纪六七十年代。这段历史时期,资本主义处于自由竞争阶段。企业所生产的产品,基本上是无差异的,同质化的,为了获取更高的利润,每一个企业都只能通过改进技术来提高劳动生产率,从而使自己处于有利的竞争地位。这一时期,技术发明或创造速度比较慢,更新换代的频率比较低,技术作为外生性要素,是企业进行生产的前提。企业能否提高生产效率,取决于自己采用新技术的时间是不是早于其他的企业。专利技术通过转让费和特许经营的方式,为所有人带来了巨额财富,比如珍妮纺纱机的发明者,哈格里夫斯晚年时所获得的巨额财富就来自专利技术的转让。由于专利技术的数量比较少,专利所有人通过技术转让和特许经营可以获得巨额财富,这实际上也鼓励了技术推广。对于技术使用者而言,生产效率提高,同等时间内所生产的使用价值高于那些没有使用技术的生产者。按照马克思的论断,采用先进技术的生产者,生产产品所耗费的个别劳动时间,低于社会必要劳动时间,产品按照社会必要劳动时间所决定的价值进行销售,先进技术的采用者就会获得超额利润。

按照马克思的论断,不同部门的企业由于竞争会导致资本在各部门之间自由转移。资本会从利润低的部门,向利润高的部门进行流动。当利润高的部门进入竞争者过多时,利润率摊薄,随着利润下降,资本又会从这个部门流出,流向另外一个利润率更高的部门。资本的这种自由流动和部门之间竞争的结果,导致利润率出现平均化,相同数量的资本需要获得相同数量的利润。马克思说过:"……资本的自由竞争、资本由一个生产部门向另一个生产部门的转移可能性、同等水平的平均利润水平等等,都已经完全成熟。"①这个规律,在自由竞争的市场经济条件下是存在的。它的前提是资本流动不存在障碍。这个规律被马克思主义者称为利润率平均化规律。但是它存在的历史时期是自由竞争阶段,市场结构是以自由竞争为主,不存在着垄断组织。企业作为个体不能影响和控制市场。因此在这个阶段,为了扩大宣传和推广而存在的品牌还没有产生。20世纪70年代美国才开始出现了商标法。宝洁等最早的品牌企业也是从20世纪60年代末开始出现。这个阶段所出现的无形资本是以生产型无形资本为主。

正如马克思指出:"竞争斗争是通过商品便宜来进行的。在其他条件不

---

① 马克思:《资本论》第3卷,人民出版社2004年版,第693页。

变时,商品的便宜取决于劳动生产率,而劳动生产率又取决于生产规模。"①马克思已经看到了自由竞争必然会引起生产集中,生产规模扩大,最终也必然会走向垄断。"……历来受人称赞的竞争自由日暮途穷,必然要自行宣告明显的可耻破产。这种破产表现在:在每个国家里,一定部门的大工业家会联合成一个卡特尔,以便调节生产。""这个托拉斯把英国的全部碱的生产集中到唯一的一家公司手里……竞争已经为垄断所代替……"②但是,马克思所处的时代,垄断不是主要特征,只是表现出一种趋势,自由竞争的市场结构才是最主要的市场结构,自由竞争是时代主题。由于历史的局限,马克思并没有对垄断市场竞争进行充分的分析和论述。

马克思所处的时代,无形资本开始逐渐受到重视并得到一定的发展,但是大面积形成的历史条件还并不具备。现代化的知识产权体系还没有完全建立,科学技术的发展仍然处于缓慢的阶段。正如马克思所说:"事实上,直到上世纪末,自然科学主要是搜集材料的科学,关于既成了事实的科学,但是在本世纪,自然科学本质上是整理材料的科学,关于过程,关于这些事物发生与发展以及关于把这些自然过程结合为一个伟大整体的联系的科学。"在马克思看来,即使是在他所生活的"本世纪",科学也只不过是"整理材料的科学",历史更久远一些,在"上世纪末",科学则主要是"搜集材料的科学"。马克思所说的"本世纪"的科学,事实上直到19世纪七八十年代才引起了科技革命,这次科技革命引起了第二次产业革命。马克思注意到了这次科技革命的伟大作用,但是这个时候,马克思已经处于晚年,已经没有精力也来不及对19世纪七八十年代科技革命的伟大作用进行深入的分析。1883年,马克思去世。

在第一次产业革命末期,垄断组织开始出现,并引起了马克思的关注。马克思精准地预测了垄断是自由竞争的必然趋势,但是没有从市场结构对价格和价值影响的角度进行系统地分析和研究,也没有更深入系统地分析垄断对于剩余价值和利润的影响,这些都限制了马克思对于无形资本问题的认识和研究。

---

① 《马克思恩格斯全集》第42卷,人民出版社2016年版,第644页。
② 马克思:《资本论(节选本)》,人民出版社2016年版,第526页。

二、马克思涉及无形资本相关问题的论述

(一)马克思对无形资本相关问题的一般性论述

1. 对差异化产品的相关论述

马克思对垄断地租的分析初步涉及了无形资本现象的存在。他在《资本论》第3卷谈及地租问题时,以葡萄酒为例,指出:由于土壤特殊,所栽培的葡萄酿制的葡萄酒质量非常好,而且一般情况下产量也非常小,这时候就会产生垄断价格,垄断程度的高低取决于购买者的嗜酒程度和支付能力。这时候葡萄种植者就会赚取相当大的超额利润。这种在这里由垄断价格产生的超额利润,由于土地所有者对这块具有独特性质的土地的所有权而转化为地租,并以这种形式落入土地所有者手中。马克思虽然是对地租问题的分析,但是已经触及到了无形资本的几个主要特征:独特性、垄断性和超额收益性。特殊土壤所栽培的葡萄酿制的葡萄酒具有独特性,对消费者容易产生独特的吸引力,马克思还特别分析了决定垄断价格的影响因素:购买者的嗜酒程度和支付能力。由于独特性和对土地所有权的占有,导致该种产品具有了垄断性,因此土地所有者也就具备了制定垄断价格的权利,也就是价格主导权。这种垄断价格最终转化成超额利润,给所有者带来了超额收益。这些都是无形资本的本质特征。但是马克思没有继续分析,如何利用这种特殊葡萄酒的独特性、垄断性和超额收益性去获取更多的收益,无形资本问题在马克思这里没有得到更多的重视和发展。

2. 对于知识和经验等相关无形要素的论述

对于知识和经验这些无形要素的论述马克思也有涉及,他说:"范围有限的知识和经验是同劳动本身直接联系在一起的,并没有发展成为同劳动相分离的独立的力量,因而整个说来从未超出传统的手艺积累的范围,这种积累是一代代加以充实的,并且是很缓慢地、一点点地扩大的。(凭经验掌握每一种手艺的秘密。)手和头还没有分离。"①在这里,马克思看到了知识和经验与劳动相分离的可能性,只是认为条件还不具备。而且指出了知识与经验在制作方法的范围内积累的缓慢性和长期性。按照马克思理解,近代自然科学只能是在生产实践的迫切需要中才能产生。虽然他不是把这些无形要素当作资本来论述,但是他的论述已经解释了这些无形要素成为资本的历史条件——必

---

① 《马克思恩格斯文集》第8卷,人民出版社2009年版,第357页。

须因为生产实践的迫切需要而摆脱那种缓慢长期的积累方式,只有创造发明的周期和频率越来越快,专利和专有技术储备总量越来越多,水平越来越高,而且又为生产实践所迫切需要时,这些专利和专有技术才有可能成为资本。

马克思在论述分工问题时指出:"在局部劳动独立化为一个人的专门职能之后,局部劳动的方法也就完善起来。"①这种完善的方法其实就是一种发明性的技巧,与专利、专有技术非常相近了,马克思也指出这种方法会减少消耗,提高劳动生产率。马克思还指出了这种技术的长期作用,是可以传承的。"……这样获得的技术上的诀窍就能巩固、积累并迅速地传下去"②。马克思在这里明确地把这种方法称为"诀窍",这个概念和现代的"专有技术"、"商业秘密"已经非常接近了。马克思还进一步考察,把分工导致的结果分为两个部分:一方面分立发展各种手工业,在实际上生产出局部工人的技艺,另一方面把局部劳动终生职业化并最终发展成种性的世袭和行会,并通过立法形成垄断,指出了"……这样一个印度织工从事的是极复杂的劳动"③。在这里,马克思看到了专有技术最终走向垄断的社会发展过程,也肯定了这种劳动属于复杂劳动的性质。

马克思还强调:"劳动生产率不仅取决于劳动者的技艺,而且也取决于他的工具的完善程度。"④强调了工具创新的重要性。"工场手工业时期通过劳动工具适合于局部工人的专门的特殊职能,使劳动工具简化、改进和多样化。"⑤因此,分工最终使劳动工具的改进和创新成为可能,也促进了大机器出现的可能。马克思的这些论述符合当时社会发展的状况,也推断出了机器大工业出现的逻辑可能性。这是分工导致的一种社会进步。无形资本的发展也正是在社会分工发展、社会不断进步基础上出现的一种新型资本。

3. 马克思对科学技术作用的相关论述

马克思还关注到科学技术在资本主义生产中的巨大作用。他认为科学技术是"……一种在历史上起推动作用的、革命的力量"⑥。他指出:"……自然

---

① 马克思:《资本论》第1卷,人民出版社2004年版,第393页。
② 马克思:《资本论》第1卷,人民出版社2004年版,第394页。
③ 马克思:《资本论》第1卷,人民出版社2004年版,第395页。
④ 马克思:《资本论》第1卷,人民出版社2004年版,第395页。
⑤ 马克思:《资本论》第1卷,人民出版社2004年版,第396页。
⑥ 《马克思恩格斯选集》第3卷,人民出版社2012年版,第1003页。

科学被资本用做致富手段,从而科学本身也成为那些发展科学的人的致富手段,所以,搞科学的人为了探索科学的实际应用而互相竞争。"①"单是科学——即财富的最可靠形式,既是财富的产物,又是财富的生产者……"②在这里,马克思看到了科学作为财富手段的功能,把科学与财富挂起钩来。马克思接着指出:"……发明成了一种特殊的职业。"③既然科学能够带来财富,因此发明成为一种特殊的职业也是必然的,指出了人们为了追求财富而进行科学研究的目的,同时也说明了新的社会分工发展,使发明已经成为一种职业。这是社会对科技发明的重视,也说明无形财富在这一历史时期已经被人们充分重视。"……随着资本主义生产的扩展,科学因素第一次被有意识地和广泛地加以发展、应用并体现在生活中,其规模是以往的时代根本想象不到的。"④在这里,马克思指出了一个基本的事实,那就是科学技术在资本主义生产中得到了广泛的应用,也对资本主义的发展起到巨大推动作用。但是马克思对科学技术的关注,是把它作为一种生产前提和外部因素来研究,这与当时的时代局限有关。知识产权法虽然已经产生,但是国际性知识产权法还没有普遍出现。无形资本的作用还没有在世界范围内得到重视,没有成为普遍现象。无形资本的数量和质量也都非常有限,与后来的历史发展相比较,专利和专有技术的发展也都处于相对较低的水平。发明创造的频率和周期仍然是比较长的,专利和专有技术的储备总量也不够丰富。以英国为例,在《专利法修正案》⑤通过之前,根据技术史专家的统计,每年的专利申请量仅有 400 件左右,专利授权 455 件(1851 年数据)。⑥

(二)马克思对无形资本具体要素的相关论述

1. 对人力资本相关问题的论述

"……知识和技能的积累,社会智力的一般生产力的积累,就同劳动相对立而被吸收在资本当中,从而表现为资本的属性,更明确些说,表现为固定资

---

① 《马克思恩格斯文集》第 8 卷,人民出版社 2009 年版,第 359 页。
② 《马克思恩格斯文集》第 8 卷,人民出版社 2009 年版,第 170 页。
③ 《马克思恩格斯文集》第 8 卷,人民出版社 2009 年版,第 359 页。
④ 《马克思恩格斯文集》第 8 卷,人民出版社 2009 年版,第 359 页。
⑤ 1852 年 7 月通过,标志着现代专利制度的产生,随着该方案的实施,英国设立了专利局并规范了专利代理人职业。
⑥ 邹琳:《英国专利制度发展史研究》,湘潭大学博士学位论文,2011 年。

本的属性,只要后者是作为真正的生产资料加入生产过程。"①在这里,马克思已经看到了知识和技能这种无形要素的资本属性,而且把他们看作是固定资本。这实际上是马克思非常朴素的人力资本观念,他看到了这种知识和能力的生产资料属性。"固定资本的发展表明,一般社会知识,已经在多么大的程度上变成了直接的生产力,从社会生活过程的条件本身在多么大的程度上受到一般智力的控制并按照这种智力得到改造。它表明,社会生产力已经在多么大的程度上,不仅以知识的形式,而且作为社会实践的直接器官,作为实际生活过程的直接器官被生产出来。"②马克思已经关注到社会知识的重大作用,并指出了生产社会知识的智力劳动对社会生产过程本身的影响与控制,在这里,马克思已经把知识看作是生产力的一部分。"节约劳动时间等于增加自由时间,即增加使个人得到充分发展的时间,而个人的充分发展又作为最大的生产力反作用于劳动生产力。从直接生产过程的角度来看,节约劳动时间可以看做生产固定资本,这种固定资本就是人本身。"③在这里,马克思已经很明确的把人看作是固定资本,这种看法已经非常接近现代的人力资本概念。他已经看到了人的素质和潜能作为资本的可能性。"发展经济,需要各行各业的专业人才,以及大量的专业知识"④,在这里马克思认识到了人力资本的重要性,也认识到了专业知识这种无形要素的重要性。"培训是最好的途径。通过创建学校,传授专业知识,并指导他们在实践中应用,成为专门人才。"⑤马克思也看到了获取人力资本的主要途径是培训,这和现代人力资本的观点基本上是一致的,现代人力资本的观点认为通过培训等投资方式可以增加人力资本的收益。马克思和现代人力资本的观点不一致的地方,是立足点的不同,马克思更主要的是立足于国家和社会的发展,出发点是宏观的。现代人力资本的观点,更多的是立足于个人或者是企业。马克思还把医生的服务所产生的非生产费用称为"劳动力的修理费",也就是说马克思把医疗健康的费用也都看作是维持劳动能力所必须的费用。这和现代人力资本观念对健康的认

---

① 《马克思恩格斯文集》第 8 卷,人民出版社 2009 年版,第 186 页。
② 《马克思恩格斯文集》第 8 卷,人民出版社 2009 年版,第 198 页。
③ 《马克思恩格斯文集》第 8 卷,人民出版社 2009 年版,第 203 页。
④ 《马克思恩格斯全集》第 38 卷,人民出版社 1980 年版,第 487 页。
⑤ 马克思:《资本论》第 1 卷,人民出版社 2004 年版,第 200 页。

识是一致的。

"……对于价值的增殖过程来说,资本家占有的劳动是简单的、社会的平均劳动,还是较复杂的、比重较高的劳动,是毫无关系的。比社会的平均劳动较高级、较复杂的劳动,是这样一种劳动力的表现,这种劳动力比普通劳动力需要较高的教育费用,它的生产要花费较多的劳动时间,因此它具有较高的价值。"①这就是人力资本的概念,所以,马克思早就提出了包括人力资本的劳动力概念,只不过是为了研究的方便,把简单劳动力作为了假设。"尽管工厂法的教育条款整个来说是不足道的,但还是把初等教育宣布为劳动的强制性条件。这一条款的成就第一次证明了智育和体育同体力劳动相结合的可能性,从而也证明了体力劳动同智育和体育相结合的可能性。"②马克思指出了当时资本家为了保证劳动力的质量,在教育方面的立法情况,指出了教育与体力劳动相结合的可能,因为体育和智育都属于教育的内容,马克思在后续的论述中指明,教育使工厂儿童学到很多东西,使生产劳动与智育和体育相结合,提高社会生产力。马克思指出,教育也是造就全面发展的人的唯一方法。在马克思这里非常肯定地指出了教育对人的作用,也是对教育和人力资本关系(虽然马克思没有提出人力资本这一概念)的一种肯定。马克思看到了不同的技能、精力、体力、耐力等会导致不同的工资收入水平,但是为了研究的方便,他采用了平均劳动力的概念,因为马克思认为:"……就整个工场来说,个人的差别会互相抵销,所以,整个工场在一定劳动时间内会提供一个平均的产品量,而支付的总工资也会是本行业的平均工资。"③所以,马克思是把复杂劳动和专业知识结合在一起的,有专业知识的地方必然是复杂劳动,复杂劳动和专业知识导致的差异,马克思认为可以互相抵销。在社会化大生产还停留在机器大生产阶段,劳动力作为机器附庸的时代,这种差异化是可以简单地认为能够平均化,可以互相抵销。但是现代社会的发展,尤其是知识经济的出现,导致专业知识和复杂劳动的重要性更加突出,这种平均化和相互抵销的观点就不容易让人接受了。

总而言之,现代的人力资本概念与马克思对复杂劳动力的概念基本上是

---

① 马克思:《资本论》第 1 卷,人民出版社 2004 年版,第 230 页。
② 马克思:《资本论》第 1 卷,人民出版社 2004 年版,第 555 页。
③ 马克思:《资本论》第 1 卷,人民出版社 2004 年版,第 638 页。

一致。只是为了研究的方便,马克思把复杂劳动简化为倍加的简单劳动,把复杂劳动力简化为倍加的简单劳动力,这样,平均的简单劳动力概念就成为马克思的研究假设。但是并不代表马克思不承认人力资本的存在。

2. 马克思关于专利发明的相关论述

"在德国,起初有人试图让一个纺纱工人踏两架纺车,也就是说,要他同时用双手双脚劳动。这太紧张了。后来有人发明了脚踏的双锭纺车,但是,能同时纺两根纱的纺纱能手几乎像双头人一样罕见。相反地,珍妮机一开始就能用 12—18 个纱锭,织袜机同时可用几千枚织针,等等。同一工作机同时使用工具的数量,一开始就摆脱了一个工人的手工业工具所受到的器官的限制。"①说明马克思已经注意到发明的作用,它适应了机器大工业发展的需要,突破了人对简单工具的依赖,突破了简单工具受限于人的器官的局限性,极大地解放了人们的双手,推动了生产力的发展。正是大机器工业的发展,人对简单工具的主导作用下降了,人成为了机器的附庸,"最初,工业革命除了使人从事用眼看管机器和用手纠正机器的差错这种新劳动外,还使人发挥纯机械的动力作用。"②,人的作用退化成了纯粹的机械性的动力作用。"滥用机器的目的是要使工人自己从小就转化为局部机器的一部分。"③"在工场手工业中,工人是一个活机构的肢体。在工厂中,死机构独立于工人而存在,工人被当做活的附属物并入死机构。"④人成为机器的一部分,完全矮化为机器的附庸。"17 世纪末工场手工业时期发明的、一直存在到 18 世纪 80 年代初的那种蒸汽机本身,并没有引起工业革命。"⑤在这里马克思历史地分析了发明的作用,时代的局限性使发明的资本作用没有发挥出来,仅仅是作为一种发明,系统性的发明、集束性的发明还没有出现,也就难以发挥出发明的资本作用。

"相反地,正是工具机的创造才使蒸汽机的革命成为必要。"⑥工具机的发明使蒸汽机的推广成为可能,这就是集束性创新的重要性。在当时的历史条件下,发明创新的数量、频率、质量等都无法和当今时代相比较,发明专利也就

① 马克思:《资本论》第 1 卷,人民出版社 2004 年版,第 430—431 页。
② 马克思:《资本论》第 1 卷,人民出版社 2004 年版,第 431 页。
③ 马克思:《资本论》第 1 卷,人民出版社 2004 年版,第 486 页。
④ 马克思:《资本论》第 1 卷,人民出版社 2004 年版,第 486 页。
⑤ 马克思:《资本论》第 1 卷,人民出版社 2004 年版,第 431—432 页。
⑥ 马克思:《资本论》第 1 卷,人民出版社 2004 年版,第 432 页。

难以发挥资本的作用。很多专利也很难为所有人带来可观的收益。"大工业最初的科学要素和技术要素就是这样在工场手工业时期发展起来的。"①马克思列举了当时发展的过程和面临的困难,直到瓦特发明第二种蒸汽机。"瓦特的伟大天才表现在1784年4月他所取得的专利的说明书中,他没有把自己的蒸汽机说成是一种用于特殊目的发明,而把它说成是大工业普遍应用的发动机。他在说明书中指出的用途,有一些(例如蒸汽锤)过了半个多世纪以后才被采用。"②马克思在这里提到了发明的结果——专利技术,但是限于当时的局限,马克思并没有把专利当做是一种资本形式。正如马克思所叙述的那样,半个多世纪以后,专利的一些用途才被发现和使用。漫长的半个世纪,专利已经丧失保护期,已经失去了作为资本的作用。

马克思还看到了研究发明的时代性,不同的时代研究发明的成果是不一样的,这也指导我们不能超越时代对历史发明提出过高的要求,不能超越时代对历史的发明水平进行评判。马克思说:"例如,像现代印刷机、现代蒸汽织机和现代梳棉机这样的机器,就不是工场手工业所能提供的。"③

马克思还看到了发明彼此之间的互相促进,他指出:"一个工业部门生产方式的变革,会引起其他部门生产方式的变革。这首先涉及因社会分工而孤立起来以致各自生产一种独立的商品、但又作为一个总过程的各阶段而紧密联系在一起那些的工业部门。"④这段话指出发明彼此的互相促进,互相影响,指出发明自身的内部发展规律。发明的互相推动也需要一定的社会条件,"制造这样的机器是工场手工业的机器制造业所不能胜任的。"⑤马克思也指出了当时时代的局限性和发明周期的缓慢性,"但只是到了最近几十年,由于大规模的铁路建设和远洋航运事业的发展,用来制造原动机的庞大机器才产生出来。"⑥

马克思也看到了先进的技术和发明具有巨大的价值,能够大幅提高产品的附加价值,他说:"很明显,机器和发达的机器体系这种大工业特有的劳动

---

① 马克思:《资本论》第1卷,人民出版社2004年版,第433页。
② 马克思:《资本论》第1卷,人民出版社2004年版,第434页。
③ 马克思:《资本论》第1卷,人民出版社2004年版,第440页。
④ 马克思:《资本论》第1卷,人民出版社2004年版,第440页。
⑤ 马克思:《资本论》第1卷,人民出版社2004年版,第441页。
⑥ 马克思:《资本论》第1卷,人民出版社2004年版,第441页。

资料,在价值上比手工业生产和工场手工业生产的劳动资料增大得无可比拟。"①马克思也看到了专利技术的巨大作用,"某些大蒸汽锤每分钟可锤 70 次;赖德的专利锻造机,用小蒸汽锤锻造纱锭,每分钟可锤 700 次。"②"由于有了他的发明,一个黑人妇女每天可以轧 100 磅棉花,而且从那以后,轧棉机的效率又大有提高。原来要花 50 分钱生产的一磅棉纤维,后来卖 10 分钱,而且利润更高……"③显然,专利技术的采用大大提高了劳动生产率,而且提高了企业的利润。当然,在马克思这里首先考虑的是无酬劳动的增加,剥削的增加,才导致了剩余价值增加和利润提升。马克思也看到社会发明导致的进步,有可能造成一些负面效应,比如劳动力过剩、劳动力贬值,最终导致机器使用反而受限。"在一些较老的发达国家,机器本身在某些产业部门的使用,会造成其他部门的劳动过剩(李嘉图用的是 redundancy of labour),以致其他部门的工资降到劳动力价值以下,从而阻碍机器的应用,并且使机器的应用在资本看来是多余的。"④

马克思还看到了科学技术的进步会导致已有的发明专利技术的贬值,他指出:"……即使原有的机器还十分年轻和富有生命力,它的价值也不再由实际对展化在其中的劳动时间来决定,而由它本身的再生产或更好的机器的再生产的必要劳动时间来决定了。因此,它或多或少地贬值了。"⑤"机器结构的不断变化和机器的日益便宜,使旧机器也不断地贬值,以致只有那些以极低的价格大批收买这种机器的大资本家,才能从使用机器中获利。"⑥机器的价值不是一成不变的,社会的进步、新技术的出现,会导致已有的技术再生产的社会必要劳动时间缩短,从而出现贬值。作为技术和专利的载体,大机器也逃脱不了这个无形贬值的规律。只有那些大资本家,以极低的价格收购这种旧机器才有可能获利。马克思在这里强调了两个方面的因素:一是大资本家,他的生产规模比较大,平均成本会比较低,马克思显然已经认识到了这个问题,但

① 马克思:《资本论》第 1 卷,人民出版社 2004 年版,第 444 页。
② 马克思:《资本论》第 1 卷,人民出版社 2004 年版,第 447 页。
③ 马克思:《资本论》第 1 卷,人民出版社 2004 年版,第 450 页。
④ 马克思:《资本论》第 1 卷,人民出版社 2004 年版,第 452 页。
⑤ 马克思:《资本论》第 1 卷,人民出版社 2004 年版,第 465—466 页。
⑥ 马克思:《资本论》第 1 卷,人民出版社 2004 年版,第 545 页。

是并没有指出规模与成本之间的关系。一个是极低的价格,显然是从成本的角度来考虑的,只有远远低于原来的价值,用极低的价格购买旧机器,才有可能在严格控制成本的基础上获利。所以,马克思在这里用这个极端的例子来说明,无形贬值的影响之大,会导致原来发明专利的价值降低,导致这种机器获利难度的上升。这种情况在当代社会也是存在的,新的不断的发明会导致旧的发明无形贬值,导致旧的无形资本盈利的可能性降低,困难加大。

3. 马克思对专有技术、商业秘密的论述

马克思对专有技术、商业秘密也有涉及,他指出:"……各种特殊的手艺直到 18 世纪还称为 mysteries(mystères)[秘诀],只有经验丰富的内行才能洞悉其中的奥妙。"①马克思把这种手艺称为秘诀,是一种特殊的手艺,这和现代的专有技术具有同样的性质,都是通过保有秘密而保持自己的竞争力。但是马克思显然没有考虑这一点,而是把它看作是保守的表现,把它作为大工业发展的铺垫,认为大工业的革命性把这种以往生产技术的保守性打破了,手艺变成了工艺。"大工业的原则是,首先不管人的手怎样,把每一个生产过程本身分解成各个构成要素,从而创立了工艺学这门完全现代的科学。"②即使如此,工艺在现代工业发展中仍然是一种不可忽视的无形资本,也是一种其他企业难以复制的技术诀窍。马克思显然也看到了工艺的巨大作用,他说:"最墨守成规和最不合理的经营,被科学在工艺上的自觉应用代替了。"③与陈旧和不合理的经营来说,工艺显然是一种更科学的技术,也是一种无形要素。

4. 马克思对著作权等问题的论述

马克思在《资本论(1863—1865 年手稿)》第 1 卷的第六章"直接生产过程的结果"中谈到了弥尔顿创作《失乐园》。他把弥尔顿的自我创作看作是一种非生产性行为。但是,如果在书商的指示下来生产书籍,那么写书的作者就类似于生产劳动者,这是一种生产行为,他的劳动从属于资本。他还举例说明为了货币而出售自己的歌唱的歌女,就成为雇佣劳动者和商品交易者。如果被剧院的老板雇佣,老板为了赚钱然后让她去唱歌,它就会变成生产劳动者,直接生产资本。马克思在这里涉及了著作权和表演权的问题,但是忽略了这

---

① 马克思:《资本论》第 1 卷,人民出版社 2004 年版,第 559 页。
② 马克思:《资本论》第 1 卷,人民出版社 2004 年版,第 559 页。
③ 马克思:《资本论》第 1 卷,人民出版社 2004 年版,第 578 页。

些权利的超额收益性,而仅仅把作者和表演者看作是生产劳动的,是雇佣劳动的一部分。马克思的这种论述显然带有时代的局限性。

5. 马克思对企业文化相关问题的论述

马克思也涉及了企业文化问题,他说:"……工厂法的实行令人信服地证明,单单缩短工作日,就惊人地增加了劳动的规则性、划一性、秩序性、连续性和效能……因为在这里,工人要服从机器的连续的、划一的运动,早已造成了最严格的纪律。"①"规则性、划一性、秩序性、连续性和效能"和"最严格的纪律"都是现代企业文化的概念内容,是行为规则和制度层面的要素,马克思把这种企业文化看作是外力造成的——立法的力量或者是机器的发展。不过,马克思显然是承认这种纪律和文化的必要性和有效性。马克思通过引用罗·加德纳的研究,用事实的对比,通过工作日缩短带来的实际结果来说明问题:"花费同样多的开支,得到同样多的产品,而全体工人 11 小时挣的工资,和以前 12 小时挣的同样多。"②马克思用这个事实反驳了资本家对缩短工作日的谬论:"指望在管理良好的工厂里,通过提高工人的注意力等等来获得任何显著的成果,是荒谬的。"③资本家们否认良好的企业文化对生产效率提高的可能性和实际效果,马克思用事实进行了最好的反驳。但是在那个时代,学者们都没有提出企业文化的概念,也没有把劳动生产率的变化看作是企业文化作用的结果。马克思把劳动生产率的提高,看作是工人在同样的时间内付出更多劳力和节约时间的结果,"在这里,11 小时比以前 12 小时生产出更多的东西,这完全是由于工人始终不懈地付出更多的劳力和节约时间造成的。"④马克思显然没有对缩短工作日对企业文化的影响、对工人生产积极性的影响进行研究,也就忽略了企业文化对劳动者生产积极性、主动性、创造性等方面的影响,单纯地从生产的效果上去论证:更多的付出和节约导致了劳动生产率的提高。这是时代的局限性,我们对马克思不能做出过多的超越时代的要求。马克思注意到了霍罗克斯和杰克逊先生所做的类似实验,也得出了同样的结果。他在《资本论》第 1 卷的第 163 个脚注中指出:"在上述实验中,精神要素

---

① 马克思:《资本论》第 1 卷,人民出版社 2004 年版,第 473 页。
② 马克思:《资本论》第 1 卷,人民出版社 2004 年版,第 473 页。
③ 马克思:《资本论》第 1 卷,人民出版社 2004 年版,第 473 页。
④ 马克思:《资本论》第 1 卷,人民出版社 2004 年版,第 474 页。

起着重要的作用。工人对工厂视察员说:'我们更加振奋地工作,我们总是抱着晚上可以早一点下班的希望;全厂从最年轻的接线工到最年老的工人,都充满活泼愉快的精神,并且我们能够彼此多帮助。'"①通过工人与视察员的对话,可以看出缩短工时对工人积极性的影响,带来的不仅仅是希望,还有活泼愉快的精神和互相帮助带来的生产力,这是资本家们没有想到的事情。也正是这种实际的效果,才让资本家们把缩短工时、改善福利、有意识地建设良好的企业文化逐渐提上了日程。遗憾的是马克思没有对这种精神力量进行过多的研究,把重点又转向了劳动强度的研究。马克思还看到了教育、传统和习惯对于企业文化形成的影响,他说:"……他们由于教育、传统、习惯而承认这种生产方式的要求是理所当然的自然规律。"②承认并顺从,这是一种行为表现,正是教育、传统与习惯的影响造成的。教育、传统和习惯对于现代企业文化而言具有重要的影响作用。

马克思还通过劳动分工的演化来研究"兵营式的纪律",把这种纪律文化归结于管理的要素,把它看成是劳动分工的结果,"工人在技术上服从劳动资料的划一运动以及由各种年龄的男女个体组成的劳动体的特殊构成,创造了一种兵营式的纪律。这种纪律发展成为完整的工厂制度,并且使前面已经提到的监督劳动得到充分发展,同时使那种把工人划分为劳工和监工,划分为普通工业士兵和工业军士的现象得到充分发展。"③由分工发展所形成的这种文化,最终成为资本家有意识投资的资产,成为企业最终不可缺少的企业文化资本,这个过程是漫长的,是经历了一定的历史过程。只有资本家充分认识到企业文化的作用,尤其是管理成为一种独立的职能之后,企业文化才真正发展起来。

管理成为一种独立的职能,被广泛地认识到,则是到了20世纪初,泰罗发明了"科学管理理论"之后,与马克思所生活的时代,已经又过去将近半个世纪了。从《资本论》第1卷发表的1867年开始算,到1911年泰罗的代表作《科学管理原理》发表,整整44年。资本主义的社会生产又有了很大的发展,19世纪末20世纪初,垄断组织形成,资本主义进入帝国主义阶段,社会竞争

① 马克思:《资本论》第1卷,人民出版社2004年版,第474页。

② 马克思:《资本论》第1卷,人民出版社2004年版,第846页。

③ 马克思:《资本论》第1卷,人民出版社2004年版,第488页。

更加激烈。为了增强竞争优势,各种管理手段都竞相出现。垄断成为最主要的经营手段,管理方面"科学管理理论"开始出现,此后各种管理理论得到更大的发展。直到 20 世纪 80 年代,威廉·大内、理查德·帕斯卡尔、安东尼·阿索斯、特伦斯·迪尔、艾伦·肯尼迪、托马斯·彼得斯、小罗伯特·沃特曼以及劳伦斯·米勒等相继出版了一系列与企业文化相关的书籍,提出了企业文化的概念,企业文化才作为一种理论被普遍接受。他们认为,企业管理应该是以人为中心建立各种尊重人格、促进人的发展为原则的制度、规范,形成文化氛围,成功企业应该具有成功的企业文化,这些比硬件更为重要。

但是企业文化建设的困难性也显而易见,只有社会生产力达到一定程度,管理者和企业员工的素质均达到一定水平才有可能形成。"自动工厂的主要困难在于建立必要的纪律,以便使人们抛弃无规则的劳动习惯,使他们和大自动机的始终如一的规则性协调一致。但是,发明一个适合自动体系的需要和速度的纪律法典,并有成效地加以实行,不愧是海格立斯式的事业,而这正是阿克莱的高尚成就!"①马克思对此不以为然,在脚注和正文里面进行了批评,认为工厂法典是对工人的专制,是资本家加强剥削的手段,"奴隶监督者的鞭子被监工的罚金簿代替了。自然,一切处罚都简化成罚款和扣工资,而且工厂的莱喀古士们立法的英明,使犯法也许比守法对他们更有利。"②马克思坚持从意识形态的角度,强调这些手段背后的剥削属性,忽略了企业文化的历史作用。这是马克思研究的一大缺陷——过于强调资本及其手段的剥削属性,忽视了资本及其手段的一般属性,使自己的理论应用面过于狭窄,缺乏对资本主义市场经济一般属性和规律的研究与解释。

不过,在资本主义发展的初期阶段,在资本原始积累的阶段,资本主义发展确实非常血腥,到处充斥着掠夺和剥削,工人的劳动时间长达 11—12 小时,在那样的历史环境下,让马克思提出企业文化的概念,重视企业文化的作用,实在是不可能的。"撇开纯技术上的和技术上可以排除的障碍不说,对工作日的规定还遇到工人本身的不规则的生活习惯的障碍,这特别是发生在这样的地方,那里盛行计件工资,在一天或一星期中所旷费的时间可以由以后的

---

① 马克思:《资本论》第 1 卷,人民出版社 2004 年版,第 488 页。
② 马克思:《资本论》第 1 卷,人民出版社 2004 年版,第 488—489 页。

过度劳动或做夜工来补偿,这种方法使成年工人变得野蛮,使他们的未成年的和女性的伙伴遭到毁灭。劳动力耗费方面的这种毫无规则的情形,虽然是对单调乏味的苦役的一种自发的粗暴反应,但在极大程度上是由生产本身的无政府状态引起的,而这种无政府状态又是以资本对劳动力的不受限制的剥削为前提的。"①马克思在提到计件工资的时候,指出:"……一方面促进了工人个性的发展,从而促进了自由精神、独立性和自我监督能力的发展;但另一方面也促进了他们之间的互相竞争。"②马克思在上面的论述中指出了制度规定对人们行为习惯的影响,工作日的规定、计件工资的薪酬制度,会让工人行为发生改变,既有好的影响,也有坏的影响。坏的一方面是:由于可以通过过度劳动或做夜工来补偿,工人的行为变得野蛮,可以平时闲逛,周末加班,或者通过女性和儿童的加入弥补平时的劳动时间的浪费,由此导致了对妇女和儿童的不良后果——"使他们的未成年的和女性的伙伴遭到毁灭"。好的一方面是:薪酬制度等能够促进个性发展,促进自由精神和自我监督也就是自觉能力的提升,这些都属于现代企业文化的内容,属于企业文化的组成因素,也是企业文化发展的结果。现代企业文化也正是通过影响员工行为来影响企业生产经营的。

马克思在坏的影响一方面指出了工人性格和习惯对这种文化(马克思称之为工作日的规定)的影响,对制度建设形成了障碍,资本家显然不希望员工如此放荡和野蛮,希望他们认真工作,以方便资本家剥削更多的剩余价值。马克思指出了自我爆发之外的原因——生产本身的无政府状态,这就是生产组织的问题了,组织管理的混乱导致了制度管理缺乏权威性,导致员工可以粗暴野蛮。马克思对这种无政府状态的深度分析归结于资本对劳动力的不受限制的剥削,也是有道理的,工人权利缺乏法律保护,这种粗暴和野蛮也带有一定的反抗性质。所以,马克思实际上指出了制度、法律、实际的组织运行、员工的性格习惯等对于企业文化建设的影响,也指出了企业文化对企业员工行为的影响。马克思又把一切的根源归结于剥削,这是当时时代特点决定的。但是他的这段论述非常客观地说明了企业文化与员工行为之间的关系,指出了企

---

①　马克思:《资本论》第 1 卷,人民出版社 2004 年版,第 549—550 页。

②　马克思:《资本论》第 1 卷,人民出版社 2004 年版,第 639 页。

业文化建设的影响因素,具有一般性特点,与现代企业文化的论述具有相似之处。

6. 马克思对土地所有权的论述

土地使用权在我国是无形资产的一项重要内容。在国外,由于土地是私有,很多国家并不把土地使用权作为无形资产。但是土地所有权仍然是一种无形要素。土地是有形的,但是获得土地的权力是法律赋予的、无形的,而且具有排他的独占性特征,作为一种特殊的供给有限的资源,无论是土地所有权还是土地使用权都应该是无形资本的重要内容。马克思对于土地所有权早有论述,他说:"这个货币额,不管是为耕地、建筑地段、矿山、渔场还是为森林等等支付的,统称为地租。这个货币额,在土地所有者按契约把土地租借给租地农场主的整个时期内,都要进行支付。因此,在这里地租是土地所有权在经济上借以实现即增殖价值的形式。"①显然,马克思把地租看作是土地所有权在经济上的一种货币表现,是土地所有权的货币价格。马克思已经实质性地进入到对土地所有权这种无形要素的分析中,并且取得了丰硕的成果。"土地所有权的前提是,一些人垄断一定量的土地,把它当作排斥其他一切人的、只服从自己私人意志的领域。在这个前提下,问题就在于说明这种垄断在资本主义生产基础上的经济价值,即这种垄断在资本主义生产基础上的实现。"②马克思已经清楚地看到土地所有权的垄断特征,并且把这种垄断看作是具有经济价值的,是在资本主义生产基础上存在的一种特殊现象,垄断本身是土地所有权价值的实现手段。由于土地所有权和经营权是可以分离的,土地所有者就可以根据自己对土地所有权的垄断,将土地租赁给农场主经营并获得地租收入,这样"……土地所有权就取得了纯粹经济的形式……"③

马克思还特别关注了建筑土地所有权的价值实现形式,也就是建筑地段的地租,主要是指房地产资本家和工商业资本家为了建筑厂房、商铺、居民楼等用途使用土地而必须支付的地租。"凡是自然力能被垄断并保证使用它的产业家得到超额利润的地方(不论瀑布,富饶的矿山,盛产鱼类的水域,还是位置有利的建筑地段)那些因为对一部分土地享有权利而成为这种自然物所

---

① 马克思:《资本论》第3卷,人民出版社2004年版,第698页。
② 马克思:《资本论》第3卷,人民出版社2004年版,第695页。
③ 马克思:《资本论》第3卷,人民出版社2004年版,第697页。

有者的人,就会以地租形式,从执行职能的资本那里把这种超额利润夺走。"①马克思看到了建筑地租是超额利润的一种形式,说明土地所有权(不仅仅是建筑行业)可以为土地所有者带来超额利润。但是这种超额利润,是从职能资本家那里夺走的,是一种利润再分配,它并没有实际的创造价值。马克思把地租分为绝对地租、级差地租和垄断地租。由于土地所有权而获得的地租是绝对地租;由于地理位置或者后续的投入而导致的土地的生产率的不同所获得的地租叫级差地租;由于自然条件比较特别的土地生产的产品十分稀缺而产生垄断价格所获得的地租叫垄断地租。对于建筑地租而言,这三种情况都不同程度地存在。土地所有权是明确的,属于国家或者个人所有(有些国家部分土地归私人所有),要想让所有者转让土地所有权或者是出让经营权,都需要支付价格;由于地理位置不同,尤其是离市中心的位置远近不一样,导致建筑用地获得级差地租 I;由于持续的土地投入和环境改造所导致的地租收益上涨,是建筑用地所获得的级差地租 II;有些特殊的地段,交通设施及其他配置比较好,地租价格会比较高,这是建筑用地的垄断地租。马克思关于建筑用地的地租理论,对于分析当今的房地产市场价格的不断上涨有现实的指导意义。

7. 马克思对特许经营权的有关论述

马克思对特许经营权也关注到了,他说:"……东印度公司对东亚(印度和中国)贸易的垄断权被取消。"②贸易垄断权实际上是英国政府对东印度公司在贸易方面的特许经营,东印度公司也曾经因为这个垄断权而获得大量的利润。据历史记载,东印度公司最初由一帮商人组成,他们的贸易垄断权始于 1600 年 12 月 31 日,由英格兰女王伊丽莎白一世授予,号称皇家特许状,主要是给予东印度公司在印度贸易的特权,后来扩大到东亚,最初是允许贸易专利特许经营 15 年。但是东印度公司逐渐具有了统治机构的职能,拥有军队,实现了对印度的绝对控制。对东亚的垄断贸易权直到 1813 年才被英国政府彻底取消。这种垄断经营长达 200 余年。③ 马克思也关注到了

---

①　马克思:《资本论》第 3 卷,人民出版社 2004 年版,第 874 页。
②　马克思:《资本论》第 1 卷,人民出版社 2004 年版,第 523 页。
③　[日]浅田实:《东印度公司》,顾姗姗译,社会科学文献出版社 2016 年版。

这种贸易垄断权,但是没有展开研究。因为在当时,这个东印度公司作为英国的一个殖民工具,血腥掠夺,残暴统治,激起了印度人民的反抗,是加强英国对印度剥削的手段,作为企业无形资本的正当性在当时被血腥的一面掩盖了。所以,马克思没有论述特许经营权的一般属性,没有对特许经营权的收益性进行探讨,只是惊鸿一瞥,把它作为垄断剥削的手段,从历史的角度稍微探讨了一下。

综上所述,马克思已经对无形要素在资本主义生产中所发挥的作用从自己的研究角度有所探讨,没有明确地提出无形资本的概念,只是把它们看作是资本的一部分,一定程度上肯定了这些要素的资本属性。每个人都有自己的历史局限,不可能超越历史,马克思也不例外。正如法国著名的"结构主义的马克思主义"流派的代表人物路易·阿尔都塞所指出的那样,马克思的《资本论》存在着概念空缺、空白并非偶然①,马克思所处的时代,知识、技术、信息包括人力资本等无形要素还没有体现出它们的价值,经济的发展仍然主要依赖物质资源的消耗,物质财富是主要的财富形式,处于实物形态的物质资本是主要的资本形态,劳动与资本处于紧张对立的状态,在这样的历史背景下马克思显然不可能提出无形资本的概念。但是马克思的研究又是超前的,他很多关于无形要素的论述和探索已经非常接近现代的无形资本理论,对我们当今的无形资本理论研究也具有很大的指导意义。

第五节　关于列宁无形资本思想的探讨

列宁和马克思所处的年代有很大不同,列宁主要生活在第二次产业革命期间,而马克思主要生活在第一次产业革命期间。两次产业革命对市场结构和企业发展的影响是不同的,在第二次产业革命中,出现了明显的垄断特征,纵向一体化的大型企业成为影响和控制市场的主要力量,这些企业对于市场价格的影响明显增强,垄断价格开始出现。

---

① ［法］路易·阿尔都塞、艾蒂安·巴里巴尔:《读〈资本论〉》,李其庆、冯文光译,中央编译出版社 2008 年版,第 10—13 页。

一、列宁所处时代的特征及无形资本的兴起

（一）列宁的生平及主要代表作

1870 年 4 月 22 日（俄历 4 月 10 日），列宁出生于俄国辛比尔斯克，原名弗拉基米尔·伊里奇·乌里扬诺夫，列宁是他参加革命后的笔名。1924 年 1 月 21 日因中风逝世。他的代表作很多：《俄国社会民主主义者的任务》（1897 年）、《中国的战争》（1900 年 12 月）、《无政府主义和社会主义》（1901 年）、《怎么办？》（1901 年秋—1902 年 2 月）、《马克思主义和修正主义》（1908 年）、《论工人政党对宗教的态度》（1909 年）、《马克思学说的历史命运》（1913 年）、《马克思主义的三个来源和三个组成部分》（1913 年）、《论民族自决权》（1914 年）、《关于民族政策问题》（1914 年）、《第二国际的破产》（1915 年）、《帝国主义是资本主义的最高阶段》（1916 年）、《国家与革命》（1917 年 8—9 月）、《论"民主"与专政》（1918 年 12 月 23 日）、《共产主义运动中的"左派"幼稚病》（1920 年）、《关于无产阶级文化》（1920 年）。

（二）列宁所处时代的特征

列宁主要著作的发表时间集中在 19 世纪 90 年代至 20 世纪 20 年代，这一段时期第一次产业革命已经完成，第二次产业革命方兴未艾。以电力、汽车、飞机等为代表的现代化大工业逐渐兴起，市场的垄断特征日益明显，并且成为主要特征。列宁在这个时期提出了著名的论断：帝国主义是资本主义的最高阶段，它的实质就是垄断。"……帝国主义就其经济实质来说，是垄断资本主义。"[1]"……集中发展到一定阶段，就自然而然地走到垄断，这种从竞争到垄断的转变，是最新资本主义的最重要的现象之一。"[2]这些判断显然是建立在当时的市场结构特征基础上，资本主义经济已经发展到了垄断阶段。

正如马克思所说，随着大规模企业的出现，生产集中的趋势最终必然导致垄断。垄断已经成为当时市场上日益加强的市场特征，企业的组织形式也越来越以垄断为主要特征，大型的动辄几千人的企业已经出现。卡特尔、辛迪加、康采恩等多种垄断性组织开始在主要的资本主义国家出现。化工、运输、采煤、烟草等行业都不同程度的出现了垄断型组织。大规模生产成为主要的

---

[1] 《列宁全集》第 27 卷，人民出版社 2017 年版，第 434 页。

[2] 《列宁全集》第 27 卷，人民出版社 2017 年版，前言第 8 页。

生产方式,股份制流行,越来越容易聚集巨额的资本,纵向一体化的巨型企业成为当时市场上主要的组织形态。美国和德国逐渐成为当时经济发展的强国。市场上大企业的影响力、控制力增强,市场集中度大大提升,大企业已经拥有了对市场价格的控制和影响能力,垄断价格出现,大企业已经不再满足于按照自由竞争条件下市场均衡价格去销售产品,获取平均利润。

（三）垄断与无形资本的同时兴起

随着垄断能力的增强,尤其是无形资本的采用,进一步强化了大型企业获取超额利润的能力。专利和专有技术成为垄断型企业强化自己垄断能力和垄断地位的有力工具。正如列宁所说"美国政府委员会关于托拉斯的报告中说:'它们比竞争者优越,是因为他们的企业规模大、技术装备优良。烟草托拉斯从创办的时候起,就竭力在各方面大规模地采用机器来代替手工劳动。为此目的,它收买了与烟草加工多少有关的一切发明专利权,在这方面花费了巨额款项。有许多发明起初是不适用的,必须经过在托拉斯供职的工程师的改进。在 1906 年年底设立了两个分公司,专门收买发明专利权……其他托拉斯也雇有所谓技术开发工程师(developing engineers),他们的任务就是发明新的生产方法,进行技术改良的实验。'"[①]"……因为当代技术发展异常迅速,今天无用的土地,要是明天找到新的方法(为了这个目的,大银行可以配备工程师和农艺师等等去进行专门的考察),要是投入大量资本,会变成有用的土地。"[②]"当然,拥有亿万巨资的大银行企业,也能用从前远不能相比的办法来推动技术的进步。例如,银行设立了各种专门的技术研究会,研究成果当然只能由'友好的'工业企业来享用。这一类机构有电气铁路问题研究会、中央科学技术研究所等等。"[③]银行等垄断组织都热衷于进行技术发明或创造,来提高自己的竞争力。在这里,无形资本成为垄断组织最顺手的工具。通过购买或者是研发,增强对专利权、专有技术和人力资本的控制,通过合法的途径,来有效地进行垄断,获取垄断利润。列宁同志,就是在这个背景下,于 1916 年撰写了《帝国主义是资本主义的最高阶段》,并于 1917 年发表。他的很多论述,都已经不同程度地谈论到了无形资本问题。

---

① 《列宁全集》第 27 卷,人民出版社 2017 年版,第 339—340 页。
② 《列宁全集》第 27 卷,人民出版社 2017 年版,第 396 页。
③ 《列宁全集》第 27 卷,人民出版社 2017 年版,第 360 页。

　　无形资本的兴起是从 19 世纪末 20 世纪初,这基本上是与垄断组织的产生相伴随的。虽然人们对无形财富的认识历史很长,但是无形财富被资本化的历史并不长,对于无形资本概念的提出和研究历史更短。1910 年,有一位学者 George John Kruell 在自己出的《威斯康星公共设施财产的实物估价成本》一书中,正式提出了无形资本(Intangible Capital)的概念,把权利和许可证、著作权等都看作是无形资本。① 无形资本的概念和垄断在历史上的出现不是巧合,而是一种必然。无形资本概念的提出,标志着无形财富的资本化已经提上历史日程,人们不再把那些无形要素仅仅当做财富,而是上升到资本的高度,认为通过运营可以实现价值增殖。作为一种特殊的资本,无形资本的垄断性和超额收益性也正是垄断组织所需要的。资本家成立垄断组织的目的也是为了获取超额利润,而无形资本则是最恰当的工具,也是最优的选择。无形资本是在知识产权法保护之下所形成的一种合法的资本。法律的保护使这种资本具有了其他组织和个人难以模仿、难以侵占、难以复制的特殊性,也是事实上的垄断性,正是凭借这种垄断性,无形资本给资本所有者带来了超额利润。这种获取利润的手段,比单纯的行政垄断要更容易被世人接受,也更具有欺骗性。正如诺贝尔经济学奖获得者斯蒂格里茨所说:"也许知识产权就是政策制造市场特权的最典型案例,基于这一政策,美国政府制造了暂时从创新中获利的垄断特权。"② 所以,无形资本的兴起与垄断组织的兴起,两者是相互伴生的,互为依托的。无形资本是那些大型的垄断组织提高自身垄断能力和垄断地位的必要工具,而无形资本也主要是依托这些大型的垄断组织才能更好地发挥自己的作用。那些中小企业,通过研发或者购买也可以拥有一定数量和质量的无形资本,但是在竞争中无法和那些大型的垄断组织相抗衡。大型的垄断组织所拥有的往往是核心的无形资本,中小企业所拥有的往往是非核心的无形资本,二者获取超额利润的能力有很大差距。

　　(四)在垄断和无形资本问题上列宁对马克思的继承和发展

　　列宁和马克思所处的历史阶段不同。马克思生活在资本主义自由竞争年

---

　　① George John Kruell, *Cost of Making Physical Valuation of Wisconsin Public Utilities Properties*, University of Wisconsin-Madison,1910.

　　② [美]约瑟夫·E.斯蒂格利茨:《重构美国经济规则》,张昕海译,机械工业出版社 2017 年版,第 36 页。

代,而列宁从出生起,资本主义就开始逐步进入垄断阶段,并最终在19世纪末20世纪初完成了垄断组织的形成过程。所处历史阶段的不同,也导致了两个人的研究,都不同程度地打上了历史的烙印。列宁对无形资本问题的认识也比马克思更为深刻。列宁对马克思的理论既有继承又有发展。"……因为马克思对资本主义所作的理论和历史的分析,证明了自由竞争产生生产集中,而生产集中发展到一定阶段就导致垄断。现在,垄断已经成了事实……事实证明:某些资本主义国家之间的差别,例如实行保护主义还是自由贸易,只能在垄断组织的形式上或产生的时间上引起一些非本质的差别,而生产集中产生垄断,则是现阶段资本主义发展的一般的和基本的规律。"①列宁正是在马克思对垄断的预测基础上,提出了自己对垄断的判断。正如列宁所说,他所处的时代垄断已经成了事实。马克思对于生产的集中最终引起垄断的判断无疑是正确的。

但是由于两人所处的时代不同,所关注的重点也必然不同。在自由竞争阶段,技术的作用并不突出,马克思只把技术当做是资本家提高劳动生产率的手段,而且对于技术研究在很多方面考虑并不充分。列宁曾经对马克思的研究做出批判性的探讨,指出马克思社会资本再生产公式缺少技术因素的考虑。列宁指出:"可是这个公式没有考虑的正是技术进步。如马克思在《资本论》第1卷中所证明的,技术进步表现于可变资本与不变资本的比值 $(\frac{v}{c})$ 逐渐缩小,而在这个公式中却是把这个比值当作不变的。"②通过重新推导,列宁得出了自己的结论:制造生产资料的生产资料生产是增长最快的,其次是制造消费资料的生产资料生产,消费资料生产是最慢的。列宁的研究,弥补了马克思社会资本再生产公式的缺陷。实际上也是对技术这种无形资本在社会资本再生产公式中的作用进行了强调和推导,使这个公式的运行更加符合当时的和现代的社会实际。在第二次产业革命中,技术创造和发明已经远超第一次产业革命。专利技术的申请量大幅度上升,以英国为例,在《专利法修正案》③通过

---

① 《列宁全集》第27卷,人民出版社2017年版,第336页。
② 《列宁全集》第1卷,人民出版社2013年版,第64页。
③ 1852年7月通过,标志着现代专利制度的产生,随着该方案的实施,英国设立了专利局并规范了专利代理人职业。

之前,根据技术史专家的统计,每年的专利申请数量仅有 400 件左右,专利授权数量 455 件(1851 年数据)。1852 年以后专利的申请数量和授权数量大幅度上升,1883 年专利申请量达到 6000 件,1884 年激增到 17000 件左右;而发明专利授权 1883 年达到 4000 多件,1884 年达到近 10000 件。1852 年,英国还设立了专利局统一管理专利的申请和授权,成为划时代的伟大事件,此后其他国家纷纷效仿。[1]

二、垄断的影响

(一)垄断的积极作用

垄断具有一定的积极意义,它的出现是资本主义发展的必然结果,推动了资本主义的快速发展。列宁指出:"……在帝国主义时代,某些工业部门,某些资产阶级阶层,某些国家,不同程度地时而表现出这种趋势,时而又表现出那种趋势。整个说来,资本主义的发展比从前要快得多……"[2]由于垄断的存在,资本家获取利润的数量增加了,加速了资本的积累,从而一定程度上促进了资本主义的快速发展。列宁说"这决不排除资本主义在某些工业部门,在某些国家或在某些时期内惊人迅速的发展"[3]。"托拉斯估计到将来'可能获得的'(而不是现有的)利润,估计到将来垄断的结果,把自己的财产按高一两倍的估价资本化……"[4]由此可见垄断的惊人效果,可以把自己的财产按比估价高一两倍的价格进行资本化,资本家的财富由于垄断可以一下子实现一两倍的增长。

除此之外,垄断使企业保持了一定的规模,增强了社会化特征,使规模经济效益更加明显,减少了社会资源的浪费,促进了社会的进步。列宁指出:"竞争转变为垄断。生产的社会化有了巨大的进展。就连技术发明和技术改进的过程也社会化了。"[5]"垄断熟练的劳动力,雇用最好的工程师,霸占交通的路线和工具,如美国的铁路,欧美的轮船公司。资本主义进到帝国主义阶

① 邹琳:《英国专利制度发展史研究》,湘潭大学博士学位论文,2011 年。
② 《列宁全集》第 27 卷,人民出版社 2017 年版,第 436 页。
③ 《列宁选集》第 2 卷,人民出版社 2017 年版,第 70 页。
④ 《列宁全集》第 2 卷,人民出版社 2017 年版,第 397 页。
⑤ 《列宁全集》第 2 卷,人民出版社 2017 年版,第 340—341 页。

段,就使生产走到最全面的社会化"①。这种社会化特征,某种程度上减少了无效竞争造成的资源浪费,而这种社会化也为资本主义过渡到社会主义奠定了基础。

(二)垄断的消极作用

垄断的出现一方面推动了资本主义的发展,另一方面是以牺牲其他国家或者企业、剥削其他国家或者企业为代价的。列宁指出:"把垄断扩展到无比广阔的范围,攫取着数亿以至数十亿超额利润,让别国数亿人民'驮着走',为瓜分极丰富、极肥美、极稳当的赃物而互相搏斗着。"②不仅如此,垄断也是一种残酷的竞争手段,列宁指出:"卡特尔在国内按垄断的高价出卖产品,而在国外却按贱几倍的价格倾销,以便打倒自己的竞争者,把自己的生产扩大到最大限度等等。"③垄断资本家们,一方面通过垄断获取高额的垄断利润,另一方面打压和剥削其他国家的人民。垄断是资本家的垄断,垄断利润是资本家的垄断利润,其他国家的人民和消费者只能是被剥削的对象,其他国家的企业,凡是对垄断利润构成威胁的潜在竞争者,都属于被垄断资本家打击的对象。通过低于成本的倾销,那些缺乏规模效益、平均成本比较高的中小企业只能破产倒闭了。这进一步加强了资本集聚,增强了垄断资本家的垄断地位和能力,强化了帝国主义的垄断特征。资本越来越集中在少数资本家手里。

垄断并不能完全消灭竞争,竞争在一定范围内仍然是存在的,但是垄断的存在会导致竞争更加残酷。"从自由竞争中成长起来的垄断,并不消除竞争,而是凌驾于竞争之上,与之并存,因而产生许多尖锐许多特别剧烈的矛盾、摩擦和冲突。"④虽然竞争仍然存在,但是竞争所存在的范围被垄断严格地限制了,不再占主要地位。"自由市场愈来愈成为过去的事情,垄断性的辛迪加和托拉斯一天天地缩小自由市场。"⑤对竞争的限制在一定程度上危及了社会的公平与正义,缩小了消费者对消费产品的选择范围,在一定程度上也是对消费

① 《列宁选集》第2卷,人民出版社1995年版,第748页。
② 《列宁全集》第28卷,人民出版社2017年版,第79页。
③ 《列宁选集》第27卷,人民出版社2017年版,第426页。
④ 何爱平、宋宇、张志敏:《比较视野下对当代中国马克思主义政治经济学研究的新探索》,人民出版社2018年版,第147页。
⑤ 《列宁选集》第2卷,人民出版社2012年版,第640页。

者社会福利的一种缩减。

垄断不能完全消灭竞争,但是它限制竞争。"现在已经不是小企业同大企业、技术落后的企业同技术先进的企业竞争了。现在已经是垄断者扼杀那些不屈服于垄断组织、不屈服于垄断的压迫和摆布的企业了。"①通过垄断,把那些中小企业等潜在的竞争对手扼杀于摇篮之中。"垄断组织用尽一切办法为自己开辟道路,从偿付'微薄'的出让费起,直到像美国那样'使用'炸药对付竞争者为止。"②为了给自己开辟道路,垄断组织想尽一切办法消灭竞争者。通过消灭竞争者,使资本进一步向垄断者手中集中,更进一步扩大了垄断者的垄断能力,提高了他们在市场上的垄断地位。

某种程度上垄断也会阻碍技术进步。正如列宁所说:"既然规定了(虽然是暂时地)垄断价格,那末技术进步、因而也是其他一切进步的动因,前进的动因,也就在相当程度上消失了;其次在经济上也就有可能人为地阻碍技术进步。例如美国有个欧文斯,发明了一种能引起制瓶业革命的制瓶机。德国制瓶工厂主的卡特尔收买了欧文斯的发明专利权,可是却把这个发明搁起来迟迟不用。"③由于垄断手段的存在,企业控制市场的手段增强,影响到目前盈利的任何竞争手段,垄断组织都倾向于把它消灭,包括一些创新。在这个时候,垄断就成了阻碍社会进步的障碍。"在几个工业部门中形成的垄断,使整个资本主义生产所特有的混乱现象更加厉害,更加剧烈。作为一般资本主义特点的农业和工业的发展不相适应的现象,变得更加严重了。"④"垄断资本主义使资本主义的一切矛盾尖锐到什么程度,这是大家都知道的。只要指出物价高涨和卡特尔的压迫就够了。"⑤垄断带来了混乱,带来了物价的高涨,带来了更少的消费选择。这些都是它消极的一面。

三、列宁涉及无形资本相关问题的论述及实践

(一)列宁对人才等人力资本问题的论述

列宁对于人力资本也相当的重视,他指出:"全人类首要的生产力就是工

---

① 《列宁选集》第 27 卷,人民出版社 2017 年版,第 342 页。
② 《列宁选集》第 27 卷,人民出版社 2017 年版,第 344 页。
③ 《列宁选集》第 27 卷,人民出版社 2017 年版,第 411 页。
④ 《列宁全集》第 27 卷,人民出版社 2017 年版,第 200 页。
⑤ 《列宁选集》第 27 卷,人民出版社 2017 年版,第 435 页。

人,劳动者。"①"那些搞科学搞发明的技术人员,不同的社会成长背景必然造成了他们不同的脾气,我们不了解他们,但是我们应该耐心地去听取他们的意见和建议。"②"没有各种学术、技术和实际工作领域的专家的指导,向社会主义过渡是不可能的,因为社会主义要求广大群众自觉地在资本主义已经达到的基础上向高于资本主义的劳动生产率迈进。"③ 1921 年列宁在俄共八大上指出:"对专家,我们不应当采取吹毛求疵的态度。他们不是剥削者的佣仆,而是文化工作者。"同年,列宁在《论统一经济计划》中明确强调:"必须学会谦虚和尊重那些科学和技术专家的切实工作"。这些论述都充分地体现了列宁对人才的尊重,体现了列宁对人力资本问题的认识。显然在列宁同志的眼里,人力资本是进行社会主义生产所必不可少的要素,而且将会对社会主义建设带来巨大的推动作用,尤其是人力资本对劳动生产率提高的促进作用,列宁明确做出肯定。

列宁不仅重视专家学者等人力资本的作用,还重视如何培育人力资本。他指出:"每个青年必须懂得,只有接受了现代教育,他才能建立共产主义社会。"④"必须取得全部科学、技术、知识和艺术。没有这些,我们就不能建设共产主义社会。"⑤"人类科学技术的一切成就、一切改进,专门人才的一切知识,都要为联合起来的工人服务;只有用人类创造的一切财富的知识来丰富自己的头脑时,才能成为共产主义者。"⑥"人们将像收藏艺术品一样的收藏科学技术,为自己所用。"⑦"必须要提高文化素养,学习新知识,学习电气技术。"⑧在这里,他既强调了学习和教育的重要性,也强调了科学、技术、知识等无形要素的重要性,更强调了这些无形要素的价值。列宁后来还提出了综合教育计划,并提倡职业教育,这些都是列宁重视人力资本、发展人力资本的历史见证。

---

① 《列宁选集》第 3 卷,人民出版社 1995 年版,第 843 页。

② 《回忆列宁》第 4 卷,人民出版社 1982 年版,第 248 页。

③ 《列宁全集》第 34 卷,人民出版社 2017 年版,第 5 页。

④ 黄寿松:《革命与发展中的人权探索——列宁的人权思想及其实践研究》,人民出版社 2017 年版,第 81 页。

⑤ 《列宁文化观研究》,人民出版社 2017 年版,第 23 页。

⑥ 《列宁全集》第 29 卷,人民出版社 1987 年版,第 33 页。

⑦ 《列宁全集》第 8 卷,人民出版社 1986 年版,第 28 页。

⑧ 《列宁全集》第 38 卷,人民出版社 1986 年版,第 176 页。

（二）列宁涉及企业文化的有关论述

列宁指出："乐于吸取外国的好东西：苏维埃政权+普鲁士的铁路秩序+美国的技术和托拉斯组织+美国的国民教育+……+……=总和=社会主义。"①其中，托拉斯组织是组织形态上的要求，与企业规模和市场结构有关系，说明列宁把托拉斯组织也看作是外国的好东西，加以学习利用。这是列宁对托拉斯组织的一个正面态度，说明他肯定托拉斯组织的积极意义。托拉斯组织一般都是大型企业，具有规模效益，一般具有历史的积淀，在各方面的资本储备比较完善。我们前面说过，无形资本分为两类：一类是经营性无形资本，一类是社会性无形资本。对于这些大型的托拉斯组织来说，这两方面的储备都比一般企业具有优势。列宁所说的"美国的技术"就是经营性无形资本，而"普鲁士的铁路秩序"显然是一种物质文化和精神文化相结合的产物，更侧重于组织文化，在企业内部就是企业文化，属于社会性无形资本，而"美国的国民教育"显然是培育人力资本的途径，这也属于社会性无形资本。所以，列宁同志用了一个公式，很好地把经营性无形资本和社会性无形资本结合了起来。这说明，社会主义的建设离不开两种无形资本的运营。

列宁指出："为了建设和巩固社会主义，无产阶级应当把全体被剥削劳动群众以及所有小资产者阶层引上把科学以及技术的最新成果拿来同创造大规模社会主义生产的自觉工作者相结合的新型劳动组织。"②在这里，"科学及技术的最新成果"属于经营性无形资本，一般是专有技术或者是专利；"自觉工作者"显然是具有某种价值观的、积极主动自觉的劳动群体，"自觉"的修饰语更侧重指的是企业文化；"新型的劳动组织"既是指企业的组织形式，也更强调企业文化特征，不同于以往的传统企业组织。在这里，列宁再一次把经营性无形资本和社会性无形资本结合起来。

列宁指出："没有建筑在现代科学的最新发明上的技术，没有一种能使千百万人严格遵守的生产和生产品分配方面的统一标准的有计划的国家组织，则社会主义便无从谈起。"③在这里，列宁把关于无形资本的论述提升到了国

① 《列宁全集》第34卷，人民出版社2017年版，第520页。

② 《列宁全集》第29卷，人民出版社1987年版，第386页。

③ 国家技术委员会办公厅编：《马克思　恩格斯　列宁论技术革命》，人民出版社1958年版，第103页。

家的层次,要求国家组织具有千百万人严格遵守的统一标准和计划,这也是一种组织文化上的要求,属于社会性无形资本,而且属于国家层次的宏观社会性无形资本。在强调社会性无形资本的同时,列宁仍然没有忘记强调技术发明的重要性,他再一次把经营性无形资本和社会性无形资本结合了起来。

列宁指出:"共产主义就是利用先进技术的、自觉自愿的、联合起来的工人所创造出来的较资本主义更高的劳动生产率。"①在这里,"先进技术"是经营性无形资本,"自觉自愿"强调的是企业文化因素,属于企业文化资本;"应该懂得,没有机器、缺乏纪律性,在现代社会中是不能生存的——或者是必须拥有高度技术装备,或者是被人消灭。"②"机器"、"高度技术装备"都属于经营性无形资本,是专利和专有技术的载体;而"纪律性"再一次指向了企业文化资本。

(三)列宁涉及土地所有权和关系资本的论述

列宁同志对土地所有权也有一定的论述,他指出:"因为地价的上涨,以及土地能不能分成小块有利地卖出去等等,首先要看同市中心的交通是否方便,而掌握交通运输业的,是通过参与制和担任经理职务同这些银行有联系的大公司。"③他看到了土地所有权作为一种无形资本,与地理位置和交通运输都有密切的关系。同时他也指出了,交通运输业背后的人的因素,也就是社会性无形资本的因素,他再一次强调了"联系"的作用,这个"联系"也就是现代意义上的关系资本。他把土地所有权和关系资本联系了起来,也是把经营性无形资本和社会性无形资本再次结合了起来。

列宁指出:"最新资本主义的基本特点是最大企业家的垄断同盟的统治。当所有的原料来源都被霸占起来的时候,这种垄断组织就巩固无比了。"④在这里,"材料的来源"涉及了渠道和人脉关系,属于关系资本,这种关系资本也具有垄断特征,所以原材料一旦通过这些渠道被"霸占起来",那么垄断组织的竞争优势也就显现出来了,是"巩固无比了"。

"一方面,巨量的金融资本集中在少数人手里,造成非常广泛而稠密的关

---

① 《列宁选集》第37卷,人民出版社2017年版,第19页。
② 《列宁全集》第34卷,人民出版社2017年版,第108页。
③ 《列宁选集》第27卷,人民出版社2017年版,第371页。
④ 《列宁选集》第27卷,人民出版社2017年版,第395页。

系和联系网,这个密网不仅控制了大批中小资本家和业主,而且控制了最小的资本家和业主。"①"金融寡头给现代资产阶级社会中所有一切经济机构和政治机构罩上了一层依赖关系的密网,——这就是这种垄断的最明显的表现。"②在这里,列宁又再次强调了关系资本的重要性。列宁指出:"利用'联系'来订立有利的契约,以代替开放的市场上的竞争。"③关系资本可以带来有利的契约,契约本身也是一种无形资本。"资本输出的利益也同样地促进对殖民地的掠夺,因为在殖民地市场上,更容易(有时甚至只有在殖民地市场上才可能)用垄断的手段排除竞争者,保证由自己来供应,巩固相当的'联系'等等。"④为了维护这种关系资本,资本家不惜用垄断的手段排除竞争者。"不难设想,由于这笔投资,英国金融资本及其忠实'友人'(外交)同阿根廷资产阶级和阿根廷整个经济政治生活方面的领导人物有了多么巩固的联系。"⑤在这里,列宁再次强调了人脉资源的重要性,强调了维护关系资本要付出的代价,这是需要在日常投资经营中不断加以维护和巩固。

(四)列宁对专利、专有技术等经营性无形资本的论述

列宁指出:"为此目的,它收买了与烟草加工多少有关的一切发明专利权,耗费了巨额的款项。有许多发明起初是不适用的,必须经过在托拉斯供职的工程师的改进。在 1906 年年底设立了两个分公司,专门收买发明专利权……其他托拉斯也雇有所谓 developing engineers(改进技术的工程师),他们的任务就是发明新的生产方法,进行技术改良的实验……"⑥"因为现代技术的发展异常迅速,今天无用的土地,要是明天发明了新的方法(为了这个目的,大银行可以配备工程师和农艺师等等去进行专门的考察),或是投入了大量的资本,就会变成有用的土地。"⑦"当然,拥有亿万巨资的大银行企业,也能用从前远不能相比的办法来推动技术的进步。"⑧这些论述充分说明了列宁对

① 《马列著作选读政治经济学(试编本)》,人民出版社 1977 年版,第 162 页。
② 《马列著作选读(政治经济学)》,人民出版社 1988 年版,第 318 页。
③ 《列宁选集》第 27 卷,人民出版社 2017 年版,第 379 页。
④ 朱春晖:《马克思分配正义理论的传承与创新研究》,人民出版社 2018 年版,第 278 页。
⑤ 《列宁选集》第 27 卷,人民出版社 2017 年版,第 398 页。
⑥ 《列宁选集》第 27 卷,人民出版社 2017 年版,第 339—340 页。
⑦ 《马列著作选读(政治经济学)》,人民出版社 1988 年版,第 305 页。
⑧ 《列宁全集》第 27 卷,人民出版社 2017 年版,第 360 页。

于专利和专有技术的重视,他看到了资本家发明专利、购买专利、改进技术的主要目的,那就是改善自己的生产经营条件,提高生产效率,获取更高的利润。列宁对这些经营性无形资本的先进性和重要性是持肯定态度的。

(五)高度重视先进的科学技术,并在实践中大力推广

与马克思相比,列宁对于先进的科学技术非常重视,并在实践中加以推广。在19世纪末,电力技术的发明和推广让列宁看到了这种先进技术对经济社会的巨大推动作用。列宁指出:"电力工业是最能代表最新的技术成就和19世纪末、20世纪初的资本主义的一个工业部门。"[1]1920年列宁提出了著名的发展电气化的口号:"共产主义就是苏维埃政权加全国电气化"[2]。"适应最新技术水平并能改造农业的大工业就是全国电气化。"[3]"只有当国家实现了电气化,为工业、农业和运输业打下了现代大工业的技术基础的时候,我们才能得到最后的胜利。"[4]可以看出列宁同志对于电气化这种先进的科学技术的重视和对重工业的态度。他甚至还成立了俄罗斯国家电气化委员会,制定了长期的发展计划,打算用10年到15年的时间,在全国兴建30座发电厂,以促进俄国经济发展。列宁把这个计划称为"第二个党纲"。把推广电力新技术,上升到全党的任务。"一旦我们实行了电气化,我们在经济上就会强大百倍。"[5]列宁已经充分看到了电气化技术在当时作为一种无形资本的价值。列宁在世的时候,俄国没有完全实现电气化。但是在《全俄电气化计划》的指导下,苏联人民最终实现了列宁的愿望。1932年全国发电量达到40亿度,钢铁产量跃居世界第1位,工业总产值居世界第4位,机器制造业产值居世界第2位。1937年,工业总产值超过德国和英国,跃居世界第2位。苏联的发展实践证明,对电气化技术等无形资本的高度重视和采用,在社会主义苏联的建设初期发挥了巨大的作用。

除了对电气化技术比较重视以外,列宁非常重视新技术对传统产业的改造。列宁指出:"只有大机器工业才引起急剧的变化,把手工技术远远抛开,

---

① 《马列著作选读(政治经济学)》,人民出版社1988年版,第299页。
② 《列宁全集》第40卷,人民出版社2017年版,第159页。
③ 《列宁全集》第42卷,人民出版社2017年版,第7页。
④ 《列宁全集》第40卷,人民出版社2017年版,第159页。
⑤ 《列宁全集》第40卷,人民出版社2017年版,第84页。

在新的合理的基础上改造生产,有系统地将科学成就应用于生产……在工厂所支配的工业部门中,我们看到彻底的技术改革和机器生产方式的极其迅速的进步。"①这些论述都充分地说明了列宁对于科学技术这种无形资本的重视,看到了先进的生产技术作为无形资本对传统产业改造的巨大推动作用。

总而言之,列宁同志的很多论述已经涉及了无形资本。而且对于生产中的经营性无形资本和管理中的社会性无形资本同等重视。他不仅强调科学技术等经营性无形资本对于生产的重要性,同时也看到了企业文化、人力资本、关系资本等社会性无形资本对于生产发展的重要性。两者的结合,也正是现代化企业生产经营管理所必不可少的内容和日常经营管理的常态。事实证明,单方面地强调某一种资本的作用,在企业经营管理中往往会顾此失彼,难以达到预期的效果。任何一种形式的资本都有可能成为企业发展的短板,只有把有形和无形、经营性和社会性资本形式都结合起来加以运营,企业才能真正提高效率,降低成本,提高竞争力,获取超额利润。

列宁同志不仅高度重视无形资本的作用,而且还在社会实践中加以大力推广,充分发挥无形资本对于社会主义建设的促进作用。对于电气化先进技术的大力推广,导致了苏联在 20 世纪 30 年代国力大幅提升,不仅巩固了苏联当时的社会主义政权,而且改变了当时的国际政治经济格局。

---

① 《列宁全集》第 3 卷,人民出版社 2013 年版,第 499 页。

第五章　无形资本各要素的价值、
　　　使用价值及其关系

能够成为资本的有两种来源，一种是人类劳动产品；一种是未经过任何加工的自然资源或者社会资源，前者作为劳动产品是有价值的；后者不是人类的劳动产品则不具有价值。但是不具有价值的东西仍然可以作为资本存在，比如说自然形态的土地和矿山不具有价值，但是作为自然资源的一种，可以被垄断和占有，可以作为生产要素的一部分，参与生产经营。作为社会资源，不一定是人类主观劳动的产品，它的存在有时仅仅是因为人类社会的存在而存在，比如法律规定的私有财产权、亲属关系，这些都是客观存在、受法律保护的，但并不是人类有意识的投资劳动的产物。私有财产是过去劳动的付出，它本身有价值。但是私有财产不受侵犯的权利，这是法律规定的，权利本身不属于劳动产品。所以，私有财产可以有价值，但是私有财产权却不具有价值。自然而存在的亲属关系或者血缘关系也是这样，它仅仅是一种客观存在，受法律保护，但是不属于劳动产品，也不具有价值。

我们前面说过，无形资本分为两类，一类是经营性无形资本；一类是社会性无形资本，作为无形资本的构成要素，它们绝大部分都属于人类劳动产品，自然是具有价值的。但是作为土地所有权、特许经营权本身只是属于法律规定的权利，并不需要人类劳动的付出，因此不属于人类劳动产品，它只是一种法律权利，具有垄断性和稀缺性的社会资源，由于可以作为生产要素投入到生产经营中，所以这一类的权利资源也是可以作为资本来经营的。

第一节　关于马克思对生产劳动和生产工人的论述

在探讨无形资本的价值和使用价值之前,我们有必要对非直接生产性劳动是否创造价值的问题进行探讨。因为很多无形资本的创造者所付出的劳动并不发生在直接生产领域,尤其是对社会性无形资本而言更是这样。如果把它们作为资本形式,就必须要证明这些劳动的生产属性和创造剩余价值的可能。我们可以从马克思自身的论述来看非直接生产性劳动的价值。

一、马克思对生产劳动和资本主义大生产的论述

马克思对于生产劳动是如何规定的呢?他指出:"生产劳动不过是劳动能力和劳动在资本主义生产过程中所呈现的整个关系和方式方法的概括说法。因此,如果我们讲生产劳动,那么我们所说的就是社会规定的劳动,是包含着劳动的买者和劳动的卖者之间的完全确定的关系的劳动。"①"生产劳动是劳动的这样一种规定,这种规定本身同劳动的一定内容,同劳动的特殊有用性或劳动所借以表现的特有的使用价值绝对没有关系。因此,同一内容的劳动可以是生产劳动,也可以是非生产劳动。"②生产劳动的存在不是以是否存在于直接生产领域为判断标准,而是根据它的社会规定性来进行判断,这种社会规定性就是买者和卖者之间的关系,买者购买生产劳动的目的是为了实现价值增殖,因此,能够给劳动的购买者带来价值增殖的劳动就是生产劳动。"任何一种受到良好管理的劳动都是生产的;这就是说,任何一种生产劳动,任何一种给资本家带来利润的劳动,就是受到良好管理的。"③"可见,生产劳动(从而非生产劳动,即生产劳动的对立面)的规定是建立在上述基础上的:资本的生产是剩余价值的生产,资本的生产所使用的劳动是生产剩余价值的劳动。"④马克思的这些话,再一次强调了生产劳动的社会规定性,强调了生产

① 《马克思恩格斯文集》第8卷,人民出版社2009年版,第525页。
② 《马克思恩格斯文集》第8卷,人民出版社2009年版,第526页。
③ 《马克思恩格斯文集》第8卷,人民出版社2009年版,第541页。
④ 《马克思恩格斯文集》第8卷,人民出版社2009年版,第531页。

劳动创造剩余价值的本质特征。任何一种受到良好管理的劳动,也就是能给资本家带来利润的劳动都是生产劳动。

不得不说明的是,马克思是把劳动放到整个资本主义大生产中来判断它的性质,而不是局限于直接生产环节。从以上的论述也可以看出,生产劳动从来都不是指直接在生产领域的劳动,任何受到良好管理的劳动都是生产劳动,这当然也包含服务等行业的劳动。"因此,第一个过程,即货币和劳动能力的交换,或劳动能力的出卖,虽然本身并不加入直接生产过程,但是它加入整个关系的生产。"①"劳动能力的买卖是属于流通领域的行为,但是就整个资本主义生产过程来看,劳动能力的买卖不仅是资本主义生产过程的要素和前提,而且是它的经常结果。"②马克思显然把直接生产和资本主义大生产看作是截然不同的事情,马克思在这里特别强调整个资本主义生产过程,他把资本主义生产看作是一个很大的概念,而不仅仅是直接的生产过程。马克思在《资本论(1863—1865 年手稿)》第二册第三章"流通和再生产"中对于机器、饲料、原料的论述,也可以看出来,他所说的生产是大生产概念,他指出:"现有的机器可以部分地(还有建筑物等等,以及其他固定资本部分如运输工具;就机器是发动机和传动机而言)被用于不同的生产过程。新的追加的机器可以在不同的形式上再生产出来。""同一种饲料在相当大的程度上可以用来生产不同的牲畜;同一种肥料可以用来生产不同种的农产品。""同一种原料可以加工成不同的形式。同一种辅助材料可以用在不同的生产部门。"③通过马克思的这些论述,我们可以看出,马克思所说的生产是由不同的生产部门、不同的生产过程组成的,包括农业、畜牧业等都算作生产部。这显然和我们对马克思经常以工业生产为例所做的论述中得到的判断不同。事实上,马克思从来没有说过,生产就是指工业生产、生产就是指直接生产,相反,他反复强调,他所说的生产是指资本主义大生产。在论述消费和生产的关系时,马克思说:"资本主义生产方式恰恰建立在这样的基础上:直接生产者、生产者大众、工人的消费和生产彼此完全不成比例。"④马克思在这里提出了一个"生产者大众"的概

---

① 《马克思恩格斯文集》第 8 卷,人民出版社 2009 年版,第 486 页。
② 《马克思恩格斯文集》第 8 卷,人民出版社 2009 年版,第 498 页。
③ 《马克思恩格斯文集》第 8 卷,人民出版社 2009 年版,第 575 页。
④ 《马克思恩格斯文集》第 8 卷,人民出版社 2009 年版,第 577 页。

念,显然完全不同于"直接生产者",这是两个完全不同的概念。也就是说,在"直接生产者"之外还存在着大量的"生产者大众",他们也是生产劳动者,这进一步证明了马克思所说的生产是指资本主义大生产。在这个过程中,劳动是否能成为创造价值的因素,不是因为直接生产,而是因为存在于整个资本主义关系的生产之中,能够生产剩余价值,为资本家带来利润。

马克思曾经指出:"因为资本主义生产的直接目的和真正产物是剩余价值,所以只有直接生产剩余价值的劳动是生产劳动,只有直接生产剩余价值的劳动能力的行使者是生产工人,就是说,只有直接在生产过程中为了资本的价值增殖而消费的劳动才是生产劳动。"①马克思的这三个"直接"会让很多人糊涂,似乎马克思强调的是"直接的产品生产领域"才是"生产劳动"的领域,除此之外都不是。可是马克思强调的是"直接生产剩余价值的劳动能力的行使者是生产工人",因为"资本主义生产的直接目的和真正产物是剩余价值",这个目的决定了什么是生产劳动。马克思把劳动者分为"直接生产者"和"生产者大众",这个"生产者大众"包括了各种对资本主义大生产不可或缺的劳动者,而此处的"直接生产者"显然是产品生产领域的"直接生产者",这样说的目的是和"生产者大众"区别开来,避免大家把生产者的概念和"直接生产者"等同起来。那么"直接的生产劳动"是指资本主义大生产的"生产劳动"呢,还是纯粹的"产品生产领域的直接生产劳动"呢?如果是第二者,那样马克思岂不是自己否定自己了? 马克思说过:"资本不能从流通中产生,又不能不从流通中产生。它必须既在流通中又不在流通中产生。"②马克思说明了流通领域对于价值创造的不可或缺性,流通领域也是剩余价值创造必需的环节,没有了流通领域也就没有了劳动力这种特殊的商品,也就没有了商品流通,没有了资本循环和价值增殖。"作为劳动过程和价值增殖过程的统一,生产过程是资本主义生产过程,是商品生产的资本主义形式。"③马克思在这里明确地指出了生产过程属于"资本主义生产过程",是商品生产的资本主义形式。也就是说必须放到整个资本主义生产方式的角度来理解生产过程,因为马克思对资本的本质属性是定义为社会关系的,这个社会关系不能仅仅是局限于

---

① 《马克思恩格斯文集》第8卷,人民出版社2009年版,第520页。
② 《马克思恩格斯文集》第8卷,人民出版社2009年版,第188页。
③ 《马克思恩格斯文集》第8卷,人民出版社2009年版,第223页。

产品生产领域。剩余价值作为资本价值增殖的产物,仅仅在直接产品生产领域是完成不了的。马克思这里所说的"直接生产者"是"直接生产剩余价值"的生产者。那么这个"直接生产过程"是指对剩余价值的"直接生产过程"而不是"产品的直接生产过程"。所以,直接生产剩余价值的任务是由"生产者大众"们完成的,而不是"产品生产工人"自己。否则就很容易形成逻辑上的矛盾:那些"经理、工程师、农艺师、监工"们都成为剥削者了,和资本家一起共同成为剥削阶级了。这和马克思把他们定义为"生产工人"完全相反。"进行生产劳动的工人,是生产工人;直接创造剩余价值的劳动,也就是使资本价值增值的劳动,是生产劳动。"①只要是"生产者大众"的一员,只要是直接参与了剩余价值的生产,那么他们的劳动就是生产劳动,他们就是"生产工人"。马克思在《资本论》第1卷第五章"劳动过程和价值增殖过程"中以脚注的形式指出:"这个从简单劳动过程的观点得出的生产劳动的定义,对于资本主义生产过程是绝对不够的。"②因为马克思在这里把产品的生产作为例证来阐述劳动资料和劳动对象如何表现为生产资料,同时指出劳动本身表现为生产劳动,为了避免误解,马克思用脚注的形式做了如上的解释,这说明马克思所说的"生产劳动"始终是资本主义大生产概念下的"生产劳动",不是单纯产品生产的"生产劳动"。但是作为剩余价值生产最为典型的领域,以产品生产领域的劳动过程作为例证最有说服力,因此,作为例证的选择,把产品生产过程作为典型是无可厚非的。但是并不代表马克思就把"生产劳动"局限于"产品生产领域",把这个领域当作是"直接生产领域"。

当代学者程恩富提出了"新的活劳动价值一元论",认为"凡是直接生产物质商品和文化商品(精神商品)以及直接为劳动力商品的生产和再生产服务的劳动,其中包括自然人或法人实体的内部管理劳动和科技劳动都属于创造价值的劳动或生产劳动。"南开大学的谷书堂教授认为物质生产领域和非物质生产领域的劳动都能创造财富;南开大学的魏埙教授也认为管理工作者的劳动也属于生产性劳动,也应该能创造价值;中国人民大学的卫兴华教授认为从事科技工作和经营管理的劳动都是创造价值的生产劳动。这些知名学者

---

① 《马克思恩格斯文集》第8卷,人民出版社2009年版,第521页。
② 马克思:《资本论(纪念版)》第1卷,人民出版社2018年版,第581页。

也都同意把非直接生产劳动按照在生产过程中发挥的作用来重新确定他们的生产属性,只要是社会大生产所必要的,科技劳动、经营管理劳动、服务等等,都是生产劳动,都是价值的源泉,都会创造剩余价值。

二、马克思关于总体工人的论述

马克思说过:"产品从个体生产者的直接产品转化为社会产品,转化为总体工人即结合劳动人员的共同产品。总体工人的各个成员较直接地或较间接地作用于劳动对象。因此,随着劳动过程的协作性质本身的发展,生产劳动和它的承担者即生产工人的概念也就必然扩大。为了从事生产劳动,现在不一定要亲自动手;只要成为总体工人的一个器官,完成他所属的某一种职能就够了。"①马克思详细地论述了总体工人的概念,把原先对于简单劳动中生产劳动的定义扩大了,把生产工人的范围扩大了,也解释清楚了马克思对于生产劳动的真实含义——必须是社会劳动的一部分,是剩余劳动的提供者,是对剩余价值的创造者,每一个对剩余价值创造做出贡献的工人都是生产工人,不一定是直接作用于劳动对象,间接作用于劳动对象也是可以的。马克思还指出了原来对于物质生产中对于生产劳动的定义的缺陷——对于总体工人中的每一单个成员来说不适用,只对作为总体工人一部分的直接产品生产者适用。"但是,另一方面,生产劳动的概念缩小了。资本主义生产不仅是商品的生产,它实质上是剩余价值的生产。"马克思进一步指出了生产劳动的实质,不能仅仅局限于商品的生产,更应该看这种生产的实质,是不是生产剩余价值。所以,服务等劳动形式,只要是存在于雇佣劳动条件之下,只要是存在剩余劳动和剩余价值,"工人不是为自己生产,而是为资本生产。"②马克思还举例说:"一个教员只有当他不仅训练孩子的头脑,而且还为校董的发财致富劳碌时,他才是生产工人。"马克思特意举了一个非物质生产领域的例子来说明生产劳动和生产工人的定义,说明他已经预感到大家对生产劳动的狭隘理解。为了补充说明,马克思特意指出:"在阐述理论史的本书第四册将更详细地谈到,古典政治经济学一直把剩余价值的生产看做生产工人的决定性的特征。"③马克思

---

① 马克思:《资本论(纪念版)》第 1 卷,人民出版社 2018 年版,第 582 页。
② 《马克思恩格斯全集》第 40 卷,人民出版社 2016 年版,第 522 页。
③ 马克思:《资本论》第 1 卷,人民出版社 2004 年版,第 582—583 页。

通过历史的探讨,包括对《资本论》第4卷中将要论述的内容,指出了生产工人性质的决定因素,至此,我们对于生产劳动和生产工人的理解应该豁然开朗了。

三、服务业的生产劳动属性

我们以服务业为例。王书瑶认为:"一切人类社会的文明都是人类劳动创造的。""一切有用劳动的凝结都形成价值。"①服务行业的劳动者也是创造价值的,不能因为产品的无形性和特殊性,就否定服务产品的价值。如果是那样,无形财富也就不存在了,社会财富会因此而大幅缩水,打击服务行业劳动者的积极性。

(一)关于服务业的现实例证与马克思对服务产品消费属性的论述

在现代国民经济核算体系中,服务业已经成为支柱型产业,所占的比值已经远远大于第一产业和第二产业,很多发达国家,比如说美国,服务业对国民经济的贡献已经达到80%以上(2010年数据),90%以上的就业在服务行业。如果服务业不创造价值,那么美国也就不能被称为发达国家,他们的国民财富将大幅缩水。人类社会产业演进的规律也将不复存在,传统的有形的产业,即农业和工业将占据永久的统治地位,这是和人类社会发展的事实不相符的。事实上马克思对于服务的论述并没有否定服务的生产属性,而是指出服务如果作为消费品出现,不能实现价值增殖,不能被纳入资本循环,那么服务就不是生产劳动。"当购买劳动是为了把它作为使用价值、作为服务来消费,而不是为了把它作为活的要素来代替可变资本价值并合并到资本主义生产过程中去的时候,这种劳动就不是生产劳动,雇用工人就不是生产工人。这时,他的劳动是由于它的使用价值而被消费,而不是作为创造交换价值的东西被消费,是非生产地消费,而不是生产地消费。因此,资本家不是作为资本家,不是作为资本的代表与劳动相对立。他把他的货币作为收入而不是作为资本与劳动相交换。劳动的消费不是构成 G——W——G′,而是构成 W——G——W(后者是劳动或服务本身)。货币在这里只作为流通手段,而不是作为资本执行

---

① 王书瑶:《无形价值论》,东方出版社 1992 年版,第 36—37 页。

职能。"①所以,劳动一旦是作为消费品而不是用于创造剩余价值的用途,那么这个劳动也就是作为使用价值而被消费,不是生产性的劳动。也正是在这个意义上,马克思才说:"服务不是生产劳动,服务的承担者也不是生产劳动者。"②

(二)马克思对服务生产属性的论述

马克思对于资本主义社会划分也只是分为生产和流通两个大部分,服务业不能简单地划归为流通部门,作为国民生产中的支柱性行业,它应该属于生产性部门,这是大生产概念。为资本家提供剩余劳动,创造剩余价值,这才是劳动成为生产性劳动、成为资本的条件。服务行业的劳动,只要是在雇佣劳动条件下产生的,为资本家提供剩余劳动,也必然创造剩余价值。"另一方面,这个裁缝不是生产劳动者……因为他的劳动的价格,是由作为生产劳动者的裁缝所取得的价格决定的。"同样是裁缝,一个是提供服务,一个是生产劳动者。前者是生活性消费,后者是生产性劳动;前者不创造价值,后者创造价值。"凡是货币直接同不生产资本的劳动即非生产劳动相交换的地方,这种劳动都是作为服务被购买的。服务这个词,一般地说,不过是指这种劳动所提供的特殊使用价值,就像其他一切商品也提供自己的特殊使用价值一样;但是,这种劳动的特殊使用价值在这里取得了'服务'这个特殊名称,是因为劳动不是作为物,而是作为活动提供服务的,可是,这一点并不使它例如同某种机器(如钟表)有什么区别。"③马克思所说的这个"服务",显然和当今所说的"服务行业"不是一个概念。马克思的"服务"是一个纯粹的消费品,也就是一个商品,像机器(如钟表)一样,可是这个机器如果用来生产商品进行交换并实现价值增殖,这个机器就变成了资本的一部分;当"服务"不是作为一个纯粹的消费品,而是作为资本家牟利的手段的时候,"服务"作为商品的一种,是劳动的结果,最终转变成了资本。所以,作为"服务行业",货币的预付是作为资本来循环流通的,在循环流通的过程中实现价值增殖,这个行业显然是创造价值的。进行"服务"的劳动也是有效的生产性劳动。"因为劳动只有在一定的

①　《马克思恩格斯文集》第8卷,人民出版社2009年版,第523页。
②　《马克思恩格斯文集》第8卷,人民出版社2009年版,第523页。
③　《马克思恩格斯文集》第8卷,人民出版社2009年版,第409页。

有用形式中才创造价值"①作为有效的生产性劳动,服务劳动当然也会创造价值。"这些服务的价值如何确定,这个价值本身如何由工资规律决定,这是同我们当前研究的关系完全无关的问题,这个问题要在工资那一章考察。"②在这里,马克思已经很明确地指出服务是有价值的,只不过是与马克思当时的研究没有太大的关系,没有立即做出深入的研究。

我们如果断章取义,把马克思所说的某些话,如"服务不是生产劳动,服务的承担者也不是生产劳动者。"③和马克思对资本的整个论述割裂开来进行理解,那就大错特错了。马克思对于服务的论述是有特殊的语言环境的,他是指货币在购买劳动的时候,什么情况下货币可以转化为资本,什么情况下货币只能是货币,那么"服务"作为一种特殊的商品,在不创造价值的情况下,这种劳动只能是非生产劳动。"可见,如果说单是货币同劳动的交换还不能使劳动转化为生产劳动,或者同样可以说,还不能使货币转化为资本,那么,劳动的内容、它的具体性质、它的特殊效用,看来最初也是无关紧要的:我们前面已经看到,同一个裁缝的同样的劳动,在一种情况下表现为生产劳动,在另一种情况下却表现为非生产劳动。"④劳动是否为生产劳动、是否能够创造价值,和劳动的形式、劳动的内容、劳动的性质都是没有关系的,最主要的是要看他是否被资本家占有、是否为资本家提供剩余劳动、是否为资本家创造剩余价值。

服务对于某些人来说是消费,可是对于其他人来说有可能是生产。"对我来说,甚至生产工人也可以是非生产劳动者。例如,如果我请人来把我的房子裱糊一下,而这些裱糊工人是承揽我的这项任务的那个老板所雇的雇用工人,那么,这个情况对我来说,就好比是我买了一所裱糊好的房子,好比是我把货币花费在一个供我消费的商品上。可是,对于叫这些工人来裱糊的那位老板来说,他们是生产工人,因为他们为他生产剩余价值。"⑤所以,不能随便下结论,服务不能创造价值,服务不属于生产性劳动。同一个服务,甚至有可能既是消费产品,又是生产劳动。是否是生产劳动,是由它在资本主义大生

---

① 《马克思恩格斯文集》第8卷,人民出版社2009年版,第487页。
② 《马克思恩格斯文集》第8卷,人民出版社2009年版,第409页。
③ 《马克思恩格斯文集》第8卷,人民出版社2009年版,第523页。
④ 《马克思恩格斯文集》第8卷,人民出版社2009年版,第410页。
⑤ 《马克思恩格斯文集》第8卷,人民出版社2009年版,第411页。

产中的地位决定的,是相对于资本家而言的,资本家认为它能够给自己带来剩余价值,那就是生产劳动。否则,只能是作为一般商品,被消费者消费掉。"如果一个工人虽然生产了可以出卖的商品,但是,他生产的数额仅仅相当于他自己的劳动能力的价值,因而没有为资本生产出剩余价值,那么,从资本主义生产的观点看来,这种工人不是生产的。"①对于生产劳动,马克思有一个补充规定,生产劳动是实现在物质财富中的劳动,"按照这个假定,一切从事商品生产的工人都是雇用工人,而生产资料在所有这些生产领域中,都作为资本同他们相对立。在这种情况下,可以认为,生产工人即生产资本的工人的特点,是他们的劳动实现在商品中,实现在物质财富中。这样一来,生产劳动,除了它那个与劳动内容完全无关、不以劳动内容为转移的具有决定意义的特征之外,又得到了与这个特征不同的第二个规定,补充的规定。"②

那么服务作为商品的一种,是物质财富还是非物质财富呢? 马克思说过,服务和机器没有什么区别,都是商品的一种,作为商品,他的财富属性显然不容否定。服务可能是物质财富,也可能是非物质财富。裁缝的服务是物质财富,而艺术家、教师、医生、牧师等的服务都属于非物质生产领域。马克思指出:"在非物质生产中,甚至当这种生产纯粹为交换而进行,因而纯粹生产商品的时候,也可能有两种情况:(1)生产的结果是商品,是使用价值,他们具有离开生产者和消费者独立的形态……如书、画,总之,所有与艺术家所进行的艺术活动相分离的艺术品。在这里,资本主义生产只能非常有限地被运用……(2)产品同生产行为不可分离,如一切表演艺术家、演说家、演员、教师、医生、牧师等等的情况。在这里,资本主义生产方式也只是在很小的范围内进行,而且按照事物的性质只能在某些部门内发生。……资本主义生产在这个领域中的所有这些表现,同整个生产比起来是微不足道的,因此可以完全置之不理。"③马克思在这里对于非物质生产领域的资本主义表现是持肯定态度的,也就是资本在这些领域是存在的,这些劳动也是具有生产性的,当然也是创造价值的,只是由于在当时马克思认为相对于整个资本主义大生产来说

① 《马克思恩格斯文集》第 8 卷,人民出版社 2009 年版,第 411—412 页。
② 《马克思恩格斯文集》第 8 卷,人民出版社 2009 年版,第 416 页。
③ 《马克思恩格斯文集》第 8 卷,人民出版社 2009 年版,第 523 页。

微不足道,因此就没有进行深入的研究。但是这并不代表马克思否定这些非物质生产的生产属性,也不代表马克思否定资本在这些领域的价值增殖性。只是因为当时资本主义在这些领域表现的有限性,被马克思认为是微不足道的,所以忽略了对这些领域的深入研究。

四、服务业创造价值的前提条件

"当个人作为自由人彼此对立的时候,没有雇佣劳动就没有剩余价值生产,没有剩余价值生产就没有资本主义生产,从而也没有资本,没有资本家!资本和雇佣劳动(我们这样称呼出卖自己本身劳动力的工人的劳动)只表现为同一关系的两个因素。"①"雇佣劳动是资本形成的必要条件,始终是资本主义生产的经常的必要前提。"②是否是生产性劳动也要从属于雇佣劳动的前提,雇佣劳动才是资本真正成为资本的历史条件,没有雇佣劳动也就不存在劳动力商品,没有劳动力商品也就没有资本主义生产过程中的生产性劳动,没有剩余价值。作为服务业,是人类劳动的一种,只要没有脱离资本主义大生产、只要还属于雇佣劳动,那么为资本家生产剩余价值的使命就必须完成,因此,服务业是创造价值的,也创造剩余价值。

马克思在《资本论(1863—1865 年手稿)》第一册第六章"直接生产过程的结果"中直接指出了作家、歌女、老师的劳动成为生产劳动的前提条件,那就是被资本家雇佣,为资本家赚钱。他指出:"同一个歌女,被剧院老板雇佣,老板为了赚钱而让她去唱歌,她就是生产劳动者,因为她直接生产资本。给别人上课的老师不是生产劳动者。但是,如果一个教师同其他人一起作为雇佣劳动者被聘入一个学院,用自己的劳动来使贩卖知识的学院老板的货币价值增殖,他就是生产劳动者。"③所以,不能简单地说服务等非直接生产性劳动不能创造价值,在给定的条件下,只要存在着雇佣和被雇佣的关系,只要这种劳动被用来给资本家创造剩余价值,那它就是生产劳动,这样的劳动者就是价值的创造者。

---

① 《马克思恩格斯文集》第 8 卷,人民出版社 2009 年版,第 485 页。
② 《马克思恩格斯文集》第 8 卷,人民出版社 2009 年版,第 486 页。
③ 《马克思恩格斯文集》第 8 卷,人民出版社 2009 年版,第 526—527 页。

第二节　经营性无形资本的价值和使用价值

经营性无形资本是指那些能够在生产经营中实现价值增殖,为所有者创造利润的无形资本。经营性无形资本包含专利权、专有技术、著作权、计算机软件、商标权、特许经营权、土地所有权(或土地使用权)、网络域名权等。这些无形资本要素,有的属于人类劳动产品,比如说专利权、专有技术、著作权、计算机软件、商标权、网络域名权等;而土地所有权(或土地使用权)和特许经营权仅仅是一种法律规定的权利,是一种特殊的社会资源,不属于人类劳动产品。所以我们要分两种情况来进行分析。

一、作为人类劳动产品的经营性无形资本的价值

专利权是由发明人通过独创性劳动形成的发明或创造性成果,根据国家有关法律规定在一定期限内拥有的独占权或专有权。这个权利是发明人所独有的,其他人不得侵占,其他人只有支付专利许可费才可以获得使用权。专利权分为发明专利、外观设计专利、实用新型专利,发明专利和实用新型专利主要运用于生产过程;外观设计专利主要是由于产品外观特征的打造,吸引消费者,产品制造的过程是在生产领域,充分发挥作用为消费者认可是在市场销售中体现出来的。但是我们仍然把外观设计专利看作是在生产经营中完成的,它属于产品特征的一部分,这种产品独有的特征是在生产领域打造完成的。所以,专利权主要是服从于生产领域的需要,在生产领域实现自己的价值转移,它是一种生产型无形资本。作为人类劳动创造性产品,属于复杂劳动,用马克思的话说,是倍加的简单劳动,它的价值应该等于简单劳动所创造的价值的若干倍,价值巨大。这也是专利产品往往价格高昂的原因之一。

专有技术是指企业或其他个体所拥有的那些未经过公开发表或者未申请专利,但能够为所有者带来超额经济效益或者竞争优势的知识、诀窍或技巧。比如说设计资料、工艺流程、配方、经营诀窍、数据等等,这些知识和技巧一旦被公开很容易被模仿,所以所有者往往采取秘而不宣的方式或者不申请专利。专有技术的开发需要投入大量的人力和物力,属于创造性劳动成果,在这一点

上与专利权是一致的。所不同的是,专有技术不对外公开,通过秘而不宣保持该种技术的独特性和垄断性,从而为所有者获取超额利润服务。该种技术也属于人类劳动产品,具有较高的价值。

著作权指创作者或者相关权利享有人对文学、艺术或者科学作品所享有的不受侵犯或者获取收益的各种专有权利。著作权法所保护的是两类权利,一类是与人身相联系的不受侵犯的权利,比如说署名权、发表权、修改权和保护作品的完整权;一类是与经济收益相关的权利,是指利用这些智力成果获得报酬或者物质利益的权利,例如著作的复制、发行、出租、展览、表演等等,未经著作权人许可,这些行为都是禁止的。著作权也需要创作者付出大量的脑力劳动,经过长时间的工作才能够完成,属于复杂劳动,价值比较高。

计算机软件与著作权相类似,属于广义的著作权。很多国家都把计算机软件与著作权相提并论。它是人类创造性劳动的成果,在目前信息化社会中,计算机软件的重要性越来越大,几乎所有的现代化大工业都已经离不开计算机软件。创造计算机软件的人类劳动也属于复杂劳动,计算机软件的劳动价值也是简单劳动产品的若干倍,价值巨大。

商标权指以商标为基础经过申请注册以后所有者依法享有的权利,也称之为注册商标专有权。商标权最突出的特征是排他专用权(或独占权)。作为一种权利,商标权是法律所规定的不受侵犯权,不属于劳动产品。商标权所依据的基础是商标,是商品和服务的标记,是生产者或经营者为了将自己的产品或服务区别于其他人的产品或服务而采用的特殊标记或者符号。这些标记或者符号在设计的过程当中需要消耗一定的人类劳动,这些符号本身属于劳动产品,但是所耗费的人类劳动有限,如果把这些符号本身当作一种产品,它的价值并不高。商标和商标权的存在,它的价值不是作为符号或者权利本身所凝结的人类劳动的多少,而是这种权利或者符号所代表的商品中凝结的人类劳动的多少。商标和商标权的存在,是为了突出产品的差异性,需要特殊的劳动来宣传和维护产品的差异性,这种特殊的劳动就是商标设计、公关策划、广告宣传等,就像一个生产流程,从设计到策划、从策划到宣传、从宣传到公关、从公关再到日常维护,以商标和商标权为载体的企业形象被打造出来,产品的独特性特征在这个过程当中得到了强化,获得消费者认可,从而市场销售会更好。商标和商标权作为一种无形资本,也必须依靠有形产品作为依托。

所以商标和商标权所代表的无形资本和产品紧密地结合在一起。产品所包含的价值，是在生产领域的有形劳动所创造的价值；而商标和商标权所包含的价值，是设计、策划、公关、宣传等无形劳动所创造出来的，是人类复杂脑力劳动的成果，价值也比较高。但是商标权的市场价值是由其所代表的商品的市场价值决定的，而不仅仅是商标符号所凝结的劳动价值。

网络域名权实际上是商标权的一种衍生，它的价值与商标权类似。网络域名的设计、维护都有商标的特征，在此不赘述。

二、作为非人类劳动产品的经营性无形资本的价值

土地所有权是指法律所规定的土地所有者对土地所享有的支配性和决定性权利。土地使用权是指企业或者个人依法享有的对土地的占有、使用、收益和有限的处分权利。这两种权利都是一种法律赋予的垄断性权利，作为一种社会资源，是稀缺的，因此拥有土地所有权或者是土地使用权就是拥有了这种稀缺的社会资源。它可以作为预付物投入生产经营，最终给所有者或占有者带来利润。所以，土地所有权或者使用权是一种无形资本，但是它们不是劳动产品，不具有价值。取得这些权利依靠的是法律，而不是人类劳动的投入。马克思在讲级差地租的时候指出：通过对土地不断投入可以使土地具有更高的收益，最终获得更高的地租，这种由投入而获得的地租是级差地租的一种。在这种情况下，劳动投入的对象是土地，而不是土地所有权或者使用权，所以它们仍然不属于劳动产品，是没有价值的。但这并不影响它们成为资本的一种。就像货币不是人类劳动产品一样，它也不具有价值。但是货币作为投资的预付物，却是资本运动的最原始形态，所以货币是资本。

特许经营权是指政府或者企业特别允许一定的主体在规定的地区、规定的期限内生产经营某项产品或者业务的特别权利。这种权利是受法律保护的一种垄断性权利，在规定的地区和规定的期限内被特许人享有特许经营权，形成一定程度上的垄断，从而获得垄断利润。这种权利不需要付出人类劳动，不是人类劳动产品，不具有价值。

以上两种特别的权利性资本不具有价值，但是不影响它们具有价格。只要是市场需求的、有用的、稀缺的，市场就会赋予一定的价格，作为资本参与生产经营，为所有者和使用者带来超额收益。

三、经营性无形资本的使用价值

无论是有价值的还是没有价值的经营性无形资本,都有共同的使用价值——那就是为所有者带来的超额经济收益。经营性无形资本的所有者拥有无形资本的目的就是获取超出别人一般收益的超额经济收益。作为垄断资本主义合法的垄断工具,无形资本依靠知识产权法等法律体系的保护,通过垄断获取垄断利润,这个垄断利润就是超额经济收益的主要来源。但是无形资本的垄断性,并不单纯表示为行政垄断,即依靠行政手段或者法律手段而形成的垄断,专利和专有技术所形成的垄断是在原创发明的基础上形成的,依据专利和专有技术所生产的产品本身的独特性和稀缺性是造成这种垄断的主要原因,法律规定的垄断权也是在此基础上形成的;依据著作权所形成的产品也具有独特性,比如奥巴马写的传记可能比较有卖点,迈克尔·杰克逊录制的唱片也会比较独特;品牌的价值更是建立在独特性的基础上,突出产品的差异性,打造不同于一般产品的品牌形象,所以品牌本身的垄断也主要是建立在独特性的基础上。我们可以把以上几种经营性无形资本建立在新技术、新产品、新卖点、新特征等基础上所导致的垄断称为独特性垄断,这种独特性垄断是自然而然发生的,也是合理的,与建立在规模经济和范围经济基础上的自然垄断概念具有相似之处,也可以把它归之于自然垄断的范畴。所以,经营性无形资本所形成的垄断具有两种形式——行政性垄断和独特性垄断(或者自然垄断),前者纯粹依靠行政或法律手段,后者主要依靠专利或技术等独特手段所形成的产品的独特性,是一种自然而然形成的合理的垄断。特许经营权、土地所有权、土地使用权都是纯粹的行政性垄断;专利、专有技术、著作权、品牌所形成的垄断主要是独特性垄断,在这个独特性垄断的基础上,它们仍然可以依靠法律的保护获得行政性垄断权力,这样就形成了双重垄断,在独特性垄断的基础上进行行政性垄断,以保证所有者或占有者获得超额利润。

四、经营性无形资本与企业绩效的实证研究

马传兵曾经在 2009 年度对经营性无形资本与企业经营绩效之间的关系进行研究,对 15 家上市公司的无形资本数据进行抽样比较,得出结论:经营性无形资本对于企业绩效具有正向促进作用。

他首先从绝对数层面进行研究,对 15 家上市公司财务数据进行分析,按

照大概率原则,对 2008 年度无形资产总额与利润总额之间的关系进行大致的预测,建立模型 Y1＝C(1)+C(2)×X1,经验证得出结果(见表 5-1)。

表 5-1　2008 年末无形资产总额与利润总额间的关系

	Coefficient	Std.Error	t-Statistic	Prob.
C(1)	360709.2	160494.5	2.247486	0.0426
C(2)	0.271093	0.043243	6.269007	0.0000
			F-statistic	39.30045
	Durban-Watson stat	2.253692	Prob(F-statistic)	0.000029

如表 5-1 所示,P 值 Prob.C(1)<0.05,Prob.C(2)＝0.00,回归系数 t 统计量 t-Statistic>2.00,说明回归系数显著;Durban-Watson stat 接近于 2.00,可以认为残差服从正态分布,模型可用;F 统计量 F-statistic>3.00,其相应的 P 值 Prob(F-statistic)<0.05,检验表明模型整体是显著的;回归系数 Coefficient>0.00,因此通过检验,即 2008 年度利润总额＝360709.2+0.271093×2008 年末无形资产总额。得出结论:2008 年末无形资产总额与利润总额显性线性相关,且呈现正相关。

为减少数据变动的影响,增强论证的准确性,马传兵继续检验近三年无形资产的运营情况,以近三年无形资产的平均额和利润平均额为研究对象,建立模型 YP＝C(1)+C(2)×XP,经验证得出结果(见表 5-2)。

表 5-2　近三年无形资产平均额与利润平均额间的关系

	Coefficient	Std.Error	t-Statistic	Prob.
C(1)	476745.2	202108.1	2.358862	0.0346
C(2)	0.117171	0.053566	2.187402	0.0476
			F-statistic	4.784728
	Durban-Watson stat	1.828544	Prob(F-statistic)	0.047585

如表5-2所示,P值Prob.C(1)<0.05,Prob.C(2)<0.05,回归系数t统计量t-Statistic>2.00,说明回归系数显著;Durban-Watson stat接近于2.00,可以认为残差服从正态分布,模型可用;F统计量F-statistic>3.00,其相应的P值Prob(F-statistic)<0.05,检验表明模型整体是显著的;回归系数Coefficient>0.00,因此通过检验,即近三年度利润平均额=476745.2+0.117171×(近三年末无形资产平均额)。得出结论:近三年末无形资产平均额与利润平均额显性线性相关,且呈现正相关。

马传兵又从相对数层面进行研究,建立模型$Y11=C(1)+C(2)×X11$,验证得Prob.C(2)>0.05,F-statistic<3.00,没有通过检验;重新修订模型为$Y11=C(1)+C(2)×LOG(X11)$,验证得Prob.C(2)>0.05,F-statistic<3.00,没有通过检验;重新修订模型为$Y11=C(1)+C(2)×X11^2$,验证得Prob.C(2)>0.05,F-statistic<3.00,且值偏离较大,没有通过检验;重新修订模型为$Y11=C(1)+C(2)×X11^5$,验证得Prob.C(2)>0.05,F-statistic<3.00,且值偏离较小,没有通过检验;进一步重新修订模型为$Y11=C(1)+C(2)×X11^7$,经验证得出结果(见表5-3)。

表5-3 2008年度无形资产比率与资产利润率间的关系

	Coefficient	Std.Error	t-Statistic	Prob.
C(1)	3.989784	3.290359	2.112568	0.0469
C(2)	1.91	7.95	2.397125	0.0323
			F-statistic	5.746208
	Durban-Watson stat	1.660450	Prob(F-statistic)	0.032258

如表5-3所示,P值Prob.C(2)<0.05,回归系数t统计量t-Statistic>2.00,说明回归系数显著;Durban-Watson stat接近于2.00,可以认为残差近似服从正态分布,模型可用;F统计量F-statistic>3.00,其相应的P值Prob(F-statistic)<0.05,检验表明模型整体是显著的;回归系数Coefficient>0.00,因此通过检验,即2008年度资产利润率=3.989784+1.91×10-9×2008年度无形资

产比率 7。得出结论：2008 年度资产利润率与无形资产比率的 7 次幂显性线性相关，由于 $X11^7$ 相对于 X11 是增函数（X11>1.00，剔除无形资产比率<1.00），因此 2008 年度资产利润率与无形资产比率呈现正相关。

综上所述，经营性无形资本在企业的经营活动中发挥着重要的作用，无形资产是一种能给企业带来超额利润的资产，无形资产数额越大，企业获取超额利润能力就越强，经营业绩较高，无形资产占有率同企业绩效呈现正相关关系。经营性无形资本自身价值具有巨大增殖作用。[1]

第三节　社会性无形资本的价值和使用价值

当今时代发展日新月异，已经大不同于 150 年前马克思所生活的时代。即使是 21 世纪以来，短短近 20 年的发展也已经大不同于 20 世纪。20 世纪五六十年代兴起的信息技术革命，推动人类进入了第三次产业革命时期，人们的经济社会形态发生了重大的改变，人们的生活方式也都因此而发生改变。进入 21 世纪以后，人工智能等技术的发展似乎又酝酿着重大的产业变革，很多专家都预言人类已经进入了第四次产业革命。在不同的时代，经济发展的方式不一样，不同的要素所发挥的作用也不一样，资本的形态也发生了重大变化，知识、信息、技术、文化、制度等无形资本发挥的作用越来越重要，关于无形资本、智力资本、知识资本、文化资本、社会资本、人力资本、技术资本、政策资本、环境资本等方面的研究层出不穷，这代表了对资本概念进行拓展的需要，也是时代发展的内在体现和对学术研究的要求。从 20 世纪 60 年代以来，资本概念出现了泛化的趋势，也正是从 20 世纪五六十年代开始，人类又进了第三次产业革命，无形要素所发挥的作用大有赶超有形要素的趋势，无形资本的重要性越来越强。本着研究和学习前人经验的原则，在研究成果相对成熟的前提下，本研究吸收和借鉴了众多学者的研究成果，把人力资本、社会关系与

---

[1]　此处进行引用主要用来说明经营性无形资本对于企业经营绩效的影响，来说明经营性无形资本对于价值创造的作用，也用以说明经营性无形资本的总体的使用价值。采用的数据是公开的财务数据，把会计报表中的无形资产项直接等同于经营性无形资本，因为社会性无形资本在目前会计报表中还难以得到体现。

渠道、企业文化都纳入社会性无形资本范畴之内,力图根据现代化大企业的经营管理模式和实际状况,来研究无形资本的整体内容和作用。

一、关于人力资本

(一)古典经济学和马克思对人力资本问题的论述

人力资本问题从古典经济学家处就已经开始被关注到了,例如,威廉·配第认为:"土地为财富之母,而劳动则为财富之父和能动要素。"把劳动看作是一种能动的要素,能够创造价值。并且还把"技艺"看作是一种生产要素,他认为"有了这种技艺时一个人所做的工作,等于没有这种技艺时两个人所做的工作"。亚当·斯密在《国富论》中指出:"学习一种才能,须受教育,须进学校,须做学徒,所费不少。这样费去的资本,好像已经实现并固定在学习者身上。这些才能,对于他个人自然是财产的一部分,对于他所属的社会,也是财产的一部分。""依照普通习惯,学徒还要给师傅若干学费。不能给付金钱的学徒就要给付时间。"熊彼特后来评价亚当·斯密说:"在他看来,人生下来基本上是一样的,对一些很简单的刺激会做出同样的反应,差异主要是由不同的教育和环境造成的。"很显然,在威廉·配第和亚当·斯密这里,都已经有了非常朴素的人力资本思想。

马克思也早已关注到了人力资本的作用。他指出:"知识和技能的积累。社会智力的一般生产力的积累,就如同劳动相对立而被吸收在资本当中,从而表现为资本的属性,更明确些说,表现为固定资本的属性,只要后者是作为真正的生产资料加入生产过程。"[①]在这里,马克思已经看到了知识和技能这种无形要素的资本属性,而且把他们看作是固定资本。这实际上是马克思非常朴素的人力资本观念,他看到了这种知识和能力的生产资料属性。"固定资本的发展表明,一般社会知识,已经在多么大的程度上变成了直接的生产力,从社会生产过程的条件本身在多么大的程度上受到了一般智力的控制并按照这种智力得到改造。它表明,社会生产力已经在多么大的程度上,不仅以知识的形式,而且作为社会实践的直接器官被生产出来。"[②]马克思已经关注到社

---

① 《马克思恩格斯全集》第 8 卷,人民出版社 2011 年版,第 186—187 页。
② 《马克思恩格斯全集》第 8 卷,人民出版社 2011 年版,第 198 页。

会知识的重大作用,并指出了生产社会知识的智力劳动对社会生产过程本身的影响与控制,把智力劳动看作是影响社会发展的重要因素。"节约劳动时间等于增加自由时间,即增加使个人得到充分发展的时间,而个人的充分发展又作为最大的生产力反作用于劳动生产力。从直接生产过程的角度看,节约劳动时间,可以看作生产固定资本,这种固定资本就是人本身。"①这里,马克思已经很明确地把人看作是固定资本,这种看法已经非常接近现在的人力资本概念。他已经看到了人的素质和潜能作为资本的可能性。"发展经济,需要各行各业的专业人才,以及大量的专业知识。"②在这里马克思认识到了人力资本的重要性,也认识到了专业知识这种无形要素的重要性。

（二）马克思没有提出人力资本概念的原因

马克思的著作中闪现着关于人力资本的思想光芒,但是并没有提出人力资本的概念,原因是什么呢？中国学者王建民（2001）认为:"人力资本理论与马克思劳动力商品理论都以劳动力为研究对象,但马克思真正关注的是劳动力商品的交换和使用,而没有充分研究它的生产,没有把劳动力商品的生产切实当作一个生产领域进行研究。把劳动和劳动力区别开,确定劳动力商品的价值规定,证明雇佣工人与资本交换的不是劳动而是劳动力,从而科学的说明剩余价值的起源,对马克思来说这已足够了。"③曾广波博士（2016）认为:"马克思担心在其经济学中引入'人力资本'概念会消解其对资本主义生产方式的内在社会对抗的动态分析,妨碍对劳资关系对抗性质的解释,影响其经济学的分析范式与严密逻辑。为避免这一矛盾,为此,马克思特假定两个条件,第一,劳动者的劳动技能在给定的资本主义时期是相对一定的,仅适应资本主义各个部门具体劳动过程的客观要求;第二,适应资本积累的需要,劳动力价值变动的范围不超出:最低为'维持身体所必不可少的生活资料的价值',最高为'被限制在这样的界限内,这个界限不仅使资本主义制度的基础不受侵犯,而且还保证资本主义制度的规模扩大的再生产'。这样的理论假定有利于说明和论证资本价值增殖程度的关键在于对劳动时间与劳动强度的控制,有利

---

①　魏则胜主编:《当代思想政治教育的理论与实践》,人民出版社2018年版,第336页。

②　《马克思恩格斯全集》第38卷,人民出版社1980年版,第487页。

③　王建民:《劳动力商品与人力资本》,《北京大学学报（哲学社会科学版）》2001年第6期。

于在抽象层面上理解和分析资本家是如何榨取剩余价值的。"①诸多学者对马克思的研究说明,马克思没有提出人力资本的概念,既有历史的原因,也有主观的原因。出于研究的需要,"人力资本"的概念容易对劳动力商品的概念形成冲击,会导致马克思阶级对抗分析出现逻辑上的不统一,这是学术研究应该力求避免的。每个人的研究,都有自己的假定前提和现实的落脚点,研究的范式和逻辑都服从于这个前提和落脚点,马克思也不例外。马克思没有提出人力资本的概念,但并不表明他拒绝这一概念。②

(三)现代人力资本概念的提出

现代人力资本概念的提出是以信息技术的兴起和第三次产业革命为背景,以机器、厂房为代表的有形资本重要性逐渐下降,而知识、信息、技术等无形要素的作用越来越重要。这些无形要素都是以人为载体,离不开人的主观能动性,所以人的作用在经济社会生活中也越来越突出。在此背景下,20世纪60年代,美国经济学家舒尔茨提出了人力资本概念,被社会广泛接受。他把人力资本定义为体现在人身上的资本,即对生产者进行教育、职业培训等支出及其在接受教育时的机会成本等的总和,表现为蕴含于人身上的各种生产知识、劳动与管理技能以及健康素质的存量总和。舒尔茨说过:"人们已经获得了具有经济价值的……知识和多种技能,从这个意义上来说,他已经变成了资本家。"③因此,现代人力资本概念的提出是时代发展的需要,符合当今时代发展的主要特征。人力资本被理解为存在于人身上的各种知识、技能、经验及健康素质等方面的总和。

(四)人力资本的价值和使用价值

马克思对于劳动力的概念是采取平均化的定义,强调劳动者的劳动力在生产中的平均化倾向。这是为了研究的方便,劳动力质量的差异在马克思的眼里,改变不了雇佣劳动的实质,不影响最终的分析结果,所以马克思并没有提出人力资本的概念。但是这不代表马克思不承认劳动力的差异性,不承认人力资本概念,马克思指出:"此外,为了发展他的劳动力,使他获得一种技

---

① 曾广波:《马克思的人力资本思想及其当代价值研究》,湖南大学博士学位论文,2016年。
② 曾广波:《马克思的人力资本思想及其当代价值研究》,湖南大学博士学位论文,2016年。
③ [美]西奥多·W.舒尔茨:《教育的经济价值》,曹延亭译,吉林人民出版社1982年版,第8页。

能,还需要另外花费一定数量的价值,就我们的目的而论,只要考察一下平均水平的劳动就够了,这种劳动的教育费和训练费是微不足道的。但是,我要借此机会指出,各种不同质量的劳动力的生产费用既然各不相同,所以不同行业所用的劳动力的价值也就一定各不相同,因此,要求工资平等是根本错误的,这是一种绝不能实现的妄想。"①"不同种类的劳动力有不同的价值,要生产他们,需要有不同的劳动量,所以他们在劳动市场上就应当卖得不同的价格。"②通过以上论述可以看出,马克思承认劳动力质量的差异性,承认劳动力再生产所需要的社会劳动量具有很大的不同,也指出了不同劳动力获取不同报酬的合理性。但是马克思同时又强调,"只要考察一下平均水平的劳动就够了",劳动力概念的提出是服从于研究的需要,并不代表马克思不承认人力资本的概念,他对于劳动力的认识已经非常接近于现代的人力资本管理概念。出于研究的需要,平均化的劳动力概念更加强调劳动力再生产的平均化条件,马克思指出:"生产劳动力所必要的劳动时间,可以归结为生产这些生活资料所必要的劳动时间,或者说,劳动力的价值,就是维持劳动力占有者所必要的生活资料的价值。但是,劳动力只有表现出来才能实现,只有在劳动中才能发挥出来。而劳动力的发挥即劳动,耗费人的一定量的肌肉、神经、脑等等,这些消耗必须重新得到补偿。"③至于劳动的教育费和训练费,马克思把它看作是微不足道的。从这个意义上来说,平均化的劳动力的价值仅仅是指维持劳动力进行简单再生产所需要的生活资料的价值,而人力资本是需要通过教育培训获得知识、经验和技能,在基本的生活资料之外所进行的教育和培训投资,以及"干中学"所获得的经验,身体健康方面的投资等(也不仅仅是生活资料的购买,医疗、健身等方面的支出都可以看作是对健康素质打造所必需的)。所以人力资本的价值要远远高于平均化的劳动力的价值,它是人们在知识、技能、经验和健康素质等方面的社会必要劳动的支出所决定的,是由教育产品、培训业务、实践活动、医疗保健等劳动产品的价值所决定的。

教育培训和医疗保健都是非常特殊的生产性行业,在现代的行业划分中

---

① 《马克思恩格斯文集》第3卷,人民出版社2009年版,第55—56页。

② 《马克思恩格斯文集》第3卷,人民出版社2009年版,第56页。

③ 马克思:《资本论(纪念版)》第1卷,人民出版社2018年版,第199页。

都属于服务业,不把它们划归为传统的生产制造业。事实上,这些服务业只是生产制造的产品特殊,它不是有形的产品,而是无形的产品。

总而言之,作为服务行业,服务也是一种有效的生产性劳动,它也创造价值。教育培训和医疗保健等有效劳动对于人力资本的价值创造起着决定性的作用。人力资本的使用价值是能够在生产经营管理过程中创造出比一般劳动力更高的价值。教育背景是衡量人力资本的重要元素之一,我们通过对北京市的企业家信息进行随机调查,抽取了150位企业家作为样本,得出了一些数据:本科以上学历者占了87%,其中本科占比47%、硕士占比33%、博士占比7%。41%的企业家具有高级职称,42%的企业家学习经济管理类专业,31%的企业家具有海外留学经验,29%的企业家曾经在大型跨国企业中任职。通过对比他们所经营的企业绩效发现:大专学历企业家所掌管企业的净资产收益率均值为4.64%,本科学历企业家掌管企业的净资产收益率均值为15.12%,硕士及硕士以上学历的企业家掌管企业的净资产收益率均值为18.60%,由此可见,受教育程度越高,企业的经营绩效越好。我们可以把经营绩效看作是企业家创造的价值,这种正比例关系说明,学历越高,创造的价值也越高。

知识、经验、技能和健康素质是一种静态且无形的物质,必须依靠人的活劳动才能把人力资本与有形资本相结合转化成现实的产品和财富,这个过程是由人的主观能动性来进行控制的。一个人是否愿意把自己的知识经验和技能发挥出来,在产品制造的过程中,体现出人力资本的价值,完全取决于个人的意愿。所以这种主观能动性就是人力资本发挥作用的控制阀,即便是一个名牌大学的大学生或者是一个经验丰富的职业经理人,如果隐藏自己的知识和经验,不去发挥自己的才能,人力资本的价值也体现不出来。人力资本的价值首先要借助于人类的活劳动把它转化成复杂劳动,通过复杂劳动对生产要素进行加工,最终形成有形的或者无形的产品,以产品为载体,通过产品的销售实现自己的价值。所以,人力资本和生产要素的结合是一种间接的结合,是借助于活劳动,转化为复杂劳动以后才能与生产资料发生作用形成劳动产品。人力资本的概念不同于马克思的一般劳动力概念,人力资本是以人为载体的知识、经验、技能和健康素质的总和,在主观能动性的控制下可以转化为复杂劳动;按照马克思研究的假定,劳动力是一般的劳动能力,是一个平均化的概念,可以把它直接当作简单劳动力。因为,马克思在《资本论》中明确的"把各种劳动力直接当做简单劳动力"①来处理。

二、企业文化的价值和使用价值

"企业文化"作为概念被提出的历史并不长,起源于20世纪80年代,与"无形资本"研究的繁荣历史时期基本上差不多。"无形资本"是20世纪初期提出,经过20世纪五六十年代的发展,20世纪80年代以后才逐渐繁荣起来的。这也充分说明了企业文化与无形资本之间的密切关系,它们的时代背景是一致的,企业文化也属于无形要素,被很多专家学者看作是无形资本不可缺少的部分。约翰·科特等认为"企业文化在下一个世纪10年内很可能成为决定企业兴衰的关键因素。"②对于企业文化给予了高度的重视。

迈克尔·茨威尔认为:"企业文化是在组织的各个层次得到体现和传播,并被传递至下一代员工的组织运作方式,包括组织成员共同拥有的信念、行为方式、价值观、目标、技术和实践。"③威廉·大内认为:"传统和气氛构成了一个公司的文化。同时文化意味着一家公司的价值观,这些价值观构成了公司员工活动、意见和行为规范。"④国内的学者魏杰先生在《企业文化塑造——企业生命常青藤》一书中对企业文化进行定义:"所谓企业文化就是企业信奉并付诸于实践的价值理念,也就是说,企业信奉和倡导并在实践中真正实行的价值理念。"通过国内外专家的这些界定,可以看出来,企业文化是与员工的理念、行为规范紧密联系在一起的。这也是企业对企业文化进行投资和培育的重要原因——通过发掘和提炼公司的核心价值观,建立与此相匹配的制度和政策,制定员工的行为规范,并通过一定的激励机制,引导员工的行为朝着对企业有利的方向发展。因此企业文化与企业的绩效和竞争力都密切相关。由于企业文化对企业发展的有用性,企业文化成为资本所有者主动投资生产的

---

① 马克思:《资本论(纪念版)》第1卷,人民出版社2018年版,第58页。

② [美]约翰·科特、詹姆斯·赫斯克特:《企业文化与经营业绩》,曾中等译,华夏出版社1997年版,第13页。

③ [美]迈克尔·茨威尔:《创造基于能力的企业文化》,王申英等译,华夏出版社2002年版,第51页。

④ [美]威廉·大内:《Z理论——美国企业界怎样迎接日本的挑战》,孙煜君、王祖融译校,中国社会科学出版社1984年版,第44—46页。

另外一种产品,这种产品服务于整个企业的经营和管理。投资企业文化的目的,是为了获得更高的企业绩效和竞争力,也是为了获得更高的利润。所以,这种投资本身就是资本运营的一种方式。

对企业文化的打造,一般是借助外在的咨询机构,在企业家、职业经理人以及全体员工的配合下,从历史积淀中,发现和提炼公司的优秀文化基因,形成核心的理念和价值观,梳理企业制度和运行机制,制定员工行为规范,培育英雄式人物,逐渐形成对企业发展有力的一种文化氛围。这个过程是企业文化这种特殊产品的生产过程,是一种有意识的投资和培育过程,是公司企业家、职业经理人、全体员工以及外部咨询公司专家集体脑力劳动的结果,需要耗费一定的社会劳动时间,因此是具有价值的。马克思在《政治经济学批判(1861—1863年手稿)》的"从物质总生产过程的角度看生产劳动问题"一节中指出:"在特殊的资本主义生产方式中,许多工人共同生产同一个商品;随着这种生产方式的发展,这些工人的劳动同生产对象之间直接存在的关系,自然是各种各样的。例如,前面提到过的那些在工厂中打下手的辅助工人,同原料的加工毫无直接关系;监督直接进行原料加工的工人的那些监工,就更远一步;工程师又具有另一种关系,他主要只用自己的头脑劳动,如此等等……所有这些劳动者合在一起,作为一个生产集体,是生产这种产品的活机器,就像从整个生产过程来看,他们用自己的劳动同资本交换,把资本家的货币作为资本再生产出来,就是说,作为自行增殖的价值,自行增大的价值再生产出来。"①从物质总生产的角度来看,企业文化也属于生产过程不可缺少的组成部分,打造企业文化、以企业文化作为工具管理生产工人的劳动者也是整个资本主义生产不可缺少的组成部分,他们的劳动也具有生产性,只是没有直接进入生产领域,而是以生产集体的形式存在,就像监工和工程师一样,他们的劳动也是生产性的,是生产领域不可缺少的。所以,无论是企业文化的创造者还是企业文化工作者,他们的劳动都是生产性的,都要创造价值。而企业文化作为一种特殊的企业自建自用的产品,已经成为一种生产资料,具有了资本属性。它本身也是有价值的,它的价值主要是由企业文化的缔造者所付出的劳动价值决定的。

---

① 《马克思恩格斯文集》第8卷,人民出版社2009年版,第417—418页。

美国管理专家科特教授专门对企业文化与经营业绩之间的关系进行了11年的研究,通过大量数据,作了实证性分析得出结论:凡重视企业文化的公司,其总收入平均增长率、员工成长、公司股票价格、公司净收入等远远超过那些不重视文化的公司[①]。具体比较如5-4所示:

表5-4

	重视企业文化的公司	不重视企业文化的公司
总收入平均增长率	682%	166%
员工成长	282%	36%
公司股票价格	901%	74%
公司净收入	756%	1%

由此可见,企业如果真正能够确立属于自己的、被所有员工认同的文化,必然会大大提高企业的经营能力和盈利能力。这就是企业文化的使用价值。

企业文化经过长时间的运行和实践,与企业的日常经营管理越来越契合,形成良性的循环,促进资本的周转,在产品的研发、市场的销售、成本的节约等方面为企业创造效益,从而借助这些生产经营环节,企业文化也实现了作为一种特殊的劳动产品的特殊价值。正如马克思所说:“要做到一点也不损失,一点也不浪费,要做到生产资料只按生产本身的要求的方式来消耗,这部分地取决于工人的训练和教育,部分地取决于资本家强加给结合工人的纪律。”[②]对工人的训练和教育与现代的企业文化培训有一定的相似性,对于约束企业员工的行为,强化行动一致性,掌握新的工作技巧和能力,都是现代化大企业所必不可少的;强加给结合工人——也就是总体工人[③]的纪律,是真正的企业文化内容——理念的约束、规则的强制、制度的控制等。最终,对于节约材料、提高劳动效率,都起着不可或缺的作用。企业文化就像是一个企业正常运转所需要的固定资产,与有形资本共同发挥着作用。企业文化已经成为企业日常

---

① [美]约翰·P.科特、詹姆斯·L.赫斯克特:《企业文化与经营业绩》,李晓涛译,中国人民大学出版社2004年版,第12—13页。

② 马克思:《资本论(纪念版)》第3卷,人民出版社2018年版,第98页。

③ 不仅仅是直接生产领域的生产工人,而是所有从事相关工作的生产者。

经营管理所必不可少的无形固定资产。

三、社会关系和渠道的价值与使用价值

社会关系和渠道有的学者称之为社会资本,有的学者称之为关系资本。Bourdieu(1985)第一个提出并系统地表述社会资本的概念,他认为社会资本是现实和潜在的资源的集合,与拥有或多或少的制度化的共同熟悉和认可的关系网络有关。[①] Roberta 和 Alessandra(2005)认为关系资本和社会资本的概念有所不同,社会资本存在于社会网络之中,而关系资本是互动与合作并交换技能的能力,是一种市场关系、权力关系和合作关系的综合。[②] 此后学者们对关系资本和社会资本的研究都有自己不同的界定,探讨和争论一直没有停止过,但是有一个共同的认识:社会关系与渠道是企业发展不可缺少的资本,能够增强企业改善经营绩效目标的能力并具有工具性质,是一种特殊的资本形态。

社会关系和渠道也是社会性无形资本的重要组成部分,主要包括顾客关系、战略联盟关系、长期合同、政府关系、专家网络等。顾客关系是指企业与客户之间的关系,如果客户忠诚于企业,始终愿意购买企业的产品,那么顾客与企业之间的关系具有一定的黏性,能够有效地保证企业产品的销售。战略联盟关系是指两个或两个以上的企业通过签订同盟合作关系共享资源以改进彼此的竞争地位和绩效,这样的合作关系能够保证某些特殊资源的供应和共享,保证企业正常的生产运营,避免市场波动带来的风险,提升企业的竞争力和经营绩效。长期合同是指与合作单位所订立的关于原材料供应或者产品销售的长期合作合同,它可以保证企业生产经营的正常进行,减少市场的冲击,提升企业的盈利。正如马克思所说:"利润率部分地取决于原料的优劣。优质材料留下的废料比较少;因此,为吸收同量劳动所需要的原料数量也会减少。其次,工作机遇到的障碍也会减少。这甚至会部分地影响剩余价值和剩余价值率。原料差,工人加工同量的原料就需要更多的时间;在支付的工资不变时,

① Bourdieu P., "The Forms of Capital", J.G.Richardson, *Handbook of Theory and Research for the Sociology of Education*, New York:Greenwood Inc., 1985, pp.241-258.

② Roberta C., Alessandra F., "Collective Learning and Relational Capital in Local Innovation Processes", *Regional Studies*, 2005, 39(1), pp.75-87.

这会减少剩余劳动。"①当企业通过长期合同,保证原材料供应的时候,也就意味着企业盈利机会的增加,意味着劳动生产率和产品品质的提升,这都是降低产品成本,获得更高利润的途径。政府关系是指企业与政府之间在长期沟通与合作的基础上建立良好关系,有利于企业获得政府在政策等方面的一些支持,改善企业的外部进入环境,获取比其他企业更优越的政策条件,从而减少成本和风险,提高企业获利可能性。专家网络主要是指企业为了获得产品技术、战略发展、营销策划等方面的智力支持而长期维护建立的专家数据库和联络方式,在需要时可以及时获得专家的智力支持。社会关系和渠道已经形成一种特殊的资本,作为一种特殊的资本,社会关系和渠道是企业在激烈的竞争中保证资源供应、获取技术、拓展市场、减少风险、实现规模经济、提升竞争力、改善经营绩效的重要手段,这也是它的使用价值。

据有关统计表明:向新顾客推销产品的成功率是 15%,然而,向现有顾客推销产品的成功率是 50%;每年的顾客关系保持率增加 5%,则利润增长 85%。据 2004 年中国女企业家发展报告数据显示,中国女企业家创业资金来源于银行贷款的占 55.90%、来源于家人朋友的占 45.50%、来源于政府支持的占 28.90%,这也说明了多元的渠道关系,有利于女企业家进行融资发展。我们曾经对 15 家企业进行调查,他们 100% 都非常重视培育关系资本,并且关系资本非常雄厚,与政府、客户、股东、供应商、债权人等利益相关者的关系良好,这种良好的关系反过来也促进了企业的发展。②

现在企业一般皆设有公关部、市场营销部等部门,专门负责保持和维护客户关系、战略联盟,工会和其他职能部门对自己的员工进行法律约定或者感情投资,以改善和维护与员工的关系,这些关系的维护都需要一定的投资,需要公司支出一定的费用,一般情况下在会计处理中按照日常费用进行摊销。作为现代化的大企业,这方面的费用支出往往数额巨大,而企业由此获利也非常明显。如美国的 IBM、摩托罗拉和苹果公司之间的联盟,通过合作减少了彼此的竞争,共同开发和普及一种特定的芯片;1979 年英国罗弗汽车公司与日本本田汽车公司签订的战略联盟形成双赢局面,合作生产的"传奇"牌轿车顺利

① 马克思:《资本论(纪念版)》第 3 卷,人民出版社 2018 年版,第 97 页。
② 马传兵:《无形资本与女企业家经营绩效的关系研究》,《中华女子学院学报》2009 年第 4 期。

进入欧洲,罗弗公司帮助本田公司进入欧洲,同时也成为本田公司在欧洲战略的有机组成部分,也扭转了自身长期亏损的局面,使闲置的生产能力得以充分利用。因此,对于现代化大企业来说,社会关系与渠道是资本运营内容的一部分,在每年的预算中都要预留资金,需要专门的部门、专门的人才来负责这种关系和渠道的维护,它是一种高智商、高情商的工作人员才能从事的工作。所以,社会关系与渠道对企业而言是一种特殊的资产,需要长期投资和维护才能形成,才能见效益,它也类似于固定资产,在外部条件不发生变化的情况下,可以长期使用,并为企业带来效益。由于需要特殊的人才来进行开拓和维护,所付出的劳动是复杂的脑力劳动,既需要专门的法律、财务、公关、研发、营销等方面的专业知识,也需要感情的投入,因此是复杂劳动的结果,价值比较高。它是企业的无形固定资产。正如马克思所说:"资本主义生产方式的特点,恰恰在于它把各种不同的劳动,因而也把脑力劳动和体力劳动,或者说,把以脑力劳动为主或者以体力劳动为主的各种劳动分离开来,分配给不同的人。但是,这一点并不妨碍物质产品是所有这些人的共同劳动的产品,或者说,并不妨碍他们的共同产品对象化在物质财富中;另一方面,这一分离也丝毫不妨碍:这些人中的每一个人对资本的关系是雇佣劳动者的关系,是在这个特定意义上的生产工人的关系。"①社会关系和渠道的搭建和维护已经成为生产经营正常进行的前提条件,需要专人进行负责,这种不可或缺性使这种无形要素具有了生产资料的属性,负责这些工作的劳动者,也仅仅是分工的不同,无论是脑力劳动还是体力劳动,他们最终的劳动成果都对象化为物质财富,生产领域生产工人生产的劳动产品,不仅仅是生产工人自己生产劳动产品,也凝结着来自管理领域的管理工人的劳动。从这个意义上来说,只要是社会化大生产所需要的劳动都是生产性劳动,付出这样劳动的劳动者都是生产工人。因此,他们的劳动也都创造价值,他们所创造的价值也就决定了社会关系与渠道的价值。在社会必要劳动时间内,这些特殊的人才为了搭建和维护社会关系与渠道所创造的价值就是这种无形要素的价值。

① 《马克思恩格斯文集》第 8 卷,人民出版社 2009 年版,第 418 页。

第四节　无形资本各要素之间的关系

经营性无形资本和社会性无形资本构成了无形资本的整体。经营性无形资本的作用主要发生在生产经营领域,社会性无形资本的作用主要发生在管理领域,但是也有一部分如人力资本是发生在生产经营领域。这样就有必要,对于经营性无形资本和社会性无形资本之间的关系进行探讨。

一、社会性无形资本各要素之间的关系

社会性无形资本主要由人力资本、社会关系与渠道、企业文化等构成。三种资本形式彼此之间互有交叉,互有影响,彼此关系主要表现如下。

（一）人力资本与企业文化的相互影响

人力资本主要是在生产经营领域发挥作用,但是在管理领域中企业家、职业经理人以及一些特殊人才作为人力资本也发挥着重要的作用,即管理领域也存在着人力资本。管理领域的人力资本对于企业文化的形成有着重要的影响。企业文化的价值观、合理的制度规定、员工的行为规范往往取决于人力资本的数量和质量,尤其是管理领域的企业家、职业经理人和经营管理英雄式人物,他们的价值观、决策模式和风格、行为方式对于企业文化的建设都具有重要的影响。企业文化一旦建成以后,对于约束员工的行为,形成一致的风格,推动企业的经营和管理,提升人力资本质量,又具有巨大的反作用。企业文化对于影响人力资本作用发挥的主观能动性也具有重要的影响,员工认同企业的价值观念,愿意为企业发展付出努力,那么高质量的人力资本才能正常发挥作用,相反有可能造成人力资本浪费。

（二）人力资本对社会关系与渠道的影响

人力资本的数量和质量对于社会关系与渠道的开拓和维护都具有非常重要的影响。由于这项工作需要一些特殊的人才,因此,对人力资本的数量和质量的要求就比较高,需要一定数量一定质量,既有专业知识又具有社会公关、感情维护、人际交往等实际社会交往技能的专门人才。所以一个企业的人力资本的数量和质量也决定了企业所拥有的社会关系和渠道的质量与层次,也

决定了社会关系和渠道资源的丰富程度,特别是那些专门性人才的数量和质量将直接影响社会关系与渠道的开拓和维护。

(三)社会关系与渠道对企业文化以及人力资本的影响

社会关系与渠道的质量和层次以及丰裕程度如何,将影响着企业的竞争力和经营绩效,也最终影响员工的报酬和待遇,对企业文化造成一定的冲击。有可能对企业文化的质量具有正面提升作用,比如良好的社会关系和销售渠道,保证了产品的原材料供应和市场销售,企业利润水平比较高,员工的待遇比较好,企业的各项工作开展比较顺利,各项制度与机制运行比较顺畅,企业的文化氛围比较好,形成优秀的企业文化。相反,如果社会关系和销售渠道层次比较低,或者缺少社会关系和销售渠道,导致产品原材料供应短缺、市场销售难、企业绩效差、员工收入低、大家的工作积极性主动性不高,企业文化建设困难,形成劣质的企业文化。企业文化氛围好,吸引新的员工加入,提升员工竞争与合作水平,人力资本的数量和质量也会上一个层次;相反,可能会造成人才流失,形成劣币驱逐良币效应,最终导致人力资本的数量和质量下降。

所以,以上三种资本形式互有交叉、互相影响。如果能够进入一种良性循环,互相促进,会整体上提升社会性无形资本的质量,促进企业经营管理水平的提高。

二、经营性无形资本各要素之间的关系

经营性无形资本可以是自有自创的,也可以是外部购买的。目的可以是自创自用,也可以是对外销售、对外特许使用,获取相应费用。在自身缺乏能力,难以自创,或者自创成本较高时,可以通过购买或者付费等形式满足生产经营需要。各要素可以独立发挥作用,如专利权,在生产中独立使用,也可以是与其他无形资本联合使用,如与专有技术联合进入生产经营过程,这期间可能还会涉及土地使用权、特许经营权、品牌等的联合使用。利用专利、专有技术生产出来的产品,在销售过程中需要广告营销等部门的加入,品牌营销开始发挥作用,品牌与专利、专有技术产品联合发生作用。专利、专有技术可以通过特许经营,允许其他人有条件使用,比如付费。土地所有权或者使用权在兴建厂房过程中要成为成本的一部分,通过生产经营回收成本。如果对外销售或者出让,则可以获得一部分收入。在房地产行业中,土地所有权和使用权发挥着重要作用。只有取得土地所有权或者使用权,才能兴建房产、对外销售,通过销售收入收回成本。土地所有权或者使用权不仅代表一种资本投入,而且还具有一定的机会成本。地段较好,增值空间大的土地,一旦所有权和使用权被占有,则其他人就丧失了经营获利的机会,代表的是所有者或者占有者未来财富增长的机会。特许经营权某些时候是一种衍生性无形资本,是建立在核心无形资本的基础上衍生出来的,比如国家法律规定某个公司具有某种权利经营某种产品,在国家这个层次上,特许经营就是核心无形资本,法律规定就是权利来源。但是,建立在企业自身或者已经拥有的某种权利的基础上对其他企业特许经营形成的权利就是衍生资本。如在企业自有自创专利、专有技术的基础上对外特许经营,专利、专有技术就是核心无形资本。国家已经特许的某种权利,如国家允许中石油、中石化经营石油销售是一种特许经营,中石油、中石化在此基础上,有选择地选择一些伙伴允许其经营石油销售,这就是衍生性无形资本。

　　总之,经营性无形资本的各种要素可以独立地使用,也可以联合使用。有的要素可以成为其他要素的核心资本,如专利、专有技术;有的要素是在其他要素的基础上衍生出来的,如在专利、专有技术基础上衍生出来的特许经营权。一级特许经营权也可以成为次级特许经营权的核心无形资本。土地使用权是在土地所有权基础上衍生出来的。

三、经营性无形资本与社会性无形资本之间的关系

　　经营性无形资本主要是在生产经营领域发生作用,社会性无形资本主要是在管理领域发生作用。人力资本在生产经营领域和管理领域都发挥作用,但是它的作用主要是在生产经营领域。

　　经营性无形资本是最基础最主要的无形资本,生产价值的创造主要是经营性无形资本与劳动相结合的结果。这个过程中人力资本借助劳动者的活劳动,在生产的过程中转化为复杂劳动,使人力资本的价值得到实现。人力资本与生产过程的结合不是作为资本直接结合,而是通过劳动者这个载体,以复杂劳动的形式进行间接结合。这是人力资本作为无形资本不同于有形资本的地方,有形资本是直接与生产过程相结合发挥作用的。人力资本作为社会性无形资本在生产经营领域发挥重要的作用,对于价值倍增起着助推器的作用,因

为复杂劳动是简单劳动的倍加。所以,社会性无形资本不仅仅是在管理领域发挥作用,也会在生产经营领域发挥重要作用。

除了人力资本以外,其他的社会性无形资本都是辅助性无形资本,通过在管理领域发挥作用,间接影响生产经营领域,如企业文化,生产经营领域的员工也会因为对企业文化的认同或者不认同,采取一致的生产行为,积极高效地进行生产或者消极怠工。社会关系和渠道在原材料的供应、产品销售、技术的获得等方面影响较大,是保证生产经营正常进行的前提条件。在日益激烈的竞争环境下,虽然是辅助性无形资本,但不代表它们是可以被忽略的。

生产经营性无形资本在生产经营领域发挥作用的过程中,也会反作用于社会性无形资本。如专利、专有技术水平高、数量多,为企业生产效率提高贡献大,也必然会影响员工的积极性,带动更多的员工进行创新,很多新的员工也会在"干中学",提升自己的人力资本质量。这样,优秀的企业文化得到强化,人力资本的数量和质量得到提升。通过经营性无形资本的运用,企业绩效提高,企业形象提升,品牌价值提高,员工待遇提高,自豪感、优越感提升,这样企业文化氛围会更好,进入良性循环。也会吸引更多优秀人才加入,提升人力资本数量与质量。在企业形象和品牌价值提升的基础上,社会关系与渠道的开拓及其维护难度下降,有利于公关和市场营销等部门进一步开展工作,社会关系与渠道的数量和质量也会相应提升。往往是品牌价值提升后,社会认可度提高,一些大客户、好的渠道也会上门寻求合作,实现强强联合。

马克思在对工厂法的作用进行考证的时候,也顺便无意识地对社会性无形资本与经营性无形资本相互结合发生作用进行了论述:"它迫使单个的工场实行划一性、规则性、秩序和节约,同时,它又通过对工作日的限制和规定所造成的对技术的巨大刺激而加重整个资本主义生产的无政府状态和灾难,提高劳动强度并扩大机器与工人的竞争。"[①]"划一性、规则性、秩序和节约"属于企业文化要素,是社会性无形资本;而"造成对技术的巨大刺激"属于经营性无形资本,马克思潜意识中把二者看成是可以互相结合、共同发挥作用的两种不同要素。这两种要素是"同时"发挥作用的。马克思在论述工厂法的作用时,也把这两种不同性质的无形资本结合了起来,对他们共同发挥作用的机

---

① 马克思:《资本论(纪念版)》第 1 卷,人民出版社 2018 年版,第 576 页。

制进行了间接论述。马克思对于相对剩余价值的论述也看出了马克思对于经营性要素和社会性要素相互结合的必要性:"相对剩余价值的生产使劳动的技术过程和社会组织发生彻底的革命。"①社会组织的革命属于社会性因素,技术过程属于经营性因素,两者对于剩余价值的生产而言既是结果也是原因。技术水平的提高,社会组织的变革与改进,都会提高劳动生产率,提高相对剩余价值的生产。而相对剩余价值生产的发展也推动了技术进步和社会组织变革。社会组织变革是社会性无形资本发展的基础。不同的社会组织需要不同的组织文化、需要不同的社会关系与渠道,不同的社会组织对于生产经营的管理也是不一样的。所以,马克思的一些论述也让我们看到了社会性无形资本和经营性无形资本直接互相结合、不可割裂、共同作用的机制。

我们可以从马克思对于劳动和资本关系的论述来看两者的关系。马克思在"资本论"第3卷第五章"不变资本使用上的节约"中指出:"如果我们把总劳动和总资本对立起来考察,而不仅是把资本家 X 所使用的工人和这个资本家 X 对立起来考察,这种节约就再表现为社会劳动生产力发展的产物,而区别不过是,资本家 X 不仅从他自己的工场的劳动生产率中,而且也从其他工场的劳动生产率中得到利益。"②这说明马克思是把社会的总资本和总劳动进行共同考察的,而不是个别或者部分的资本与劳动。那么社会无形资本和经营性无形资本也是总资本不可分割的部分,没有必要单独割裂地进行分析,只要资本的实质是一样的,都是可以作为一个整体来进行研究的。对于因此而衍生出来的新劳动:企业文化工作者、社会关系与渠道开拓者及维护者,都是总体工人(或者结合工人)的一部分,他们的劳动都是社会总劳动的一部分,我们在论述生产劳动的属性时,也做了相关论述,他们的劳动也具有生产劳动属性,是社会总劳动不可分割的一部分。

列宁同志的很多论述也涉及了无形资本两种不同要素彼此之间的关系,他对于经营性无形资本和社会性无形资本同等重视。他不仅强调科学技术等经营性无形资本对于生产的重要性,同时也看到了组织文化、人力资本、关系资本等社会性无形资本对于生产发展的重要性。社会性无形资本和经营性无

① 马克思:《资本论(纪念版)》第 1 卷,人民出版社 2018 年版,第 583 页。

② 马克思:《资本论(纪念版)》第 3 卷,人民出版社 2018 年版,第 99 页。

形资本的结合,也正是现代化企业生产经营管理的常态化内容。只有把经营性无形资本和社会性无形资本都结合起来加以运营,企业才能真正提高效率、降低成本、提高竞争力、获取超额利润。两种性质的资本形式在最终的资本属性上是一致的,都是为资本家赚取剩余价值服务的,在这一点上两者没有任何区别,只是表现形式不同而已。在资本价值增殖的环节中,两种资本形式必然会结合在一起,消灭掉外界给予的种种区别,作为资本家预付资本的共同组成部分,参与到资本大循环中去。

四、案例:瑞士莲巧克力的无形资本

作为 160 多岁的老品牌,瑞士莲是世界首块入口即化巧克力的创造者,这个产品是建立在自己专利技术基础之上的。它的高品质巧克力都离不开经营性无形资本,尤其是专利、专有技术的作用。在此基础上形成了自己的独特品牌,也形成了自己独特的企业文化等社会性无形资本。

(一)工艺秘方出品牌

1845—1879 年,长达 34 年里史宾利父子及鲁道夫·莲一直在研制巧克力的制作技术。1879 年,年仅 24 岁的鲁道夫·莲发明了"巧克力研磨技术",使巧克力可以入口即化,并且散发出多种香味。该项技术使他们生产的巧克力质感与味道皆胜于一般巧克力,很快闻名于世。1899 年,史宾利公司收购了鲁道夫·莲的生产设备以及工艺秘方,并以其姓"Lindt"作为产品名称,纪念他在巧克力发展史上的卓越成就。从此,瑞士莲巧克力风靡全球。这个过程中,技术配方和生产工艺作为经营性无形资本发挥了巨大的作用。德国有一家公司出价 300 万马克想购买他的独家配方,可见这些经营性无形资本的价值之高。1915 年,瑞士莲巧克力已有 75% 的产品出口 20 多个国家和地区。1986 年,瑞士莲史宾利公司在苏黎世股票市场上市。经营性无形资本的恰当运用,提升了公司的经营绩效,造就了企业的品牌,推动了企业的发展。

(二)品牌提升出关系

公司特别注重专利和专有技术的控制和使用,这些核心经营性无形资本,确保了公司的产品质量和形象。由于营销得当,品牌价值直线上升,市场占有率不断提高,市场销售区域不断拓展。到 1993 年,瑞士莲史宾利公司完全控制了之前所有的专利使用权转让,成为跨国集团。1994 年,公司扩展到美国

市场,并以美国为中心开拓北美市场和收购工厂,随后开拓亚洲市场。在这个过程当中,公司牢牢控制专利和专有技术的使用权转让,选择合适的合作伙伴,建立自己的销售渠道,逐渐发展自己的关系资本。

(三)持续创新出新品

公司一直以创新为己任,形成了浓厚的创新文化,并且精益求精,一切以顾客的口味为出发点。1949 年研发出的 Lindor(瑞士莲软心巧克力)至今仍然畅销不止。在最杰出的创意基础上,同时又研制不同配方,针对不同的目标市场,推出不同口味的软心巧克力,不断拓展市场。

1989 年,瑞士莲巧克力公司针对高端消费者——品鉴级食者研发推出了 EXCELLENCE 特级排装系列巧克力。产品在原材料的选购、制作、创意、配方等方面都要求极其严格。世界一流可可豆保证了产品的原材料质量,加上特别研制的配方,让这些挑剔的消费者也能沉浸在细腻回甘的美味享受中。

自 1845 年至今超过 160 年历史,使公司形成了激情、专注、革新的企业文化,形成了良好的企业形象,成为拥有最悠久历史的巧克力品牌。1989 年推出的 EXCELLENCE 特级黑巧克力,因可可含量高达 70%(明确标注可可含量百分比),口味独特、质量上乘,2006 年和 2009 年在巴黎巧克力博览会上获得"最优质黑巧克力"的殊荣。

(四)品质追求出文化

公司推崇无可挑剔的品质追求,把顾客当作上帝。并通过不断的创新,通过经营性无形资本,来改善产品品质,提升企业品牌形象,因此形成了良好的企业文化。瑞士莲从可可豆的选择到终端商场的销售,程序严格、标准严苛,给消费者的印象就是最高质量、无可挑剔。瑞士莲的巧克力大师们也都形成了这种工作风格,他们本身就是无可挑剔的最高质量的象征。对可可豆的挑选极其严格,大师们专业细致,对可可豆极有研究,总是选出最上乘的可可豆,加上独特的配方,来缔造出独特的口味。他们在巧克力生产的每个环节上都精益求精,充满激情。瑞士莲巧克力的独特口感和无与伦比的幼滑体验是大师们激情与创造力的结晶。专利、专有技术等经营性资本在创造品牌的同时,也创造了企业文化(激情、专注、革新),创造了社会性无形资本。

（五）精益求精出人才

良好的企业文化，世代传承的制作技艺，一系列的专利和专有技术，在生产的运营过程中逐渐熏陶和培养出了更多符合公司发展需要的人力资本。公司对人力资本的培育也非常重视，所有瑞士莲巧克力大师均接受专业训练，要经过多年的课程学习，还有经验丰富的导师进行指导和监督，在经过研习三年之后，考试合格才能出徒，获得由瑞士颁发的证书后才能正式上岗，成为真正的瑞士莲巧克力制作大师。

综上所述，瑞士莲巧克力是一个经营性无形资本和社会性无形资本良性互动、互相促进、共同发展的典型案例。公司的成立和发展是建立在经营性无形资本基础上，专利和专有技术在公司发展过程中发挥了重大的作用，这些经营性无形资本保证了产品的独特性，并形成了自己独特的品牌和企业文化。在这个过程中，人力资本是关键。社会性无形资本，尤其是企业文化和关系资本是在发展过程中逐渐培养出来的。这些社会性无形资本又推动了经营性无形资本的发展，创新型产品和技术不断推出，专利、专有技术的数量和质量不断增加。我们可以为瑞士莲巧克力总结如下的发展路线：

人力资本（史宾利父子及鲁道夫·莲）——专利、专有技术（特殊的研磨技术和配方）——社会关系与渠道（对外合作）——企业文化（激情、专注、革新）——品牌——社会关系与渠道（海外扩张）——人力资本、专利、专有技术、企业文化综合发展。

从鲁道夫·莲特别的研磨技术和配方出发，史宾利父子的加入使瑞士莲进入快速发展的通道，在这个过程中规模不断扩大，通过社会关系的积累和渠道的拓展实现了国内的扩张，市场占有率不断上升。在发展的过程中积累了特有的企业文化，激情的大师、专注的品质、革新的精神使公司进入良性发展，在此基础上形成了自己独特的品牌，社会关系与渠道进一步扩大，通过特许经营和专利技术合作实现海外扩张，将经营版图扩大到美洲、亚洲等世界各地。随着公司规模扩大和实力增长，企业品牌价值进一步提升，人力资本的培育、专利和专有技术的研发、企业文化的提升都进入了良性发展阶段，造就了一百六十多年的世界品牌。

第五节　关于品牌及品牌价值等相关问题的探讨

从 19 世纪五六十年代在欧洲开始出现了"brand"（品牌）一词，最早是企业彼此为了区分货物的不同，在销售时给自己的商品打上的特殊符号或者标记，从这个角度来说，品牌的最初含义是与商标联系在一起的，而且是在销售等流通领域发生作用。自此之后，品牌的作用越来越强，对此进行研究的学者也越来越多。品牌已经成为一个非常特殊的无形资本，在资本运营、市场营销领域，越来越受到重视。对于研究无形资本来说，这是一个很难回避的问题。

一、关于品牌、品牌价值等相关问题的文献简述

对于品牌的定义、品牌价值、品牌资产而言，国内外学者始终没有达成一致，众说纷纭。David Ogilvy（1955）认为品牌是商品的属性、名称、包装、价格、历史、声誉、广告风格等多种因素的无形组合，不是单一的某种东西，是错综复杂的综合象征，需要通过消费者的印象和经验来最终进行界定。他对品牌的定义综合了商品本身的各种因素，尤其是外在形态因素和历史性形象因素以及正在进行的传播营销因素，又综合了消费者的感受和经验因素，指出了品牌界定的内外两个方向。由于他自己本身是个广告营销大师，所以他的界定明显带有广告营销的色彩。美国市场营销科学院（MSI）把品牌资产定义为顾客、渠道成员、母公司等对于品牌的联想和行为，这些联想和行为可以增加企业的销售收入和利润，并提升竞争优势[1]。Aaker（1991）认为品牌资产是与品牌名称、标志等联系在一起的资产或者负债，对企业和顾客的价值既可以增加也可以减少，主要是通过产品或者服务来实现对价值的影响[2]。Biel（1992）认为品牌资产是一种超越生产、商品及所有有形资产以外的无形资产，其好处

---

[1]　何建民：《创造名牌产品的理论与方法》，华东理工大学出版社 2002 年版。
[2]　Aaker D.，"*Managing Brand Equity*.New York：The Free Press,1991.

是可以在未来带来远超过扩充其他品牌所需的成本的收益①。凯勒(1998)把品牌的价值和顾客联系起来,认为品牌之所以对企业和经销商有价值,是因为品牌对顾客有价值②。科特勒等(1999)认为,品牌是制造商和销售商用来识别产品的标志,是对产品的功能和特色等方面给予消费者在利益上的承诺和保证③。邓肯等(2000)认为,品牌是与利益相关者的支持力度相关的想法和行为,这些想法和行为足以决定公司收益的大小、左右公司收入与成本支出的多寡、决定他们与品牌的关系以及他们对品牌和公司的看法④。Upshaw(1999)认为品牌价值是指品牌的净值、财务状况及其他相关部分的价值,包括品牌评价和品牌特征两个部分,品牌评价是指对表现品牌价值的直接要素所进行的评价,品牌特征是品牌定位和品牌个性所决定的特征⑤。

国内的学者陈绍愿等(2005)把品牌价值分为动态价值和静态价值,静态价值是动态价值的基础,品牌的定位、策划、保护、传播等在品牌原有形象的基础上做出适应性动作会增加品牌价值,他们把品牌价值链又划分为交易价值链、物质价值链和知识价值链三个层次,认为品牌价值不是单一的,是多元的。⑥张曙临(2000)总结学术界对品牌价值的认识,认为有的人认为品牌价值是产品和服务的质量决定的;有的人认为品牌价值是由产品给消费者提供的附加价值决定的;有的人认为品牌价值是生产经营者在品牌方面垫付的本钱所形成的不同于有形产品的无形资产的价值;有的人认为品牌价值是品牌市场竞争力的直接表现;张曙临自己认为品牌价值的实质是企业与消费者及其竞争对手之间关系的反映,品牌价值是品牌权力对这种关系的反映。品牌价值由成本价值、关系价值和权力价值三个方面决定,从来源上讲,均有企业内

---

① Biel A L., "How brand image drives brand equity", *Journal of Advertising Research*, 1992, (32):, pp.6-12.

② [美]凯文·莱恩·凯勒:《战略品牌管理》,李乃和等译,中国人民大学出版社1998年。

③ [美]菲利普·科特勒、加里·阿姆斯特朗:《营销学导论》,俞利军译,华夏出版社1998年版,第320页。

④ [美]汤姆·邓肯、桑德拉·莫里亚蒂:《品牌至尊:利用整合营销创造终极价值》,廖宜怡译,华夏出版社2000年版,第62—64页。

⑤ [美]Lynn B.Upshaw:《塑造品牌特征——市场竞争中通向成功的策略》,戴贤远译,清华大学出版社1999年版,第32—38页。

⑥ 陈绍愿、赵红、林建平:《浅析品牌价值供应链的形成及其运行》,《中国管理科学》2005年第z1期。

部来源与企业外部消费者来源两个。① 王金凤(2004)认为品牌就是消费者了解企业产品及其相关信息的渠道,据此可分为企业品牌、产品品牌、人员品牌和商标品牌四种。品牌的价值由品牌忠诚度和知名度决定。对于品牌以及品牌价值的认识,到目前为止,理论界尚未达成一致,在评估界也是一样,评估方法多种多样,品牌价值评估标准不一,有的品牌价值千亿;有的品牌一文不值,完全由评估机构来界定,这也导致了评估界的一种乱象:只要给钱就能获得高评估值,只要有高评估值就能在资本运作、市场营销方面获得一定形式上的优势,至少是谈判上的优势。

目前国内的评估方法有以下几种:1.重置成本法,就是重新建立这个品牌所需要花费的成本是多少,按照这个来进行评估。2.收益现值法,根据品牌未来获利的能力折现以后的价值来进行确定。但是未来的收益能力很难预测。3.市场价格法,假设进行市场交易的话,双方愿意接受的价格是多少,据此确定品牌价值。国外的评估方法:1. Interbrand 评估法。以英国 Interbrand 为代表,强调以未来的收益为基础进行评估,根据企业的市场占有率、产品销售和利润状况、品牌因子系数来确定品牌价值。2. Kernin 评估法。根据企业品牌的市场表现和技术创新能力,同时考虑资金利率水平进行评估。北京名牌资产评估事务中心根据国内外的评估方法,研究设定了自己的研究方法,建立了 P＝M+S+D 评估模型,P 代表品牌价值、M 代表品牌的市场占有能力、S 代表品牌的超值创利能力、D 代表品牌的未来发展能力,目前在国内比较流行。

根据国内外的相关研究,我们可以得出结论:1.品牌是一种重要的无形资本,在资本运作和市场营销中发挥着重要的作用。2.品牌是在商标、标号、图形的基础上发展起来的,与商标权有密切关系。3.品牌的价值内涵不断发展,已经不是单一价值,而是多元价值,不再是商标、标号等的简单代名词。4.品牌的价值既有历史成本价值,也有以消费者为代表的未来市场获利能力的价值体现,还有股东、经销商等利益相关者的社会支持价值体现。5.品牌与人们对企业的认识和行为有关系,因此品牌运作和营销主要是找准对象进行投资,以改变相关人员对企业和产品的认识与印象,在运作的过程中会增加品牌价值,也就是品牌有静态价值和动态价值。6.品牌价值的来源只有两个:企业内

---

① 张曙临:《品牌价值的实质与来源》,《湖南师范大学社会科学学报》2000 年第 2 期。

部和企业外部,内部资源决定企业能力;外部关系、渠道、客户等是结果也是原因,内外部资源互动、相互影响决定企业品牌的总体价值。因此,企业已有的资源,包括有形资源和无形资源,能够决定企业盈利能力、创新能力、未来发展能力的都对品牌有影响,都可以在品牌价值评估范围内。品牌价值可以增加也可以减少。7.学术界难以对品牌、品牌价值、品牌资产等形成一致认识,品牌目前仅仅是一个概念和手段,由企业根据需要在广告宣传、市场营销、资本运作中使用,最终决定业务发展的还是要靠企业当时的决策与谈判能力,品牌资产和品牌价值并不能真实地体现在会计报表中。

二、对品牌及品牌价值的个人看法

综合以上的研究和推断,笔者认为:品牌是建立在商标、标号、外形设计、历史发展、产品特性等有形要素与无形要素相结合的基础上,以区别于其他企业和产品的形象与特征为直接目标,以创新能力、市场扩张能力、获利能力、未来发展能力等现实能力为依托,以市场、顾客、利益相关者、未来发展为结果导向,以促进企业资本运作、对外扩张、产品销售、社会形象的改善为最终目的的无形资本。

从本质上来看,它是无形资本。从形式上来看,它与商标权和对外关系与渠道等无形资本高度重合,与专利、专有技术、特许经营、土地所有权(使用权)、著作权、网络域名权等经营性无形资本决定的各种能力密切相关,与企业文化决定的企业形象、社会形象密切相关的。品牌赖以评价的创新能力、市场扩张能力、盈利能力、未来发展能力等都是基于经营性无形资本的运用才能得到的;品牌最初就是从商标、标号等开始发展起来的,肯定包含商标权的内容;而与消费者和利益相关者的关系又与社会关系和渠道资本密切相关,甚至高度重合;企业形象、社会认可度、社会评价等指标又与企业文化密切相关。因此,我们可以这么认为:品牌不是一种独立的无形资本,它是无形资本要素在资本运作、市场营销、企业发展过程中的综合性运用的结果,它的价值已经体现在各种无形资本要素中,不需要再单独进行价值研究。品牌的劳动价值就是品牌工作者,主要是公关人员、广告营销人员的劳动创造的,同时也包含企业文化工作者的部分劳动,包含生产经营中正在发挥作用的经营性无形资本相关的工作者的部分劳动。这些劳动已经在其他无形资本中得到体现。

　　品牌概念的运用表明,在现实领域经营性无形资本和社会性无形资本高度融合,两类无形资本难以分割,它们和企业的有形资本结合在一起,共同为企业发展做出贡献,实现资本整体的价值增殖。面向未来的品牌资本,在进行评估时,动辄就数倍于甚至数十倍于现有企业资本规模,缺乏基本的现实根据,大多是一种市场的约定;是一种市场信用的体现;是基于企业资源和能力对企业和消费者以及利益相关者信任关系的评价。评估得出的数值是无形资本作为资源衍生出的能力与消费者和利益相关者对企业信任关系的综合定价,不是无形资本的价值;对资本家来说,评估是抬高自身市场地位、在市场交易和竞争中获得优势的一种手段。这种价格很不稳定,一旦市场不认可,来自消费者、利益相关者的信用评价基础动摇,就会大幅贬值甚至化为乌有。

　　无形资本的价值,是由人力资本的创造性劳动决定的,是相对稳定的,只要社会需要,它的价值就能实现。品牌运作是实现无形资本价值的手段之一,但是虚高的定价不是无形资本的真实价格,更不是无形资本的价值。品牌运作如果实现了企业重组、资产并购、市场销售等,无形资本的价值可以全部或者部分地得到实现,但是实现的价值是过去人类劳动的凝结,虚高的价格中只有很少一部分是这种价值的体现,更多的是在无形资本基础上衍生出来的能力与信任关系的定价。很多学者把这些价格都看作是无形资本价值的体现,并由此对品牌和品牌建设极度赞扬和肯定,这实际上是混淆了价格与价值的区别,把价格直接等同于价值,把虚高的价格直接等同于无形资本的价值了。利润的形成对现代企业来说是多元的,剩余价值不再是唯一来源。时代的变化、无形资本的出现、垄断组织的存在、市场结构的变迁、过剩经济时代的到来、竞争的日益激烈,导致垄断价格、人为价格普遍存在,价格与价值的不一致成为常态,市场均衡很难达到,垄断利润成为垄断组织超额利润的一部分,马克思对价格等于价值的研究假设必须加以调整,正视价格背离价值的现实——垄断价格和人为价格的存在,破坏市场均衡发展趋势,导致不均衡、价格与价值的不一致成为主要特征。这与自由竞争情况下的价格围绕价值的波动不一致,因为自由竞争情况下,单个的企业不能对市场施加影响,只是价格的接受者,价格围绕价值的波动是自然发生的、正常的。而在不完全竞争市场结构下,人为因素或者垄断因素导致价格高于或者低于价值,成为垄断组织控制市场、获取超额利润、设置市场障碍、驱赶竞争对手的手段,是非完全竞争的表现。品牌作为无形资本在资本运作、市场营销领域的价值体现,具有较高价格是合情合理的,因为无形资本的形成是由复杂劳动创造的,大部分是脑力劳动的结果;一部分是纯粹的权力如特许经营权和土地所有权(使用权)可以作为稀缺资源使用,具有较高价格是市场需求的体现。但是评估过程中脱离价值的过高定价,无论是以什么为依据,都不是价值的体现,而是人为操纵价格的体现。我们可以把这种现象称为无形资本价值泡沫,这是要坚决杜绝的。这种泡沫一旦破灭,对企业信用是巨大的损害,是对企业未来发展的严重透支。

第六章　无形资本与剩余价值生产

无形资本作为一种特殊的资本形式,具有资本的一般属性,是能够带来剩余价值的价值,剩余价值最终要转化为利润,利润形成积累,为扩大化再生产创造条件。在研究价值和剩余价值的时候,马克思把劳动力成为商品看作是劳动创造价值和剩余价值的历史前提。由于研究的需要,马克思把劳动力的概念进行了平均化倾向的界定,保证了自己逻辑研究的严密性和前后一致性。我们也首先从劳动力和人力资本的特殊作用开始分析,来看无形资本的价值和剩余价值创造。并在这个分析过程中,找出马克思的研究假设,以客观地看待马克思资本理论的时代性和适用性。

第一节　简单劳动力向人力资本的转化

一、劳动力概念提出的时代背景及其含义

马克思提出劳动力概念的历史背景不同于我们所生活的时代。在机器大工业刚刚兴起,劳动力作为基本的生产要素,成为机器大工业的一个附属部分,劳动力本身的差异性和质量的高低完全被忽视了,人的作用被矮化,在机器面前劳动者仅仅处于附属地位,"他只是在机器的运转,机器作用于原材料方面起中介作用——看管机器,防止它发生故障,这和对待工具的情形不一样。""活劳动被对象化劳动所占有——创造价值的力量或活动被自为存在的价值所占有","劳动现在仅仅表现为有意识的机件,他以单个的有生命的工人的形式分布在机械体系的许多点上,被包括在机器体系本身的总过程中,劳动自身仅仅是这个体系里的一个环节,这个体系的统一不是存在于活的工人

中,而是存在于活的(能动的)机器体系中,这种机器体系同工人的单个的无足轻重的动作相比,在工人面前表现为一个强大的机体。"①劳动者成为资本的附庸,"资本使用工人,而不是工人使用资本"②,"工人的劳动是属于资本的,劳动不过是工人已经售出的商品的使用价值,工人出卖劳动仅仅是为了给自己取得货币并用货币取得生活资料。"③也正是在这样的历史背景下,使马克思提出了只注重平均化条件的劳动力概念。所以,马克思谈及劳动力时,仅仅是指简单劳动力。

马克思指出:"此外,为了发展他的劳动力,使他获得一种技能,还需要另外花费一定数量的价值,就我们的目的而论,只要考察一下平均水平的劳动就够了,这种劳动的教育费和训练费是微不足道的。"④劳动力概念的提出是服从于研究的需要,在当时历史条件下差异化劳动的作用也体现不出来,尤其是创造性的劳动的价值体现还缺乏必要的社会条件,科技创新的频率、数量、质量都还没有达到较高的水平。所以,马克思用平均化的劳动力概念就能够完成分析劳动与资本的对立、无产阶级和资产阶级的对立、机器与工人的对立等问题。差异化的劳动力不是马克思关注的重点,也不是当时社会关注的重点。

"因为总体工人的各种职能有的比较简单,有的比较复杂,有的比较低级,有的比较高级,因此他的器官,即各个劳动力,需要极不相同的教育程度,从而具有极不相同的价值。因此,工场手工业发展了劳动力的等级制度,与此相适应的是工资的等级制度。"⑤"除了这两类主要工人外,还有为数不多的负责检查和经常修理全部机器的人员,如工程师、机械师、细木工等等。这一类是高级的工人,其中一部分人有科学知识,一部分人有手艺,他们不属于工厂工人的范围,而只是同工厂工人聚集在一起。这种分工是纯技术性的。"⑥马克思把工程师、机械师等人和一般的工人区别开来,显然对他们在生产经营中的作用认识是不一样的。但是马克思把这些归结于技术性分工的需要,没有对这种人才的作用进行特别关注。这与那个时代,人力资本还不占主要地位,

---

① 《马克思恩格斯文集》第 8 卷,人民出版社 2009 年版,第 185 页。
② 《马克思恩格斯文集》第 8 卷,人民出版社 2009 年版,第 488 页。
③ 《马克思恩格斯文集》第 8 卷,人民出版社 2009 年版,第 493 页。
④ 《马克思恩格斯文集》第 8 卷,人民出版社 2009 年版,第 55— 56 页。
⑤ 马克思:《资本论(纪念版)》第 1 卷,人民出版社 2018 年版,第 405 页。
⑥ 马克思:《资本论(纪念版)》第 1 卷,人民出版社 2018 年版,第 484 页。

创新还没有成为时代的显著特征有关系。"生产过程的智力同体力劳动相分离,智力变成资本支配劳动的权力,是在以机器为基础的大工业中完成的。""科学、巨大的自然力、社会的群众性劳动都体现在机器体系中,并同机器体系一道构成'主人'的权力。"①马克思把智力和体力的分离看作是对简单劳动力的剥削,把智力的成果——科学、巨大的自然力、社会的群众性劳动看作是物化的机器,和一般劳动对立起来。但是马克思也揭示了一个基本的事实:体力劳动和智力劳动可以分离,而智力劳动的成果往往可以物化为科学、巨大的自然力和社会群众性劳动,而这些物化的劳动在吸收简单的劳动力的活劳动方面起着很大的作用,是资本家剥削工人的重要手段。现代的人力资本概念其实也是在这个意义上强调人力资本的作用,资本家雇佣人力资本的目的绝不是为了给他们发更多的工资,而是为了给自己创造更多的剩余价值。人力资本发挥作用的形式就是自己的复杂劳动或者是创造性劳动,这种创造性劳动可以直接在生产过程中创造价值,也可以通过物化为机器,也就是专利、专有技术的载体,来通过吸收简单劳动力的活劳动而转移和创造价值。当创新成为常态化的劳动,那么也就意味着创造性劳动直接创造价值的机会增多,间接创造价值的机会减少。马克思已经意识到了复杂劳动力和简单劳动力的重大区别,对他们的不同的作用有所论述,但是时代的局限说明:当时的社会劳动还是以简单劳动为主,以人力资本为代表的复杂劳动力在社会生产中不占主导地位。

二、简单劳动力向人力资本的转化

随着社会的发展,19世纪六七十年代以电力、汽车、轮船等发明和使用为代表的第二次产业革命逐渐兴起,垄断组织开始出现,到19世纪末20世纪初,资本主义完全进入帝国主义阶段,大型垄断组织普遍形成并稳定下来。为了获取垄断利润,这些垄断组织也倾向于鼓励发明,通过专利技术获得高额利润。正如列宁所说:"为此目的,它收买了与烟草加工多少有关的一切发明专利权,耗费了巨额的款项。有许多发明起初是不适用的,必须经过在托拉斯供职的工程师的改进。在1906年年底设立了两个分公司,专门

---

① 马克思:《资本论(纪念版)》第1卷,人民出版社2018年版,第487页。

收买发明专利权……其他托拉斯也雇有所谓 developing engineers(改进技术的工程师),他们的任务就是发明新的生产方法,进行技术改良的实验……?"①"因为现代技术的发展异常迅速,今天无用的土地,要是明天发明了新的方法(为了这个目的,大银行可以配备工程师和农艺师等等去进行专门的考察),或是投入了大量的资本,就会变成有用的土地。"②专利和专有技术的重要性日益体现,作为专利和专有技术的发明者、创造者、维护者,"工程师"、"农艺师"们的作用得到了重视,劳动者能力的差异性得到了正确的面对,"工程师"、"农艺师"们受到了特殊的关照,所获得的工资报酬也大大高于一般劳动者。

20 世纪五六十年代开始,人类社会进入了第三次产业革命时期,以信息技术、生物技术、航空航天技术、新材料新能源技术为代表的科技发明成为时代的主题,新技术新产品层出不穷,市场上顾客对产品的需求逐渐多样化、个性化,产品生命周期缩短,为了降低成本提高效率,企业更加重视人才的作用,对产品的研发更为重视,创新成为企业的重要追求,很多企业开始采用大规模定制生产方式来满足个性化的产品需求。在这个过程当中,人不再是机器的附庸,而是主人。一个新的创意、一个新的发明,都会使企业产品具有新的特征,满足市场新的需求。有些创意或者发明甚至可以使濒临死亡的企业起死回生。在这个阶段,人的主观能动性和创造性得到很大的发挥,信息、技术、知识等要素在生产中发挥着越来越重要的作用。而作为这些要素的载体,人的作用也越来越受到重视。机器重新成为人类进行生产的工具,附属于人的创造性,机器与人在生产中的社会地位发生了反转。新的创作和新的发明使原有的机器不断被淘汰或者贬值,而人的价值却受到越来越多的重视。人类生产方式的转变,生产要素的无形化,创造性劳动、复杂劳动成为主导型劳动等等,对平均化的劳动力概念和假设提出了挑战与质疑。在这个历史背景下,20世纪 60 年代以舒尔茨、贝克尔为代表的西方学者提出了人力资本的概念,这是历史发展的必然。也标志着随着时代的变迁,马克思所说的一般意义上的简单劳动力已经逐渐被人力资本代替,劳动力概念完成了质量平均化的历史

---

① 《列宁选集》(第 27 卷),人民出版社 2017 年版,第 340 页。
② 《列宁选集》(第 27 卷),人民出版社 2017 年版,第 396 页。

使命,质量差异性受到重视,而且作用越来越大,简单劳动力完成了向人力资本的转化。我们后面的研究也将以人力资本占主导为假设进行研究,相对于劳动力概念,人力资本成为研究的重点。

传统意义的劳动力向人力资本的转化,不是所有的劳动力都转化为人力资本,而是时代的变化、生产要素的变化和生产方式的变化要求人力资本占主导地位,平均意义的劳动力占主导转化为人力资本占主导。人力资本不可能完全取代简单劳动力,普通劳动者或者说简单劳动力也不可能完全被消灭。任何时代都会有简单劳动,也会有复杂劳动。复杂劳动占主导并不意味着简单劳动被消灭,社会发展仍然需要简单劳动力。有复杂劳动就会有简单劳动。只是随着时代的发展和进步,复杂劳动和简单劳动的内容不断变化,简单劳动力和人力资本的标准也会不断变化,两者是互相伴生,对立统一的。人力资本占主导地位,也不意味着人力资本的总体数量必然超过简单劳动力的总体数量,更主要的是在社会生产中的地位发生改变,而不仅仅是总量的改变。有些国家可能人力资本的数量超过简单劳动力的数量。如果我们按照受高等教育的百分比作为衡量复杂劳动和简单劳动的一个标准,根据世界经济合作与发展组织 2018 年所发布的报告,日本和加拿大成人受高等教育的百分比均已超过 50%,加拿大高达 56.27%,日本为 50.5%。大多数情况下,受过高等教育的复杂劳动力仍然是少数,简单劳动力总量仍然占多数。即使是发达的美国,在成人高等教育方面排名仅为第六,成年人中有 45.7% 的人受过高等教育,大约 33% 的成年人拥有本科以上学历。从本科学历的比重来看,2010 年,英国和日本大学本科以上比重大约为 40% 左右,为最高,德国大约 23%,中国略低于 20%。从大学的毛入学率来看,世界银行数据库数据显示,2009 年,美国、英国、法国、日本高等教育毛入学率分别为 89%、59%、55%、59%,均超过 50%。世界各国越来越重视对高等教育的投入。

对于劳动力内容与标准的变化,马克思也是早有认识:"起初,资本家在市场上找到什么样的劳动力就得使用什么样的劳动力,因而劳动在还没有资本家的时期是怎样的,资本家就得采用怎样的劳动。由劳动从属于资本而引起的生产方式本身的变化,以后才能发生,因而以后再来考察。"[1]也就是说在

---

[1]　马克思:《资本论(纪念版)》第 1 卷,人民出版社 2018 年版,第 244 页。

资本主义初期,劳动力其实是占主动地位的,资本家很被动,是劳动力决定了资本家的组织生产的方式。但是后来随着机器大生产的普及,工人越来越成为机器的附庸,处于从属地位。这种变化是由于时代和生产方式变化导致的,也是生产力发展水平导致的。劳动力的标准和内涵也是随着时代的变化而变化。所以,劳动力概念转向人力资本概念,劳动力转变成人力资本,都是时代发展变化的内在要求,是符合历史发展事实和辩证法的。事实上,马克思所处的时代,简单劳动力是占绝大多数的,"据兰格计算,英格兰(和威尔士)有1100多万人靠简单劳动为生。当时的人口总数是1800万……"①,简单劳动力的比值高达61%,所以人力资本不占主导地位。而根据美国最近几年(2014—2017)的劳动力变化情况来看,高收入和中等收入的人员占到了72%,低收入行业占比仅为28%。2017年2月至6月新增就业38%在中高产行业,高于低收入行业14个百分点。我们这里假定高收入和中等收入行业都是复杂劳动力,这个比重与美国高新技术产业对经济贡献80%左右、服务业在产业结构中占比80%以上是相匹配的。以美国为首的发达国家,劳动力结构已经转向以人力资本为主。

关于简单劳动和复杂劳动,马克思说:"这里涉及的不再是劳动的质,即劳动的性质和内容,而只是劳动的量。劳动的量是容易计算的。我们假定纺纱劳动是简单劳动,是社会平均劳动。以后我们就会知道,相反的假定也不会对问题有丝毫影响。"②对于劳动量的计算而言,简单劳动和复杂劳动的假设不会对结论有什么影响,马克思是为了研究需要而假定生产都是简单劳动。随着时代变迁,简单劳动占主导已经让位于复杂劳动占主导,但是复杂劳动只是简单劳动的倍加而已,并不改变问题的实质,对于计算劳动量和劳动价值没有什么本质的影响。

三、案例:二战后人力资本与惠而浦的发展

以美国的老牌企业惠而浦的发展史为例,第二次世界大战之后不久,惠而浦第一个生产出顶开式自动洗衣机,并确立了当今洗衣机生产的标准。在研

① 马克思:《资本论(纪念版)》第1卷,人民出版社2018年版,第230页。

② 马克思:《资本论(纪念版)》第1卷,人民出版社2018年版,第220—221页。

发这款洗衣机的过程中,惠而浦投入了大量的人力和物力。20世纪50年代,惠而浦的新产品层出不穷,自动脱水机、冰箱、炉灶和空调等进一步充实了惠而浦的产品生产线。他们不仅注重研发,而且还注重营销。1957年推出"惠而浦魔幻厨房",把移动洗碗机车、自动煮饭机、监控用的旋转电视屏等新产品集中到厨房中打造出一个新概念,受到广大消费者的热烈欢迎。惠而浦非常注重社会关系的搭建,通过成立惠而浦基金会提升公司形象,与世界各地合作伙伴建立良好的社会关系。20世纪50年代末惠而浦开始开拓北美以外的市场。20世纪60年代初期,赢得国家航天局研发饮食和废物处理系统的合同,到了20世纪60年代中期,已经成为北美市场上的著名品牌。创新始终是惠而浦发展的动力,1969年,他们首先推出家用垃圾压缩机,同年美国阿波罗11号飞船登月成功,惠而浦因为饮食和废物处理系统的成功参与而著名于世。20世纪70年代,公司建立了第一个免税消费服务支持热线——冷线。20世纪80年代开始生产制造小型洗衣机。20世纪90年代产品向节能型转变,1993年获得由24个美国公共事业公司赞助的"超效冰箱计划",成为最节能的冰箱,比能源部制定的标准还节能40%。1998年,惠而浦公司的节能洗涤系统正式进入市场,这种高效的顶开洗衣机拥有喷淋装置和水温感应器,减少了水电的消耗。正是因为对创新和人才的重视,对研发的高投入,才保证了惠而浦持久的竞争优势,保证了自身世界品牌的形象。人力资本是保持持续创新和不断提升自身竞争力的最主要来源。在惠而浦的发展过程中,创新始终是公司保持竞争力的主要手段,创新的主体是那些工程师而不是普通的劳动者,生产流水线成为最基础的生产手段和工具,能否生产出来创新型的产品,不是取决于流水线,而是取决于工程师等人力资本的创造性。当然,在劳动过程中,仍然会存在的看管机器的工人,他们就是一般性的劳动力,和工程师等主要的高级劳动力要区别开来,真正创造价值的是以工程师等为代表的人力资本。

简单劳动力向人力资本的转化,是人类社会生产模式的发展和技术进步决定的。第三次产业革命的兴起,使技术创新和发明成为时代最显著的特征之一,知识、信息、技术成为越来越重要的生产要素,产品的个性化需求越来越明显,在这个历史背景下,人的作用已经超过了机器,机器本身的制造和发展也取决于人的创造性。机器本身的价值不仅取决于人类的劳动,而且还取决于社会进步的速度。新技术和新发明的不断涌现,使现有的机器始终存在着不断贬值的风险。而作为可以不断学习、不断提升自己的劳动者来说,人力资本的价值可以不断积累并提高。这时候,对一般性劳动力的社会需求下降,而对以知识分子、技术工人或者科学家等为代表的人力资本则成为社会急需的人才,成为生产过程中不可缺少的资本要素。他们已经不被看作是普通的劳动力,而是作为一种特殊的资本形式参与社会生产,并发挥自己特殊的作用。作为人力资本的承载者,生产过程中的知识分子、技术工人或者科学家等,既是劳动者,又是资本。作为劳动者,他要充分发挥自己的主观能动性和创造性,充分运用自己的活劳动,激活储存在大脑和身体中的知识、经验和技能等人力资本要素,通过创新性的复杂劳动,创造出倍加的劳动价值。

第二节　人力资本与剩余价值的生产

一、人力资本与剩余价值的生产前提

剩余价值的生产,前提条件是劳动力成为商品。这个历史前提仍然存在,即使是劳动力转化为人力资本,人力资本作为劳动力的一分子,仍然是雇佣劳动制度下被买卖的对象。人力资本的投资主体主要是劳动者自己,原则上来说,他对人力资本拥有无可置疑的所有权。但是人力资本不能独立存在,只能以劳动者为载体,与劳动者合为一体。当资本所有者以购买劳动为名支付工资的时候,人力资本和劳动者被一起购买了。劳动者以让渡自身劳动能力或者人力资本的使用权为条件,获得工资。不过在现有的条件下,工资不再仅仅是生活资料购买的条件,还可以用来投资教育和健康。在一些关键性的职位,劳动者获得的工资会更高,资本所有者甚至会用股权的方式奖励那些关键的人才。但是,这并不改变资本所有者与劳动者的地位,资本所有者仍然处于主导地位。人力资本所有者,除非极个别的、关键的人力资本所有者,会被资本家吸收为股东以外,绝大部分还是以工人的身份,被看作是有形资本支配的对象。所以,高级打工仔、白领工人、知识工人的出现,是这个时代的新特征。但是整体来说,并没有改变资本与劳动对立的关系。

正如马克思所说:"资本主义时代的特征是,对工人本身来说,劳动力是

归他所有的一种商品的形式,因而他的劳动具有雇佣劳动的形式。"①人力资本是另外一种形式的劳动力,仍然是一种商品形式,高级打工仔、白领工人、知识工人的出现并没有改变他们作为工人的地位,工人与资本家之间的雇佣劳动仍然存在。正如马克思所说:"劳动力所有者没有可能出卖有自己劳动物化在内的商品,而不得不把只存在于他的活的身体中的劳动力本身当作商品出卖。"②没有对生产资料的占有,没有其他商品可出售,只有出卖自己的活劳动。在这一点上,人力资本和简单劳动力没有本质的区别。人力资本投资成本大、获取的收益名义上比较高,部分人力资本还被吸收为股东,被认为是人力资本资本化,劳动者成为人力资本的资本家,但是现在没有一例可以说明,人力资本家和处于统治地位的资本家能够平起平坐,可以获取剩余价值,可以去剥削他人,他还是要劳动,还是要领工资,还是要在资本家的统治之下。人力资本所获取的高额工资,其实是人力资本再生产所需要的社会必要劳动时间所决定的,因为知识、技能、经验包括健康的体魄的获得需要大量的投资,这是简单劳动力所不能比拟的,马克思也说过,不同的劳动力质量不同,因此大家获得的工资也不同。我们不能因为人力资本获得的工资比较高,而认为他们也成为资本家,也成为统治阶级和剥削阶级的一员了。作为劳动者的一员,人力资本所有者并没有改变自己受剥削受统治的地位,仍然是雇佣劳动制度下的高级打工仔,仍然要靠出卖自己的劳动生活。人力资本仍然是可以实现价值增殖最好的劳动力商品。这是资本实现价值增殖的条件。

　　不能否认的是,目前整个社会的生产力发展水平比资本主义自由竞争阶段已经大大提高了,生活资料相对丰富,劳动者只需要花费工资的一部分就可以满足生活和养育子女的基本需要,剩余的资金还可以用来提高自己的生活质量,或者用于教育和培训,以提升自身的价值。正如马克思所说:"劳动力的价值可以归结为一定量生活资料的价值。因此,它也随着这些生活资料的价值即生产这些生活资料所需要的劳动时间量的改变而改变。"③150年前马克思所处时代生活资料的生产所耗费的劳动时间会更多;150年后的今天,随着科学技术水平大幅度提高,单位生活资料所耗费的劳动时间已经很少,是

---

① 马克思:《资本论(纪念版)》第1卷,人民出版社2018年版,第198页。

② 马克思:《劳动价值论笔记》,人民出版社2017年版,第173页。

③ 马克思:《资本论(纪念版)》第1卷,人民出版社2018年版,第200页。

150 年前的几十分之一甚至几百分之一。因此生活资料相对比较便宜,只用工资的一部分就可以满足生活的需要。以 2011 年美国的基尼系数为例,0.48 的基尼系数已经表明社会贫富差距很大,穷人生活状况恶化,但是仍然表明穷人收入的 62% 可以用于日常生活消费之外的其他投资或支出,工资已经不是仅仅维持生活需要和劳动力再生产的全部条件,社会生产力水平的提高为人力资本的增长提供了可能。

除了工人自己对自己的教育培训投资以外,企业的所有者也会主动投资教育和培训,对自己的员工进行教育培训,提升企业人力资本价值,加强创新,获取更高的利润。这一部分投资导致产权比较模糊——投资主体是企业,受益的是个人,表面上来看谁投资谁受益,谁应该有所有权。实际上人力资本的所有权仍然是劳动者,企业拥有的只能是人力资本的使用权。从这个意义上来说,劳动力转化为人力资本,只不过是资本家购买的商品变成了人力资本,资本的总公式并没有发生改变。商品流通的公式仍然是 W—G—W,资本流通的公式仍然是 G—W—G′,W 代表商品,G 代表货币,G′代表增殖的货币。"因此,G—W—G′事实上是直接在流通领域内表现出来的资本的总公式。"① 这个总公式仍然是成立的。

为了研究的需要,马克思把劳动力的概念平均化了,"我们把劳动力或劳动能力,理解为一个人的身体即活的人体中存在的、每当他生产某种使用价值时就运用的体力和智力的总和。"② 显然,劳动力在劳动的时候所耗费的决不能简单地仅仅用体力和智力来衡量。体力和智力都是活劳动的组成部分,可是知识、经验、技能这些无形要素需要经过体力和智力的加工转化为复杂劳动,与有形资本相作用,才能真正创造价值。马克思在这里显然忽略了已经存在于人体中这些无形要素的作用。这种忽略是一种主观故意,因为马克思说:"此外,为了发展他的劳动力,使他获得一种技能,还需要另外花费一定数量的价值,就我们的目的而论,只要考察一下平均水平的劳动就够了,这种劳动的教育费和训练费是微不足道的。"③"劳动力的教育费用随着劳动力性质的

---

① 马克思:《资本论(纪念版)》第 1 卷,人民出版社 2018 年版,第 181 页。
② 马克思:《资本论(纪念版)》第 1 卷,人民出版社 2018 年版,第 195 页。
③ 中共中央组织部、中共中央宣传部、中共中央编译局编:《马列主义经典著作选编(党员干部读本)》,党建读物出版社 2011 年版,第 61 页。

复杂程度而不同。因此,这种教育费用——对于普通劳动力来说是微乎其微的——包括在生产劳动力所耗费的价值总和中。"①对于劳动力再生产所需要的教育费和训练费马克思都认为微不足道,明确地提出了平均化概念,把劳动力的假设确定在普通劳动力或者简单劳动力上面,也明确地指出了这样做的目的性——显然是指研究的目的性,"因此,假定资本使用的工人是从事简单的社会平均劳动,我们就能省却多余的换算而使分析简化。"②所以,马克思对于活劳动以外的知识、信息、经验、技能等无形要素的忽略是一种研究的需要。

但是在当今社会的发展中,人力资本已经成为不可忽视的要素。这种人为的忽略在马克思时代是成立的,在机器大工业背景下人的主观能动性和创造性被矮化,劳动力质量的差异对机器大生产并不产生明显的作用,每个工人就像螺丝一样被安装在生产流水线上。但是随着人类进入后工业化时代,知识、信息、技术等无形要素已经成为主要的资本形态,作为这些无形要素的载体,人力资本的作用也不容忽视。从上述马克思的论述也可以看出,马克思是承认劳动力水平的差异、承认不同劳动力耗费的不同、承认劳动复杂程度不同导致的教育费用的不同、承认不同质量的劳动力工资水平的不同,但是在研究中马克思又把劳动力假设成为平均化的简单劳动能力,或者普通劳动者,这都是为了研究的方便,也是马克思进一步研究的假设和前提。因此,我们目前所说的人力资本概念实际上是被马克思承认的,只是不包括在马克思的简单劳动力假设之中。我们所要做的工作是根据时代发展的需要,弥补马克思的这种不足,把假设前提扩大到人力资本,还原马克思对劳动力的全面认识,并根据这个全面认识把人力资本作为重点去开展研究。

二、人力资本与剩余价值

人力资本的获得主要是靠教育培训,生活资料只占很小的一部分。通过教育培训获得知识、经验和技能,以及"干中学"所获得的经验,身体健康方面的投资等是构成人力资本价值的主要来源。人力资本的价值要远远高于平均化的劳动力的价值,它是人们在知识、技能、经验和健康素质等方面的社会必

---

① 马克思:《资本论(纪念版)》第 1 卷,人民出版社 2018 年版,第 200 页。
② 马克思:《资本论(纪念版)》第 1 卷,人民出版社 2018 年版,第 231 页。

要劳动支出所决定的,是由教育产品、培训业务、实践活动、医疗保健等劳动产品的价值所决定的。人力资本的使用价值是能够在生产经营管理过程中创造出比一般劳动力更高的价值。人力资本的价值首先要借助于劳动力的活劳动把它转化成复杂劳动,它是经常处于休眠状态的一种特殊活劳动,只有在劳动过程中,才有可能被激活,借助于劳动者的体力和智力,发挥自己的作用。它需要在生产性活动中与有形资本相结合,最终创造出高于一般劳动力的价值,包括剩余价值。所以人力资本的使用价值除了能够创造高于一般劳动力的价值以外,还必须为资本家创造剩余价值,也就是创造出大于人力资本自身价值的价值。从这个意义上来说,人力资本和劳动力的使用价值是一样的。正如马克思所说:"具有决定意义的,是这个商品独特的使用价值,即它是价值的源泉,并且是大于它自身的价值的源泉。"①不同的地方在于,人力资本所创造的价值比一般的劳动力所创造的价值和剩余价值都要高。

在流通领域,劳动力的购买是按照等价交换原则来进行的,但是一旦进入生产领域,劳动力就完全由资本家来进行支配了。人力资本的购买也是按照等价交换原则来进行的,但是它的购买价格现在要明显高于一般劳动力的价格。因为人力资本的价值就是普通劳动力价值的若干倍。但是无论人力资本的价值多么高,只要人力资本的所有者没有变成资本家,他作为劳动者的地位就没有发生改变。人力资本的所有者只是他自身人力资本的资本家,没有有形资本的支持,他的人力资本仍然难以实现价值。在这个意义上,有形资本仍然起着基础的决定性作用,没有了有形资本,人力资本就是无用的要素,甚至在人力资本价值不能变现的情况下,人力资本的载体也会被活活饿死。所以人力资本在本质上仍然是劳动力,只是不同于马克思所假定的平均化劳动力。人力资本是复杂的劳动力,它所参与的生产过程一般是复杂劳动,所创造的价值远远高于简单劳动所创造的价值。马克思在《资本论》中明确地说:"为了简便起见,我们以后把各种劳动力直接当作简单劳动力,这样就省去了简化的麻烦。"②"劳动力在它被使用的专业中,必须具有在该专业占统治地位的平均的熟练程度、技巧和速度。而我们的资本家在劳动市场上也买到了正常质量

① 马克思:《资本论(纪念版)》第 1 卷,人民出版社 2018 年版,第 226 页。
② 马克思:《资本论(纪念版)》第 1 卷,人民出版社 2018 年版,第 58 页。

的劳动力。这种劳动力必须以通常的平均的紧张程度,以社会上通常的强度来耗费。"①所以,马克思为了研究的简便,省去不必要的麻烦,而假设劳动力都是平均水平的简单劳动力、正常的劳动力、普通的劳动力、是按照正常强度和紧张度劳动的劳动力,这种假设避免了当时研究的复杂性和困难性。但是时代不同了,简单劳动力已经让位于复杂劳动力,也就是人力资本,我们必须以人力资本已经成为主要的劳动力形式作为研究假设,这是时代赋予我们的使命。

马克思指出:"但是,我要借此机会指出,各种不同质量的劳动力的生产费用既然各不相同,所以不同行业所用的劳动力的价值也就一定各不相同,因此,要求工资平等是根本错误的,这是一种绝不能实现的妄想"②,"不同种类的劳动力有不同的价值,要生产他们,需要有不同的劳动量,所以他们在劳动市场上就应当卖得不同的价格。"③通过以上论述可以看出,马克思承认劳动力质量的差异性,承认劳动力再生产所需要的社会劳动量具有很大的不同,也指出了不同劳动力获取不同报酬的合理性。因此,人力资本作为复杂的劳动力,它所应得的工资肯定要高于普通劳动力的工资,它所创造的剩余价值也必然多于一般劳动力所创造的剩余价值。

"不言而喻,随着机器的进步和机器工人本身的经验积累,劳动的速度,从而劳动的强度,也会自然增加。"④在这里,马克思把人力资本和专利技术结合起来进行研究,认为技术进步和经验增加反而会导致劳动强度增加。也就意味着劳动者在单位时间内更多劳动的付出,这种付出最终转变为资本家无偿占有的剩余劳动,而不是劳动者应该获得的收益。这实际上对劳动者的体力恢复、健康保养提出了更多的要求,因此在现代化大生产条件下,劳动力的价值,尤其是复杂劳动力,也就是人力资本的再生产需要更多地考虑健康保养等方面付出的成本。马克思显然没有考虑这个问题,因为当时的社会条件并不保护工人这样的权利,工人是通过不断斗争以后才获得了这样的权利。马

---

① 马克思:《资本论(纪念版)》第1卷,人民出版社2018年版,第228页。

② 张雄、鲁品越主编:《新时代哲学探索(下卷)》,人民出版社2014年版,第1243页。

③ 张雄、鲁品越主编:《新时代哲学探索(下卷)》,人民出版社2014年版,第1243页。

④ 王盛辉:《"自由个性"及其历史生成研究——基于马克思恩格斯文本整体解读的新视角》,人民出版社2011年版,第485页。

克思指出:"自从工人阶级逐渐增长的反抗迫使国家强制缩短劳动时间,并且首先为真正的工厂强行规定正常工作日以来,也就是说,自从剩余价值的生产永远不能通过延长工作日来增加以来,资本家就竭尽全力一心一意加快发展机器体系来生产相对剩余价值。"[①]马克思把劳动强度的增加和工作日的延长看作是矛盾的,因此,工人为了降低劳动强度就会抗争,缩短工作日,导致资本家只能通过发明创新,加快发展机器体系来生产相对剩余价值。马克思仍然没有考虑到同等长度的工作日之下,劳动强度的增加仍然是增加了劳动力的磨损,需要更多的时间和高质量的生活资料来恢复劳动力的再生产,这种价值的增加马克思显然没有考虑。他只考虑了社会进步,劳动生产率提高,会导致劳动力价值贬值,资本家占有的剩余劳动增加。在技术越来越进步,劳动强度越来越高的情况下,对于体力恢复和掌握技能的智力要求,比以往任何时代都提高了,劳动力生产和再生产所需要的生活资料和教育培训费用是以往时代的若干倍,简单劳动也已经绝大部分被复杂劳动所代替,完成了向人力资本的转变,人力资本所有者的生产地位有所提高,也可以部分地参与企业的利润分配,但是不能改变劳动者被雇佣的身份和地位,他作为劳动者仍然是被资本家剥削的对象。

三、人力资本与资本总公式

人力资本的这种作用,对于资本总公式并没有特别的影响。资本总公式 $G—W—G'$ 在简单劳动的情况下,我们可以把它进一步细化为: $Gi—Wi-\{A+Pmi\}—Gi'$,A 是劳动力,Pmi 是原材料,Gi' 是增殖以后的货币,它等于 $Gi+\Delta Gi$,ΔGi 是货币增殖部分。

在引入人力资本概念以后,人力资本所参与的劳动是复杂劳动,资本的总公式 $G—W—G'$ 我们可以进一步表示为: $Gs—Ws-\{H+Pms\}—Gs'$,Gs 是最初预付的货币额,由于是复杂劳动,一般情况下预付的货币总额应该比较大,即 $Gs>Gi$;Ws 是购买的用来生产的商品,它包括人力资本 H 和用于生产的原材料 Pms,通常情况下,$Ws>Wi$,$H>A$,$Pms>Pmi$。

无论是简单劳动还是复杂劳动,资本总公式从形式上来说没有发生根本

---

① 马克思:《资本论(纪念版)》第 1 卷,人民出版社 2018 年版,第 471 页。

的变化,它仍然可以一般性地表示为 G—W—G′。但是在复杂劳动的过程中,以科技劳动为例,由于机器设备的投入,资本有机构成比较高,固定资产投资数量比较大,所需要的人力成本也比较高,因为需要熟练的、技术水平比较高的人力资本来进行操作,所支付的工资和报酬要高于一般劳动力应该得到的工资水平,所以整体上来说,需要预付的资本总额会比较大,这就使复杂劳动在各个要素环节上都要付出比简单劳动过程中的成本要高的资本投资,最终人力资本所创造的价值和剩余价值,也要远远超过简单劳动条件下一般劳动力所创造的价值和剩余价值。

第三节　其他无形资本与剩余价值生产

一、经营性无形资本与剩余价值生产

经营性无形资本分为生产型无形资本和流通型无形资本,生产型无形资本主要是专利、专有技术、著作权、计算机软件等,流通型无形资本主要是指商标、网络域名等基础上形成的品牌。

（一）生产型无形资本与剩余价值生产

当生产型无形资本仅仅被用来进行交易,而不是应用于自身的生产,这时候资本家的剥削对象是创造无形资本的劳动者。由于在生产和创造这些无形资本的过程中要耗费大量的人力物力,也就是个别劳动时间耗费比较长,在没有同类生产型无形资本被创造出来之前,个别劳动时间就是生产型无形资本的社会必要劳动时间,也就是完全创新的生产型无形资本是由他的个别劳动时间(同时也是社会必要劳动时间)所决定的。扣除对研发人员、创作人员等人力资本的工资以外,剩余的价值都被资本家无偿占有了,这部分价值就是剩余价值。所以,在人力资本被支付价格以后,它必须生产出高于自身价格的价值,人力资本获得的工资和其他报酬①实际上也都是自己生产出来的,同时也必须为资本家生产出剩余价值。也就是说,人力资本必须创造出高于自身价

---

① 如股票分红等报酬形式,实际上是一种变相的工资。持有少量股票并不能改变工人被雇佣的社会地位,工人不会成为主要股东。

值的价值。不过,人力资本的价值不再仅仅是由生活资料的价值决定,很大一部分是由教育培训、工作经验、医疗健康等方面的劳动的价值决定的,这是它不同于一般劳动力的特殊之处。资本家在人力资本上支付更高的价格,不是出于慈善,而是为了自己获得更高的利润。在剩余价值率保持不变的情况下,越多的资本预付在可变资本上面,资本家所获得的剩余价值就越多。人力资本实际上相当于倍加的普通劳动力,人力资本所获得的报酬无非是若干个普通劳动力的工资的总和。因此,资本家会减少普通劳动力的雇佣,增加对人力资本的雇佣,在可变资本的预付方面,资本家支付的总额可以保持不变,也可以减少,当然也可以增多。但是剩余价值率却不一定下降,这是保持资本家获取剩余价值总量的一个根本原则。剩余价值率不仅不会下降,甚至还有可能因为劳动生产率提高而提高,这就是马克思所说的相对剩余价值,资本家所获得的相对剩余价值增多了,剩余价值率因为劳动生产率提高而提高了。

对专利和专有技术而言,当存在原始创新的时候,它的价值是由个别劳动时间决定。

这种原始的创新一般投入比较大,所耗费的社会劳动比较多,成本很高,很难在短期内收回成本。产品的价值往往是由研发周期内所耗费的人力物力的总价值决定。而这个总价值往往非常巨大,因此产品的价格往往也很高。这时候的剩余价值率取决于资本家给人力资本支付的工资在人力资本所创造的产品价值中占比多少,不同的原始创新往往剩余价值率也不一样。但是,资本家一般是不允许剩余价值率下降的,所以高定价往往就成为原始创新产品的标志,也是资本家的主动行为,以保证资本家在为人力资本支付较高工资的情况下,保证自身获取剩余价值的总量不下降,或者是保证自身利润总量不下降。产品的价值在一定时间内是确定的,在个别劳动时间就是社会必要劳动时间的情况下,产品的价值由个别劳动时间决定。如果按照这个个别劳动时间决定的价值出售,资本家几乎无利可图,只能获取最基本的正常利润。在社会平均的剩余价值率保持不变的情况下,资本家所获取的剩余价值没有出现增长。而资本家还要忍受长期研发的等待,承担有可能来自市场失败的风险。在与以往同等投资相比获得同等剩余价值的情况下资本家会觉得自己亏了。为了弥补这种心理的亏欠,他要为自己投资研发所忍受的等待和承担的市场风险进行定价,这时候垄断定价就产生了。垄断定价往往会让价格高出产品的价值,从而获得垄断利润。这种情况,我们在后面结合市场结构的特征来进一步研究。

当市场上已经存在同类的近似的专利、专有技术的时候,它们的价值是由社会必要劳动时间决定的。资本家总是力图让自己投资研发的专利和专有技术所耗费的个别劳动时间少于社会必要劳动时间,这种情况下他才能获得超额利润。这只能依靠劳动生产率的提高。

劳动生产率的提高无非是两种方式,一种是新技术的采用,一种是劳动强度的加大。第二种方式不能突破人的生理极限,因此,不可能无限制地增强。第一种方式是所有资本家都喜欢采用的方式,虽然技术研发需要支付更多的研发费用,但是和他们从新技术使用中所获得的剩余价值来说,往往是值得的。这种新技术也就是我们说的专利或者专有技术,是一种无形资本。因此,资本家投资研发的主要目的不是为了对外销售专利或者专有技术本身,往往是为了自我使用,获得更高的劳动生产率。除此之外,新技术的使用会促进新产品的产生,会使自己在市场上占有一定的优势地位,资本家也可以通过价格控制获取更高的利润。所以,专利、专有技术的使用,会提高劳动生产率,人力资本为自己生产的时间缩短了,给自己发工资所需要的劳动量减少了,从而相对地延长了无偿报酬部分的价值,资本家获得了更多的相对剩余价值。在这种情况下,剩余价值率提高了。

著作权和计算机软件的价值是由生产和创作所付出劳动的价值决定的。当著作权和计算机软件被反复使用,像一条流水线一样,不断地翻印出新的书籍或者被更多的用户使用,资本家不是把著作权和计算机软件卖了赚钱,而是把它作为生产条件,持续不断地为自己获取利润,这个时候著作权和计算机软件就成为维持不断生产的资本前提,为资本家生产的剩余价值取决于剩余价值率高低。在排除了原始创作和研发之外,同类著作权和计算机软件一般情况下始终是存在的,著作权和计算机软件的权益是受保护的,但这不能使他们成为完全垄断,他们只是在自己的著作权和计算机软件方面形成个别的局部的垄断,与同类著作权和计算机软件形成竞争,比如说张三的著作和李四的著作形成竞争,甲的计算机软件和乙的计算机软件形成竞争,但同时又都受法律保护,形成一定程度的垄断。它们的价值是由社会必要劳动时间来决定的,所耗费的个别劳动时间越少,为资本家创造的利润就越多。因为,产品的价格是按照社会必要价值来决定的,当个别价值小于社会必要价值的时候,资本家就会获得更多的利润。在人力资本获得的工资不变的情况下,相对剩余价值增多,剩余价值率提高。

当然也可能存在着原始的计算机软件创新,如聊天软件还没有被发明之前,某人发明的聊天软件就属于原始创新;在游戏软件没有被发明之前,某人第一个发明了游戏软件,这些都属于原始创新,它的价值是由个别劳动时间决定的。它的剩余价值和剩余价值率特征与原始创新的专利及专有技术是一样的。

土地所有权(使用权)和特许经营权并不是人类劳动的成果,而是法律规定的一种权利。这种权利可以直接被作为和货币一样使用,用来投资或者生产经营,也就成为资本。利用土地所有权(使用权)发财的资本家只要雇佣员工为自己工作,剩余价值创造也就产生了。特许经营也是一样,作为资本的一种,一旦被用于正常生产经营,剩余价值创造也就开始了。这与他们是否是劳动产品,有没有价值没有关系,只与他们是否能够作为资本投入生产经营有关系,与是否存在雇佣劳动有关系。

(二)流通型无形资本

流通型无形资本主要是指商标权和网络域名权。它们也是有价值的,是由商标和网络域名的设计人员、广告宣传人员、日常技术维护人员、法律工作人员的智力劳动所决定的,也需要耗费一定的社会必要劳动时间。作为一种特殊的商品,商标权和网络域名权是有价格的,也是可以转让的。从这个角度来说,当它们作为一种商品被销售的时候也给资本家带来了剩余价值。劳动者所创造的价值增殖部分,扣除自己的工资,剩余的就是资本家得到的无偿价值部分,也就是剩余价值。但是,商标权和网络域名权的打造具有特殊性,它不仅仅是商标和网络域名的设计人员、广告宣传人员、日常技术维护人员、法律工作人员这个群体的劳动所决定的,与产品制造者、企业文化工作者、企业管理者等其他劳动者的劳动也密不可分。缺少了有形产品的支撑,商标和网络域名的价值难以成立。这种对有形产品的依附性,也决定了商标和网络域名的工作群体与其他劳动者的劳动具有一定的相互依赖性。所以,它们的价值增殖部分应该扣除这些共同劳动者的必要价值之后的部分,才是真正的剩余价值。为了研究的简便,我们在这里假设这种依赖性不存在,商标和网络域名工作者所创造的剩余价值完全由他们自己完成。

当商标和网络域名不是为了销售,而是在流通领域为产品销售服务时,它们的价值参与了整个资本的大循环,它们的价值随着资本的周转,逐次地转移到产品中去,最终使自身的价值得到实现。商标和网络域名的价值最终需要借助产品的价格才能实现。商标和网络域名工作者的劳动和生产工人一样都被算作是生产劳动,因为它们的存在已经成为生产经营正常运行的必要条件。它们的价值也已经参加了资本循环和周转,也必然要实现价值增殖。商标和网络域名工作者的劳动也为资本家提供剩余价值。这个剩余价值应该和专利、专有技术等生产型无形资本的创造者保持同等的水平,也就是剩余价值率水平在一个公司内,对于同一水平的人力资本来说应该保持同一水平。它们所创造的剩余价值,需要借助产品销售得以实现。商标和网络域名工作者所创造的剩余价值,和其他部门的工作者所创造的剩余价值在量和质上都是一样的,不会因为是在流通领域就存在着差异。

价值创造似乎只能在生产领域产生,作为流通型无形资本存在于流通领域,怎么会创造剩余价值呢? 作为流通型无形资本,对于产品价值的实现起着非常关键的作用。好的商标和网络域名,市场影响力大,消费者认可度高,市场的销售情况良好,公司产品的价值能够最大可能地得到实现。如果没有商标和网络域名,或者商标和网络域名价值比较低,产品销售就会受影响,产品价值实现难以保证,公司就难以盈利,甚至会破产倒闭。因此,在市场竞争日益激烈、产品过剩①已经成为常态的情况下,商标和网络域名的打造和维护已经成为企业正常生产经营的前提条件,是使自己的产品区别于其他产品、促进销售保证资本循环的必要条件。这样一来,商标和网络域名工作者的劳动也就具有了生产性,对于剩余价值的生产和实现至关重要,是资本家获取剩余价值的必要条件。产品销售的顺利实现,离不开商标和网络域名工作者的贡献。这些工作者也是生产劳动者的一员,是马克思所说的"生产者大众"的一员,

---

① 从 1825 年资本主义国家出现第一次经济危机以来,资本主义经济危机就不断发生,而且危害日益严重。经济危机的实质就是产品过剩的危机。即使是对特色社会主义的中国而言,在发展市场经济的过程中,也已经进入了产品过剩时代。20 世纪 90 年代初期,根据国家经贸委的统计,我国产品绝大多数已经进入供求平衡甚至供过于求的时代。2002 年,国家商业信息中心对国内 600 多种主要商品供求情况进行统计分析发现,2002 年上半年供过于求的商品比重已达到 86.3%,没有供不应求的商品。

他们通过自己的活劳动,充分利用商标和网络域名等生产资料,加工生产着自己的商品——在有形产品基础上增加消费者喜欢、突出企业产品特色的一些特征,这些新颖的特征和用途可以看作是这些工作者的劳动产生的,也必然具有价值,只是不能单独销售,需要附着在有形商品上面。商标和网络域名工作者的劳动也体现在商品中,商品的价值因为他们的劳动而增殖了,随着商品的销售,他们的劳动价值也得到实现,资本家也顺利地得到了自己想要的剩余价值——在这里,资本家不仅剥削了直接生产领域的生产劳动者,而且也剥削了同为企业员工的商标和网络域名工作者,剩余价值里面也有在流通领域工作的商标和网络域名工作者①的劳动价值。商标和网络域名这时候成为企业的一种不可或缺的生产资料,而不仅仅是一个标志或者符号,商标和网络域名不再是等待销售的商品,也不仅仅是帮助销售的辅助标识和符号,它成为企业固定资产的一部分,成为无形固定资产,作为物化劳动,它成为商标和网络域名工作者劳动加工的对象,成为一种特殊的生产资料,它的价值随着资本循环不断地得到实现。随着对商标和网络域名的不断投入、新劳动的增加和企业的发展,商标和网络域名的价值还会不断增长。但是,商标和网络域名工作者所创造的剩余价值和遭受资本家剥削的剩余价值率应该和企业内部其他部门人力资本的情况保持一致,在一个企业内部对于同等的人力资本水平很难出现不同的剩余价值率和剩余价值创造水平。商标和网络域名工作者和直接生产领域的人力资本都已经成为企业生产劳动者群体不可缺少的组成部分。

二、社会性无形资本与剩余价值生产

社会性无形资本主要包括企业文化资本和社会关系与渠道资本,人力资本我们前面已经探讨过了,这里不再重复。

（一）企业文化资本与剩余价值生产

企业文化资本的创造者和维护者也是一群脑力劳动者,理念的设计与提炼、制度设计与维护、行为规范设计与维护、外部标志设计与维护等都是复杂劳动。企业文化主要用来形成一种氛围与行为规范,在员工认同的基础上采

---

① 我们把市场销售人员、广告人员、公关人员的劳动都可以算在这里面,他们的劳动对于增加商标和网络域名的价值、提升企业形象具有重要作用。

取符合企业发展需要的行为,这往往会使企业成本降低、劳动效率提高、产品质量上升、创新能力增强、企业形象得到改善,这些特征显然是企业正常运转所需要的,也是资本家所需要的。资本家在为这些脑力劳动者付出工资的同时,更希望收回成本获取更多利润,因此也必然需要从这部分劳动者身上获得剩余价值。这一部分劳动者的劳动也必然存在着必要劳动和剩余劳动,资本家创造剩余价值。只是企业文化不能作为商品出售,它与企业是不可剥离的,具有一定的依附性,而且与人力资本的质量与数量密不可分。虽然不能作为商品出售,但是为资本家带来利润却是客观事实,这个利润来自哪里呢?

马克思说过:"从社会的角度来看,劳动生产率还随同劳动的节约而增长。这种节约不仅包括生产资料的节约,而且还包括一切无用劳动的免除。"①企业文化不仅可以表现为生产资料的节约,也可以通过调动员工的积极性,避免无效劳动。当节约成为一种习惯和行为要求,成为制度性文化的内容的一部分,就不仅仅是技术提高可以做到的,还需要企业文化和劳动者共同作用。不仅仅是生产资料的节约,也表现为无用劳动的免除。

我们假设一个企业没有优秀的企业文化,只存在着直接劳动者、劳动资料、劳动材料,当然也不存在企业文化工作者,那么直接生产领域的工作分配合理不合理? 大家工作积极性高不高? 合作关系是否紧密? 产品的质量是否得到保证? 产品与技术研发是否及时有效? 这些问题都提出来了,只要大家的工作效率稍微有些下降,比如下降比率为 r,在产品销售等其他条件均保持正常的情况下,那么企业的利润就要下降 r,资本家获得的剩余价值也下降 r②,资本家与同行业相比利润率下降了。这显然是资本家不想看到的情况。那么加强管理也就成为必然的要求。在增加管理人员的基础上,提出一系列的要求,理念的、制度的、规范的也都出来了,企业文化建设又重新提上了日程。这时效率不仅得到恢复,而且还更高了,提升了 r,那么利润提升了 r,资本家得到的剩余价值提升了 r。这些重新恢复的剩余价值和多得的剩余价值都是企业文化资本带来的,也是那些管理者,也就是企业文化工作者带来的。资本家比原来没有企业文化的时候多获得了剩余价值,表面上看,这些剩余价

---

① 马克思:《资本论(纪念版)》第 1 卷,人民出版社 2018 年版,第 605 页。

② 假设原来的剩余价值和利润均为 1,下同。

值都是直接生产领域的生产劳动者创造的,可是没有企业文化工作者的时候却是没有这些多出来的剩余价值。在资本家心目中,这些剩余价值是由企业文化工作者带来的,他要感谢的是管理领域的工作人员,而且要支付这些工作人员工资,这些工资数目往往并不少,他们也属于特殊人才,属于脑力劳动者。

我们假设没有企业文化的时候剩余价值是 1,有了企业文化后剩余价值增加了 R,那么这个增加的剩余价值就应该是企业文化工作者创造的。他们借助直接生产领域工人的劳动,实现了自己的价值。正如马克思所说,"资本主义生产方式恰恰建立在这样的基础上:直接生产者、生产者大众、工人的消费和生产彼此完全不成比例"①,企业文化工作者虽然不是直接生产者,但是他们是"生产者大众",参与了整个资本循环。资本家对他们支付的工资也是一种预付资本,也是需要实现价值增殖的,企业文化工作者只有在创造价值和剩余价值的情况下才能实现支付在自己身上的预付资本的价值增殖,他们的劳动也具有生产性。"有的人多用手工作,有的人多用脑工作,有的人当经理、工程师、工艺师等等,有的人当监工,有的人当直接的体力劳动者或者做简单的辅助工,于是劳动能力的越来越多的职能被列在生产劳动的直接概念下,这些劳动能力的承担者也被列在生产工人的概念下,即直接被资本剥削的和从属于资本价值增殖过程与生产过程本身的工人的概念下。"②企业文化工作者是用脑工作,企业文化部门的经理要承担理念宣传、员工培训等职责,这些工作都是企业正常生产经营所必须的,因此也是"被列在生产工人的概念下"的。企业文化因为企业文化工作者的劳动也就具有了生产资料的性质,它像是企业的固定资产一样存在着,成为企业文化工作者的劳动资料,参加资本总循环,实现价值增殖。这样,企业文化作为固定资本,作为原来劳动的物化,成为生产资料,通过折旧,不断实现自己的价值。另外,企业文化劳动者,作为生产劳动者的一员,间接地参加了大生产,以企业文化作为自己的劳动资料,通过自己的活劳动创造了剩余价值,也被资本家剥削了。马克思在相对剩余价值的论述中,把技术进步、效率提高看作是相对剩余价值生产的主要途径之一,随着时代的变化和社会的进步,企业文化也成为一种提高相对剩余价值的

---

① 《马克思恩格斯文集》(第 8 卷),人民出版社 2009 年版,第 577 页。
② 《马克思恩格斯文集》(第 8 卷),人民出版社 2009 年版,第 522 页。

手段,而且企业文化工作者也成为大生产中的一员,共同创造剩余价值。企业员工一致性的行为、产品质量的提升、创新能力的增强、成本的节约等结果,都可以看作是企业文化工作者的产品,这是一种无形的产品,是企业发展急需要的产品,只是这种产品不能直接销售,而是需要借助有形产品的生产和销售来实现自己的价值。这些特殊的无形的产品同时也是企业文化资本的使用价值。

(二)社会关系与渠道资本和剩余价值生产

在生产过剩成为常态化情况下,企业彼此之间的竞争日益激烈。谁能把自己的产品卖出去,实现资金回流,就能实现自己赚取剩余价值的目的,否则投入的预付资本越多,亏损也会越多。另外,在竞争者越来越多的情况下,市场上常常会出现产能不断扩大,产品卖不出去,但是产能却仍然在增加。这是因为生产资料的私人占有和社会生产的无计划性所导致的矛盾。作为生产厂家,总是后知后觉,才知道市场产能过剩,市场饱和,因此价格失灵的现象经常发生。市场上会出现这样的怪现象:一方面市场已经饱和,产品卖不出去;另一方面企业还在不断扩充产能,不断购买原材料,在新产能和原有的原材料需求不断增加的情况下,旺盛的生产需求会推动原材料价格上涨。在信息不对称的情况下,企业家还是表现为对原材料不断采购,想方设法维持生产经营正常进行。即使企业知道市场已经饱和,只要产品价格还没有下降到平均成本以下,能维持正常运转,企业还会采购原材料。可是为了保证自己能够获取原材料,以保证生产经营正常进行,和上游供应商的良好关系就显得非常重要。另外,在市场竞争日益激烈的情况下,如果能保证自己获取更好的原材料,从而保证自己产品的质量优于其他厂商,这也会增加产品差异性,增强自身的竞争优势。所以,和供应商的良好关系是企业能否维持正常生产经营,能否在竞争中脱颖而出,能否获得更多竞争优势的决定性因素。这种关系决定了资本家获取剩余价值的可能性和剩余价值的多少。因此,社会关系的维护、渠道的拓展成为企业的日常工作,成为保证生产正常运行的必要条件。公关部、市场营销部、法律事务部、对外投资部等部门的工作人员都会把拓展和维护社会关系及其渠道当作是自己的任务之一。公关部的主要任务之一就是拓展和维护社会关系及其渠道。这些部门工作人员的工资都体现在工资总预付里面,属于预付可变资本的一部分,如果不创造剩余价值,对资本家来说岂不太亏了?

如果这些部门的工资都属于一般性费用,不是资本,不是为企业盈利服务,那么资本家为什么不把这些部门的员工全部开除,节省一笔很大的开支呢?①如果他们不创造价值,那工资从哪里来呢? 如果价值只是直接生产部门工人创造出来的,这些脑力劳动者们只是分一杯羹,是靠直接生产工人养活的,那么这些脑力劳动者岂不也是剥削者,在和资本家瓜分剩余价值? 这和这些脑力劳动者员工的身份不相符,是对雇佣劳动制度的一种打破,是对资本主义制度的否定,也是对资本主义大生产的否定,这是现有的资本主义制度不允许的,也是不可能存在的。那就只有一种情况:这些脑力劳动者的工资也是自己发的,也是在创造价值的基础上,既给自己发工资,也给资本家创造利润。因此,他们的劳动也是有效的生产劳动,生产着剩余价值,生产着雇佣制度,生产着资本,生产着资本家和劳动者本身。正如马克思所说:"任何一种受到良好管理的劳动都是生产的;这就是说,任何一种生产劳动,任何一种给资本家带来利润的劳动,就是受到良好管理的。"②这些在为了企业正常运转而设立的部门工作的劳动者,从事的不仅仅是复杂劳动,而且是受到良好管理的复杂劳动,给自己和资本家同时创造着工资与利润,进一步维护了雇佣劳动制度,使他们剥削直接生产领域工人的假象被消灭了,还原了他们作为生产劳动者的本相。"只有工人的劳动过程等于资本或资本家消费劳动能力——这种劳动的承担者——的生产消费过程,这样的工人才是生产的。"③只要是被资本家消费的劳动力,只要是在创造剩余价值,那这种劳动力就是生产性的。

(三)关于马克思簿记费用相关论述的再探讨

也许会有人反驳,一切都按照生产的必要性来判断某些部门的劳动属性,也不一定对吧? 确实,日常经营管理很多环节都是必要的,但是某些内容的花费就是费用而不是资本。比如马克思在《资本论》中,多次提到簿记(现在称之为会计)和簿记费用,他说:"由价值的单纯形式变换,由观念地考察的流通产生的流通费用,不加入商品价值。"④"所有这些费用都不是在生产商品的使

---

① 因为,这些部门的工作人员需要特殊的知识、技能和经验,他们个人索取报酬的标准尺度也是自己认为在社会关系和渠道的拓展及其维护方面可能作出的贡献。

② 《马克思恩格斯文集》(第8卷),人民出版社2009年版,第541页。

③ 《马克思恩格斯文集》(第8卷),人民出版社2009年版,第521页。

④ 马克思:《资本论(纪念版)》第2卷,人民出版社2018年版,第154页。

用价值时花费的,而是在实现商品的价值时花费的;它们是纯粹的流通费用。"①但是,马克思所说的仅仅是狭义流通过程的簿记费用,也就是具体流通过程中产生的簿记费用,而不是指簿记工作整体。簿记工作整体属于现代大生产不可或缺的工作,也是有效劳动,必然也创造价值。马晓华、吴群等(1984)就认为簿记费用是生产性费用,那么簿记劳动者的劳动显然也是生产性劳动。我们要把马克思的原话放到他所论述的大背景下去了解,而不是断章取义。马克思曾经说过:"过程越是按社会的规模进行,越是失去纯粹个人的性质,作为对过程的监督和观念上总括的簿记就越是必要"②,"在资本主义生产方式消灭以后,但社会生产仍然存在的情况下,价值决定仍会在下述意义上起支配作用:劳动时间的调节和社会劳动在各类生产类别之间的分配,最后,与此有关的簿记,将比以前任何时候都更重要。"③强调了簿记对于社会生产的必要性,而且作为一种超出资本主义时代而对人类社会劳动而言永恒的工作,不局限于资本主义生产方式,即使资本主义被消灭,簿记工作也会存在。试想没有簿记导致企业财务管理一片混乱,这会是什么结果? 对于资本家获取剩余价值有利么? 簿记工人的工资不是预付工资么? 不属于预付可变资本么? 不需要实现价值增殖么? 即使它们的费用现在是作为费用进行会计处理的,这个费用也是一种生产的必要,而不是纯粹的流通费用。马克思在《资本论》第2卷分析簿记一节的末段明确指出:"我们这里谈的,只是由单纯形式上的形态变化所产生的流通费用的一般性质。"④"我们现在考察的那些流通费用的性质则不同。它们可以产生于这样一些生产过程……"⑤,"相反,商品价值的计算,记载这一过程的簿记、买卖交易,却不会在商品价值借以存在的使用价值上发生作用。这些事情只是同商品价值的形式有关。"⑥马克思的这些论述告诉我们,这里所说的簿记只是一种狭义的流通费用,而不是指整体的簿记工作,也从来没有否定簿记工作对于生产的必要性和簿记工作作为生产

---

① 马克思:《资本论(纪念版)》第3卷,人民出版社2018年版,第322页。
② 马克思:《资本论(纪念版)》第2卷,人民出版社2018年版,第152页。
③ 马克思:《资本论(纪念版)》第3卷,人民出版社2018年版,第965页。
④ 马克思:《资本论(纪念版)》第2卷,人民出版社2018年版,第152页。
⑤ 马克思:《资本论(纪念版)》第2卷,人民出版社2018年版,第154页。
⑥ 马克思:《资本论(纪念版)》第2卷,人民出版社2018年版,第157页。

劳动的可能性。马晓华、吴群(1984)认为:"簿记是人类在征服和改造自然的斗争中为提高劳动效率和效益而从事的一种必不可少的活动。起初它是生产的附带职能,以后随着社会生产的发展,经济活动越趋复杂,簿记便成为一项独立于生产活动之外的管理职能。但不论是包含于生产劳动之中,还是独立于生产劳动之外,簿记总是和直接生产过程相联系,簿记所发生的费用本质上应属于生产性费用。"①管怀鎏(1984)也认为簿记费用并不是纯粹的流通费用,而是一种生产性支出。所以,我们有充足的理由可以把企业生产经营不可缺少的簿记职能看作是大生产的一部分,簿记人员也是"生产者大众"的一部分。他们的工作就是如实记载企业经营管理中所发生的费用和成本,根据现实的需要和政策的可能,提出合理化的建议,在资金使用、成本节约、合理避税等方面发挥会计人员(包括其他财务管理人员)的聪明才智,为企业发展作出自己的贡献。他们的知识、经验、技能都是需要经过长期的学习和工作锻炼才能形成,不是一般的简单劳动者,尤其是对企业发展能够作出突出贡献的财务总监、财务经理,他们的一个合理化建议可能就会为企业发展提供大量的资金、节省大量的成本、提高运营效率,他们的工资也是普通员工的数倍,如果说他们对于资本家而言只是费用的支出对象,而不是价值和利润的创造者,资本家在这里就变成慈善家了。

马克思说过,直接生产剩余价值的劳动者才是生产工人,他们的劳动才是生产劳动。可是簿记人员是直接生产还是间接生产剩余价值呢?马克思说过:"资本不能从流通中产生,又不能不从流通中产生。它必须既在流通中又不在流通中产生。"②马克思说明了流通领域对于价值创造的不可或缺性,流通领域也是剩余价值创造不可或缺的环节,没有了流通领域也就没有了劳动力这种特殊的商品,也就没有了商品流通,没有了资本循环和价值增殖。所以,剩余价值作为资本价值增殖的产物,仅仅在"直接产品生产领域"是完成不了的。马克思这里所说的"直接生产者"是"直接生产剩余价值"的生产者。那么这个"直接生产过程"是指对"剩余价值的直接生产过程"而不是"产品的直接生产过程"。所以,直接生产剩余价值的任务是由"生产者大众"完成的,

---

① 马晓华、吴群:《簿记费用本质上应属于生产性费用》,《会计研究》1984年第6期,第64页。

② 马克思:《资本论(纪念版)》第1卷,人民出版社2018年版,第193页。

而不是"产品生产工人"自己。"进行生产劳动的工人,是生产工人;直接创造剩余价值的劳动,也就是使资本增殖价值的劳动,是生产劳动。"①"随着劳动过程本身的协作性质的发展,生产劳动和它的承担者即生产工人的概念也就必然扩大了。"②簿记人员也是大生产不可或缺的生产劳动者,他们的贡献增加了资本家获取更多剩余价值的可能性,所以也是直接创造剩余价值的生产劳动者,簿记费用从整个资本主义大生产的环节来说,是生产性费用而不是"纯粹的流通费用",这和马克思单纯地从狭义的角度去谈"簿记费用"并不矛盾。

当然,现代企业的利润不一定全部是剩余价值,费用节省也可以增加现代企业利润,那么在马克思假设的剩余价值是利润唯一来源的情况下,财务总监、财务经理们如果不创造价值和剩余价值,那又如何创造利润呢? 所以,在马克思的研究假设和前提下,费用的节省肯定就是剩余价值的增加。那么节省费用、提高效率也就是财务总监、财务经理们的职能,是会计、财务管理工作的职能,他们对产品的影响是间接的,减少了产品的成本,也就节省了必要劳动,减少了产品生产的个别劳动时间,财务会计人员们成为"生产者大众"的一部分,与直接生产劳动领域的劳动者共同创造了产品价值,当然也就一同创造了剩余价值。这表现为劳动效率提升以后相对剩余价值的增加,只是在付出必要劳动一端的劳动者里面,不要忘记了非直接劳动者的劳动,这个相对剩余价值是"生产者大众们"共同创造的。这些非直接劳动者们,如商标、广告营销人员,通过标示性的工作和广告营销,使消费者对于产品的认识在有形产品基础上产生不同的认识,使 A 企业的产品同 B、C、D 等其他企业的产品区别开来;有的非直接劳动是通过节省成本、提高效率、保证生产正常运营等劳动,间接地改变产品的价值,这些劳动也不能简单地看作是费用,他们是相对剩余价值增加的必要条件,是有效劳动,是预付可变资本的一部分,也要实现价值增殖。他们创造价值的形式就是为企业节省总的劳动付出、提高劳动生产效率,从而增加相对剩余价值,他们已经和直接劳动者融合为一体,在雇佣劳动这个法律形式下取得统一,成为集体被资本家剥削的对象,因此在阶级属性上

① 《马克思恩格斯文集》(第 8 卷),人民出版社 2009 年版,第 521 页。
② 陈建中主编:《中国流通经济体制改革新探》,人民出版社 2014 年版,第 8 页。

他们都是一个阶级,也是资本主义生产方式的生产和再生产者,生产和再生产着资本家和他们自身。为资本家创造剩余价值的是生产劳动者集体,而不是直接生产领域的那一小撮人。所以,我们不能狭隘地理解马克思关于簿记费用的论述,并由此得出一些错误的结论。

(四)从分工协作的角度谈企业文化工作者与社会关系和渠道工作者的劳动性质

马克思在《资本论》第1卷第四篇"相对剩余价值的生产"谈到了协作的作用。他说:"人数较多的工人在同一时间、同一空间(或者说同一劳动场所),为了生产同种商品,在同一资本家的指挥下工作,这在历史上和概念上都是资本主义生产的起点。"①集体大规模协作生产的产生是资本主义大生产的初始形态,较多的工人也就需要分工与协作才能完成大规模生产。"即使劳动方式不变,同时使用人数较多的工人,也会在劳动过程的物质条件上引起革命。"②"因此大量积聚的并且共同使用的生产资料的价值,一般地说,不会和这些生产资料的规模及其效果成比例地增加。"③这都是大规模生产的效果,是规模经济的体现,马克思看到了这一点,并且称之为"革命"。这显然是另外一种生产力,不是单个劳动者能够创造出来的生产力。这首先体现为生产资料的节约,也就是同等数量的不变资本却可以生产出更多的使用价值,平均成本降低了。这客观上使商品可以更便宜,从而降低劳动力的价值。这种生产资料的节约,马克思认为与劳动者个人没有关系,是协作的结果。"这里的问题不仅是通过协作提高了个人生产力,而且是创造了一种生产力,这种生产力本身必然是集体力。"马克思承认大家的协作导致了新的生产力的产生。"尽管许多人同时协同完成同一或同种工作,但是每个人的个人劳动,作为总劳动的一部分,仍可以代表劳动过程本身的不同阶段。"④在一个企业里面,企业文化工作者、社会关系与渠道工作者是否可以算作协作劳动的一部分呢?他们的共同目的是一致的,都是为了维持生产的正常运营,同一产品的生产和销售都是大家共同关心的问题,企业文化工作者在生产过程中也是存在的,对

① 马克思:《资本论(纪念版)》第1卷,人民出版社2018年版,第374页。
② 马克思:《资本论(纪念版)》第1卷,人民出版社2018年版,第376—377页。
③ 马克思:《资本论(纪念版)》第1卷,人民出版社2018年版,第377页。
④ 马克思:《资本论(纪念版)》第1卷,人民出版社2018年版,第379页。

于生产领域的工人的培训,是企业文化工作者的重要内容,企业文化资本也会因此而发挥作用。社会关系与渠道工作者的工作也与生产密不可分,原材料渠道的保证、原材料质量的保证,都是这些工作人员的重要工作职责。那这算不算是为了同一种工作,大家在不同的劳动阶段进行的协作呢?"如果劳动过程是复杂的,只要有大量的人共同劳动,就可以把不同的操作分给不同的人,因而可以同时进行这种操作,这样,就可以缩短制造总产品所必要的劳动时间。"①马克思在这里更关心的是总产品的必要劳动时间的缩短,这正是协作的最终结果,也正是资本家最关心的结果。那么企业文化工作者和社会关系与渠道工作者的劳动难道对这种总产品的必要劳动时间的缩短产生作用么? 如果缺少了他们的劳动呢? 在当今社会仅仅是生产工人的协作是否可以达到缩短劳动时间的效果? 显然,在当今社会如果缺少了他们的劳动,产品生产领域的协作不仅不能进行,而且整个生产将难以为继。这样,企业文化工作者、社会关系和渠道工作者的劳动也就是成为一种现实的需要,是总劳动不可或缺的部分,也是协作的重要内容。因为协作而产生的"集体力"也必然有他们的贡献。

马克思在后续论述中继续说,"一方面,协作可以扩大劳动的空间范围,因此,某些劳动过程由于劳动对象空间上的联系就需要协作"②,马克思举了很多例子,如排水、筑堤、修筑道路等,这都是直接生产的例子。但是他的这个论述显然把直接产品生产的劳动空间扩大了,劳动对象的客观分布状态决定了劳动在空间上的组织形式。那么企业文化工作者和社会关系与渠道工作者的劳动对象是什么呢? 企业文化工作者的劳动对象应该是企业员工,通过企业文化的宣传和培训,改变员工行为;社会关系与渠道的劳动对象是社会关系与渠道,为原材料的供应、产品的销售、对外的合作打基础,似乎和产品生产没有直接关系,那马克思所说的劳动对象在空间上的分布与这两类劳动者似乎没有关系了。但是马克思又进一步论述说:"不论在一定的情况下结合工作日怎样达到生产力的这种提高:是由于提高劳动的机械力,是由于扩大这种力量在空间上的作用范围……是由于使许多人的同种作业具有连续性和多面

① 马克思:《资本论(纪念版)》第 1 卷,人民出版社 2018 年版,第 380 页。
② 马克思:《资本论(纪念版)》第 1 卷,人民出版社 2018 年版,第 381 页。

性,是由于同时进行不同的操作,是由于共同使用生产资料而达到节约,是由于使个人劳动具有社会平均劳动的性质,在所有这些形式下,结合工作日的特殊生产力都是劳动的社会生产力或社会劳动的生产力。"企业文化工作者和社会关系与渠道工作者的劳动对象、劳动方式都不同于直接的产品工人,但是产品工人的劳动能否成为社会平均劳动,某种程度上要取决于企业文化工作者和社会关系与渠道工作者的劳动,因此他们是事实上的一种协作关系。企业文化工作者通过提高产品工人的工作理念、工作技巧,改善工作行为,从而提高个别产品工人的劳动生产率;社会关系与渠道工作者则在原材料供应、产品销售等方面保证个别产品工人能够正产生产、产品能够正常销售,从而使个人劳动具有社会平均劳动的性质。因此,企业文化工作者与社会关系和渠道工作者本质上是总体劳动者的一个组成部分,与其他产品劳动者形成事实上的协作关系,对于产品生产工人的劳动具有社会平均劳动性质具有决定性的影响,企业文化工作者、社会关系与渠道工作者、产品工人的劳动围绕着产品生产形成了一个统一的劳动过程,彼此不可分割,相互依存,成为事实上的同一劳动过程。也就是说原来仅存在于产品生产领域的同一劳动过程,由于社会生产条件的变化,尤其是过剩经济的常态化、竞争的日益激烈化①,使同一生产过程延伸到了原材料供应、产品销售、员工培训、组织管理等环节,这也使这些环节的劳动具有了生产劳动的性质。所以,企业文化工作者和社会关系与渠道工作者的劳动都是生产劳动,他们是总体劳动者的成员,是总的生产工人的一个组成部分,都创造价值和剩余价值。企业文化工作者和社会关系与渠道工作者是不同种的劳动者与产品工人形成了事实上的协作关系。和马克思在"分工和工场手工业"一章中所举的关于马车制造的例子,不同的独立的手工业者如马车匠、马具匠、裁缝、钳工、铜匠、旋工、饰条匠、玻璃匠、描金匠、油漆匠、彩画匠等分工协作关系没有什么区别。

三、社会关系的再生产

我们这里所说的社会关系是社会制度层面的,不是企业微观层面的关系资本。马克思说过:"资本不是一种物,而是一种以物为中介的人和人之间的

---

① 垄断可以看作是一种特殊的竞争形式。

社会关系。"①"生产资料和生活资料,作为直接生产者的财产,不是资本。它们只有在同时还充当剥削和统治工人的手段的条件下,才成为资本。"②"资本不是物,而是一定的、社会的、属于一定历史社会形态的生产关系,后者体现在一个物上,并赋予这个物以独特的社会性质。"③马克思的这些论述指出了资本的社会属性。无形资本作为资本的一种特殊形态,显然也具有资本的一般属性和特征,也必然代表着一种社会关系。

资本的社会属性,取决于资本所代表的社会关系,取决于资本为谁带来剩余价值。在资本创造价值的过程中,劳动者出卖自己的劳动力,为资本家无偿地生产剩余价值。作为无形资本,只是资本形态上的不同,从资本属性来讲,它和有形资本没有任何区别,都是要为资本家服务的。所不同的是,无形资本为资本家带来的是超额剩余价值,或者是超额利润,而有形资本给资本家带来的只是正常利润和正常的剩余价值。当然,这是以不存在垄断为前提。当垄断出现了的时候,资本家也会获得垄断利润。无论是无形资本,还是有形资本,在雇佣劳动被消灭之前,资本的所有者与劳动者对立的地位不会改变。资本的运动和增殖过程就是雇佣劳动再生产的过程,是资本主义生产方式再生产的过程,资本家和劳动者之间的剥削与被剥削关系将始终存在。

人力资本在社会生产中也仍然处于被剥削的地位,他只是自己人力资本的主人,并不是所有资本的主人,即使被吸收为股东,只要不是占控股地位,拥有一些小股份,对于工人而言并不改变自己雇佣工人的社会地位。在资本主义社会,对于白领工人而言这种分配方式比较普遍,最初叫股票期权,工作若干年后,比如5年或者8年,可以拥有部分股权。这部分股权可以由资本家按照人力资本所有者的贡献选择交易方式,可以是干股,资本家免费赠予;也可以是由人力资本所有者按照低于市场价一定的优惠出资购买。但是无论如何,这都改变不了这些白领工人员工的身份,改变不了他们被剥削的事实。雇佣劳动和私有制仍然被再生产出来。

资本家雇佣了劳动者为自己生产,需要预付一定的资本,这些劳动者可以

---

① 马克思:《资本论(纪念版)》第1卷,人民出版社2018年版,第877—878页。

② 马克思:《资本论(纪念版)》第1卷,人民出版社2018年版,第878页。

③ 马克思:《资本论(纪念版)》第3卷,人民出版社2018年版,第922页。

是人力资本代表的高端人才,也可以是普通劳动者。资本家要给他们发不同数额的工资,不同层次的劳动者创造剩余价值的能力不一样,人力资本代表的高端人才创造的要多一些,而普通劳动者创造的要少一些。在剩余价值率方面的大小取决于剩余价值和预付可变资本之间的比值,普通劳动者和人力资本在剩余价值率方面可以保持一致的水平,也可以是人力资本所受的剥削水平高一些,毕竟人力资本创造的剩余价值多,给这些人少发一些工资很难被发现。比如,人力资本创造的剩余价值为 M,拿到的工资为 V;普通劳动者创造的剩余价值为 m,拿到的工资为 v,且 M>m,V>v,但是 M/V 可以与 m/v 相等,也可以不相等,只有 M/m＝V/v,才会出现 M/V＝m/v,而一旦 M/m>V/v,也就是人力资本拿到的工资与普通劳动者相比虽然总额多,但是与他付出的劳动不相匹配,被资本家拿走的剩余劳动和必要劳动比值远远大于一般工人受剥削的程度,这时人力资本的剩余价值剥削率就高于一般劳动者。这也是为什么很多所谓的白领工人一方面很风光,另一方面却很多人劳动压力大,出现过劳死等现象。他们无偿为资本家工作的时间太多,而必要的休息保养身体的时间太少,被过度剥削了。

总之,无形资本并不改变资本主义生产的实质,不改变资本主义的社会关系,不改变雇佣劳动与私有制,不改变资本家对劳动者的剥削关系。当然,不同的时代,不同的资本形态,也必然给资本主义生产方式带来一些新的特点。这些新的特点就是我们研究的重点。

第四节　经营性无形资本初创期与超额利润

马克思注意到了初创经营性无形资本由于生产效率提高和初期垄断优势,造成了利润的迅速增加。马克思把这个获得超额利润的初创期形象地称为"初恋期"。

一、"初恋期"的存在

马克思说:"因此,在机器生产还被垄断的这个过渡时期,利润特别高,而资本家也就企图尽量延长工作日来彻底利用这个'初恋时期'。高额的利润激起对更多利润的贪欲。"①马克思看到了专利技术在刚刚被采用的初期,可以给资本家带来高额利润。因为,机器生产可以使劳动力发生贬值,提高劳动效率,把机器产品的社会价值提高到产品的个别价值以上,从而使资本家用很少的日用产品价值就能弥补劳动力价值。由于垄断可以带来高额利润,因此资本家总是力图延长这种专利技术的使用期限,通过垄断获取更多的利润。但是马克思指出,随着机器的普遍应用,这种垄断就被打破了,机器产品的社会价值就会降低,与原来可以获取高额利润的个别价值相等。马克思显然把竞争因素又考虑进来,垄断在这个时候是不存在的。这时候,资本家也就只能获得社会平均利润了。这也比较符合专利技术的法律规定,超出一定期限后,法律不再保护专利的独占权和收益权。马克思没有考虑到专利技术的延期和新专利技术的发明接力,会导致这种垄断保持下去,导致这种"初恋期"一直持续下去,这时候无形资本也就登场成为资本家和高额利润的"恋爱黏合剂"了。但是,马克思明显地认为,专利、专有技术等无形资本对于资本家获取超额利润而言有一个"初恋期",马克思用这个比喻,形象地说明了这个时间的短暂和资本家对这个"初恋期"的追求。超额利润始终是资本家追求的目标,平均利润只是市场竞争的结果,资本家始终在追求超额利润,会不断地延长这种"初恋期"。现在知识产权法的发展、科学技术创新能力的发展、制度创新的发展等社会进步因素,已经为持续不断地创造出新的无形资本,延长这种"初恋期"提供了条件。现代社会的发展为资本家对超额利润的爱情追求提供了"保鲜剂",可以尽可能地延长,只要这个资本家对于市场判断是准确的,所拥有的无形资本是市场需要的,那么"初恋期"就可能被最大化地延长。

二、"初恋期"的实质是垄断

马克思说:"机器刚刚为自己夺取活动范围的这个初创时期,由于借助机器生产出异常高的利润而具有决定性的重要意义。这些利润本身不仅形成加速积累的源泉,而且把不断新生并正在寻找新的投资场所的很大一部分社会追加资本吸引到有利的生产领域。突飞猛进的初创时期的这种特殊利益,不

_____

① 马克思:《资本论(纪念版)》第1卷,人民出版社2018年版,第468页。

断地在新采用机器的生产部门重现。"①马克思看到了机器作为新技术的载体,在初创期的高利润属性,并且指出了加速积累的属性。初创时期的专利保护,使这些无形资本具有了垄断属性,自然可以获得垄断利润;当然,个别价值低于社会价值的规律,产品按照社会价值出售,使产品销售获得可观的利润。马克思没有刻意去分析这两种利润来源的不同。马克思假设的是价格等于价值,利润只能是来自剩余价值。

但是马克思在这里并不否认"异常高的利润"的存在,也不否认"加速积累"的现实存在,并且以此为基础,继续研究,得出了资本扩张需要走向世界的结论。"总之,一旦与大工业相适应的一般生产条件形成起来,这种生产方式就获得一种弹力,一种突然地跳跃式地扩展的能力,只有原料和销售市场才是它的限制。一方面,机器直接引起原料的增加,例如轧棉机使棉花生产增加。另一方面,机器产品的便宜和交通运输业的变革是夺取国外市场的武器。……一种与机器生产中心相适应的新的国际分工产生了……"②。马克思在这里指出了大工业生产为了追求高额利润,突破原料和销售的限制,走向世界的发展逻辑和历史事实。不经意间也指出了原材料和市场销售对正常生产经营的限制,指出了原材料供应和市场销售渠道的重要性。但是马克思的研究重点是资本如何开疆拓土,如何在世界范围内赚取利润,如何奴役剥削其他国家的人民,如何形成新的国际分工格局,至于资本家如何维护原材料供应和市场销售渠道的努力则毫不顾及了,至于这种投资和维护是否形成一种新的资本和牟利方式,马克思也不考虑了。在那个时代,资本原始积累的血腥行为,是时代的突出特征,马克思无暇顾及其他,一般性的企业管理行为和特征,与剥削这个主题来讲,属于次要的研究问题。随着世界市场的拓展,产品生产也盲目扩张,最后商品充斥市场,出现过剩,因此马克思认为:"工业的生命按照中常活跃、繁荣、生产过剩、危机、停滞这几个时期的顺序而不断地转换。"③指出了资本主义生产的繁荣与停滞相互交替发展的规律。"除了繁荣时期以外,资本家之间总是进行十分激烈的斗争,以争夺各自在市场上的份额。这个

---

①　马克思:《资本论(纪念版)》第 1 卷,人民出版社 2018 年版,第 518 页。

②　马克思:《资本论(纪念版)》第 1 卷,人民出版社 2018 年版,第 519—520 页。

③　马克思:《资本论(纪念版)》第 1 卷,人民出版社 2018 年版,第 522 页。

份额同产品的便宜程度成正比。除了由此造成的资本家竞相采用代替劳动力的改良机器和新的生产方法以外,每次都出现这样的时刻:为了追求商品便宜,强制地把工资压低到劳动力价值以下。"①马克思指出了竞争的激烈性,采用新的技术和方法,改良机器都是为了竞争,实际上指出了现代无形资本产生的内在驱动力,是资本家追求利润、追求竞争优势的动力,这才是专利技术、专有技术等无形资本产生的现实条件。

从马克思的论述我们可以得出结论,"初恋期"可以获得超额利润,加速资本积累与扩张,但是最终竞争的结果是导致利润平均化,"初恋期"消失,进入平均利润的"平淡期"。马克思的假设是同类的发明专利会导致竞争发生,降低原始的超额利润。但是马克思似乎只得出了采用专利技术的唯一结论——价格竞争,把商品便宜和压低工资作为资本家提高自己利润的唯一方法,这和当今市场实际运行的情况不相符。企业除了降低产品价格和压低工资成本以外,还有差异化竞争战略和集中战略等其他竞争手段,通过突出产品差异性,进行差异化定价,或者集中在某一目标市场进行集中突破,这些竞争手段在马克思时代还没有体现出来,但是在当代的市场竞争中,如果还是仅仅满足于马克思所说的竞争手段,那显然已经不能满足竞争的需要。无形资本的出现正是差异化竞争的需要,差异化的产品和服务特征可以增强企业的定价权,从而实现一定程度的垄断,获得垄断利润。这种垄断是一种合理的竞争,是差异化需求的一种反应。集中战略可以通过成本降低达成,也可以通过差异化战略达成,无形资本仍然可以作为有效手段。价格竞争的前提是自由竞争,是资本的自由进出,在垄断已经成为显著特征的时代,不完全竞争成为主要的市场特点,市场壁垒和障碍阻碍着资本的自由进出,垄断型企业通过打击潜在的和现实的竞争者,通过垄断获取超额利润。这个时代特点和市场结构特征是马克思没有预料到的,也是那个时代并不突出的特征。"但是大约15 年前就已经发明了一种自动机,可以一下子完成六种各不相干的过程。1820 年手工业提供的第一批 12 打钢笔尖价格 7 镑 4 先令,1830 年工场手工业提供的为 8 先令,而现在工厂提供给批发商的价格是 2 到 6 便士。"②马克

---

① 马克思:《资本论(纪念版)》第 1 卷,人民出版社 2018 年版,第 522 页。
② 马克思:《资本论(纪念版)》第 1 卷,人民出版社 2018 年版,第 530 页。

思用历史事实证明了发明专利在那个时代的作用,随着技术普及,带来的是价格下降。当然也伴随着小企业、平均成本比较高的企业的破产。那个时代的创新周期长,法律保护不完善,创新技术被完全用作一个或少数几个企业保持自己竞争优势的手段的可能性很低,是带有垄断性特征的竞争市场,在长期仍然要获得平均利润。所以,这个"初恋期"很短暂,也很珍贵,"初恋期"的实质是垄断,是发明专利还没有普及之前的垄断,因此而面临的市场结构可能是完全垄断市场,也可能是寡头垄断或者垄断竞争市场。

三、现实的"初恋期"可以延长

马克思假设没有完全垄断,专利技术可以逐渐扩散成为社会的技术,最终导致社会进步,利润平均化。这是比较传统的技术发展思路。在技术创新已经越来越快的情况下,新的技术会很快取代旧的技术,使原来的旧技术出现贬值。常常是专利期还未过,新的改进型的专利就出来了。为了维护自己专利的垄断优势,资本家往往不惜血本加大研发投资,赶在其他同类专利发明之前,形成新的专利,对原有的专利进行改进或者完全替代,或者是作为原有专利的补充性专利,形成专利群。这些措施都是为了继续维护自己的专利垄断优势,不断延长资本家对超额利润的"初恋期"。

根据美国麦肯锡统计,21世纪初的一家公司资本回报率如果能够保持在15%—25%,那么83%是十年后这个公司依然保持同等水平的资本回报率。而20世纪末,这个概率只有50%。说明公司的垄断能力加强了,与此相对应的是行业集中度的提高。

这是美国1997年和2012年的行业集中度比较。从图6-1来看,2012年各个行业前四大公司的市场份额增长幅度较大,远远超过1997年。从行业来看,信息技术、通信与媒体的集中度从1997年的40%左右提高到近50%;制造业的集中度也从42%左右提高到45%左右;运输和物流由30%提高到40%强,增长10%左右;零售业增加最多,由25%左右提高到40%,增长15%左右。而前四大企业控制市场份额超过三分之一的行业,从1997年的28%上升到了2012年的42%,增长14%。一方面是大企业规模不断扩大,控制市场能力增强,另一方面是中小企业数目减少,越来越被排挤出市场,新创企业步履维艰。最近几年,美国新创企业的数量不断走低。

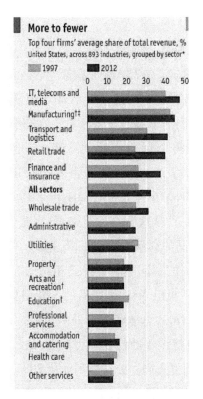

图 6-1　1997 年和 2012 年行业集中度比较

资料来源:经济学人。

以美国军工行业为例,行业集中度高、大企业垄断性高,对市场的控制能力强,这也表现为远超一般企业的高额利润。据统计,海军最大的 20 家承包商在 1977—1984 年间平均利润率为 24%,其他中小企业平均利润率只有12%,前者是后者利润水平的整整一倍。

以消费行业为例,20 世纪六七十年代,消费行业并购热潮出现,行业集中度增加。

根据 Willard F.Mueller 和 Larry G.Hamm(1974)的研究,1947 年美国消费品行业的集中度(行业前四)仅为 36.3%,到 1970 年就上升到 42.4%,高差异度行业集中度则由 49.6%上升到 62.3%,增长 12.7%,幅度惊人。这个过程中,龙头企业盈利增长幅度非常可观。以可口可乐和宝洁公司为例,可口可乐公司 1962 年净利润为 8.77 亿元,到 1970 年则增长到 31.26 亿元,年复合增长率高达17%,同一时期宝洁公司利润也由27.35亿元增长到58.66亿元,年复合增长率也高达10%。

以新兴产业智能手机为例,龙头企业获取超额利润的能力更强。根据调研公司 Counterpoint 调查发现,2017年第四季度,苹果公司的智能手机利润囊括了全球智能手机整体利润的86%,这个数字2016年更高达91%,这个利润水平是其他所有智能手机利润总和的5倍左右。在智能手机系列产品中,最新产品 iPhone X 占到了整个行业利润的35%;其他分别是 iPhone 8 占19.1%,iPhone 8 Plus 占15.2%,iPhone 7 占6.2%,iPhone 7 Plus 占5%,Galaxy Note 8 占3.9%,iPhone 6 占1.8%,Galaxy S8 Plus 占1.7%,iPhone 6S 占1.6%,iPhone SE 占0.9%,从这一个比重来看,越是新的产品利润贡献越高,随着时间的增长,旧产品的利润贡献率下降,这与产品生命周期的规律是相符的,也与马克思所预测的利润不断下降是相符的。但是,对苹果公司来说,2004年开始经营智能手机以来,通过产品的不断创新,公司对超额利润的追求一直保持领先地位,公司的总体利润水平一直保持在高位。资本家对于超额利润的"初恋期"通过持续不断的创新得到了延长。单个产品利润的下滑,没有影响整个公司的超额利润。公司净利润从2005年的13亿美元,增长到历史最高534亿美元(2015年),增长了41倍,年复合增长率达44.9%(见图6-2,根据公开数据计算)。

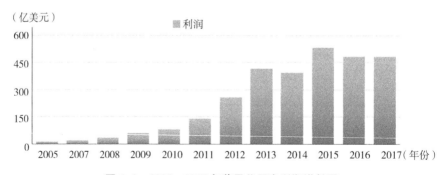

图6-2 2005—2017年苹果公司净利润增长图

资料来源:公司历年财务报告。

这些现实的数据说明,垄断型企业的超额利润并不是短期现象,只要能够不断保持自身的龙头企业地位,保持自己的垄断优势,就可以保持超额利润。

经营性无形资本和社会性无形资本相互结合,为企业在市场上的垄断地位服务,打造出其他企业难以模仿、难以超越的垄断优势,甚至是完全垄断。通过这种垄断优势的打造,资本家对超额利润的"初恋期"被无限期延长了。只要企业在战略判断上不出现失误,这种优势就能保持。

第五节 马克思剩余价值理论和利润理论的研究假设

和现代的学者一样,马克思对于自己的研究是有假设的。根据当时的历史条件和马克思自己的论述,本研究认为马克思在《资本论》中主要有五个前提假设:1. 自由竞争的假设;2. 价格等于价值的假设;3. 生产者等于消费者的假设;4. 简单劳动力的假设;5. 供求一致的假设。在以上假设的基础上,马克思建立了自己的剩余价值理论,也完成了自己的利润理论的构建。

一、自由竞争的假设

马克思生于 1818 年,去世于 1883 年,生活时代主要处于第一次产业革命时期,晚年大约 20 年左右的时间,社会开始转向第二次产业革命。第一次产业革命一直持续到 19 世纪六七十年代。这段历史时期,资本主义处于自由竞争阶段,不存在垄断组织,企业之间自由竞争。企业所生产的产品,基本上是无差异同质化的,为了获取更高的利润,每一个企业都只能是通过改进技术来提高劳动生产率,从而使自己处于有利的竞争地位。按照马克思的论断,不同部门的企业由于竞争会导致资本在各部门之间自由转移。资本会从利润低的部门,向利润高的部门流动。当利润高的部门进入的竞争者过多时,利润率摊薄,随着利润的下降,资本又会从这个部门流出,流向另外一个利润率更高的部门。资本的这种自由流动和部门之间竞争的结果,导致利润率出现平均化,相同数量的资本需要获得相同数量的利润。马克思说过:"资本的自由竞争、资本由一个生产部门向另一个生产部门转移的可能性、同等水平的平均利润等等,都已经完全成熟。"①这个规律,在自由竞争的市场经济条件下是存在

① 马克思:《资本论(纪念版)》第 3 卷,人民出版社 2018 年版,第 693 页。

的,前提是资本流动不存在障碍。

事实上马克思已经认识到了资本流动会碰到障碍,他说:"实际上资本的这种流动性是会碰到障碍的,在这里没有必要进一步研究这些障碍。但是以后将会看到,一方面,就这些障碍是从生产关系本身的性质中产生而言,资本会给自己创造出克服这些障碍的手段;另一方面,随着资本所固有的生产方式的发展,资本会消除使它不能在不同生产部门中自由运动的一切法律障碍和非经济障碍。"①这种障碍显然对自由竞争是一种否定,可是马克思认为这种障碍最终是可以被克服的,"我们将会看到,资本主义生产方式本身创造出这些与它本身的趋势相对立的经济障碍,然而它又消除这种可变性的一切法律障碍和非经济障碍。"②正是建立在这样的假设基础上,马克思把这种障碍的否定作用抽象掉了,从而也完成了自己对自由竞争的假设,这对于马克思的研究来说是非常重要的,它使马克思的研究结论能够在一定范围内成立,使研究逻辑在自由竞争的前提下得以延续,并最终得出马克思想要的研究结论。不仅仅是马克思,古典经济学派也是这种假设。"古典经济学把劳动能力的可变性和资本的流动性定为公理;它有权这样做,因为这是资本主义生产方式不顾一切障碍——这些障碍大部分是资本主义生产方式本身造成的——而坚决贯彻的趋势。为了纯粹地表现政治经济学的规律,可以把各种障碍抽象掉,正像在纯粹的力学中可以把应用这种力学的每一特殊场合所要克服的各种特殊摩擦抽象掉一样。"③马克思正是在研究古典政治经济学的基础上,沿用同样的理论假设,才建立起了自己的科学大厦。任何一种理论研究都必须有自己的理论假设,马克思也不例外。我们不能否定这种假设,它是由学者所处的年代决定的,带有一定的时代特征。马克思对自由竞争的假设,符合他的历史时代定位。

在自由竞争的假设下,马克思的结论一切都顺理成章了。正如马克思指出:"竞争斗争是通过使商品便宜来进行的。在其他条件不变时,商品的便宜取决于劳动生产率,而劳动生产率又取决于生产规模。"④马克思把价格波动

---

① 《马克思恩格斯文集》第 8 卷,人民出版社 2009 年版,第 492—493 页。
② 《马克思恩格斯文集》第 8 卷,人民出版社 2009 年版,第 493 页。
③ 《马克思恩格斯文集》第 8 卷,人民出版社 2009 年版,第 494 页。
④ 马克思:《资本论(纪念版)》第 1 卷,人民出版社 2018 年版,第 722 页。

和自由竞争联系在一起,认为在自由竞争的前提下,商品最终只能是越来越便宜,竞争会导致劳动生产率不断提高。这和古典的政治经济学研究相类似,也是自由市场主义所推崇的结论。"自由竞争使资本主义生产的内在规律作为外在的强制规律对每个资本家起作用。"①在自由竞争的假设基础上,资本主义的生产规律建立起来了,作为一个基本的规律对整个资本主义社会起着基础性的作用,也必然影响到每一个资本家。不仅如此,马克思还认为自由竞争会推动社会的进步,普及新技术新方法,提高劳动生产率,他指出:"价值由劳动时间决定这同一规律,既会使采用新方法的资本家感觉到,他必须低于商品的社会价值来出售自己的商品,又会作为竞争的强制规律,迫使他的竞争者也采用新的生产方式。"②

马克思把劳动生产率的提高、商品的便宜和价值规律都与自由竞争市场紧密地联系在了一起。没有自由竞争,也就没有劳动生产率的提高,也就没有便宜的商品,价值规律也就不存在了,他指出:"一般来说,劳动生产率等于用最低限度的劳动取得最大限度的产品,从而使商品尽可能变便宜。在资本主义生产方式中,这一点成了不以个别资本家的意志为转移的规律⋯⋯一方面,只要以小规模进行生产的资本家物质化在产品中的劳动量多于社会必要劳动量,这一点就表现为规律。因此,这一点表现为价值规律的恰当实现,而这个价值规律只有在资本主义生产方式的基础上才能充分发展。但是另一方面,这一点又表现为各个资本家的内在动力:他们为了突破这个规律或者机智地控制这个规律使之有利于自身,力图把自己商品的个别价值降低到该商品的社会决定的价值以下。"③通过竞争,每个资本家都力图通过最少的投入获得最大的产出,让自己获利,在竞争中获得优势,这也就推动了劳动生产率的提高。不仅如此,他以低于社会价值的价格销售产品,也会获利,因为他的成本低于社会价值,也就是社会劳动高于他的个别劳动。

马克思也看到了资本主义自由竞争的负面作用,他指出:"资本主义生产方式迫使每一个企业实行节约,但是它的无政府状态的竞争制度却造成社会生产资料和劳动力的最大的浪费,而且也产生了无数现在是必不可少的,但就

---

①　马克思:《资本论(纪念版)》第 1 卷,人民出版社 2018 年版,第 312 页。

②　马克思:《资本论(纪念版)》第 1 卷,人民出版社 2018 年版,第 370—371 页。

③　《马克思恩格斯文集》第 8 卷,人民出版社 2009 年版,第 519 页。

其本身来说是多余的职能。"①自由竞争导致的无序,会导致无政府状态,造成社会资源的浪费,这也是马克思对人类社会发展的最终的结论中对资本主义制度猛烈抨击的一个原因。

马克思也看到了自由竞争的发展趋势必然会引起生产集中。生产规模扩大,最终也必然会走向垄断。"历来受人称赞的自由竞争日暮途穷,必然要自行宣告明显的可耻破产。这种破产表现在:在每一个国家里,一定部门的大工业家会联合成一个卡特尔,以便调节生产。""这个托拉斯把英国的全部碱的生产集中到唯一的一家公司手里……竞争已经为垄断所代替……"②马克思非常精准地预测到了垄断的产生。马克思也看到了垄断对资本家的作用,"既然工厂法通过它的各种强制性规定间接地加速了较小的工场向工厂的转化,从而间接地侵害了较小的资本家的所有权,并确保了大资本家的垄断权",确保大资本家的垄断权,显然也是确保大资本家的垄断利益。在这里马克思强调了大资本家才有的垄断权,是从生产规模的角度强调产生垄断的可能,强调垄断对于大资本家可能产生的好处,对中小企业的侵害和冲击。

但是,在马克思所处的时代,垄断不是主要特征,只是表现出一种趋势,自由竞争的市场结构才是最主要的市场结构,自由竞争是马克思时代的主题。虽然马克思已经精准地判断到了垄断的出现,也注意到了垄断对于大资本家的作用,由于受历史的局限,马克思并没有对垄断的市场竞争进行充分的分析和论述,而是从加大剥削的角度更多地论述它对社会的影响。马克思把垄断对市场的影响看作是偶然的因素,不是长久的因素,他说:"就出售来说,没有任何自然的或人为的垄断能使立约双方的一方高于价值出售,或迫使一方低于价值抛售。至于偶然的垄断,我们是指那种由偶然的供求状况造成的对买者对卖者的垄断。"③在垄断是偶然因素的前提下,竞争的作用仍然是主要的,自由竞争的假设不受影响。在竞争的前提下,没有企业能够影响和控制价格,每个企业最终都是市场竞争价格的接受者,自然也就不存在高于或者低于价值出售的情况,这样也就保证了马克思其他推论的成立。

---

① 马克思:《资本论(纪念版)》第 1 卷,人民出版社 2004 年版,第 605 页。

② 马克思:《资本论(纪念版)》第 3 卷,人民出版社 2004 年版,第 496—497 页。

③ 马克思:《资本论(纪念版)》第 3 卷,人民出版社 2004 年版,第 198 页。

马克思在论述供求关系时,把资本的流动性和灵活性作为供求不平衡快速走向平衡的条件之一,他说,"第一个条件的前提是:社会内部已有完全的贸易自由,消除了自然垄断以外的一切垄断,即消除了资本主义生产方式本身造成的垄断……"①。消除了自然垄断之外的一切垄断,具有完全的商业自由,这种假设已经非常接近自由竞争了。马克思在论证利润率下降的规律时,指出竞争在利润率下降中也发挥了重要作用,批评了对利润率下降的错误理解,"类似的肤浅见解,是由于比较各个特殊营业部门在自由竞争的统治下还是在垄断的统治下所得到的利润率而产生的。"在这里,马克思非常明确地提出了"自由竞争"的概念,把它与"垄断"相对应,并指出了资本主义生产的内在规律在竞争中是以颠倒的形式表现出来的。这里的"自由竞争"就是马克思的研究假设,马克思显然是否定"垄断"的作用的。马克思在论述地租时还指出:"资本主义生产方式已经支配农业这样一个假定,包含着这样的意思:资本主义生产方式已经统治生产的和资产阶级社会的一切部门,因此它的下列条件,如资本的自由竞争、资本由一个生产部门向另一个生产部门转移的可能性、同等水平的平均利润等等,都已经完全成熟。"②这个论述非常明确地把资本的自由竞争作为资本主义生产方式的假定之一,而资本的自由流动、利润平均化,实际上都是建立在资本的自由竞争基础上的。这里虽然说的是资本的自由竞争,但是没有自由竞争的市场结构,资本是不可能进行自由竞争的,也就是说资本自由竞争相当于承认了市场结构的自由竞争特点,自由竞争成为正式的资本主义生产方式的假设。

所以,尽管马克思已经预测到了垄断的存在,但是他的整个研究是建立在没有障碍没有垄断的自由竞争的假设基础上的。脱离了这个研究假设,马克思的很多结论也就会受到挑战。比如说利润平均化,现实证明,很多企业它的利润始终处于垄断的高位,并没有表现出利润平均化的趋势。垄断不再是偶然因素,而是长期存在。马克思关于利润率不断下降的判断,在历史发展中也没有出现。这是脱离了马克思对于自由竞争的假设,现实中垄断因素的存在和资本流动的障碍阻碍了自由竞争,也就使马克思的某些研究结论部分地失

①　马克思:《资本论(纪念版)》第 3 卷,人民出版社 2018 年版,第 218 页。
②　马克思:《资本论(纪念版)》第 3 卷,人民出版社 2018 年版,第 693 页。

效了。这不是马克思研究的错误,而是我们脱离马克思的研究假设,导致我们对马克思某些理论判断在理解上出现错误。

二、价格等于价值的假设

价格和价值是马克思剩余价值理论中非常关键的两个概念,但是在研究结果中,马克思最终得出的结论是剩余价值生产,资本家对剩余价值的剥削,剩余价值最终转化为利润。价格在马克思的研究中似乎得到了忽略,价值代替了价格,两者以等同的身份在马克思研究中出现了。最终让大家感觉到:价格就是价值,价值就等于价格。实际上,对于这两种不同的概念,马克思也是进行过理论的交代,他指出:"当我们讲商品价格的时候,在这里总是以下面这一点为前提:资本所生产的商品量的总价格等于该商品量的总价值,因此单个商品即可除部分的价格等于这个总价值的可除部分。在这里,价格只是价值的货币表现。到目前为止,与价值不同的价格尚未包括在我们的阐述中。"①马克思明确地指出了,价格就是价值的货币表现,两者在假设中是相等的。同时马克思也承认,价值有可能与价格不相等,但是这种特殊的情况并没有包括在马克思的研究中。因为在马克思的假设中,总价格最终是等于总价值的,从平均计算的结果来看,单个商品的价格与价值也是相等的。对于那些特别的情况,马克思都选择了忽略,"但是,我们要完全撇开商品量的个别份额高于或低于其价值出售的情况,因为按照假设,商品一般是按其价值出售的。"②在这里,马克思用这个最理想化的结果来作为一般情况进行假设,把高于或低于价值出售这种波动人为地忽略了,这是出于研究的需要。在这个基础上,马克思非常明确地提出了自己的的研究假设:"我们假定:1. 商品是按照它的价值出售的;2. 劳动力的价格有时可能比它的价值高,但从不比它的价值低。"在提出研究假设这一点上,马克思和现代学者一样,所有的研究结果也必须建立在假设基础上。当然,时代变化了,这种研究假设也就有必要根据时代的变化进行调整。

马克思的这个研究假设贯穿始终,马克思在《资本论》中的所有的理论判

① 《马克思恩格斯文集》第 8 卷,人民出版社 2009 年版,第 444 页。
② 《马克思恩格斯文集》第 8 卷,人民出版社 2009 年版,第 446 页。

断都是建立在这个研究假设基础上的。他在研究资本时也指出:"这里不仅是说,像在独立的商品的情况下那样,商品按其价值出售;而且是说,商品作为预付于该商品生产中的资本的承担者,从而作为资本的总产品的可除部分,按其价值(价格)来出售。"①。不仅对资本的研究遵循这个假设,对于劳动力的研究也是这样。他说:"在这里,人们说劳动的价值,并把它的货币表现叫做劳动的必要价格或自然价格。另一方面,人们说劳动的市场价格,也就是围绕着劳动的必要价格上下波动的价格。"②市场价格会围绕着价值,也就是必要价格上下波动,这也是为什么工人的工资不断变动的原因,这是一种市场规律。但是马克思显然不是把价格的波动作为自己的研究前提,他说:"在供求相抵时,劳动的价格就是它的不依赖供求关系来决定的价格,即它的自然价格,而这个价格才真正是应当分析的对象。"马克思还从长期来看,把波动进行相互抵消得出一个平均量,这个平均量就是劳动的自然价格,即劳动力的价值。马克思对劳动力价格的分析也是建立在价格等于价值的基础上的。这个假设和马克思对于价格等于价值的研究假设保持了一致,也避免了研究的复杂性。对于商品的价格马克思也是同样的分析思路,他认为从长期来看,商品的价格波动可以被拉平,也就是平均化,最终还是与价值相等,他说:"不同生产部门的商品按照它们的价值来出售这个假定,当然只是意味着:它们的价值是它们的价格围绕着运动的重心,而且价格的不断涨落也是围绕这个重心来拉平的。"③

　　马克思对于剩余价值的研究结论,显然也是建立在这个研究假设基础上。马克思指出:"因此,资本家们彼此得到的利益,并不是通过互相欺骗而得到的——这只能是一个人从别人那里夺走属于别人的一部分剩余价值——,不是由于彼此高于商品价值出售自己的商品,而是由于按照商品价值互相出售自己的商品而得到的。商品按照与其价值相适应的价格出售这个前提,也是下一册所要进行的研究的基础。"④马克思把价格高于价值假设成资本家的互相欺骗,最终的结果是谁也不会占便宜,因此大家只有规规矩矩地按照价值出

①　《马克思恩格斯文集》第 8 卷,人民出版社 2009 年版,第 446 页。
②　马克思:《资本论》第 1 卷,人民出版社 2004 年版,第 585 页。
③　马克思:《资本论》第 1 卷,人民出版社 2004 年版,第 199 页。
④　《马克思恩格斯文集》第 8 卷,人民出版社 2009 年版,第 453 页。

售自己的商品,赚取自己应该得到的剩余价值。这种研究假设,从社会整体的角度来讲是合理的,因为马克思研究剥削的立足点是整个资本家阶级,而不是某一个资本家,某些资本家彼此的互相欺骗,利润的多少,并不是马克思要研究的重点。

马克思对于"价格高于或低于价值"进行了进一步的推导,从而使"价格等于价值"这个研究假设在"自由竞争"的前提下得以成立。这两个研究假设是互相支持,不可分割的。他说:"剩余价值的形成,从而货币的转化为资本,既不能用卖者高于商品价值出卖商品来说明,也不能用买者低于商品价值购买商品来说明。"①在马克思的推导中,他认为买者同时也是卖者,都有加价10%的权力,因此加价和不加价都一样。这实际上是资本主义自由竞争阶段资本家无力控制市场的一种证明——权力对等,你能加价我也能加价,你不加价我就不加价,最终导致一种平衡,都认可市场价格,公平交易。脱离了自由竞争市场,这种结果是不存在的,也是不可能达成的。在垄断市场结构下这种加价权是不对等的。每个企业控制市场和影响定价的能力是不一样的。甲企业加价100%,乙企业只能加价10%,甲就相对地赚取了90%的利润。就如苹果公司赚取了智能手机行业近90%的利润,而其他所有的公司只能赚取10%左右的利润,不同类型的企业对于市场定价的能力是不一样的,获取利润的能力也是不一样的。这是由当今世界的市场结构所决定的,而不是马克思研究结论的错误。马克思关于自由竞争的假设在当今世界已经几乎不存在了。

在价格等于价值假设的基础上,剩余价值就成为利润的唯一来源,马克思指出:"如果商品是按照它的价值出售的,那么,利润就会被实现,这个利润等于商品价值超过商品成本价格的余额,也就是等于商品价值中包含的全部剩余价值。"②,这时候,剩余价值转化为利润,而且是利润的全部来源,产品的价值实现了,剩余价值也得到了实现。马克思的整个剩余价值论和利润理论基本上就是以此为假设的,是一种非常理想化的假设。这种假设对于资本家剥削工人来说,结论仍然是科学的,并不否定这种事实。所以,这种假设在当时是合理的。

---

① 马克思:《资本论(纪念版)》第 1 卷,人民出版社 2018 年版,第 188 页。
② 马克思:《资本论(纪念版)》第 3 卷,人民出版社 2018 年版,第 44 页。

但是,马克思并不否定,价格不等于价值的时候,剩余价值如何转化为利润,他说:"然而,资本家即使低于商品的价值出售商品,也可以得到利润。只要商品的出售价格高于商品的成本价格,即使它低于商品的价值,也总会实现商品中包含的剩余价值的一部分,从而总会获得利润。"①在这里马克思想象到了产品不能按照价值等于价格的假设来出售的情况,并且以价格低于价值为例进行说明,指出资本家仍然具有获利的空间,也就是价格高于成本价格。马克思把成本价格和价值区分开了,把剩余价值和价格的关系区分开了,也就是说价格与剩余价值没有关系,剩余价值是一个既定的量,但不是成本,而是利润的主要来源。当价格低于价值的时候,只要价格仍然高于成本价格,那么资本家仍然可以获取利润。不过,这样一来,剩余价值显然不能全部转化为利润,只有一部分成为现实的利润。马克思把价格和剩余价值以及利润的关系,在这里说清楚了。但是马克思没有继续说明价格如果高于价值出售会怎么样。

既然价格可以低于价值出售,当然也可以高于价值出售,在剩余价值既定的情况下,价格高于剩余价值的量也成为利润,这部分利润如何看待呢? 在存在垄断的情况下,价格高于价值出售已经成为经常现象,我们应该怎么看待呢? 马克思在后续的论述中说:"在这里没有必要说明,如果一个商品高于或低于它的价值出售,这时发生的只是剩余价值的另一种分配;这种不同的分配,即在不同个人之间分割剩余价值的比率的变更,既丝毫不会改变剩余价值的大小,也丝毫不会改变剩余价值的性质。"②马克思在这里谈到了价格高于价值的出售情况,但是指出没有必要去说明这种情况,因为对于最终的结果分析没有什么影响,马克思仍然是假定价格最终回归价值,社会总价值量不变,价格波动只是价值在不同主体之间的再分配。马克思把这种波动看成是竞争的结果,否则不会高于或低于价值,这就又回到了第一个假设:自由竞争的假设。他指出:"而且这些转化还同现实的竞争,同商品高于或低于它的价值的买和卖结合在一起,以致对单个资本家来说,由他本人实现的剩余价值,既取决于对劳动的直接剥削,也取决于互相诈骗的行为。"马克思不仅用竞争来解

---

① 马克思:《资本论(纪念版)》第 3 卷,人民出版社 2018 年版,第 44—45 页。
② 马克思:《资本论(纪念版)》第 3 卷,人民出版社 2018 年版,第 51—52 页。

释这种价格波动,而且还把这种波动的部分原因归结于资本家的相互欺诈。这种社会原因的解释对马克思来说可以进一步解释资本家的贪婪的剥削本性。

马克思在研究利润率的时候曾经指出:"我们全部研究都是从下面这个前提出发的:价格的提高或降低,是实际价值变动的表现。但是,因为这里研究的问题是这种价格波动对利润率的影响,所以,这种波动究竟是由于什么原因引起,事实上是没有关系的;因此,在价格涨落不是由于价值变动,而是由于信用制度、竞争等等的影响造成时,这里的阐述也是同样适用的。"[1]也就是说马克思的利润率研究也是假设价格等于价值。价格波动被看作是价值变动的结果,而不是供求原因或者其他。马克思在这里认为只是探讨价格波动对利润率的影响,因此什么原因造成了价格的波动并不重要,因为原因很多,但是直接的结果都是价格波动,所以并不影响利润率的研究结论。这也是马克思为什么说信用制度和竞争等原因造成的价格波动并不影响研究结论的真实含义。正是在这个意义上,马克思进一步强化了自己关于价格等于价值的假设,其他的变动都服从于这个假设。马克思认为这个假设所导致的结论完全可以涵盖其他因素变动的影响。这样马克思化繁为简,避免了不必要的论述,可以直接探讨利润率与价格波动之间的关系,得出研究结论。

马克思说过:"价值不变,而只是它的货币表现发生变动的情形,在这里当然完全不予考察。"[2]说明马克思一直假设社会的货币总量不发生变化,这个假设也很重要。一旦货币量发生变化,那么价格水平也会发生变化,这时候对于价格和价值关系的探讨也就失去了意义。这是价格与价值关系探讨的前提,是一个潜在的假设,不需要提及的假设。我们这里也就不过多展开论述了。

三、生产者就是消费者的假设

马克思关于剩余价值的研究,基本上是集中在生产领域,对生产者研究得多,对消费者几乎没有进行太多的研究。这是基于马克思对生产者消费者身

---

[1] 马克思:《资本论(纪念版)》第3卷,人民出版社2018年版,第128页。

[2] 马克思:《资本论(纪念版)》第3卷,人民出版社2018年版,第186页。

份等同的假设之上的。马克思认为,生产者同时就是消费者,因此二者的身份是可以等同的。"在流通中,生产者和消费者只是作为卖者和买者相对立。说生产者得到剩余价值是消费者付的钱超过了商品的价值,那不过是把商品所有者作为卖者享有贵卖的特权这个简单的命题加以伪装罢了。"①剩余价值肯定不是消费者支付的高价,它是生产者雇佣的劳动者生产的,被资本家无偿占有的部分,消费者此时是作为价值实现的帮助者存在,如果支付高价,那就是生产者利润的增加,而不是剩余价值的增加。价格不是剩余价值的来源,但是价格可以是利润的一部分。"因此,坚持剩余价值来源于名义上的加价或者卖者享有贵卖商品的特权这一错觉的代表者,是假定有一个只买不卖,从而只消费不生产的阶级。"②只消费不生产的阶级是不存在的,剩余价值也是不可能来自价格,价格是价值的实现形式,剩余价值只能是来自价值,是价值的有机组成部分,借助价格来实现。加价可以使剩余价值得到超额实现,但是剩余价值不是价格加成得到的,它是劳动者创造出来的被资本家无偿占有的价值部分。

由于存在着诸多的困难,所以马克思忽略了诸多的困难,把复杂的生产者和消费者关系,转化为纯粹的单一的买者和卖者的关系,把二者等同起来,这是一种理论抽象,也是理论研究的需要。他指出:"所以,我们还是留在卖者也是买者、买者也是卖者的商品交换范围内吧。我们陷入困境,也许是因为我们只把人理解为人格化的范畴,而不是理解为个人。"③马克思最终把卖者就是买者作为理论假设,这是为了避免研究的困境,一旦把二者区分开来,就需要研究买者的作用,研究买者的特征,研究买者对资本主义生产方式的影响,研究买者的收入和消费,研究买者的心理和行为,研究买者和经济生活的全部联系。这显然是马克思在当时难以做到的,也是和马克思的研究出发点相违背的。马克思的主要研究目的是揭露资本家对生产工人的剥削,揭露资本主义生产的实质,揭露资本主义社会的矛盾所在,揭露资本主义必然灭亡的趋势,而不是研究资本主义经济发展的现象级规律,不是研究如何调控消费者行为以有利于资本主义发展,不是研究消费者的幸福感,所以,避免研究范围的

①　马克思:《资本论(纪念版)》第 1 卷,人民出版社 2018 年版,第 188 页。

②　马克思:《资本论(纪念版)》第 1 卷,人民出版社 2018 年版,第 189 页。

③　马克思:《资本论(纪念版)》第 1 卷,人民出版社 2018 年版,第 189 页。

扩大,使自己的理论研究保持相对独立的研究假设和逻辑是得出确定性结论的必然要求,现代的学者也是这样去做的。一味地扩大自己的研究假设,往往容易使问题复杂化,得不出自己想要的结论。

从社会整体的角度来看,买者确实就是卖者,生产者就是消费者。但是从局部和微观来看,生产者并不等于消费者,卖者也并不必然转变为买者。作为人格化的人来说,不同的人的身份可以发生变化,但是,身份的转换并不能够让他们的社会地位发生直接的改变,在社会中的作用发生直接的改变。A 企业的生产者,可以成为 B 企业的消费者,但是不一定能成为 A 企业的消费者。从非人格化的人来说,也就是从社会的整体的人来说,他们的身份可以发生变化,但是对于社会的作用却不是等同的。作为生产者的人,生产的产品总量可以远远超出自己消费的产品总量,从而导致供给大于需求,库存增多,产品价格下降。作为消费者的人,收入水平的高低可以影响到整个社会总需求,或者高于产品总供给,产品供不应求,总体价格水平上升;也可以是消费能力有限,产品供给大于需求,总体价格水平下降。所以,生产者和消费者的身份在时间和空间上并不必然匹配,从而导致身份转换时出现一定的错位,由他们的生产行为和消费行为而必然导致社会总供给和总需求的变化,这种变化会导致社会产品的总体价格水平出现波动。因此,马克思对于生产者就是消费者、买者同时就是卖者的假设过于简单化和理想化。

四、简单劳动力的假设

我们前面论述过,简单劳动力是马克思的一个假设。马克思提出劳动力概念的历史背景不同于我们所生活的时代。在机器大工业刚刚兴起,劳动力作为基本的生产要素,成为机器大工业的一个附属部分,劳动力本身的差异性和质量的高低完全被忽视了,人的作用被矮化,在机器面前劳动者仅仅处于附属地位,也正是在这样的历史背景下,使马克思提出了只注重平均化条件的劳动力概念。

马克思指出:"此外,为了发展他的劳动力,……就我们的目的而论,只要考察一下平均水平的劳动就够了……"①劳动力概念的提出是服从于研究的

---

① 《马克思恩格斯文集》第 3 卷,人民出版社 2009 年版,第 55—56 页。

需要,在当时历史条件下差异化劳动的作用也体现不出来,尤其是创造性的劳动价值体现还缺乏必要的社会条件,科技创新的频率、数量、质量都还没有达到较高的水平。所以,马克思用平均化的劳动力概念就能够完成分析劳动与资本的对立、无产阶级和资产阶级的对立、机器与工人的对立等问题。差异化的劳动力不是马克思关注的重点,也不是当时社会关注的重点。另外,马克思所处的时代,简单劳动力是占绝大多数的,马克思通过列举具体的数据来说明这个问题,他说,"据兰格计算,英格兰(和威尔士)有1100多万人靠简单劳动为生。当时的人口总数是1800万"[1],计算的结果是简单劳动力的比值高达61%,所以简单劳动力占主导地位。

对于简单劳动和复杂劳动,马克思说:"这里涉及的不再是劳动的质,即劳动的性质和内容,而只是劳动的量。劳动的量是容易计算的。我们假定纺纱劳动是简单劳动,是社会平均劳动。以后我们会知道,相反的假定也不会对问题有丝毫影响。"[2]对于劳动量的计算而言,简单劳动和复杂劳动的假设不会对结论有什么影响,马克思是为了研究的需要而假定生产都是简单劳动,并不影响马克思对复杂劳动的探讨。因为复杂劳动只是简单劳动的倍加,并不改变问题的实质,对于计算劳动量和劳动价值没有什么本质的影响。

五、供求平衡的假设

马克思在研究利润平均化的过程中非常明确地假设供求关系是一致的,他说:"资本主义生产的实际的内在规律,显然不能由供求的相互作用来说明(完全撇开对这两种社会动力的更深刻的分析不说,在这里不需要作出分析),因为这种规律只有在供求不再发生作用时,也就是互相一致时,才纯粹地实现。供求实际上从来不会一致;如果它们达到一致,那也只是偶然现象,所以在科学上等于零,可以看作没有发生过的事情。可是,在政治经济学上必须假定供求是一致的。为什么呢?这是为了对各种现象要在它们的合乎规律的、符合它们的概念的形态上来进行考察;也就是说,要撇开由供求变动引起的假象来进行考察。另一方面,为了找出供求变动的实际趋势,就要在一定程

---

① 马克思:《资本论(纪念版)》第1卷,人民出版社2018年版,第230页。

② 马克思:《资本论(纪念版)》第1卷,人民出版社2018年版,第220—221页。

度上把这种趋势确定下来。因为各式各样的不平衡具有相互对立的性质,并且因为这些不平衡会彼此接连不断地发生,所以它们会由它们的相反的方向,由它们相互之间的矛盾而互相平衡。"①马克思假定供求关系是一致的,不存在波动,这是为了研究的需要。从长期来看,供求的波动,从而导致价格的波动都可以实现波峰和波谷的抵消,对于研究资本主义生产的实际规律来说,这种波动影响不大。马克思也承认这种波动实际上每天都在发生,但是马克思主要是研究资本主义经济的实质性内在规律,而不是短期的价格波动,这种短期的波动不是他所要关注的重点,所以为了各种研究的方便,马克思假定供求一致。

供求波动也不是不可捉摸的,走向平衡始终是不变的趋势,这种发展的趋势是永恒的,供求一致是波动的最终结果,虽然实际上来说这种结果是偶然的短暂的,但是供求一致是供求波动的必然结果和趋势。因此,直接假定供求一致,符合供求变动发展的趋势和结果,也符合学科发展的需要。"这样,虽然在任何一定的场合供求关系都是不一致的,但是它们的不平衡会这样接连发生,——而且偏离到一个方向的结果,会引起另一个方向的偏离,——以致就一个或长或短的时期的整体来看,供求总是一致的;不过这种一致只是作为过去的变动的平均,并且只是作为它们的矛盾的不断运动的结果。"②不平衡最终从整体上来看,会自我抵消,最终实现一致。这种抵消是供求关系矛盾运动的结果,也是对已经发生了的实际供求关系的变动的一种平均化,实际供求关系的运动已经证明了不平衡走向平衡,不一致走向一致的必然结果。

"因此,供求关系一方面只是说明市场价格同市场价值的偏离,另一方面是说明抵消这种偏离的趋势,也就是抵消供求关系的影响的趋势。……供求可以在极不相同的形式上消除由供求不平衡所产生的作用。"③供求关系的变化一方面用自己的形式表明市场价格与市场价值的不一致;另一方面,供求的一致和平衡的结果,也说明市场价格与市场价值的最终波动趋势和结果,供求是否一致决定了市场价格与市场价值是否一致。供求的变动又会最终把供求导致的不平衡加以影响和抵消,最终恢复平衡。资本的流动也是在供求关系

① 马克思:《资本论(纪念版)》第3卷,人民出版社2018年版,第211页。
② 马克思:《资本论(纪念版)》第3卷,人民出版社2018年版,第211页。
③ 马克思:《资本论(纪念版)》第3卷,人民出版社2018年版,第212页。

变动的基础上发生的,这样才最终出现了平均利润。资本总是由利润水平较低的部门流向利润水平较高的部门。

"甚至他也不得不承认,不论市场价值如何,供求必须平衡,才能得出市场价值。"①供求平衡是市场价值保持平衡的条件,是市场价格与市场价值保持一致的条件,市场价值的实现需要供求保持平衡,只有供求一致,供给才能全部出清,需求全部得到满足,市场价值得到全部实现。

"这就是承认,当同一商品在不同时期有两个不同的'自然价格'时,如果商品在两个场合都按照它的'自然价格'出售,那么供求在每个场合都能够互相一致,并且必然互相一致。"②马克思在引《评用语的争论》时得出上面的结论,对于亚当·斯密提出的"自然价格"要求供求在每个场合都一致,这显然是不可能的。价格不一致,而供求要求一致,只能说明自然价格不是由供求关系所决定的。马克思的这个反证,也说明了其他学者对供求关系的关注和假定。把供求关系一致的假定历史地呈现在大家面前,也说明了这种假设的必要性。

"竞争,同供求比例的变动相适应的市场价格的波动,总是力图把耗费在每一种商品上的劳动的总量归结到这个标准上来。"③供求关系与自由竞争的假设,以及价格等于价值的假设,都是一脉相承的,在逻辑上是一致的,正是在这样的假设基础上,马克思的其他理论研究结论才得以成立,社会必要劳动时间等概念才能成立。也正是在这样的基础上,自由竞争才表现出社会的性质,供给不是个人的供给而是社会的供给;需求不是个人的需求,而是社会的需求。需求的波动会引起竞争行为的改变,从而导致社会资源在竞争中发生改变,实现优化配置,从低效的领域流向高效的领域。供求关系直接影响着整个资本主义生产,影响着社会关系的发展,利润的平均化也是在供求关系的变化中实现的。在这种不平衡中,供求关系又逐渐走向平衡,不断实现平均化。马克思指出:"那种在不断的不平衡中不断实现的平均化,在下述两个条件下会进行得更快:1. 资本有更大的活动性……2. 劳动力能够更迅速地从一个部门

---

① 马克思:《资本论(纪念版)》第3卷,人民出版社2018年版,第213页。
② 马克思:《资本论(纪念版)》第3卷,人民出版社2018年版,第214页。
③ 马克思:《资本论(纪念版)》第3卷,人民出版社2018年版,第214页。

转移到另一个部门,从一个生产地点转移到另一个生产地点。"①马克思指出了供求不平衡加速走向平衡的条件,资本和劳动力等要素的流动更加迅速,那么供求不平衡的状态被改变的速度也会加快。

供求平衡的假设是与自由竞争、价格等于价值的假设在逻辑上是一致的,是一个问题在不同角度上的多个表现。对于马克思的平均利润规律至关重要,对于其他的研究结论也是一种必要的支撑。

六、对五个假设的评价

马克思关于自由竞争、价格与价值、生产者和消费者、简单劳动力的假设,是当时的时代特征决定的,这也是马克思作为一个学者的历史局限。但是,马克思的研究结论,尤其是剩余价值理论和在此基础上形成的利润理论,在当时的假设基础上是对的、科学的,对于指导当时的国际工人运动起到了不可磨灭的作用。这种科学与合理还表现在研究的必要性上:1. 简单劳动力的假设,为价值和剩余价值的创造以及计算提供了前提,马克思在此基础上找到了剩余价值的源泉,并用剩余价值率来计算资本家对工人的剥削程度;2. 自由竞争、价格等于价值、供求平衡的假设一脉相承,在自由竞争假设的基础上,忽略了垄断和障碍因素,强调了技术进步和劳动生产率的提高,而价格等于价值的假设,使剩余价值的实现避免了复杂的条件,避免了花费更多的时间去探讨价格与价值的不一致导致的剩余价值实现问题;供求平衡的假设使利润平均化的研究得以成立,使市场价格与市场价值保持一致,市场价值得以实现;3. 关于生产者等于消费者的假设,使剩余价值理论得以在创造和实现形式上得以成立,忽略消费者的行为也就是忽略价格波动的原因,忽略现实的需求因素,使自由竞争的假设服务于生产劳动创造剩余价值的研究逻辑,使价格等于价值的假设得以成立,因为如果考虑消费者行为,价格背后的供求因素必然是要充分论证和探讨的因素,价格等于价值的理想状态就难以在理论上得以实现,自由竞争暗含的供求波动也必须加以充分说明,通过生产者和消费者等同的假设,这些因素都可以忽略。

在当今时代,完全的自由竞争市场结构几乎是不存在的,但是竞争作为一

---

① 马克思:《资本论(纪念版)》第 3 卷,人民出版社 2018 年版,第 218 页。

个基本要素是存在的,竞争可以导致劳动生产率提高的规律仍然是有效的;价格与价值的不统一成为一种常态,但是价值规律作为一种基本的规律,只要是有竞争和供求波动的地方就会发生作用,价格始终以价值为基准向价值作出趋势性运动,在某些类似于自由竞争市场的领域,如农业产品领域,价格与价值的关系仍然遵循着马克思的研究结论所指示的规律;生产者与消费者的简单等同,是马克思进行整体性社会矛盾研究必要的假设,但是并不否定当今时代生产者和消费者在社会生活中的行为特点和规律;简单劳动力的假设也并不否定人力资本概念的存在,复杂劳动力并不否定简单劳动力假设前提得出的结论,因为复杂劳动力是简单劳动力的倍加。马克思的剩余价值理论和由此产生的利润理论,基本上是以这五个假设为前提产生的。我们不排除马克思还有其他的假设,但是这五个假设无疑是最重要的。

第七章　无形资本与超额利润来源

作为一种新资本形态,产生的历史时期不同于有形资本,也必然带有不同于有形资本的规律。我们前边的几章内容也揭示了这一点。这一章在无形资本特殊性基础上主要探讨无形资本与超额利润之间的关系问题,与此相对应的是不同的历史假设和逻辑思路。

第一节　不完全竞争的出现

任何理论都是相对的,都有历史条件限制。马克思的研究也不例外。马克思的理论也都有一定的适用范围和时期。在资本主义自由竞争阶段,市场产品以同质化为主要特征,企业数量众多,规模很小,不能影响市场的价格,产品只要生产出来就能出清,这种理论假定也适用于马克思所说的简单再生产。即使是出现了资本集中趋势,在扩大化生产阶段,第二次产业革命还没有到来,垄断组织没有完全形成,处于不稳定状态,马克思预见到了垄断的可能,但是垄断没有成为当时主要的历史事实。所以,整体上来看,马克思所处的历史阶段属于资本主义自由竞争阶段,他的理论也基本上是以反映资本主义自由竞争基本规律为主。但是历史发展到今天,已经大不相同。19 世纪末 20 世纪初资本主义经济已经进入垄断帝国主义阶段,市场的垄断性特征成为主要的市场特征,产品生产的差异性和需求的多样性已经成为主要的特征,无形资本已经成为起主导作用的资本形式,无形资本获取利润的手段和途径,以及积累的效果也必然不同于历史上传统的有形资本。

一、马克思相关理论的适用范围和历史条件

恩格斯说过："只要经济规律起作用，马克思的价值规律对于整个简单商品生产时期来说是普遍适用的，也就是说，直到简单商品生产由于资本主义生产形式的出现而发生变形之前是适用的。"[1]"马克思的价值规律，从开始出现把产品转化为商品的那种交换时起，直到公元 15 世纪止这个时期内，在经济上是普遍适用的。"[2]恩格斯在"价值规律和利润率"一文中，对马克思的第 3 卷进行了补充说明，对价值规律的适用时期进行了说明，指出了价值规律普遍适用的历史性，把简单商品生产和价值规律之间的内在关系指明了，实际上也指出了价值规律的历史局限性——并不是任何时期都适用的，指出了价值规律在时间上的适用性。15 世纪是资本主义发展萌芽时期，也是简单商品经济发展比较充分的时期。在这个时期价值规律是普遍适用的，此时市场结构简单，发展也不充分，市场基本上处于自由竞争状态。这并不表明价值规律对 15 世纪之后的资本主义不适用了，而是不那么"普遍"适用，逐渐由其他理论规律代替了。

恩格斯指出："在国内单个生产者之间进行的零售贸易中，商品平均来说是按照价值出售的，但是在国际贸易中，由于上面所说的理由，通常都不是如此。这种情况完全和现在的世界相反。现在，生产价格适用于国际贸易和批发商业，但在城市零售贸易中，价格的形成则是由完全不同的利润率来调节的。"[3]这说明，价值规律和生产价格规律具有不同的适用范围，在十六七世纪，价值规律主要是在国内发生作用，而生产价格规律则在国际贸易中发生作用，恩格斯指出生产价格适用于国际贸易和批发商业。这一论断指出了不同规律在空间上的适用性。

"大工业通过它的不断更新的生产革命，使商品的生产费用越降越低，并且无情地排挤掉以往的一切生产方式。……它还使不同商业部门和工业部门的利润率平均化为一个一般的利润率，最后，它在这个平均化过程中保证工业取得应有的支配地位，因为它把一向阻碍资本从一个部门转移到另一个部门的绝大部分障碍清除掉。这样，对整个交换来说，价值转化为生产价格的过程

---

①　马克思：《资本论（纪念版）》第 3 卷，人民出版社 2018 年版，第 1018 页。

②　马克思：《资本论（纪念版）》第 3 卷，人民出版社 2018 年版，第 1019 页。

③　马克思：《资本论（纪念版）》第 3 卷，人民出版社 2018 年版，第 1023—1024 页。

就大致完成了。"①恩格斯在这里又指出了生产价格规律与机器大生产之间的内在关系,也指出了价值规律向生产价格规律转变的历史节点取决于机器大工业的发展,与机器大工业在历史上的出现密不可分。机器大工业的发展,使商品生产和销售的竞争越来越激烈,资本从利润比较低的部门逐渐地流向利润较高的部门,通过竞争,利润较高的部门利润水平逐渐降低,实现了向平均利润的过渡。而利润较低的部门,由于资本的流出,生产能力下降,供给减少,商品价格上升,从而利润水平增加,逐渐靠近平均利润。当上升到达一定程度且超过平均利润时,又吸引外部资本流入该领域。这样,通过资本的自由流动和商品供求关系的变动调节,同量资本获取同量的利润,利润平均化实现了。这里有一个前提就是自由竞争仍然发挥作用,产品仍然是同质化产品,没有太大差异性。

机器大工业出现于 18 世纪 30 年代,在 18 世纪得到充分发展,18 世纪末完成了手工工厂向机器大工业的过渡。经过一百多年的发展,机器大工业导致生产集中,资本主义逐渐过渡到垄断阶段,自由竞争阶段结束。也就是说自由竞争和机器大工业同时存在的年代不到一个世纪,仅仅七十多年的时间。与机器大工业发展相伴随的是科技的发展,社会化生产程度的提高,资本主义市场范围和企业规模的扩大,现代化公司制的出现,传统的工厂被现代化公司取代了。管理逐渐成为一门学科,得到迅速发展,19 世纪 80 年代泰勒的科学管理理论开创了现代化管理理论的先河。与此相对应的是,垄断组织和无形资本开始出现。企业文化和社会关系等社会性无形资本逐渐发展起来。

二、19 世纪末至今资本主义的发展

如果按照历史学家们对资本主义发展阶段的划分,14 世纪至 16 世纪属于资本主义萌芽阶段,17 世纪至 18 世纪是资本主义革命阶段,18 世纪 60 年代到 19 世纪 70 年代是以蒸汽机为代表的自由资本主义阶段,19 世纪 70 年代到 20 世纪四五十年代是以电气为代表的垄断资本主义阶段,20 世纪四五十年代至今是国家垄断资本主义阶段,也称信息时代或者经济全球化时代。马克思的资本论的主要内容完成于 19 世纪六七十年代之前,最后一卷发表是

---

① 马克思:《资本论(纪念版)》第 3 卷,人民出版社 2018 年版,第 1026—1027 页。

在1894年,也就是19世纪末。按照历史学家们对资本主义历史阶段的划分,马克思的资本论所反映的内容,主要是资本主义自由竞争阶段及其以前的萌芽阶段和革命阶段。19世纪70年代到20世纪四五十年代就进入了垄断资本主义阶段。如今,在经济全球化背景下,资本主义国际范围内的垄断特征更加明显,以发达资本主义国家为代表的国际范围内的垄断奠定了当今的国际政治经济格局。与此相对应的是市场垄断成为主要特征,马克思的价值规律理论和生产价格等理论也需要根据历史发展做出新的解释和发展。

列宁同志在《帝国主义是资本主义的最高阶段》一书中,对资本主义的国家垄断特征进行了充分论述,特别强调了垄断已经成为资本主义的主要特征。西方的经济学者张伯仑和罗宾逊于20世纪30年代也分别指出了资本主义市场竞争的不完全性。马克思主义学者和西方学者在市场竞争中存在垄断问题上达成了高度一致的看法。在经济全球化的今天,新技术新发明层出不穷,巨型企业、龙头企业在各行各业几乎都存在,技术垄断、行政垄断比比皆是。资本主义市场结构已经彻底完成了由自由竞争向不完全竞争的转化,垄断成为显著特征。

第二节　马克思关于超额利润的相关论述及启示

马克思关于超额利润有很多的论述,对于我们后续的研究非常重要,具有很现实的指导意义。马克思对于超额利润的论述,尤其是在地租一篇的论述中,指出超额利润来自垄断,来自垄断导致的价格对价值的背离,是价格高于价值形成的。

一、马克思关于价格和价值不一致情况的论述

（一）价格不等于价值的可能性

马克思在论述价格与价值关系的时候,多次谈到价格与价值不一致的情况。只是由于自己的研究假设和研究结论,决定了马克思不可能花费过多的时间和精力去研究价格与价值不一致的情况。但是这并不代表马克思不承认价格对价值的背离。马克思指出:"在这里,价格只是价值的货币表现。到目

前为止,与价值不同的价格尚未包括在我们的阐述中。"①马克思只是为了研究的方便,把价格与价值相等作为假设,但是二者不一致是客观存在的。马克思指出:"如果商品是按照它的价值出售的,那么,利润就会被实现,这个利润等于商品价值超过商品成本价格的余额,也就是等于商品价值中包含的全部剩余价值。然而,资本家即使低于商品的价值出售商品,也可以得到利润。"②在这里,马克思指出了价格低于价值的情况下如何实现利润的问题,那就是价格高于成本而低于价值,这样部分剩余价值得到实现,企业仍然能够获利。这是马克思对价格背离价值的一种分析,指出了价格、价值、成本和利润的关系。既然价格可以低于价值出售,当然也可以高于价值出售。马克思的这个论述对于价格与价值的不一致给出了可行的分析思路。

马克思说:"不同生产部门的商品按照它们的价值来出售这个假定,当然只是意味着:它们的价值是它们的价格围绕着运动的重心,而且价格的不断涨落也是围绕这个重心来拉平的。"③价格波动必然存在着价格高于或者低于价值,但是马克思在自由竞争的假设基础上,认为在长期价格会最终等于价值,价格会被价值这个重心拉平,也就是平均化。只要竞争存在,障碍就是可以克服的,价格的上涨和下跌最终可以互相抵销,最终价格波动被拉平也是必然的。但是,马克思没有想象到垄断组织的发展力量太过强大,知识产权法律体系也日益完善,障碍成为不可克服的阻碍价格涨跌的因素,人为对价格的控制成为可能并成为垄断企业获利的主要手段。这是历史发展的必然,是历史车轮造成的社会结果。

(二)垄断对价格高于或低于价值的影响

马克思在论述价格等于价值的假设时,也对一些特殊情况进行了说明,他说:"要使商品互相交换的价格接近于符合它们的价值,只需要:1. 不同商品的交换,不再是纯粹偶然的或仅仅临时的现象;2. 就直接的商品交换来说,这些商品是双方按照大体符合彼此需要的数量来生产的,这一点是由交换双方在销售时取得的经验来确定的,因此是从连续不断的交换行为中自然产生的结果;3. 就出售来说,没有任何自然的或人为的垄断能使立约双方的一方高于

---

① 《马克思恩格斯文集》第 8 卷,人民出版社 2009 年版,第 444 页。

② 马克思:《资本论(纪念版)》第 3 卷,人民出版社 2018 年版,第 44 页。

③ 马克思:《资本论(纪念版)》第 3 卷,人民出版社 2018 年版,第 199 页。

价值出售,或迫使一方低于价值出售。我们把偶然的垄断看成是那种对买者或卖者来说由偶然的供求状况造成的垄断。"①这句话包含了三个意思:商品经济已经发展到一定阶段,交换日益频繁,不再是偶然的临时的现象,经常性的交换需要按照内在价值进行交换,这个标准是经常性交换的必然要求,也是社会发展的必然;供需保持一致,生产出来的产品能够迅速出清,产品价值得到全部实现,没有社会资源浪费;不存在垄断等人为障碍,阻碍交换,阻碍价格向价值变动,实现价格等于价值。而不完全竞争市场的出现,恰恰使阻碍成为现实,使价格可以高于或者低于价值,马克思所列举的特殊情况在 19 世纪末 20 世纪初垄断组织形成以后就成为日常现象,价格可以在人为控制之下经常高于或者低于价值出售,这完全取决于垄断性组织的发展战略和对超额利润的追求程度与手段。马克思在这里所说的例外情况,实际上承认了价格可以高于或者低于价值出售。而这种例外情况在今天却成为日常情况,所以,我们有必要对这种新的常态化特征进行研究,找出基本规律,用以指导当今企业的发展。

马克思曾经对"价格高于或低于价值"进行推导,最终得出结论:价格高于或低于价值是不可能的,价格只能等于价值。从而维护了最初关于"自由竞争"研究假设和"价格等于价值"的研究假设。他说:"剩余价值的形成,从而货币转化为资本,既不能用卖者高于商品价值出卖商品来说明,也不能用买者低于商品价值购买来说明。"②马克思通过买者和卖者互相有加价最终互相抵消来说明加价和不加价都一样,也就是高于价值或低于价值出售产品最终会恢复到两者相等。这种推导逻辑在自由竞争市场是存在的,但是在垄断市场结构下这种加价权力是不对等的——每个企业控制市场和影响市场定价的能力是不一样的。控制价格能力强的企业可以获得更高的利润。

马克思通过一个很偶然的例证说明了控价能力不同会导致不同的结果,他说:"商品占有者 A 可能非常狡猾,总是使他的同行 B 或 C 受骗,而 B 和 C 无论如何也报复不了。A 把价值 40 镑的葡萄酒卖给 B,换回价值 50 镑的谷物。A 把自己的 40 镑变成了 50 镑,把较少的货币变成了较多的货币,把自己

---

① 马克思:《资本论(纪念版)》第 3 卷,人民出版社 2018 年版,第 198 页。
② 马克思:《资本论(纪念版)》第 1 卷,人民出版社 2018 年版,第 188 页。

的商品转化为资本。"①马克思用这个例子本意是说明流通领域不创造价值，因为"一方的剩余价值，是另一方的不足价值，一方的增加，是另一方的减少"。② 但是这个例子也很意外地告诉我们，如果 B 和 C 难以报复 A，那么对于 A 来说，自己的货币收入增加了，获利增多了。这正是垄断条件下，垄断企业获利途径之一。通过垄断定价，超过价值部分形成垄断企业的垄断利润。而垄断壁垒决定了其他企业 B 和 C 是报复不了的，或者是报复代价很大，不理性。这样 A 永远地拿走了高价部分的利润，而 B 和 C 却无可奈何，也只有承认和接受。这实际上是和不完全竞争的市场结构密切相关的，是垄断导致的。马克思显然在研究价格与价值问题时没有考虑市场结构对价格的影响问题，价格的波动又给研究带来了更多的麻烦。马克思在这里把这种定价行为称为欺骗，欺骗是难以导致自己的同行永远也不能报复的，一旦发现，在自由竞争的前提下，是可以采取很多的手段进行打击报复的。

（三）欺骗对价格高于或低于价值的影响

马克思指出："因此，资本家们彼此得到的利益，并不是通过互相欺骗而得到的——这只能是一个人从别人那里夺走属于别人的一部分剩余价值——不是由于彼此高于商品价值出售自己的商品，而是由于按照商品价值互相出售自己的商品而得到的。"③马克思把价格高于价值假设成资本家的互相欺骗，没有从纯粹经济学的角度去分析价格高于价值的可能及其影响。在互相欺骗的情况下，最终决定产品交换的仍然是价值，因为互相欺骗也可以互相抵消。马克思这个假设维护了价格等于价值的假设，符合自身研究逻辑，具有一定的合理性。

马克思在后续的论述中说："在这里没有必要说明，如果一个商品高于或低于它的价值出售，那只是发生剩余价值的另一种分配；这种不同的分配，即在不同个人之间分割剩余价值的比率的变更，既丝毫不会改变剩余价值的大小，也丝毫不会改变剩余价值的性质。"④马克思把价格高于价值的出售情况看作是没有必要说明、没有必要研究的问题，这与当时的历史发展现状有关

---

① 《马克思恩格斯全集》第 43 卷，人民出版社 2016 年版，第 197 页。
② 马克思：《资本论（纪念版）》第 1 卷，人民出版社 2018 年版，第 189 页。
③ 《马克思恩格斯文集》第 8 卷，人民出版社 2009 年版，第 453 页。
④ 马克思：《资本论（纪念版）》第 3 卷，人民出版社 2018 年版，第 51—52 页。

系。自由竞争是当时市场的主要特征，没有人能够垄断和控制市场，市场价格基本上也是在供求关系影响下自由定价，在这种情况下，价格等于价值成为最理想的研究假设，因为价格始终会在波动中与价值相等。他指出："而且这些转化还同现实的竞争，同商品高于或低于它的价值的买和卖结合在一起，以致对单个资本家来说，由他本人实现的剩余价值，既取决于对劳动的直接剥削，也取决于互相诈骗的行为。"显然，马克思在这里非常强调竞争的作用，也看到了价格高于或低于价值的波动，但在剩余价值的实现问题上，马克思把这种价格对价值的背离看作是互相诈骗，这又重新回到了前边论述的假设。这种互相欺骗的假设在自由竞争市场中是唯一的手段，因为在产品缺少差异性、没有垄断、没有障碍的情况下，没有企业可以控制或主导市场定价，每一个企业都是市场价格的接受者。任何高价行为都会被发现和模仿，最终导致高定价失败。那么只有欺骗才有可能导致价格高于价值。自由竞争前提下，信息是透明、完全的，这种欺骗基本上是无法存在下去的，或者在稍微长一点的时间里就会被识破，欺骗性定价在长期也是不可能的。

二、马克思关于垄断及超额利润的相关论述

（一）技术性自然垄断与超额利润

马克思认为成本降低可以带来超额利润，"采用更好的工作方法、新的发明、改良的机器、化学的制造秘方等等，一句话，由于采用新的、改良的、超过平均水平的生产资料和生产方法。成本价格的减少以及由此而来的超额利润，在这里，是执行职能的资本的投入方式造成的。"[①]这种新的方法、技术、秘方的采用首先提高了劳动生产力，节省了成本，成本价格减少后导致超额利润。个别价值低于社会价值也会带来超额利润，"那么，其个别价值低于市场价值的商品，就会实现一个额外剩余价值或超额利润……"[②]但是这种超额利润一旦被竞争打破，就会被平均化，最终消失。成本价格的降低或个别价值低于社会价值我们可以看作是效率提高带来的利润，称之为效率利润。无论是个别价值低于社会价值还是成本降低，超额利润的存在必须以其他新方法、技术秘

---

① 马克思：《资本论（纪念版）》第3卷，人民出版社2018年版，第725—726页。

② 马克思：《资本论（纪念版）》第3卷，人民出版社2018年版，第199页。

诀、机器等没有出现为前提,以竞争不能发挥作用为前提。马克思说:"这种情况在例外的生产方法已经普遍应用,或者为更发达的生产方式所超过的时候也会消失。"①成本价格降低或者个别价值低于社会价值带来的效率利润必须以短暂的偶然的技术垄断为前提。马克思说:"因此,在机器生产还处于垄断状况的这个过渡时期,利润特别高,而资本家也就企图尽量延长工作日来彻底利用这个'初恋时期'。高额的利润激起对更多利润的贪欲。"②马克思看到了专利技术在刚刚被采用的初期,可以给资本家带来高额利润。马克思直接指出了初创技术的垄断属性,也毫不否认这种垄断导致的超额利润,并给这个短暂的垄断期命名为"初恋期"。这个技术垄断是创新发明带来的自然垄断,具有一定的合理性。在这个"初恋期"所形成的超额利润马克思看作是效率提高带来的利润,这种垄断只是客观垄断,不是人为垄断,垄断本身并不带来垄断价格,也不带来垄断利润,只有新技术、新机器采用短暂的技术性垄断期内获得效率利润形成超额利润。

马克思的论述也说明即使是在自由竞争条件下,垄断也是存在的,尤其是在大工业的初期,虽然以自由竞争为主,但是垄断随着创新的出现已经开始发挥作用。但是那个时代的创新周期和频率远不如今天,所以,马克思把这种创新导致的技术垄断看作是短期现象,随着竞争的发展,这种垄断都是可以被消灭的。因此,这种垄断只能是促进竞争的一种形式,超额利润会吸引其他企业家也采用新的机器设备,从而社会技术水平普遍提高,利润平均化,企业差额利润消失。这是马克思所在时代决定的历史特征,是当时社会发展的实际情况的真实反映。正如马克思所说:"机器刚刚为自己夺取活动范围的这个初创时期,由于借助机器生产出异常高的利润而具有决定性的重要意义。这些利润本身不仅形成加速积累的源泉,而且把不断新生的并正在寻找新的投资场所的很大一部分社会追加资本吸引到有利的生产领域。突飞猛进的初创时期的这种特殊利益,不断地在新采用机器的生产部门重现。"③马克思指出了超额利润的决定性意义,是指它对于社会投资的吸引而言。这种超额利润不仅加速了原有资本的积累,而且吸引新的资本加入该领域,在自由竞争的假设

① 马克思:《资本论(纪念版)》第3卷,人民出版社2018年版,第726页。
② 马克思:《资本论(纪念版)》第1卷,人民出版社2018年版,第468页。
③ 马克思:《资本论(纪念版)》第1卷,人民出版社2018年版,第518页。

下,资本的快速流入,导致利润也快速地被平均化,利润平均化的规律导致创新形成的优势被打破了。这也再次解释了马克思所说的那些阻碍竞争、阻碍资本流动的障碍被消除了。

马克思说:"即使某些生产部门的资本,由于某些原因没有参与平均化过程,事情也不会发生任何变化。在这种情况下,平均利润就按参加平均化过程的那一部分社会资本来计算。"①他在论述利润平均化的过程中已经注意到了垄断等障碍性因素的存在,但是马克思认为通过竞争可以最终消除,因此,"由于某些原因没有参与平均化过程,事情也不会发生任何变化。"马克思把这些因素看作是短期的偶然的,不影响最终利润平均化的结果。

"或者,如果劳动的剥削程度不变,而由于劳动过程中的技术变化,所使用的劳动的总额同不变资本相比发生相对变动,那么,一般利润率就会发生变动。但这样的技术变化,必然总是表现在商品的价值变动上,因而必然总是伴随有商品的价值变动,因为现在生产这些商品所需要的劳动比以前更多或者更少了。"②剥削也是促进技术创新的动力之一。资本家为了获取更多的利润,在劳动剥削程度不能变化的情况下,通过技术创新,提高技术水平,也是节省社会劳动,提高相对剩余价值的最好的手段。这种技术创新导致的短期垄断属于非人为的自然垄断,这种超额利润属于效率提高带来的利润③。但是,如果在劳动生产率提高和新技术的短期垄断基础上进行人为的垄断,那就是行政性垄断,所带来的利润也只能是垄断利润了。在知识经济条件下,技术变化越来越快,水平越来越高,那么由于技术水平变化导致的相对剩余价值的增加和利润水平的提高也是必然的了。而知识产权的完善,客观上强化了行政性垄断价格的存在,垄断利润与技术水平提高带来的效率利润相结合,也就形成了企业的超额利润。

但是,马克思没有探讨人为的行政性垄断问题,在论述平均利润的时候,垄断因素也被排除在外。他说:"这里我们不说那种普通意义上的垄断——人为垄断或自然垄断——所产生的超额利润。""此外,超额利润还能在下列情况下产生出来:某些生产部门可以不把它们的商品价值转化为生产价格,从

---

① 马克思:《资本论(纪念版)》第3卷,人民出版社2018年版,第194页。
② 马克思:《资本论(纪念版)》第3卷,人民出版社2018年版,第187页。
③ 我们前边称之为效率利润。

而不把它们的利润化为平均利润。在论述地租的那一篇,我们将研究超额利润的这两种形态的更进一步的变形。"①也就是马克思承认垄断导致超额利润的存在,承认超额利润产生的一般性条件,承认平均利润并不绝对,也可以不被平均。在马克思眼里,一种超额利润是新技术、新设备采用带来的效率利润,一种是垄断②带来的超额利润,他并不把新技术、新设备采用带来的短期垄断看作是导致超额利润产生的原因,这也是对的。从"初恋期"的论述也可以看出,马克思承认这种垄断的存在,但是并没有把它和超额利润产生的原因联系起来,而只是说这是一个可以利用的时期。这种垄断是技术发展过程中的自然垄断、伴随性垄断,并不导致垄断价格产生,不增加垄断利润。但是,它是超额利润产生的前提,所谓效率的提高,也是以这种新创技术的采用为条件,垄断的消失会导致高效率的消失,效率利润也就消失了。所以,虽然初创期的技术和设备并不产生垄断价格,但是它却是效率提高的前提,效率的提高本身也带有技术垄断属性。西方经济学者克拉克把这种垄断称为"效率垄断"。③

(二)法律规定的行政性垄断与超额利润

马克思在地租那一篇又再次探讨了超额利润问题。由于土地所有权是一种垄断权,凭借这种垄断权可以获取一定的经济利益。我们可以把这种法律规定的权利垄断称为行政性垄断。马克思说:"土地所有权的前提是,一些人垄断一定量的土地,把它当做排斥其他一切人的、只服从自己私人意志的领域。在这个前提下,问题就在于说明这种垄断在资本主义生产基础上的经济价值,即这种垄断在资本主义生产基础上的实现。"④垄断一定量的土地形成一种特殊的权利,这种权利需要在经济利益领域得到体现,马克思把这种体现称为"垄断在资本主义生产基础上的实现"。

马克思指出:"单纯法律上的土地所有权,不会为土地所有者创造任何地租。但这种所有权使他有权不让别人去使用他的土地,直到经济关系能使土地的利用给他提供一个余额,而不论土地是用于真正的农业还是用于其他生

---

① 马克思:《资本论(纪念版)》第3卷,人民出版社2018年版,第221页。
② 包含自然垄断和人为行政垄断。
③ 刘兵勇:《试论反垄断的理论基础》,《南京社会科学》2002年第5期。
④ 马克思:《资本论(纪念版)》第3卷,人民出版社2018年版,第695页。

产目的(例如建筑等等)。"①所有权本身不会创造任何价值,当然也不会创造地租。它是一种排它性的权利,这种排他性的权利可以禁止其他人在土地上经营,除非经营者可以给予他一定的经济补偿,他才会出让这种由所有权衍生出来的使用权。这就是权利性行政垄断的特征。但是,地租是在土地所有权基础上产生的,"地租是土地所有权在经济上借以实现即价值增殖的形式。"②地租的本质是剩余价值的一部分,"只是超过平均利润的余额——理解为单纯由产品地租的形式转化而产生的地租,就像产品地租本身只是已经转化的劳动地租一样。"③

　　马克思把地租分为级差地租和绝对地租以及垄断地租,实际上这三种地租都是在土地所有权基础上产生的,与土地垄断权密不可分。级差地租是等量资本在面积相等的土地上投资而具有不同的生产率、由个别生产价格和社会生产价格之间的差额所形成的超额利润的转化形式。"土地和矿山的产品,像一切其他商品一样,是按照它们的生产价格出售的。"④产品在竞争条件下都是按照生产价格来出售的,以便获得平均利润。而土地垄断权的存在使竞争受到限制,利润平均化在土地生产领域难以实现,而产品却需要按照生产价格来出售,劣等土地也需要获得平均利润,因此中等和优等土地的地租就成为超额利润。所以,马克思指出:级差地租"总是产生于支配着一种被垄断的自然力的个别资本的个别生产价格和投入该部门的一般资本的一般生产价格之间的差额"。这种被垄断的自然力是土地所有权的一种象征。但是土地所有权并不创造剩余价值和超额利润,正如马克思所指出的,"所以,土地所有权并不创造那个转化为超额利润的价值部分,而只是使土地所有者,即瀑布的所有者,能够把这个超额利润从工厂主的口袋里拿过来装进自己的口袋。"⑤土地所有权只是进行分配的理由,不是创造超额利润的理由。地租也是剩余劳动的一部分,是劳动者创造的。

　　绝对地租是由土地所有权的垄断属性决定的,无论好坏土地使用者都必

①　马克思:《资本论(纪念版)》第3卷,人民出版社2018年版,第856页。
②　马克思:《资本论(纪念版)》第3卷,人民出版社2018年版,第698页。
③　马克思:《资本论(纪念版)》第3卷,人民出版社2018年版,第900页。
④　马克思:《资本论(纪念版)》第3卷,人民出版社2018年版,第721页。
⑤　马克思:《资本论(纪念版)》第3卷,人民出版社2018年版,第729页。

须支付的地租。"如果最坏土地 A——虽然它的耕种会提供生产价格——不提供一个超过生产价格的余额,即地租,就不可能被人耕种,那么,土地所有权就是引起这个价格上涨的原因。土地所有权本身已经产生地租。"①绝对地租是产品销售价格高于社会生产价格而形成的超额利润。一般情况下,"在生产发达的各国,农业的发展程度没有达到加工工业的水平。"②农业的资本有机构成低于工业的资本有机构成,由工业资本为主形成的社会生产价格比较低,导致农产品价值大于社会生产价格,这样就产生了超额利润。工业资本也会产生超额利润,但是竞争的存在和利润平均化过程,会摊平这种超额利润,最终消失,成为短暂现象。而土地所有权的垄断属性,使自由竞争与利润平均化受阻,不能任意发生,这样就把超额利润阻留在农业领域,形成绝对地租。

所谓垄断地租,是由土地所生产的产品的垄断价格所产生的地租,它也是超额利润。马克思在分析特别好的土地生产出特别好的葡萄酒的时候指出:"一个葡萄园在它所产的葡萄酒特别好时……就会提供一个垄断价格。"③"这种在这里由垄断价格产生的超额利润,由于土地所有者对这块具有独特性质的土地的所有权而转化为地租,并以这种形式落入土地所有者手中。"④这个垄断价格是由于葡萄酒特殊的品质造成的技术性自然垄断形成的。同时土地所有权的垄断特征也可以是造成垄断价格的原因,"如果由于土地所有权对在未耕地上进行不付地租的投资造成限制,以致谷物不仅要高于它的生产价格出售,而且还要高于它的价值出售,那么,地租就会造成垄断价格。"⑤在这里,技术性自然垄断和行政性垄断都发挥作用了。中央党校鲁从明教授在论述垄断价格带来的收入时指出:"在这种情况下,土地所有者不仅剥削雇佣工人,还剥削广大消费者。"⑥

不过马克思认为由单纯的垄断价格形成的地租是微小的,这种微小的原因是什么? 马克思并没有详细解释,在接下来的论述中马克思仍然用竞争和

①　马克思:《资本论(纪念版)》第3卷,人民出版社2018年版,第854页。
②　马克思:《资本论(纪念版)》第3卷,人民出版社2018年版,第859页。
③　马克思:《资本论(纪念版)》第3卷,人民出版社2018年版,第876—877页。
④　马克思:《资本论(纪念版)》第3卷,人民出版社2018年版,第877页。
⑤　马克思:《资本论(纪念版)》第3卷,人民出版社2018年版,第877页。
⑥　鲁从明:《〈资本论〉的思想精华和伟大生命力》,中共中央党校出版社1998年版,第388页。

利润平均化来说明工业和农业的不同,并指出"土地所有权都会阻碍投在土地上面的各个资本之间的这种平均化过程,并攫取剩余价值的一部分,否则这一部分剩余价值是会进入平均化为一般利润率的过程的"。① 显然,土地垄断属性造成了平均化的障碍,使超额利润成为可能。至于垄断价格形成的绝对地租为什么微小? 我们可以做如下推断:1. 土地的稀缺性并不足以让垄断价格太高。垄断定价是基于产品属性,产品的差异性和稀缺性决定了垄断定价的能力,土地差异性有,稀缺性也有,但是差异性不大,稀缺性不高,可以替代的土地始终存在,真正的垄断性是由排它的土地所有权造成的。2. 虽然土地所有权会阻碍投资、阻碍资本的流动,但是马克思仍然把竞争作为一个参考因素,"土地相互之间的竞争,不是取决于土地所有者是否让它们去进行竞争,而是取决于有没有资本可以在新的土地上同其他的资本进行竞争。"②也就是说,竞争并不能因为土地所有权的垄断属性而被完全排除。这种垄断只能是一定程度上的阻碍,而不是完全的垄断。垄断之下仍然有竞争,资本的流动和土地的竞争仍然存在,只是不同于自由竞争假设(在当时社会条件下的假设)之下的工业领域。3. 利润平均化在全社会而言仍然发生,全社会的资本在整体上按照利润平均化的规律获取平均利润,垄断价格的存在,使这种平均化受到阻碍,导致剩余价值分配在同等剥削程度下产生不一致,存在垄断价格的领域多分配了一部分剩余价值,但是不至于太多,与平均利润相比较多获取的部分是微小的。这种微小的垄断价格和绝对地租对于绝大多数的经营性无形资本而言,尤其是对于专利、专有技术等,已经完全发生改变。法律的保护和专利技术本身的创新性导致了所有者控制价格能力提升,在法定期限内,专利和专有技术是独一无二的,具有绝对的定价权,因此这种微小的垄断定价不存在了。

建筑地段和矿山也存在地租,也分为级差地租、绝对地租和垄断地租。土地所有权的垄断属性决定了这些地租也是超额利润的转化形式。"在迅速发

① 张仁元编著:《马克思、恩格斯、列宁、斯大林论土地资源及相关问题》,中国社会出版社2009年版,第187页。

② 张仁元编著:《马克思、恩格斯、列宁、斯大林论土地资源及相关问题》,中国社会出版社2009年版,第49页。

展的城市内……建筑投机的真正对象是地租,而不是房屋。"①马克思指出了房地产价格不断上涨的真相,在追求地租的不断上涨中发财才是资本家的真正目的,而不是房屋本身。"土地所有权本来就包含土地所有者剥削土地,剥削地下资源,剥削空气,从而剥削生命的维持和发展的权利。"②土地所有权决定了矿山地租的存在,也决定了可以剥削的一切对象。这些地租也是超额利润的转化形式。

三、超额利润与虚假的社会价值

地租是剩余价值的一部分,超额利润是超出剩余价值的部分,超出社会劳动的部分属于虚假的社会价值。马克思指出:"这是由在资本主义生产方式基础上通过竞争而实现的市场价值所决定的;这种决定产生了一个虚假的社会价值。"③马克思对地租的分析是以平均利润和生产价格的形成为前提的,具有一定的历史阶段性。资本主义地租是超出平均利润以上的那部分剩余价值的转化形式。但是由于土地的特殊性,垄断的存在,导致超额利润的产生,这部分超额利润是产品的市场价值超过实际的生产价格而获得的利润部分。这部分超出的利润是社会为购买农产品而付出社会劳动量超出农产品所实际耗费的劳动部分,没有相应的社会价值与之对应,这就违背了马克思在自由竞争条件下的一条规律:整个社会的商品价值与生产价格总量是一致的。那多出的没有社会价值与之相对应的价格利润部分是什么呢? 我们把它称为"虚假的社会价值"。马克思解释说:"被看作消费者的社会对土地产品支付过多的东西,对社会劳动时间在农业生产上的实现来说原来是负数的东西,现在竟然对社会上的一部分人即土地所有者来说成为正数了。"④虚假的社会价值是市场价值的一种表现,是交换过程中由于竞争存在而按照市场需求进行的定价,与社会劳动时间相对应的是负数的东西——按照社会必要劳动时间,在劣等地上面多付出的劳动时间本来应该形成负的价值,但是现在由于农业部门特有的市场规律却成为正数价值,这是社会交换的认可,也是价值实现。本来

---

① 马克思:《资本论(纪念版)》第3卷,人民出版社2018年版,第875页。
② 马克思:《资本论(纪念版)》第3卷,人民出版社2018年版,第875页。
③ 马克思:《资本论(纪念版)》第3卷,人民出版社2018年版,第744—745页。
④ 王珏编著:《重读〈资本论〉》第三卷,人民出版社1998年版,第2233页。

为负数的价值变为了正数，并以此正数为基准进行销售，这个正数成为市场价值。这是存在土地所有权的情况下，土地所有者获利的需要。那些中等土地和优等土地所决定的农产品也要按照这个市场价值去销售，从而就获得了超额利润。这个超额利润是市场给予的，从生产者一方来看属于纯粹的价格现象，是市场价值高于价值，也高于个别生产价格的表现。但是从消费者的角度来看是实实在在的价值支付，是自己已有劳动的付出。这就产生了不对应，也使总的生产价格与价值不相等。

实际上，马克思在这里用一个"虚假的社会价值"概念说明了纯粹的价格对价值的背离，是垄断价格高于价值所带来的价格利润的另外一个称呼。马克思试图在价格等于价值的假设基础上，继续把这种价格利润用价值概念来解释，但是遇到了实际的困难：在实际付出的劳动中，没有有效的劳动付出与这部分价格利润（也就是市场价值超出价值的部分）相对应，更为严重的是在社会总劳动中没有有效劳动付出与此相对应，社会上白白多出了一部分所谓的价值。用自由竞争条件下价格围绕价值波动互相抵销的逻辑也已经不可行了，价格超出价值的部分不仅没有被抵销而且成为实实在在的利润。所以马克思为了解释这种特殊的现象，给它另外一个名字——"虚假的社会价值"，是消费者多支付的一部分价值，事实上也是对消费者的一种剥削。在消费者这一方，实实在在付出的是价值支付，而在生产者一方却是没有付出有效劳动；这一部分成为消费者实实在在的支出负担，成为生产者一方天降的馅饼，白白赚取了一部分价值；虽然这部分价值在生产者这一方只是表现为价格，可是价格又转化为实实在在的利润，也就泯灭了它和价值的区别。这种在消费者一方是价值支付，在生产者一方是价格垄断和无偿索取的部分，被称为"虚假的社会价值"，真是再合适不过了。这种"虚假的社会价值"产生的社会基础是资本主义社会本身，是私有产权导致的买卖对立造成的。

消费者付出了更多的价值支付，但是所获得的实际价值远远低于自己所支付的，这实际上已经背离了等价交换原则，是一种不等价交换。如果继续沿用等价交换原则，"虚假的社会价值"也就不会出现了。垄断形成了事实上对消费者建立在不等价交换基础上的剥削。马克思价格等于价值的假设、生产者等于消费者的假设、自由竞争的假设、供求一致的假设，在"虚假的社会价值"问题上统统失效了。这也引导我们必须要考虑与此类似的无形资本的超额利润相关的诸多问题,无形资本获取超额利润的前提条件是如何的?是否仍然遵循等价交换原则?是否生产者仍然等于消费者?是否价格仍然等于价值?是否供给仍然等于需求?是否仍然是自由竞争?这些假设问题都需要根据新的历史情况作出新的回答。

在社会总价值方面出现了缺口,而在社会总价格方面却超出了总价值的原有数量,这个"虚假的社会价值"来自何方呢?既然"虚假的社会价值"来源于消费者过多的支付,那么肯定与消费者的收入有关。消费者的收入与消费者作为生产者进行劳动,获取劳动报酬的多少密切相关。假设社会的劳动力价值不发生改变,剥削程度不发生改变,消费者获得的报酬不会增多,多付出的价值支付是实实在在的损失,但是在价格垄断的前提下,消费者既是一种无奈的选择,也可能是心甘情愿的行为。价值是一个抽象的概念,消费者在信息不对称的情况下,并不完全知晓产品本身所包含的价值和劳动时间。等价交换是建立在信息充分和交换者完全理性基础上的,这些假设在现实中是不存在的。在自由竞争假设下,等价交换只能是一个近似的交换原则,市场的供求和竞争决定着价格围绕价值波动,近似地实现着价值。

垄断出现之后,这种自由竞争被破坏,供求关系波动失效,垄断力量主导市场定价,也就形成了不等价交换。而且生产者一方会通过广告宣传等行为,改变消费者的心理预期,使消费者在商品使用价值没有发生改变的情况下,在心理上愿意支付更多的价值,消费者的心理预期与实际支付的价值之间的差额被称为"消费者剩余",只要广告宣传改变了消费者对商品价值的预期,使之升高到实际价值之上,达到生产者预期的定价水平附近,使消费者和生产者对商品价值的预期达成一致,最终消费者就愿意支付更高的价值。而消费者如果实际支付的价值与预期的价值相比还低,消费者会因此而获得心理上的满足,也就是消费者获得了"消费者剩余"。生产者一方常常通过广告宣传让消费者对商品有更高的心理预期,然后通过低于消费者心理预期的价值但高于商品实际价值的价格销售产品,让消费者获得"消费者剩余",生产者一方获得实实在在的超额利润。这个"虚假的社会价值"实际上就是消费者实际支付的价值与商品生产劳动耗费所创造的实际价值之差。改变消费者行为,成为获取这部分"虚假的社会价值"的一种有效的手段。在这个过程中,生产者一方的广告工作人员,付出了有效劳动,宣传了信息,促进了销售,使产品的使用价值功能得到更大的发挥,产品的使用价值在观念上发生了增加,产品的价值也增加了。当然,产品价值的增加幅度不会高于广告改变消费者心理预期价值的增加幅度,在这里可以忽略不计了。

"消费者剩余"是一种纯粹的心理感受,并不代表商品给消费者带来的使用价值。商品的使用价值不会发生变化,除非生产的流程和工艺发生变化。在产品使用价值没有发生实际变化的情况下,消费者的心理满足也成为一种商品,这是现代消费经济学所强调的问题。从等价交换的角度来说,生产者一方没有新价值产生并与多付出的价值支付相对应,实际上属于心理欺骗。这取决于我们如何定义产品的价值和使用价值,如果仍然遵从马克思的定义,这种"虚假的社会价值"就是实实在在的剥削和欺骗,是由消费者多支付的价值部分构成的,对资本家则是无偿的收益。资本家在不能无限剥削生产工人的前提下,通过垄断制造超额利润,实现对消费者的剥削,获取无偿的收益,这是现代社会条件下无形资本对资本家而言的使用价值。

四、马克思相关论断的启示

通过马克思关于价格与价值、垄断与超额利润、超额利润与虚假的社会价值的相关论述,我们至少可以获得如下启示。

(一)价格可以与价值不一致,价格可以高于或低于价值

通常意义下,我们都是假设价格等于价值,并由此推断出剩余价值理论和马克思的利润理论等一系列理论观点。但是事实证明,每一个理论都有自己的适用范围,都有自己的理论假设。价格在现实中的不一致是经常现象,现代社会的发展也导致这种不一致长期化,也必然要求在理论上对这种长期化不一致现象进行解释。

(二)垄断可以导致超额利润,这个垄断可以是自然垄断也可以是行政性垄断

马克思的地租理论实际上就是超额利润的理论。马克思从土地所有权的独特特征出发,辩证地分析了几种不同的情况下土地获得超额利润的原因和机制,揭示了级差地租、绝对地租、垄断地租的超额利润属性。为我们研究无

形资本的超额利润现象提供了很好的参考。

（三）垄断可以导致垄断价格，垄断价格可以导致超额利润

在不考虑竞争的情况下，垄断价格可以使产品高于价值，高于生产价格销售，从而获得超额利润。在考虑竞争的情况下，这种垄断定价会受限，超额利润率会不断下降，利润平均化规律仍然在存在竞争的领域中发挥着引导作用。

（四）垄断导致的超额利润，也就是垄断性价格利润，它的实质是虚假的社会价值，是垄断定价导致的不等价交换造成的结果

无论是自然垄断还是行政性垄断，垄断是超额利润产生的最主要来源①。但是垄断实际上也造成了不等价交换，只不过是这种不等价交换被广告宣传等劝说手段掩盖了，使消费者心甘情愿地多支付超出实际价值的价格。但是在这个过程中，生产者一方也成功地通过改变消费者心理预期，使消费者在获得"消费者剩余"的基础上获得心理满足。心理满足也被作为有形产品的附属产品具有了价格，这部分价格被消费者认为是物有所值的，消费者愿意为此支付价格。这部分价格也就是马克思所说的"虚假的社会价值"，这部分价值实际上是消费者对未来收入的一种预支，是未来社会价值的一种预支②。但是，无论如何，这部分价值在生产者一方并没有相应的有形劳动产品与之相对应，没有相应的劳动价值与之相对应，是生产者（主要是资本家）一方对消费者的剥削，是一种非等价交换。所以，一个社会如果超额利润过高，这种虚假的社会价值也就过多，那是对实体经济的一种剥削，不利于社会的长期发展。对于当今社会很多无形资本价值高估所带来的超高价格，包括很多垄断型企业通过垄断定价获取的超额垄断利润，实际上就是一种人为增大社会虚假价值的行为。如果无形资本过度繁荣，对社会价值形成过度剥削，对实实在在创造价值的主体而言是不利的，我们把这种现象称为无形资本价值泡沫。因此，无形资本不是越多越好，无形资本价值高估，无形资本占优部门比例过大，都是无形资本价值泡沫的表现。

---

① 我们以讨论垄断性价格利润为主，效率利润暂且忽略，不进行详细讨论。后续谈及超额利润时，一般主要指垄断性价格利润。

② 假设消费者的消费倾向和消费习惯并不发生改变，只是此次在单种产品的支出上增加了，属于偶然性消费或奢侈产品支出消费。

（五）超额利润一定是对平均利润的背离，是对平均利润在垄断领域的否定

平均利润是在自由竞争前提下社会资本相互竞争形成的一种社会性趋势，并不代表个别企业、个别部门的利润趋势。超额利润的产生对于竞争不能自由发挥作用的部门和领域而言是实际存在的。正如马克思所说："所以，资本的趋势是，只容许这样一种的超额利润，这种超额利润在一切情况下都不是来自于商品的价值和生产价格之间的差额产生的，而是来自于调节市场的一般生产价格和与它相区别的个别生产价格之间的差额产生的；所以超额利润不是发生在两个不同生产部门之间，而是发生在每个生产部门之内。"①超额利润是社会生产价格与个别生产价格之间的差额，因此一般是行业内部的事情，比如龙头企业与一般性企业之间的利润水平的差异。这种差异一定是建立在利润不能自由平均化的基础上的，也就是存在着一定的垄断因素。

（六）平均利润在垄断领域的局部失效和利润平均化的社会趋势并行不悖

垄断并不能完全消灭竞争，竞争始终是存在的。只是随着不完全竞争的发展，垄断的作用越来越大，超额利润存在的范围越来越广，但是这并不说明竞争被彻底消灭了，利润平均化不发挥作用了。

"平均利润本身是在十分确定的历史的生产关系下发生的社会生活过程的一个产物，正如我们已看到的，这个产物要以极为复杂的中介过程为前提。要能够谈论超过平均利润的余额，这个平均利润本身必须已被确立为标准，并且已被确立为生产的调节器（在资本主义生产方式下就是这样）。"②这个极为复杂的中介过程应该是供求关系变化引起的价格变化，价格变化又引起利润水平的变化，利润水平的变化又引起资本存量水平和流量水平在一个行业的变化，通过一系列中介过程，最终导致一个行业的利润水平趋向平均。在马克思论述超额利润的过程中，平均利润始终是作为一个社会标准存在着，成为判断是否存在超额利润的一个标准。马克思指出个别生产价格与社会生产价格之间的差额就是超额利润，生产价格就是在平均利润的基础上形成的。因

①　马克思：《资本论（纪念版）》第3卷，人民出版社2018年版，第861页。

②　马克思：《资本论（纪念版）》第3卷，人民出版社2018年版，第885页。

此,即使垄断成为获取超额利润的原因,但是竞争并未完全消失,平均利润仍然在发挥作用。超额利润与平均利润同时存在,并行不悖。

平均利润始终是判断超额利润的一个社会标准。在不完全竞争情况下,类似自由竞争的市场和存在竞争的垄断竞争市场,从长期来说都存在平均利润。垄断竞争市场中若垄断优势不能保持,那么竞争仍然会发挥作用。因为马克思说过:"资本的不断趋势是,通过竞争来实现总资本所生产的剩余价值分配上的这种平均化,并克服这种平均化的一切障碍。"[①]只要垄断优势不可以保持,这个障碍总是可以被资本竞争克服的。当然,在竞争不能发挥作用的完全垄断和寡头垄断市场情况下,利润平均化的过程被阻碍了,因此也就形成了以垄断利润为主的超额利润。在垄断竞争领域,则需要分情况来看:如果垄断优势可以保持,则超额利润仍然存在,甚至可以长期存在;如果垄断优势不可以保持,则随着竞争的加剧而逐渐消失。

第三节　不完全竞争市场与超额利润

1917 年,列宁出版了《帝国主义是资本主义的最高阶段》一书,提出了垄断组织的存在。1933 年,张伯仑和罗宾逊夫人先后写了《垄断竞争理论》和《不完全竞争经济学》,提出了市场是不完全的,垄断发挥着重要作用。竞争存在的同时,垄断也存在,纯粹的市场竞争几乎是不存在的。这些论断与在此之前传统经济学者对市场竞争的假设不一样,很多著名的经济学者如亚当·斯密、马歇尔等都是自由竞争的假设者,包括马克思,也是以自由竞争为研究假设。不完全竞争的提出,开启了关于市场结构假设的革命。此后的经济学者基本上是以不完全竞争为市场假设进行各种研究。我们在这里也是一样,把不完全市场作为假设。

一、不完全竞争市场与超额利润
不完全竞争市场主要分为垄断竞争市场、寡头垄断市场和完全垄断市场

---

① 马克思:《资本论(纪念版)》第 3 卷,人民出版社 2018 年版,第 861 页。

三种类型。垄断竞争市场是主要的市场结构,竞争与垄断并存,企业在短期内可以获得超额利润。张伯仑认为由于专利、专有技术、商标等的存在,产品有了一定的差别,市场也具有了一定的垄断性,但不是完全垄断,与其他类似相近的专利、专有技术、商标等的存在形成竞争。张伯仑引用《下议院报告 1161 号》指出:"如果专利被个别地持有,那么,竞争会正常存在""每一项专利产品都或多或少地面对着不完全替代品的竞争。""拥有版权的书籍、期刊、图片、剧作都是垄断,然而,他们必然也会遇到相似作品的竞争,包括有版权的和无版权的。"①对于商标,张伯仑认为是具有垄断因素的竞争手段,垄断与竞争的结合在商标上得到很好体现。垄断可以使企业在短期内形成超额利润,但是竞争却吸引其他企业不断进入这个领域,从而稀释超额利润,最终使超额利润消失。罗宾逊夫人也认为在不完全竞争条件下,企业短期内可以获得超额利润。这些结论与马克思关于平均利润的假设,和对于竞争所面临障碍的论述是一致的,他说:"随着资本所固有的生产方式的发展,资本会消除使它不能在不同生产部门中自由运动的一切法律障碍和非经济障碍。"②在马克思看来这些障碍都是可以消除的,竞争始终发挥着决定性的作用。而张伯仑认为垄断竞争中虽然也存在着垄断,也存在着超额利润,但是从长期来看,竞争仍然发挥作用,并最终消灭超额利润,在这一点上他们与马克思取得了一致。马克思说过:"我们把偶然的垄断看成是那种对买者或卖者来说由偶然的供求状况造成的垄断。"③但是一旦新的方法、新的技术被创造出来,原有的技术和方法的优势就会逐渐被抵消,慢慢地超额利润也就消失了,"这种情况在例外的生产方法已经普遍应用,或者为一种效率更高的生产方法所超过的时候也会消失。"④

　　无论是马克思还是张伯仑、罗宾逊夫人,他们对于短期内企业获得超额利润的结论都是建立在垄断优势不能保持的基础上的,是假设研发创新不可持续,广告宣传投入不可持续,企业文化、人力资本、社会关系与渠道方面的投入都是不可持续的。只有这样假设,那么垄断优势难以保持,在竞争发挥作用的

①　[美]爱德华·张伯仑:《垄断竞争理论》,周文译,华夏出版社 2009 年版,第 62 页。
②　《马克思恩格斯文集》第 8 卷,人民出版社 2009 年版,第 492—493 页。
③　王珏编著:《重读〈资本论〉》第二卷,人民出版社 1998 年版,第 1637 页。
④　王珏编著:《重读〈资本论〉》第三卷,人民出版社 1998 年版,第 2213 页。

情况下,超额利润才逐渐被稀释并走向平均化。事实上,企业为了追求超额利润,会不断加大研发投入,确保企业在技术方面的领先优势;加大营销力度,不断提升商标品牌的知名度,扩大销售,保持市场影响力;通过人力资本的投入,加大企业创新力度、攻关力度、营销力度,提升产品品质;通过企业文化、社会关系与渠道提升工作效率、扩大销售。这些综合措施,可以抵消竞争带来的价格下降趋势,保持自身垄断优势,在成本节约、效率提高、品质提升、销售扩大、发明创新方面继续领先竞争对手,从而保持自身的超额利润,保持自己的垄断地位。马克思曾指出:"我们不仅可以找到竞争、垄断和它们的对抗,而且可以找到它们的合体……垄断产生着竞争,竞争产生着垄断……。垄断只有不断投入竞争的斗争才能维护自己。"①这句话清楚且辩证地表明:垄断离不开竞争,垄断本身也算是竞争的一种;竞争为了获取竞争优势,最终走向垄断,二者互相转化,同时并存。竞争可以降低超额利润水平,为了保持自己的垄断优势,通过创新等手段可以强化自身的垄断地位。芝加哥大学商学院教授米林德·莱利(Milind M.Lele)曾明确指出:"企业运营的成功并不取决于竞争,而是维系于垄断"②。正如《价值转移》的作者阿德里安·J.斯莱沃茨基所指出的那样:企业如果不能在一定时期内取得一定市场范围的垄断,企业价值就会不断地流出。他所说的企业价值实质上是指企业获取利润的能力和未来的发展能力。在竞争导致超额利润水平下降出现时,意味着垄断优势丧失的危机开始出现,对于资本家而言首先会想到的是如何保持这种优势,也就是保持垄断。虽然利润平均化是一种社会发展趋势,对社会而言是公平的竞争现象和结果,但是对于资本家而言,利益最大化的追求就是保持垄断优势。竞争优势的实质就是垄断优势。

与不完全竞争相关的还有寡头垄断。很多学者如:韦斯(Weiss)、劳尔(Lall)、考纳(Connor)、穆勒(Mueller)等人曾经对寡头垄断市场做过相关研究,他们得出结论:行业集中度越高,所获得利润率比其他集中度相对分散的竞争行业的利润率也越高。同理,企业相对市场份额越高,获得超额利润的可能性也越大。这对于寡头垄断市场而言是一种普遍现象。贝恩、H.德姆塞茨

① 《马克思恩格斯选集》第 1 卷,人民出版社 2009 年版,第 636 页。
② [美]米林德·莱利:《垄断法则》,王力译,中国社会科学出版社 2008 年版,第 3 页。

（Damsets）和 D.尼德汉姆（Neadham）也做过类似研究,他们对行业集中度与利润率之间的关系进行了研究,得出结论:当行业集中度超过 50%时,行业间利润与集中度呈正相关关系。所以,企业只要能通过相关途径保持垄断地位和垄断优势,就可以获取超额利润。而超额利润为未来的积累和发展提供了更多的机会,可以有更多的投入进行创新和管理,从而获得更多的垄断优势。这样一来企业发展就进入良性循环,垄断带来的超额利润就可以长期保持下去。当然,我们是以假设企业不犯战略性错误为前提的。

完全垄断市场形成的根本原因是为了建立和维护一个壁垒,以阻止新进入者和潜在竞争者,巩固企业的垄断地位,企业很容易利用垄断地位控制产品的市场价格和数量,从而可以连续获得超额利润。专利保护是形成完全垄断的原因之一。专利是政府授予发明者在一定时期内拥有的完全的独占权和收益权。发明者拥有专利权以后,在保护期内形成了对某种产品、技术和劳务的垄断。在缺乏替代品的情况下,专利形成完全垄断市场。在新的近似的专利出现之前,这种专利可以保证企业获取超额利润。只要壁垒不被打破,完全垄断的地位不被撼动,超额利润可以长期得到保持。这种纯粹的垄断市场一般比较少见。张伯仑认为:"垄断因素不是绝对的和完全的,而是几乎不存在的。"他结合完全垄断再次谈到了商标、专利和版权等问题,他说:"现在在一个较宽的范围内,即在该商标与其他商标相竞争的范围内,商标的所有者并不拥有垄断或任何程度的垄断。"也就是商标不构成完全垄断。他引用陶西格的话来说明版权和专利问题:"'版权和专利提供了法定绝对垄断的最简单例证。'然而,他又明确说:'这样一种垄断的所有者,必须认真对付或多或少的可利用替代品的竞争,因此,他将被迫将其价格较没有替代品竞争时作更多的降低,进而扩大其供给。'"①显然,张伯仑认为只要有替代品存在,完全垄断就难以存在。因此,张伯仑是垄断与竞争并存的倡导者,在这一点上他和马克思的观点是相近的。但是事实上,完全垄断是存在的,只是这种状况比较少。

二、垄断优势理论与超额利润

20 世纪 60 年代,美国学者海默在其博士学位论文《国内企业的国际化经

---

① 转引自[美]爱德华·张伯仑:《垄断竞争理论》,周文译,华夏出版社 2009 年版,第 68 页。

营:关于对外直接投资的研究》中首次提出了垄断优势理论。他认为跨国公司的垄断优势主要有三类:产品市场不完全的优势,生产要素市场不完全的优势和企业拥有的内部规模经济与外部规模经济优势。通过垄断优势的保持,企业可以获取超额利润。他的博士学位论文主要分析美国企业对外投资的行为,通过对美国企业获取垄断优势和超额利润的途径的分析,指出了跨国公司对外直接投资的依据。他的理论在 20 世纪 80 年代获得普遍重视,并逐渐成为跨国公司竞争理论的一个重要流派。他所说的三种优势,都直接指向了跨国公司控制产品市场和要素市场的能力,也指出了企业自身规模经济和外部规模经济所带来的优势,这些垄断优势有历史原因形成的自然垄断因素,有企业自身发展能力因素,也有企业人为垄断因素。我们所提出的无形资本,某种程度上可以成为产品市场与生产要素市场不完全竞争优势存在的手段。专利、专有技术、商标的存在,可以加强产品的差异性,使企业面对的产品市场带有一定程度的不完全性;社会关系与渠道资本可以使生产要素市场具有一定的不完全性,保证企业获得高质量、低价格的原材料供应;人力资本的丰裕程度某种程度上也是劳动力要素市场的因素之一,企业如果能够拥有比别的企业更多的高质量的人力资本,也会在市场竞争中拥有比别的企业更多的优势。企业发展到一定程度也就具有了规模经济优势和外部规模经济优势,可以进行行政性垄断,获取更多的市场控制能力和超额利润。

海默的导师金德尔伯格在海默研究的基础上加以拓展,提出了一些新的观点。金德尔伯格认为,只有能够获得比当地企业更高的利润时,美国企业才可能在当地进行直接投资。当地企业和美国企业均有不同的优势,但是市场的不完全性导致美国企业可以保持垄断优势。正是这个垄断优势保证了超额利润的获得,弥补了美国企业海外投资的运营成本,确保了海外直接投资的发生。

20 世纪 60 年代和 70 年代初,很多学者在海默和金德尔伯格的基础上,继续发展和完善了垄断优势理论。约翰逊认为知识资产是构成垄断优势的主要原因,他指出:"知识的转移是直接投资过程的关键",跨国公司的垄断优势主要来源于对知识资产的占有,这些资产如技术、诀窍、管理与组织技能、销售技能都是跨国公司的无形资产,生产成本很高,供给富有弹性,可以在若干地点同时使用。跨国公司在知识资产拥有上面的优势,使子公司可以以较低的成本利用这些资产,相对于东道国当地企业而言拥有成本优势和垄断优势,东道国企业为获取同类知识资产则要付出更多成本。

凯夫斯认为,技术优势是跨国公司拥有垄断优势的主要原因,它可以使产品发生差异化,既包括质量、包装及外形等实物形态的差异,也包括商标、品牌等消费者心理感受的差异。产品的差异化使得跨国公司保持了产品市场的不完全竞争和垄断优势。跨国公司想获得持续的垄断优势,必须不断进行技术创新,形成技术垄断优势。为了摊平成本,可以广泛采取国际联合、技术联盟、兼并与合资等多种形式,在世界范围内获取技术信息并取得技术研发优势;通过打击侵权、加强知识产权保护等方式,维护自身权益,保持垄断优势。

韦斯、劳尔、考纳、穆勒等人的研究认为,如果一个行业处于高度集中的结构,该行业所获得利润率则高于其他相互竞争行业的利润率。同时,如果一个企业相对市场份额越高,越可能获得超额利润。贝恩、H.德姆塞茨和 D.尼德汉姆从行业集中度与利润率之间的关系角度进行研究,得出当行业集中度超过50%时,行业间利润与集中度呈正相关。在寡头垄断竞争条件下,少数几个跨国公司依靠规模经济或专业化设备和技术获得竞争优势,形成垄断地位,获取高额垄断利润。随着高额垄断利润的累积,有更多的资本投入到产品与技术的垄断中,从而在产品与技术方面获得竞争优势,并利用强有力的竞争优势保持垄断地位,形成良性循环,从而获得发展的优势。

此后,还有很多学者从汇率、利率等角度对垄断优势理论加以发展,使垄断优势理论逐渐系统化。垄断优势理论的提出主要是在跨国公司对外直接投资领域提供了新思路,对我们研究垄断竞争企业的垄断优势也具有一定的借鉴意义。跨国公司更具有垄断性组织的特征,规模一般比较大,无形资本数量多,世界90%以上的技术贸易是由跨国公司完成的。所以,垄断优势理论对于我们研究垄断组织的无形资本问题具有很好的借鉴和指导意义。

按照垄断优势理论,只要能够保持垄断优势,就能保持超额利润。这将是我们的研究假设之一。垄断优势是可以持续不断地保持,这样就可以不断地获得超额利润。垄断优势的保持,主要靠技术创新、广告营销、知识产权保护以及各种无形资本的运用等,这些手段的综合运用可以持续不断地保证企业获得垄断优势。经营性无形资本是获得垄断优势的核心资本,社会性无形资本也是强化垄断优势的重要手段。

第四节　经营性无形资本与超额利润①

经营性无形资本主要是在生产经营领域发挥作用的无形资本,它的垄断性特征必然给产品生产、销售、售后服务带来排它的垄断性收益。在不存在类似替代品的情况下,以专利、专有技术为代表的经营性无形资本在短期内形成的是完全垄断市场,与此相对应的商标强化了产品的差异性,专利、专有技术、商标等往往是结合起来共同发挥作用,而不是单独发挥作用。它们的共同作用,形成垄断优势,继而保持垄断地位。这种垄断优势和地位在新的类似的专利、专有技术产生的情况下,短期内可以保持领先优势。通过持续投资,在研发领域和广告营销领域不断增加产品的价值,继续保持产品的垄断优势和企业的领先地位。经营性无形资本的投入我们看作是不变资本的增加。我们就分垄断优势可以保持与不可以保持两种情况来进行分析。

一、假设1:垄断优势不能保持

（一）垄断优势未消除之前的超额利润

马克思曾经形象地把因为新技术的采用带来超额利润在短期内的那段时期称为"初恋期",形容那段时期的珍贵和短暂,我们这里也借用马克思的这个比喻来形容短期可以消失的垄断假设。

我们首先假设企业在获取专利、专有技术后,短期内可以获得完全垄断的优势,但是由于竞争的存在,所形成的超额利润会吸引新的企业加强替代品研发,会在短期内打破完全垄断,与原有的企业共同分享市场和利润。这种情况就出现了利润平均化现象,超额利润成为偶然的,随着竞争的发展,逐渐消失。

由于我们假设垄断优势不能保持,也就是企业不能通过继续投资研发和广告宣传,或者通过其他非经济壁垒保持垄断优势,它的垄断地位将被打破,产品价格会不断下降,直至回归原来的价值。垄断地位带来的是对产品价格

---

① 我们以讨论垄断性价格利润为主,效率利润只在涉及时略加讨论,不详细展开。后续谈及超额利润时,一般主要指垄断性价格利润。

的主导权,随着竞争的加剧,这种主导权地位受到动摇,因竞争不得不降低价格。

假设一个企业在没有无形资本之前的剩余价值生产公式如下,我们假设剩余价值率为100%,把它记为公式(1):

$$2000C+500V+500M=2000 \tag{1}$$

获取无形资本以后无形固定资本增加,在资本有机构成没有发生变化的情况下,剩余价值生产公式变为如下形式,我们把它记为公式(2):

$$4000C+1000V+1000M=6000 \tag{2}$$

在剩余价值率没有发生变化,劳动力与资本的技术构成不发生变化的情况下,企业获取的剩余价值是1000。这显然只能获取平均利润,平均利润率为$1000÷(4000+1000)=20\%$。在剩余价值率没有发生变化的情况下,资本家的利润水平没有发生变化,公式(1)的利润率也是20%。这和资本家最初投资无形资本的初衷是相违背的,投资无形资本的目的就是要获取超额利润。投资增加,而收益没有增加,只能获取平均利润,这是资本家所不能容忍的。在市场平均利润率为20%的情况下,只有自己获得的利润超过20%他才觉得投资无形资本是值得的。我们假设他的预期利润率为50%,那么我们也就得到第(3)个公式:

$$4000C+1000V+1000M=6000, M=6000, M< P, P=7500 \tag{3}$$

在公式(1)和公式(2)的情况下,资本家同等的投资获得了同等水平的利润率。在这里我们是用产品的总价值和总价格来进行讨论,而不必按照它的每件产品价格来进行探讨,总价格和总价值就是每件产品价格和价值的加总,无论是以每一件产品的价值和价格来探讨还是以产品的总价格和总价值来探讨,都不影响结论的正确性。

公式(3)小于号后面的7500表示获取利润率50%时的总产品价格。因为资本家投资了5000(固定资本4000,可变资本1000),想要获取50%的利润率,就必须在总产品原有价值6000的基础上加价1500才能达到目的,因为剩余价值是1000,价格利润是1500,这样实际利润总额为2500,利润率为$2500÷5000×100\%=50\%$。因此总产品的价格必须是7500,而不是6000。要达到这个价格和利润水平,只能是通过垄断定价,而不是竞争性定价。垄断定价的权力来自他的垄断优势,而垄断优势来自无形资本的运用。无形资本的投入在不改变原来的剩余价值率和技术构成的情况下,通过垄断定价形成垄断利润。

如果资本与劳动力的技术构成发生变化,资本有机构成提高带来的是利润率的下降,甚至连原有的平均利润水平都难以保证。但是,由于无形资本的垄断性特征,导致资本家仍然可以垄断定价,尤其是在类似替代品还没有出现之前,凭借完全垄断的优势,资本家可以进行很高的定价,在尽可能短的时间内收回投资成本。在公式(3)中,资本家一次性获得利润2500,两年就可以完全收回5000的原始投资,资本的回收速度加快了。假设在没有无形资本投资之前的2000投资是有形固定资本,那么两年收回投资后,有形固定资本的价值并没有消耗殆尽,还可以继续应用,那么此后的产品生产就是完全的盈利。有形固定资本的价值周转时间比较长,无形资本的价值周转时间比较快。由于科技创新的速度越来越快,新的技术、新的产品层出不穷,因此资本家加速无形资本折旧,尽快回收无形资本投资的趋势非常明显。按照鲁从明(1998)的研究,马克思所在的时代,固定资本周转的速度一般为8—10年,而现代资本主义发达国家固定资本的周转速度,尤其是无形固定资本的周转速度只有2—3年。① 超额利润的特性帮助资本家尽快地收回了无形资本投资,可以再次进行无形资本投资,进行内涵式扩大再生产。

从上面我们可以看出,企业所获得的利润包括剩余价值转化的利润和价格超过价值部分形成的利润。我们把剩余价值形成的利润称为剩余价值利润,把价格超过价值部分形成的利润称为价格利润。价格利润本质上是垄断利润,剩余价值利润如果是相对剩余价值,是劳动生产率提高导致的产品按照社会价值或者社会生产价格销售获得的利润,我们称之为效率利润。效率利润是超过社会平均剩余价值水平或者社会平均利润水平所形成的利润。马克思所说的超额利润就是效率利润。我们这里所说的超额利润除了马克思所说的效率利润外还包括价格高于价值形成的垄断利润。由于经营性无形资本的价值一般比较大,不变资本部分增加速度较快,资本有机构成较高,在剩余价值是利润唯一来源的情况下,利润率下降也比较快。利润率下降的主要原因是公式中作为分母的总投资包括不变资本投资和可变资本投资,在剩余价值

① 鲁从明:《〈资本论〉的思想精华和伟大生命力》,中共中央党校出版社1998年版,第206页。

是利润唯一来源的条件下,利润的产生是由可变资本提供的,不变资本只是作为不断扩大的分母,对利润进行分摊,那么利润率自然也就不断下降。也就是说剩余价值 M 是 V 提供的,但是 M/V 代表的是剩余价值率,不是利润率,利润率等于 M/(C+V),C 越大,利润率下降越快。而无形资本作为无形固定资本的属性,属于不变资本,必然要加入 C,因此要分摊剩余价值 M,利润率会进一步下降。这与社会发展的事实不相符,凡是拥有大量无形资本的企业,正常情况下利润率都很高,有的高达百分之几百,这显然不能用利润率下降来解释。

在现实社会中,资本家总是力图增加无形资本投资,并且用机器代替劳动力,用越来越少的劳动力来为资本家创造利润。利润率也没有出现下降,很多企业的利润率还很高。同时,资本的有机构成提高了,先进设备、科技研发投资增多了,无形资本比值增多了。于玉林(2001)认为在美国有些企业的无形资本甚至超过有形资本 2—3 倍。因此,资本有机构成不断提升是事实,而利润率下降却被证明不存在。这必然有另外一个增加利润的来源。无形资本的垄断特性和超额收益性解释了这个利润来源,尤其是垄断利润的存在,导致企业可以在资本有机构成增加的情况下,利润率不会下降,甚至会上升。对于资本家来说,他们绝不会仅仅满足于马克思所说的利润率下降但是总利润量会增加的这种情况,他还要考虑资本投资的机会成本。在存在社会统一的平均利润率的情况下,如果自身的利润率低于社会平均利润率,那他的投资机会成本是比较高的,对资本家而言是失败的。所以,想要获得更高的利润率,减少机会成本,除了提高生产效率以外,唯一的途径只有不断打造垄断优势,通过垄断定价获得更高的利润率。这样我们得出一个新的剩余价值生产公式(4):

$$4000C + 800V + 800M = 5600 \tag{4}$$

在这里,资本有机构成提升至 4000∶800 = 5∶1,比公式(1)的比值 4∶1提升了。但是可变资本的增加速度没有不变资本的增加速度快,不变资本的增加速度为 4000÷2000 = 2,而可变资本的增加速度为 800÷500 = 1.6,但是剩余价值率还是 100%,我们仍然假设不变。为什么要假设不变资本的增加速度快于可变资本的增加速度呢?现代社会的事实就是资本家越来越倾向于用机器来代替劳动力,这不仅表现为雇佣劳动力绝对量的减少,而且也表现为资本技术构成的变化,同样数量的劳动者要照看越来越多的机器。而人力资本的出现,也就是复杂劳动力的出现,使资本家在生产效率不下降甚至有提升的情况下用更少的预付可变资本雇佣更少的工人成为可能。所以,在不变资本增加的同时,资本家预付可变资本表现为下降。而无形资本的出现不仅会增加现代化设备,提高无形固定资本比值,而且还会提高效率,增加产品的垄断优势,获取垄断利润。资本家一旦发现可以通过垄断定价无偿地获得垄断利润,而不是靠生产工人辛辛苦苦地生产创造剩余价值赚取利润,那么资本家减少工人的雇佣,增加无形资本投资的积极性会不断提高。

在公式(4)中,我们假设原有的利润率20%是社会平均利润率,那么现在如果按照产品价值进行销售,利润率仅为 800÷(4000+800)= 16.7%,比原来的平均水平20%下降了3.3个百分点。为了保持原来的利润水平,5600 的产品价值必须补足这个差额。4800 的原始投资,对应的平均利润水平应该为960,与原有的剩余价值水平相比差额为160,5600 的产品价值只有定价等于5600+160 =5760 才有可能保证企业获取平均利润。这样我们就有了公式(5):

$$4000C+800V+800M= 5600, M=5600, M<P, P=5760 \qquad (5)$$

在存在竞争的情况下,如果公式(5)是个别价值,5760 是社会价值,那么较低的价值代表更高的劳动生产率,按照 5760 销售还能获利,而且是超额利润。但是这里 5760 是平均利润,不是超额利润,5760 可以看作是包含平均利润的生产价格。这个所谓的生产价格,在没有竞争存在的情况下实际上不是严格意义上的生产价格,它也是要通过垄断才能达到,在这里只是一个和超额利润进行比照的中间价格。

由于超额利润的"初恋期"是没有替代品出现的时期,因此垄断优势仍然保持,产品总价格应该高于产品的平均利润才能获得超额利润。这时候的高利润率既有生产效率高于社会平均生产效率的部分,也有垄断优势导致的价格高于价值的垄断利润部分。不能把"初恋期"的超额利润全部看作是剩余价值的转换。在一定时期内,剩余价值量是历史形成的,不变的,但是价格是可以根据供求关系变化的,价格导致的垄断利润是可以变化的。"初恋期"的超额利润中也包含着价格导致的垄断利润,而不仅仅是剩余价值的转换。

要想获得预期的 50% 高利润率,那么 4800 的投资应该获得 2400 的利润才可以,而剩余价值只有 800,产品总价格必须要在原价值 5600 的基础上高出 1600 才可以，那就是 7200，而不是 5760。超出剩余价值的 1600 是超额利润的重要组成部分。在没有替代品出现的情况下，市场完全垄断，这种定价能力企业是可以做到的。

根据以上的推算，我们可以得到推论 1：

在没有替代品和竞争出现之前，超额利润会一直存在。企业所获得的实际利润总额等于剩余价值转化的剩余价值利润和价格超过价值所形成的价格利润（垄断利润）。经营性无形资本的增加会加快资本有机构成提升幅度，在社会平均利润水平不发生变化的情况下，产品的利润率会下降。但是只要把产品总价格保持在包含平均利润的生产价格总额之上就会获得超额利润。超额利润的多少取决于企业对产品定价能力和预期利润目标的大小。

我们可以总结出一个一般公式：

$C_1 + V_1 + M_1 = M_1，M_1 < P_1$

C_1 是不变资本，V_1 是可变资本，M_1 是剩余价值，M_1 是产品总价值，P_1 是产品的垄断价格，它必须大于产品价值 M_1，而且一般情况下，在垄断优势没有被打破之前一定会大于生产价格，这样才能获得超额利润，而不是平均利润。

（二）替代品和竞争出现打破垄断，垄断优势逐渐消失

我们现在假设竞争的存在导致替代品出现，打破了原有的垄断，垄断优势地位受到冲击，在不能采取其他措施的情况下，竞争和替代品的销售将会抢占原有企业的市场份额，分享市场利润，逐渐拉低市场产品价格水平，并最终回归平均利润。

假设公式（3）是最初的垄断定价情况下的产品销售情况，由于竞争的出现，为了保持原有的市场份额，企业 A 和 B 陷入竞争。为了保持市场份额，它们彼此进行价格竞争，产品价格不断下降，直至超额利润消失。假设两家企业的剩余价值生产公式是一样的，最终产品价格也是一样的，原有的 7500 因为竞争而难以保持，彼此只好降价到 7000，公式（3）演变为公式（6）：

$4000C + 1000V + 1000M = 6000，M = 6000，M < P，P = 7000$　　　　（6）

在这种情况下，两家企业均获得价格利润 1000，实际利润总额为剩余价值 1000 加上价格利润 1000 共 2000，总投资 5000，所以利润率由原来的 50% 下降为 2000÷5000＝40%。这实际上进入了寡头垄断时期，两个寡头企业互相竞争，都想把对方逐出市场，最后继续降价，直至达到正常利润率 20%。由于

存在竞争,我们假设不能继续进行无形资本投资增加垄断优势,并控制市场。

这时候如果继续竞争,当按照产品原有的价值 6000 出售时,只能获得剩余价值 1000,利润率为 20%。如果价格继续下降,降低到 6000 以下,平均利润不能保证,双方都将难以承受,如果双方能在 20% 的利润率达成均衡,那么 A 和 B 均能获取平均利润。此时剩余价值是利润的唯一来源,价格利润消失了。如果双方力图通过继续竞争将对方逐出市场,那么价格竞争还将继续,公式(7)出现了:

$$4000C + 1000V + 1000M = 6000, M = 6000, M > P, P = 5500 \tag{7}$$

利润进一步降低为 1000 − 500 = 500,剩余价值 1000 被侵蚀了,损失 500,利润率降低为 500 ÷ 5000 = 10%,低于平均利润率 20%。机会成本出现,A 和 B 必须考虑短期利益和长期利益的问题。如果认为通过继续的价格竞争可以把对方逐出市场,独享市场,最终垄断定价,获取价格利润,这是最理想的结果。因此,如果继续竞争,价格降低到 5000,这时企业不再盈利。公式变为(8):

$$4000C + 1000V + 1000M = 6000, M = 6000, M > P, P = 5000 \tag{8}$$

按照总价格 5000 进行销售,产品不仅不能获取价格利润,不能获取正常的剩余价值,还比原来亏损掉所有的剩余价值利润 1000,如果彼此发现不能将对方逐出市场,双方可能会达成妥协,按照市场正常的利润率,也就是平均利润率 20% 进行定价,双方恢复正常定价,公式(2)再次得到实现:

$$4000C + 1000V + 1000M = 6000 \tag{2}$$

双方按照市场竞争的最终结果,遵循同等资本获取同等水平利润的规律进行定价,保证机会成本为零,双方能够获取正常利润。这时候,价格(垄断)利润消失了,原有企业的垄断优势也消失了。

在双方竞争的过程中,如果有更多的替代品和竞争者出现,则竞争更为激烈,降价过程会更快,垄断利润消失的过程更快。

根据以上的推算过程,我们可以得到推论 2:

在垄断优势不能保持的情况下,产品价格会因为竞争而不断下降,价格利润(垄断利润)会不断减少,直至企业获得平均利润为止。用公式表示:

假设 $C_2 + V_2 + M_2 = M_2, M_2 < P_2$,则 $P_2 - m_2$ 的数值会逐渐减小至零。

二、假设 2:垄断优势可以通过经营性无形资本投资获得保持

不完全竞争论的理论家 T. 西托夫斯基曾经说过:"如果企业或企业集团

限制新的竞争者进入市场。它们就可以阻止自己利润的消失,用这种方法得到的利润叫做垄断利润。"①垄断利润就是我们说的价格利润,是超额利润的重要来源之一,这取决于企业的垄断优势能否得到保持。垄断利润的存在导致企业的利润率可以保持在一定的水平。企业可以保持垄断优势的途径很多,通过持续的研发投资和广告投资,都会增加新的无形资本价值。新的专利专有技术的出现,会增加无形资本的价值;广告投入会增加商标价值;我们把增加经营性无形资本的价值,看作是保持垄断优势的手段。这样在原有的剩余价值生产公式(1)的基础上,我们假设已经具有垄断优势,产品价格被定为5000,利润总额为2000+500=2500,总投资为2500,利润率为100%,这样公式(1)变为:

$$2000C+500V+500M=3000,M=3000,M<P,P=5000 \qquad (9)$$

假设社会平均利润率仍然为公式(1)的20%。当产品价格降低到4000时,利润率下降到60%(1500÷2500=60%),垄断利润为1000。产品价格如果继续下降到3000,垄断利润为0,企业只能获取平均利润500,利润率为20%。正常情况下这是资本家能够接受的。但是由于通过无形资本投资可以继续保持垄断优势,因此,在价格利润还没有降低到零的时候,资本家就开始通过无形资本投资提升无形资本价值。我们这里假设研发投资和广告投资都能够增加经营性无形资本的价值,同时人力资本投资也会增多,但是上升比重低于经营性无形资本的价值上升比重。也就是资本有机构成提高。按照马克思的理论,资本有机构成提高,会导致利润率下降。斯威齐曾指出:"采用资本有机构成较高的生产方法,除非其结果会导致利润率的提高,不然,资本家们是不会的,就个别的资本家来说,是正确的。"②

巴兰和斯威齐在对垄断资本主义的分析中指出在垄断资本主义下,雇主有能力保障他们的利润边际。垄断企业的规模和实力越来越大,垄断厂商依靠其垄断地位可以用较高的价格成功地消化劳动力成本或者把成本转移到消费者身上,从而保证自己的利润边际。俄国数学家查洛索夫早在1910年提出观点认为:资本有机构成提高不是利润率下降的原因,资本家不会采取可能降

①　[苏]O.N.利特维年科:《"不完全"竞争条件下的超额利润》,王慰庭译,《华东经济管理》1998年第6期。

②　[美]保罗·斯威齐:《资本主义发展论》,陈观烈、秦亚男译,商务印书馆1997年版,第122页。

低利润率的技术。随着第一部类资本有机构成由于技术进步而提高,两大部类的不变资本要素都将变得便宜,剩余价值将得到增加。①事实上,恩格斯在第3卷增补中通过历史考察,发现了资本有机构成的提高可以带来超额利润,资本流动方向是流入资本有机构成提高的部门。②

因此,我们假定:由于垄断优势的存在,定价主导权在资本家手中,因此利润率是可控的,在考虑价格利润的情况下,利润率是不会下降的。利润率是由资本家根据市场情况和定价能力来确定的。那么,剩余价值生产公式就可以变成公式(10):

$$4000C + 800V + 800M = 5600, M = 5600, M < P, P = 7200 \qquad (10)$$

由于资本有机构成的提高,企业利润率原则上应该下降,如果产品按照价值出售,那么利润率仅有 $800 \div 4800 = 16.7\%$,已经低于平均利润率 20%。在完全竞争的情况下,企业个别利润率的下降是必然的。但是,由于资本有机构成的增加是无形资本投资造成的,无形资本具有垄断性特征,也就导致生产出来的产品差异性大,市场垄断性强,企业自主定价能力强,从而在市场定价过程中处于主导地位。因此,资本家决不会让利润率下降到平均利润率以下,而是在尽可能增加利润总量的同时,尽可能地提升利润率,让同样数量的资本,可以获得更多的垄断利润。当公式(10)中产品总价格按照 7200 出售时,企业实际总利润为 $1600 + 800 = 2400$,利润率为 $2400 \div 4800 = 50\%$,高于平均利润率 20%。同样的资本投资可以获得的平均利润总量是 $4800 \times 20\% = 960$,公式(10)的资本家获得了 $2400 - 960 = 1440$ 的超过平均利润的额外利润。

假设资本家可以不断地通过无形资本投资保持垄断优势,并把自己的利润率保持在 50%,那么公式(10)的资本家就需要获得 2400 的利润,剩余价值是 800,那么价格利润必须是 1600,价值 5600 的产品必须按照 $5600 + 1600 = 7200$ 定价出售。由于创新的频率越来越快,出现替代品的速度越来越快,竞争也越来越激烈。③ 为了保持竞争优势,公式(10)的资本家会继续加大无形

---

① 鲁保林、赵磊、林浦:《一般利润率下降的趋势:本质与表象 》,《当代经济研究》2011 年第 6 期。

② 高广宇:《超额剩余价值——价值转形研究中缺失的关键环节》,《改革与战略》2011 年第 4 期。

③ 因为超额利润的存在会吸引其他资本家通过研发进入替代品领域,也会通过广告投资增加产品知名度,从而加剧竞争,导致利润下降,利润逐渐减少。

资本投资,突出产品差异,保持垄断优势。我们假设他仍然追求 50% 的利润率,经营性无形资本的价值增加速度仍然高于人力资本的增加速度,也就是不变资本的价值增加的速度快于可变资本的价值增加速度。

$$5000C + 900V + 900M = 6800, M = 6800, M < P, P = 8850 \qquad (11)$$

投资总额变为 5900,其中不变资本 5000,可变资本 900,剩余价值率仍然 100%,要想保持 50% 的利润率,5900×50% = 2950,剩余价值 900,那么价格利润就必须是 2050,所以,价值 6800 的产品必须按照 8850 的价格进行定价出售。按照平均利润率 20%,同等数量的资本获取的平均利润应该是 5900× 20% = 1180,公式(11)的资本家获取了超出平均利润的利润 2950 − 1180 = 1770,超出平均利润部分在总利润中占比 60%。以此类推,当出现竞争可能性时,或者潜在的进入者将要出现时,资本家就通过无形资本投资强化垄断优势,保持对产品价格的定价主导权,确保获得超额利润。

这样我们可以在以上假设的基础上,获得推论 3:

在资本家可以通过无形资本投资不断保持垄断优势的情况下,资本家可以通过垄断定价保持自身的高利润率水平,确保获取超额利润,而不是平均利润。我们可以通过一般性的公式来表示:

$$C_3 + V_3 + M_3 = M_3, M_3 < P_3$$

C_3 是不变资本,V_3 是可变资本,M_3 是剩余价值,M_3 是产品总价值,P_3 是产品的垄断价格,它必须大于产品价值 M_3,而且一般情况下,在垄断优势可以保持的情况下,P_3 一定会大于生产价格一定幅度,这样才能保证获得超额利润,而不是平均利润。在目标利润率一定的情况下,P_3 与 M_3 之间的差额必须满足利润率的要求。假设平均利润率为 r,预期目标利润率为 R,那么 R = $(M_3 + P_3 - M_3) \div (C_3 + V_3)$,R>r,在剩余价值一定的情况下,价格利润的多少,也就是 $P_3 - M_3$ 的大小决定了利润率的高低。所以,保持垄断优势,保持定价主导权是企业获取超额利润的关键。

三、关于权利性无形资本和商标等作用的探讨

土地所有权(使用权)和特许经营权没有价值,但是只要参与资本循环,我们就认为它们已经取得了和资本一样的价值身份。当然,这种价值身份是人为赋予的,实际上是一种权利向资本的转化,是缺少劳动价值与之对应的虚假的社会价值,这种虚假的社会价值参与资本循环和流通,能够为资本家带来利润,但是对整个社会而言是虚假的,是对社会消费者的一种剥削。因为,社会消费者的购买支出,是实实在在的劳动价值,而对应的产品却是没有劳动价值的虚假的社会价值,对社会消费者而言是一种剥削。但是这种剥削在这里并不影响我们对这种权利性无形资本参与循环,参与剩余价值创造,参与超额利润产生这个过程的分析。

当这种权利性无形资本作为原始投资进入资本循环过程的时候,我们也仍然假设通过后续的经营性无形资本投资会增加它的价值,不管这种价值是虚假的还是真实的。它的剩余价值生产公式仍然是:

$$C_4 + V_4 + m_4 = M_4,\ M_4 < P_4$$

作为经营性无形资本的一种,这种权利性无形资本也成为剩余价值生产的一种条件,也成为不变资本的一个组成部分,它的垄断性也决定了产品的垄断性特征。在产品价值实现的过程中,凭借这种垄断性特征,也可以实现垄断定价,所以,对于权利性无形资本而言,它们对于剩余价值和超额利润的创造,和其他经营性无形资本一样,没有任何区别。商标和网络域名虽然发挥作用是在流通领域,但是我们认为它具有生产性特征,并不是纯粹的非生产费用。因为在不完全竞争条件下,商标和网络域名的存在可以增加产品的差异性和垄断优势,为垄断定价服务。广告宣传是通过改变消费者偏好,增加产品知名度和销售量发挥作用。有专家认为是非生产费用,是流通领域存在的纯粹的费用,并不增加价值,如鲁从明(1998)。广告费用现在已经成为现代化大企业增加产品知名度、突出产品差异、促进销售的重要手段,虽然不直接参与产品生产,但是由此产生的费用也需要产品分担。通过广告宣传,在产品有形特征没有发生改变的前提下,产品的形象发生了改变,消费者对产品的认知发生了改变①,从而增加了消费者的忠诚度和对产品的购买量,消费者因此而获得更好的产品消费体验,企业可以因为消费者的这种心理特征而进行垄断定价获取垄断利润。广告费用并没有成为纯粹的流通费用,而是成为获取超额利

---

① 在有形功能没有增加的情况下,消费者心目中认知的使用价值增加了,愿意支付更高的价格。这是广告宣传的功效,产品的有形特征没有改变,改变的只是消费者的认知。这在西方经济学中称为消费者剩余。消费者剩余的存在可以使定价高于产品的价值,只要是消费者愿意接受就可以。

润的条件。所以,商标和网络域名发挥作用是在流通领域,但是不断的投资行为对于产品形象的提升是生产性行为,由此发生的费用是生产性费用。这种生产性费用以实际发生的数额按照比重分摊到产品上面,从而增加产品的价值。因此,广告宣传等投资行为,以商标和网络域名等为发挥作用的载体,既可以增加产品价值,也可以增加消费者剩余,增强产品垄断优势和垄断定价的能力。

这和马克思对于保管费用的论述有相似之处,马克思说:"维持这种储备所需要的费用,也就是储备形成的费用,即用于这方面的对象化劳动或活劳动,不过是社会生产基金或社会消费基金的维持费用的一种变形。由此引起的商品价值的提高,只是把这种费用按比例分配在不同商品上,因为这种费用对不同种商品来说是不同的。储备形成的费用仍然是社会财富的扣除,虽然它是社会财富的存在条件之一。"[1]这种储备费用实际上是作为资本进行预付的,目的是获取利润。没有这种费用的预付,商品向货币的转化难以完成。如果是原材料的储备,则是生产正常进行的一种必要条件。费用的发生不是单一的成本扣除,而是剩余价值生产和利润获取的条件。资本家在正常生产开始之前就已经做好预算准备,将其作为总预付资本的一部分支出。所以,这些费用已经资本化,服务于生产,服务于价值创造和利润实现。当然也就有价值产生,需要把这些费用,严格来说是资本的价值按比重分配到产品中去,从而使产品价值增加、价格变贵。保管费用是产品价值实现所必需的,广告费用对于现代企业来说也是必需的,这些是竞争的手段之一。而且广告创意往往是很高的智慧结晶,凝结了很多的活劳动和物化劳动,它们的价值需要得到体现和补偿。企业在预付资本中广告费用也往往占很大的比重。在现代竞争条件下,广告不仅仅服务于产品从商品形式向货币的转化,而且是超额利润的实现条件,这已经不同于马克思所说的纯粹的流通费用。马克思曾经说过:"一般的规律是:一切只是由商品的形式转化而产生的流通费用,都不会把价值追加到商品上……投在这种费用上的资本(包括它所支配的劳动),属于资本主义生产上的非生产费用。"[2]广告宣传等费用不仅仅是促进了产品的价值形式转

---

① 马克思:《资本论(纪念版)》第 2 卷,人民出版社 2018 年版,第 165 页。

② 马克思:《资本论(纪念版)》第 2 卷,人民出版社 2018 年版,第 167 页。

化,更重要的是广告宣传成为超额利润实现的手段之一。所以,我们不能用自由竞争条件下,同质化产品价值转化的视角来看待广告宣传等问题。广告宣传所发生的费用也是生产性费用,它不创造产品价值,但是可以增加产品的价值。它需要借助产品销售实现价值补偿。

作为广告宣传发挥作用的载体,商标和网络域名作为一种无形资本,和专利、专有技术一样,都是仅仅围绕产品价值和超额利润的实现发挥作用,它们是共同发挥作用,不是单独发挥作用。这样也就没有必要单独讨论专利、专有技术或者商标在经营性无形资本创造剩余价值和超额利润过程中的作用。假设 1 和假设 2 的相关结论,也都适合商标、网络域名、土地所有权(使用权)、特许经营权等。

第五节　社会性无形资本与超额利润[①]

社会性无形资本包括人力资本、企业文化资本和社会关系与渠道资本。这是一种新的资本形式,虽然很多专家学者对此有一些定性研究,但是对于社会性无形资本如何参与剩余价值和超额利润生产还没有权威的结论。下面将按照不同的要素逐一进行探讨。

一、人力资本与超额利润

人力资本是一种复杂劳动力,需要经过长期的学习和培训,高质量的医疗保健以及多岗位和工作经历的锻炼才能形成。它是以人为载体,常常表现为某些人惊人的创造力。人力资本在劳动过程中表现出来的是复杂劳动或创造性劳动,而不是简单劳动,所以他们的工资水平往往比较高,是普通劳动者的若干倍。但是,资本家对于这些人力资本的工资支付不可能按照人力资本所发挥的作用来支付,不是人力资本等同于几个简单劳动力,就按照简单劳动力的平均工资水平的几倍来支付。也就是说,假设普通劳动力的工资水平是 V_1,某一个人力资本相当于 N 个普通劳动力,那么人力资本的工资水平 V_2 应

---

① 此处主要指垄断性价格利润,效率利润只在涉及时略加讨论,不详细展开。

该按照 $V_2 \leqslant NV_1$ 进行发放,绝对不会是 $V_2 > NV_1$。一般情况下应该是 V_2 小于而不是等于 NV_1,因为资本家会更大程度地剥削人力资本。所以,在劳动生产率不断提高的情况下,资本家越来越依靠机器和无形资本,而不是劳动力,人力资本也是资本家赚取剩余价值和超额利润的手段,如果能够延长工作日或者提高劳动强度,资本家会毫不犹豫地加大对这些人力资本的剥削。在劳动日已经确定的情况下,资本家会增大劳动任务或增强劳动强度,剥削和压榨人力资本。在不能按时完成工作任务的情况下,那些所谓的"白领"阶层往往加班加点,高强度劳动,自愿地牺牲闲暇时间为资本家工作,过度磨损自己的寿命,导致很多"白领"阶层过劳死。据智联招聘发布的《2015 年白领 8 小时生存质量调查报告》显示,每周加班大于等于 5 小时的超过 67%;关于北上广1500 名白领的调查报告显示,70% 的加班者伴有便秘、头晕头痛、腰酸背痛、精神萎靡等 15 种症状,超过 57% 的白领睡眠时间小于 7 小时。这种过度剥削现象导致过劳死频频发生,平均过劳死年龄仅为 44 岁,某些特殊行业,如 IT行业精英过劳死的年龄甚至仅为 37.9 岁。8 小时工作制已经成为世界性共识,但是这种自愿的加班行为很好地让资本家避免了违法的事实。这种隐性剥削已经成为当今社会针对"白领"阶层的一种特殊现象。

在这种情况下,人力资本为资本家创造剩余价值比普通劳动力创造的剩余价值更多。假设普通劳动力创造的剩余价值为 M,那么人力资本创造的剩余价值一定是普通劳动力的若干倍,我们还是沿用上面所举的例子,假设一个人力资本相当于 N 个普通劳动力,工资看作是必要劳动价值,整个价值减去工资部分就是剩余价值。假设普通劳动力创造的剩余价值是 M_1,那么人力资本创造的剩余价值 M_2 应该是 $M_2 \geqslant NM_1$,一般情况下应该是 M_2 大于而不是等于 NM_1,因为资本家一般不会按照 N 个普通劳动者的工资水平给那些"白领"发工资,只要"白领"的绝对工资水平高于普通劳动力的平均工资水平就可以了。所以,人力资本所受到的剥削程度,也就是剩余价值率要高于普通劳动力的剩余价值率。

按照剩余价值率的公式来计算,$M_2{}' = M_2/V_2 > NM_1/NV_1$,因为 $M_2 > NM_1$,$V_2 < NV_1$,分子大而分母小,比值自然会变大,也就是最终 $M_2{}' = M_2/V_2 > M_1/V_1$,也就是 $M_2{}' > M_1{}'$。因此人力资本会为资本家创造更多的剩余价值,而且所受到的剥削程度更深。人力资本为资本家创造的这些剩余价值,可以看作是变相地延长劳动时间、增加劳动强度和劳动效率提高带来的剩余价值。在这里，资本家把生产绝对剩余价值的方法都用上了，同时他也看好人力资本由于经验丰富、技能水平高超所带来的生产效率提升，在这种情况下，为人力资本多发几倍的工资资本家也是愿意的。无论是变相延长工作时间、增加劳动强度，还是劳动者本人生产效率提高导致剩余价值增加，在资本家这里都会被看作是劳动效率提高的结果，这也是资本家给"白领"阶层高于普通劳动力若干倍工资的理由。从法律上来看，资本家没有违背法律关于8小时工作日的规定，而劳动强度的增加也是"白领"们自己愿意的，因为自己所承担的工作量常常是在规定的时间内完不成，所以为了保住自己的"白领"身份和薪金水平，只有更加努力地工作，为资本家创造出别人不能创造的剩余价值。因此，在资本家这里所获得的超额剩余价值就表现为资本家选人用人决策英明，表现为高付出高收益的激励机制，而实际上资本家在可变资本投入上的总额和增长幅度下降了，剩余价值进一步增加了，超额剩余价值因为采用人力资本而产生了。能够创造超额剩余价值被看作是人力资本的使用价值，被看作是人力资本被选用的理由和依据。

我们可以比较一下普通劳动力的选用和人力资本的选用对可变资本的预付总额的变化。我们前面假设了普通劳动力的工资水平是 V_1，某一个人力资本相当于 N 个普通劳动力，人力资本的工资水平 V_2 是按照 $V_2 \leq NV_1$ 进行发放的。这时 V_1 可以看作是 N 个普通劳动力的总的预付可变资本，V_2 可以看作是资本家在一个人力资本身上的预付可变资本，由于人力资本的总的工资水平小于等于 N 个普通劳动力的工资水平，所以 $V_2 \leq V_1$，正常情况下应该是 $V_2 < V_1$，相等的情况是极少数的，也是资本家愿意支付工资的最高极限。

假设不变资本不增加，没有经营性无形资本的投入，全部是普通劳动力投入，那么 2000C+500V+500M＝3000，如果需要增加 10 倍，那么在剩余价值率不变的情况下，则变为 20000C+5000V+5000M＝30000。现在假设全部用人力资本替换普通劳动力，剩余价值率为 150%，对于剩余价值生产的贡献则可以表示为公式（12）：

$$20000C+5000V+7500M = 32500 \qquad (12)$$

这里 5000 表示人力资本所代表的可变资本，剩余价值率提升为 150%，那么剩余价值是 7500，产品总价值为 32500，资本家的利润率则由 5000 ÷

（20000+5000）＝20％，提升到7500÷（20000+5000）＝30％，同样的预付资本25000带来不同的利润率，选用人力资本的情况下利润率明显高于普通劳动力。普通劳动力为资本家创造的利润是5000，而人力资本为资本家创造的利润是7500，超额创造利润2500。

这样我们就可以得出推论4：

在假设人力资本劳动生产率和剩余价值率高于普通劳动力，不变资本不增加也不减少，在以人力资本为代表的可变资本增加的情况下，人力资本可以为资本家直接创造超额剩余价值，并转化为超额利润，这部分利润属于效率利润。

我们用一般性公式 $C_5+V_5+M_5=M_5$ 来表示：假设人力资本的劳动生产率 P' 和剩余价值率 m' 均高于普通劳动力，不变资本总值不发生改变，在人力资本代表的可变资本 V_5 增加的情况下，M_5 是人力资本创造的超额剩余价值，可以转化为企业的超额利润。

假设在选用人力资本的情况下，由于劳动生产率的提高，同样的人力资本推动的生产资料会增加，不变资本的增加速度会快于可变资本的增加速度，上面的公式（12）有可能变为25000C+5000V+7500M＝37500，不变资本是原来的12.5倍，可变资本是原来的10倍，剩余价值率是150％，那么利润率则下降为7500÷（25000+5000）＝25％，仅比20％上升了5个百分点。但是利润的绝对总额增加了2500，比原来5000的利润绝对增加了，价格利润仍然是2500。但是我们在第三节论述经营性无形资本的时候指出，经营性无形资本的投资可以增强和保持企业的垄断优势，从而可以进行垄断定价，保持较高的利润率。社会平均利润这时候虽然仍然存在并作为对外投资的一个基本参考标准，但是某些行业存在超额利润导致的高利润率会成为新的追求目标，资本家会与同行业的高利润率水平相比较，而不是与资本平均利润率水平相比较。平均利润率水平已经成为判断机会成本的一个基础性标准。资本对利润的追求本性，会驱使资本家去追求更高的利润率，以实现资本的最大化增殖。在不变资本增加速度超过人力资本增加速度的情况下，经营性无形资本投资也会跟上，以增强企业的垄断优势，获得超额利润。也就是在25000的不变资本增加中，经营性无形资本一定要占到一定比率，以强化企业产品的垄断优势，否则就会使利润率下降。

因此,在不变资本不增加的情况下,人力资本的增加会产生超额剩余价值,转变为超额利润,也就是公式(12)表示的,利润率25%,可以看作是超过社会平均利润率的高利润率水平,是获取超额利润前提下的高利润率。

在不变资本增加,而且增加速度明显快于人力资本增加速度的情况下①,经营性无形资本的投资一定会占到一定比率,以确保企业在产品定价中的优势,保证产品总价格高于产品总价值,获得垄断利润。假设资本家预期的目标利润率是50%,为了保持预期50%的高利润率,企业预付资本30000需要获得15000的利润,产品需要在剩余价值7500的基础上再多获取7500的利润才能达到这个利润水平。这样公式(12)也就转变为了:

$$25000C+5000V+7500M = 37500, M = 37500, M < P, P = 45000 \qquad (13)$$

后面的45000代表的是垄断定价所制定的产品总价格,比产品价值37500多出7500,这部分利润完全是通过垄断定价获得的,是垄断利润,是价格高于价值的部分。按照平均利润率20%,平均利润是6000,产品应该定价为36000,但是在垄断优势可以保持,产品价值明显高于产品的生产价格,可以进行垄断定价的情况下,36000的价格不会出现,资本家宁可直接以37500的价格出售,也不会采取更低的价格,37500会直接获得超额利润,这部分利润(37500-36000=1500)就是效率利润。如果剩余价值率不是那么高,而是略微高于普通劳动力的剩余价值率,比如是105%,那么5000的可变资本产生剩余价值5250,不变资本是原来的12.5倍,可变资本是原来的10倍,那么公式则变为:

$$25000C+5000V+5250M = 35250, M = 35250, M< P, P = 36000 \qquad (14)$$

产品必须能够获取平均利润,产品价格应该按照36000进行定价才能获得平均利润,这个价格可以看作是生产价格。但是垄断优势的存在,不会让产品价格仅仅按照社会平均生产价格来定价,资本家会充分利用自己的垄断优势,以获取超额利润为目的,进行高于平均利润的定价。在公式(14)中也就是以高于36000的价格进行定价。

根据以上所述,我们可以得出推论5:

———————

① 如上例,不变资本是原来的12.5倍,可变资本是原来的10倍,剩余价值率是150%。

在以人力资本为代表的可变资本增加和不变资本增加的同时[1]，经营性无形资本的投资增加一定会在不变资本中占有一定比率，以确保企业产品的垄断优势。无论产品价值高于生产价格还是低于生产价格，产品价格一定会高于生产价格，以确保资本家获得超额利润并达到预期的高利润率水平。

我们用一般性公式 $C_6 + V_6 + M_6 = M_6$，$M_6 < P_6$ 来表示：V_6 增加和 C_6 增加的同时，C_6 增加的速度快于 V_6 的增加速度，这时经营性无形资本投资增加一定会在不变资本中占有一定比重，以确保企业产品的垄断优势。在人力资本剩余价值率 M' 大于普通劳动力的剩余价值率的情况下，所生产的剩余价值多于普通劳动力，并转化为超额利润的一部分。假设 R 为平均利润率，R 代表预期的高额利润率，产品的垄断定价 $P_6 > M_6$，获得的利润需要保证 R>R。

二、社会关系和渠道资本与超额利润

社会关系和渠道资本已经成为企业获取原材料、保证产品销售渠道、对外合作不可缺少的一种无形资本，在市场竞争越来越激烈的情况下，社会关系和渠道资本是通过增加渠道与关系的垄断性，确保生产经营的正常进行，并获取超额利润。社会关系和渠道资本在不能获取超额利润的情况下，只能是费用支出。资本家投资于社会关系和渠道资本如果仅仅是为了维持生产经营的正常进行并获取平均利润，那么在关系和渠道领域的投资不会太多，因为那是纯粹费用的支出，是平均利润的扣除，只有节省这笔费用，才会相对地增加自己的利润。只有这笔费用的支出能够给企业带来超出预期、超出平均利润的利润水平时，才具有投资价值。也就是社会关系和渠道资本在确保原材料供给、产品销售的基础上能够实现超额利润。在经济萧条的情况下，一般性企业获取平均利润都会比较困难，在这个时候维持正常生产经营是未来经济繁荣时期获取超额利润的必要条件，因为一旦不能正常生产经营也就意味着不能生存下去，在经济繁荣时期也就难以获取超额利润。因此在经济萧条的情况下，社会关系和渠道资本仍然是企业生存和竞争的基本条件，在别的企业生产经营难以为继的时候，企业还能生存或者获得正常利润，那么经济繁荣时期企业必然会获取更多的利润。所以，从企业发展的寿命周期来看，社会关系和渠道

---

[1]　仍然假设不变资本增加的速度超过可变资本。

资本是企业获取超额利润和超常发展的必要条件。

对社会关系和渠道资本的投资,不仅仅是有远见的投资合同,也包含着感情投资、信誉投资。在缺乏感情与信任的基础上,法律合同难以保证长期有效,因为超过一定的法律期限,合同就无效了。法律合同的签署不需要花费太多的精力和时间,法律制度的建立也是外部投资,不是企业内部投资,在法律方面的投资仅限于给法律顾问和工作人员的工资、法律漏洞和风险的可行性咨询和探讨、法律维权的支出(合作方违规之后的支出)等,而在合作方没有违规的情况下,法律维权的费用是不需要的。因此,社会关系和渠道资本的支出更主要的是与关键性人物的感情投资和长期交往带来的信任投资。这时候感情、信誉、法律三者结合在一起就具有了价格,对于企业的正常生产经营和获取超额利润具有实际的使用价值。这时候的感情、信誉、法律事务都是可投资的商品,需要专业的工作人员和企业的关键性人物把投资社会关系和渠道看作是一项正常的业务进行投资,并在预算和支出中得到体现。包括销售费用、广告公关费用这些正常的会计科目,实际上也都包含了对社会关系和渠道资本的投入费用。在会计上目前还都是费用项目,但是这种费用支出都是为了利润,而且是超额利润。很多企业的销售费用或者广告公关费用都很高,而企业的利润水平也是水涨船高。这与传统意义上费用增加利润减少的常识是相违背的,恰恰也是社会关系和渠道资本的价值体现,是该项资本越来越重要,在超额利润获取中发挥更大作用的一种体现。当然,像有些企业为了获取垄断性的超额利润,甚至为了打造社会关系和渠道资本而不惜血本,把社会关系和渠道资本当作获取超额利润的唯一手段,走向违法犯罪的例子也很多。如 2018 年 7 月爆出的中国长春长生生物科技有限责任公司制造销售劣等疫苗案例,在缺乏相应科技水平和质量保证的情况下,在社会关系和渠道资本投资方面力度很大。2017 年长春长生生物科技有限责任公司的销售费用约为5.83 亿元,增幅高达 152.52%,其中推广服务费超过 4.42 亿元,占销售费用的 75.95%。在市场竞争日益激烈的情况下,社会关系和渠道资本已经成为企业获取超额利润的一个重要手段。

(一)社会关系和渠道资本在利润创造过程中的作用

我们把社会关系和渠道资本的作用分为三个方面:保证获取原材料、保证产品销售、拓展对外合作。我们分三个方面来探讨社会关系和渠道资本与获取超额利润之间的关系。

1. 确保原材料的正常供应和优质原材料的供给

市场竞争越来越激烈,在短缺经济条件下,能够获取正常的原材料供应就意味着能够获取超额利润。因为需求短缺行业条件下,只要正常生产出产品来,市场一定是供不应求,市场价格高企,产品按照远远高于市场价值的价格进行销售,此时原材料的保证性供应就是超额利润的创造条件。社会关系和渠道资本的投资价值在此时就体现出来了——在原材料供不应求的情况下,优先保证某家企业,也就保证了这家企业获取超额利润的机会和权利。社会关系和渠道资本的存在为原材料的供应提供了垄断性权利,因此而获得原材料的正常供应,也获取了创造超额利润的保证。

在生产过剩的情况下,很多企业的产品生产出来之后难以销售出去,价值不能全部实现。因此,差异化的、优质的产品会更有销路。在原材料供应基础上,社会关系和渠道资本可以确保企业获得优质原材料供应,保证产品品质,也保证了产品美誉度和市场销售,不仅价值能够顺利实现,还可以因为产品差异性和优质品质在定价方面获得一定的主导权,确保企业获得一定数额的超额利润。生产过剩条件下行业平均利润会比较低,因为竞争会降低利润率。社会平均利润也不是一成不变的,它是根据社会生产条件的变化而变化,也取决于竞争的激烈程度。一般情况下,竞争越激烈交易成本会越高,同等社会生产条件下会降低利润水平。因此,优质原材料的供应会更容易保证产品差异性基础上的垄断定价,获得超额利润。

2. 保证产品销售和定价主动权

渠道资本会保证产品销售更加顺畅,保证资金尽快回流,资本循环和周转速度快于一般企业,保证了资本可以在速度上减少沉淀时间和不能创造价值的时间,提高利用率,实现更大的价值增值,这是社会关系和渠道资本的使用价值之一。这种使用价值使同样的资本投入,会在周转速度加快的情况下获得更多的利润。不仅如此,稳定的销售渠道会在产品定价以及营销策略的执行方面获得一定的优势,经销商会因为信任更加愿意配合执行企业的营销政策。稳定的销售渠道和渠道延伸服务,如售后服务,也可以给消费者可靠的信任感,增加产品的黏性,增强消费者对企业的忠诚度,从而在定价方面获得一定的主导权,销售量稳定而产品价格会更高。渠道的可靠性,也为企业了解消费者需求,提供产品售后增值服务创造了各种便利条件。这些不仅有利于产品价值的实现,也有利于大产品概念的实现,通过销售服务和渠道的延伸服务,产品质量得到更大提高和保证,产品的使用价值在原有基础上增加了更多附加的使用价值。如某品牌冰箱,通过稳定可靠的销售渠道和售后服务,获得了消费者的信赖,也通过渠道的延伸服务提升了企业美誉度和知名度,该品牌冰箱不仅被认为质量好,而且更加安全可靠,不同于一般品牌冰箱。同样的使用价值,在不同品牌之间出现了细微的差别,通过这种渠道服务的延伸,产品的性能在概念上得到了增加,消费者的信任感和忠诚度增加,愿意支付更高的价格,这就是消费者剩余。消费者剩余可以看作是产品概念性使用价值的价格,也就是因为概念性使用价值的增加而导致产品的价值也增加了。这是渠道工作者、广告营销工作者的劳动所创造的。他们的劳动虽然不同于直接的劳动工人,但是也属于生产性质,是总体工人的组成部分,是产品价值创造者的一分子。生产劳动的概念也不再仅仅局限于生产车间,而是任何可以增加产品价值的环节都可以看作是生产环节。生产是价值的生产,而不是单纯物质产品的加工与制造。因此,无论是资本循环和周转速度的加快,还是产品价值的增加,定价主动权的增强,都会服务于企业产品获得更高的利润,服务于资本获得高于其他一般性资本的利润率,也就是可以获得超额利润。

3. 对外合作机会的拓展

社会关系和渠道资本的存在使企业在对外拓展合作时增加了机会。无论是科研合作还是产品生产合作,无论是纵向一体化还是横向一体化,无论是国内经营还是国外经营,都可以通过社会关系和渠道资本的建设与积累,拓展合作机会。

我们先从科研合作来看,由于科研投资资金数额大,市场风险高,对于一些原创性的科研而言,合作研发会分摊成本、分担风险,在后期技术推广阶段也可以提高效率,增加产业链培育成功的概率。原有的原材料供应商、产品经销商以及其他一些战略合作者,更加容易互相信任,便于沟通,也更加便于进行分工。因此,原有的社会关系和渠道资本对于科研合作会提供更加成熟的保证,减少沟通成本和搜寻成本,提高成功的可能性。产品生产合作也是类似,在已有的社会关系和渠道资本基础上进行合作分工,效率更高,可靠性更强,成功概率更大。

原材料供应商、产品生产厂商、产品销售商在纵向一体化过程中更容易合作,沟通更为顺畅。原有的合作过程中对于彼此的优劣势都很清楚,对于合作的可靠性、信任度都已经有了了解,因此纵向一体化战略在原有的关系和渠道基础上更容易成功。横向一体化也是类似,对于同类的战略合作者,更容易彼此信任,例如:同是软件生产商,为了避免竞争而合作,成为彼此关系和渠道资本的一环,在科技研发、新产品开发、产业培育等方面展开合作。为了更好地发展,彼此通过兼并收购等方式实现横向一体化。彼此由竞合关系变成了一体关系,减少了沟通成本,实现了规模经济,提高了运营效率,甚至会因此而加强对市场的控制力度,在产品定价方面拥有更多的控制权。

国内的社会关系和渠道资本有利于国内业务的扩张,国外的社会关系与渠道资本有利于跨国业务的拓展。当一家企业从一个地域要扩大投资、扩大市场经营领域的时候,在社会关系和渠道资本的帮助下可以迅速打开局面,进入新的市场和地域。国外市场比较复杂,在相关社会关系和渠道资本的帮助下,可以迅速了解市场信息,有针对性地采取产品生产和营销策略,或者有效地选择合作伙伴,迅速打开海外市场的局面。这些都是社会关系和渠道资本所能发挥的作用。

由此可见,已有的社会关系和渠道资本对于增加合作与发展机会,降低沟通和搜寻成本,加强对市场的控制能力,提升合作成功率都有很好的作用。因此,社会关系和渠道资本对于企业而言非常重要,在很多大集团和跨国企业中,公关部、投资部、市场营销部或者广告部等都不同程度地担负着社会关系和渠道资本发展的工作,已经成为企业竞争必不可少的手段,是非常重要的一项无形资本。这些合作机会的获得,对于企业快速进入关键性的发展阶段,实现超常规发展非常重要。我们把这种超常规发展机会的提供和成功利用看作是社会关系和渠道资本的又一个使用价值。这种机会是稀缺的,金钱难以买到,这也是社会关系和渠道资本被看作是无形资本的重要原因之一。这种资本是公司相关部门的人力资本长期工作和投入的结果,也是企业关键性人物,包括企业家、职业经理人等人力资本的劳动投入获取的,是一种累积性的无形资本。我们仍然把它看作是无形固定资本,属于不变资本。这些资本的价值实现需要参与资本的循环,和厂房、机器一样,随着产品的销售而逐渐实现自身的价值。除此之外,这些无形资本实质上也是一种长期投资形成的垄断性资本,它们是排它的,在资源有限的情况下,一定时期内对关系和渠道的投资是有限的,被投资的关系和渠道在建立信任与合同关系时,受时间、精力、资金、机会等条件的限制,选择的对象也是有限的,所以在一定程度上是排它的,具有机会成本。如果条件只允许选择一个合作伙伴,那么选择了 A,就不能选择 B。如果允许选择 n 个合作伙伴,那么对于第 n+1 个伙伴而言就是排它的,具有机会成本。

(二)社会关系和渠道资本与超额利润公式

社会关系和渠道资本在原材料供应、产品销售、对外合作机会拓展等方面具有垄断性或者排它性,使产品在差异性和定价的主导权等方面具有了垄断优势。在价值实现和对外扩张的成功性方面提高了概率,对于一般性企业而言也是一种优势。在过剩经济条件下,这种高概率的成功可能性也是一种垄断优势,使企业在价值实现和规模扩张方面领先于其他一般性企业。我们分两种情况用公式来分析社会关系和渠道资本在超额利润产生过程中的作用。

1.需求短缺行业社会关系和渠道资本的作用

需求短缺行业是指所在行业的社会需求非常旺盛,市场价格比较高,只要保证原材料供应,产品正常生产就能获得超额利润。用公式表示就是:

$$C_7 + V_7 + M_7 = M_7, M_7 < P_7 \tag{15}$$

在这里,社会关系和渠道资本以及相关工作者不能形成独立的剩余价值和超额利润生产公式,他们必须与其他的生产工人一起,尤其是与直接生产领域的生产工人一起才能生产和创造剩余价值和超额利润。C_7 是不变资本,其中包含社会关系和渠道资本;V_7 是可变资本,其中包括以社会关系和渠道资本工作者为代表的人力资本价值;M_7 代表的是包括社会关系和渠道资本工作者在内的所有的生产工人创造的剩余价值,社会关系和渠道资本工作者不能独立创造产品和价值,他们的劳动必须与直接生产工人一起结合起来,才能把自身的劳动价值体现在产品中;M_7 是产品的价值,里面包含了社会关系和渠道资本价值转移部分的内容;P_7 是市场价格,这个价格由于市场短缺而高于产品的价值,因此,企业可以获得超额利润。

根据以上情况,我们可以得到推论 6:

在需求短缺行业,由于市场价格高企,因此社会关系和渠道资本只要正常保障原材料的供应和产品销售就可以获得超额利润。如果能够具有一定的垄断定价权,则可以通过更高的市场定价获得更高的超额利润。

2. 生产供给过剩行业的社会关系和渠道资本的作用

在生产供给过剩行业,要想全部实现产品价值,并且获得高于一般企业的超额利润,就必须突出产品的差异性,能够实行垄断定价。这种产品的差异性更主要的是服务于产品的价值实现,因为在生产过剩行业,价值实现是第一位的。这样的行业,剩余价值和超额利润的实现公式可以表示为两种情况:

$$C_8+V_8+M_8 = M_8, M_8>M^* \tag{16}$$
$$C_9+V_9+M_9 = M_9, P_9> M_9 \tag{17}$$

公式(16)说明:在生产过剩行业,一般情况下行业平均利润率会比较低,只要正常实现价值,顺利实现资本循环与周转,就能获得高于其他一般性企业的利润,即 $M_8>M^*$,M^* 是其他没有社会关系和渠道资本的企业生产的剩余价值。这种正常经营会为企业进入繁荣期获得超额利润打下基础。

在企业仍然能够保持较强垄断优势的情况下,即使生产供给过剩,产品仍然能够顺利实现价值,而且能够进行垄断定价,按照垄断价格 $P_9> M_9$ 进行销售,这就是公式(17)所表示的含义。

根据以上情况,我们可以得到推论7:

在生产过剩行业,如果社会关系和渠道资本所带来的垄断性或排它性特征不够强,只要能够保证产品生产和销售顺利进行,顺利实现产品价值,就能获得高于其他一般企业的利润。企业的正常经营会为企业进入繁荣期赚取超额利润奠定基础;如果社会关系和渠道资本所带来的垄断优势较强,可以使企业进行垄断定价,那么,企业不仅能够顺利实现产品价值,而且还可以获得超额利润。

3. 对外合作机会的拓展与超额利润

对外合作可以扩大企业规模,实现规模经济,降低平均成本。在需求短缺的情况下可以充分抓住和利用市场机会;在生产过剩的情况下,可以降低成本,提高效率,也能提升利润率。在需求短缺的情况下,社会关系和渠道资本所发挥的作用与公式(15)是一样的,推论6适合这种情况:在需求短缺行业,由于市场价格高企,因此对外合作机会的扩大,可以帮助企业更好地获得超额利润。在生产过剩的情况下,社会关系和渠道资本所发挥的作用与公式(16)、公式(17)类似,所表现的是企业规模的扩大,不变资本和可变资本都会增多,产品的总价值和总价格也都会增加,规模扩大可以导致规模经济,成本下降,效率利润会增加;也导致控制市场的能力增强和垄断定价,垄断定价所导致的价格利润增加。因此,超额利润的绝对总量也会增加。这是一种比较特殊的情况,我们就不再详细论述了。

社会关系和渠道资本一般来说也需要与经营性无形资本相结合,这样更能加强垄断优势,在市场定价中获得更强的控制能力。社会关系和渠道资本没有独立的剩余价值生产公式,它需要与经营性无形资本或有形资本相结合,共同创造剩余价值。

三、企业文化资本与超额利润

企业文化是企业在发展过程中形成的符合企业发展需要的价值观、理念、行为规范、制度体系以及在此基础上对外宣传所形成的文化氛围,优秀的企业文化有利于企业的发展。美国管理专家科特教授专门对企业文化与经营业绩之间的关系进行了11年的研究,通过大量数据,作了实证性分析得出结论:重视企业文化的公司,11年里总收入增长率为682%,而不重视企业文化的公司总收入增长率为166%;重视企业文化的公司员工数量增长了282%,而不重视企业文化的公司员工数量仅增长了36%;重视企业文化的公司股票价格上涨了901%,不重视企业文化的公司股票价格仅上涨74%;重视企业文化的公司净收入增长了756%,而不重视企业文化的公司净收入仅增长1%。事实表明,企业文化对于公司的收入与利润的增长影响巨大。

对于重视企业文化的公司来说,一般都有专门的企业文化工作人员和工作部门,来负责日常的企业文化宣传培训等工作,监督执行公司的制度,指导企业员工的日常行为。优秀的企业文化很容易让企业形成良好的工作氛围和奖惩机制,激励员工积极工作、提高效率。对于企业的产品开发、技术研发、市场销售、广告宣传、企业形象提升等均有积极作用。主要作用就是提高效率,提升形象。作为总体生产工人的一部分,企业文化专员的劳动需要与生产工人的劳动相结合才能创造价值,并通过产品销售才能实现自己的价值。对于优秀的企业文化来说,它不能仅仅算作费用,因为这种支出带有生产性质,在成本节约、创新提效、促进销售等方面都是正常生产经营所必不可少的。企业文化资本和企业文化专员没有独立的剩余价值生产公式,也必须与其他生产工人一起共同完成剩余价值生产和超额利润的创造。我们假设一个企业没有企业文化,那么剩余价值公式完全是直接生产领域生产工人的:

$$2000C+500V+500M= 3000 \tag{18}$$

在企业文化加入以后,企业文化作为无形固定资本需要加入不变资本部分,企业文化专员的工资要加入可变资本部分,剩余价值也会因此而增加。假设资本有机构成不变,但是由于企业文化建设而导致剩余价值率提高,提高到110%,那么公式则变为:

$$4000C+1000V+1100M=6100 \tag{19}$$

剩余价值率提高了,利润增加了,利润率也提升了 $1100÷(4000+1000)=$ 22%。剩余价值 1100 转化成利润,比剩余价值率100%增加10%,也就是超额利润为100。从资本家的角度来看就是效率提高带来的利润,我们可以把它归类于效率利润。

我们假设企业文化专员的剩余价值率也和生产工人一样不变,那么按照企业文化资本增加速度超过文化专员工资的速度来增加不变资本和可变资本,生产公式可以变为:

$$4000C+800V+800M= 5600 \tag{20}$$

因为企业文化的原因,无形固定资本增加了2000;因为文化专员的工资,可变资本增加了300,在剩余价值率不变的情况下,剩余价值也增加了300。如果我们把企业文化专员的劳动看作是复杂劳动,文化专员是人力资本,剩余价值率提升了,假设提升到了120%,那么300的预付可变资本,增加的剩余价值就是360,那么公式(20)就变成了:

$$4000C+800V+860M= 5660 \tag{21}$$

公式(21)显然是把企业文化专员与普通劳动力的剩余价值生产结合在了一起,企业文化专员并不直接生产产品,但是他们的劳动对于统一员工行为,提高生产效率,推动创新,提升产品质量,改善企业形象都有明显的作用,这些作用只能是与生产工人的生产劳动结合起来才能真正体现其价值。优秀的企业文化给企业带来卓越的绩效表现,我们假设主要是通过劳动生产率提高达到的。这种情况下,劳动者为自己生产的必要劳动时间进一步缩小,为资本家生产的剩余劳动时间进一步增多,剩余价值率进一步提升,假设普通劳动者的剩余价值率提升至110%,剩余价值为550;文化专员的剩余价值率提升至130%,剩余价值为390。则公式(20)变为:

$$4000C + 800V + 940M = 5740 \qquad (22)$$

普通劳动力与企业文化专员共创造剩余价值940,总剩余价值率为940÷800＝117.5%,总体利润率为940÷(4000+800)＝19.6%,与公式(21)相比较,利润增加了80,利润率提升了。实际上我们应该和完全没有企业文化的时候相比较,也就是和公式(18)相比较。在没有企业文化的情况下,剩余价值率为100%,剩余价值和利润均为500,利润率为500÷(500+2000)＝20%;企业有了企业文化之后,绝对的利润总量增加到了940。总的剩余价值率提升了,利润率略有下降(资本有机构成增加较快的原因),但是绝对利润总量的增加是事实。优秀的企业文化投资,导致绝对利润总量增加了440,增加幅度为440÷500＝88%。这种效率提升带来的利润是超出一般企业的利润,是超额利润。

所以,我们可以有推论8:

企业文化投资可以提升劳动生产率,增加利润的绝对总量。这部分效率提升带来的利润,是相对剩余价值的转化,属于超额利润。在资本有机构成不变的情况下,利润率会提升;但是如果资本有机构成提高过快,会导致利润率下降。

企业文化无法直接增加企业垄断优势,只能间接地通过推动创新,提升产品质量,改善公司形象等增加公司与其他公司的差异性。真正的垄断优势必须建立在经营性无形资本基础上。因此,企业文化对于垄断优势的作用是间接的,而不是直接的。它最直接的作用就是提高劳动生产率。它对企业利润的贡献是通过效率提高达到的,因此属于效率利润的贡献者。正因为企业文化难以直接增加产品和公司的垄断优势,因此,通过企业文化推动创新,提升产品质量,通过对产品和技术研发的继续投入和效率提升来达到增加经营性无形资本的目的。经营性无形资本的增加可以增强垄断优势,强化定价主导权,获得价格利润。

企业对于无形资本的投资往往是综合的,不是单独的。单独地投资企业文化,或者单独地投资技术研发,都不如从管理和经营的双重角度,综合提升社会性无形资本和经营性无形资本的数量和质量更为有利。企业的无形资本往往也是综合地发生作用,而不是单独发生作用。社会性无形资本的作用发挥离不开经营性无形资本;经营性无形资本的作用发挥也离不开社会性无形资本。无形资本作用的发挥也离不开有形资本的支持,有形资本的作用发挥在当今世界也难以完全脱离无形资本的影响。资本的作用往往都是综合在一起的,当我们分析资本循环和周转的时候,我们很难区分哪一个类型的价值分子发挥了什么作用。我们对各种不同无形资本要素作用的分析是为了更好地认识这种无形资本,但是并不代表在现实中这些无形资本总是独立发挥作用。它们有其相对的独立性,可以独立地发挥作用。但是更多时候是相互结合,共同发挥作用。

第六节　无形资本超额利润的级差地租现象

无形资本可以为企业带来超额利润,尤其是经营性无形资本,它的垄断性特征可以强化企业的垄断优势,为企业定价带来主动权。专利、专有技术等经营性无形资本可以提高企业效率,带来效率利润;人力资本、企业文化资本和社会关系与渠道资本都可以带来效率的提高,也可以带来效率利润。除此之外,经营性无形资本绝大部分都可以为企业带来垄断定价机会,获得价格利润,也就是垄断利润。垄断利润是超额利润的重要来源。社会关系与渠道资本也可以强化企业的垄断性特征,获得垄断优势,为企业获得垄断利润服务。但是不能否认的是,不同的无形资本在企业中获取超额利润的能力不同,不同企业的无形资本获取超额利润的能力不同。能够给企业带来垄断优势,带来垄断利润的无形资本获利能力强;仅仅能够提高效率,不能带来垄断优势的无形资本,获利能力弱一些。但是,无形资本往往是综合发挥作用,而不是单独的一项无形资本要素发挥作用。所以,社会性无形资本和经营性无形资本都是企业获取超额利润的资本形式。很多企业越来越弱化对专利、专有技术、商标、人力资本、企业文化、社会关系与渠道资本等无形资本要素的单独关注,而越来越注重综合品牌建设。把品牌等同于无形资本,而不仅仅是把品牌和商标联系在一起。虽然这并未获得主流经济学的认可,但是表示了一种趋势——对无形资本进行综合考察,而不是对某一种无形资本要素进行考察,也说明了无形资本综合发挥作用的事实越来越受到重视。事实上,当我们提出无形资本这个概念的时候,就已经默认了无形资本各个要素作为资本的一分子,作为价值,在实现资本增殖这一最终目的上没有任何区别。无形资本和有形资本,除了具体的形态特征有所区别,作为价值,在实现资本增殖这一最终目的上,没有任何区别,都是为了实现资本增殖而存在。

一、无形资本超额利润的级差地租现象

无形资本不仅在形态上有差异,而且在获利能力上也是有差异的。无形资本的数量和质量以及后续的投资决定了无形资本在价值增值方面所发挥的作用。

何娟(2005)根据马克思地租地价理论和知识资本相关理论对品牌超额利润的来源和品牌资本的运行机制进行了分析和研究,她把品牌资本形成的级差地租称为品牌租。她把品牌资本面临的市场结构看作是不完全性的,认为品牌资本不可能在完全竞争市场和垄断市场中形成,完全竞争市场中消费者和生产者都是价格的接受者,不存在通过制造产品差异来培育顾客忠诚度的可能性,在完全垄断市场中企业缺乏动力去创造品牌产品,垄断竞争与寡头垄断市场是品牌资本面临的市场环境。[①] 我们如果把何娟所说的品牌看作是无形资本的代名词,那么这种地租现象也同样存在于无形资本中。无形资本面临的市场也是不完全竞争市场,不同数量和质量的无形资本导致获取利润的能力不同。

具有类似观点的学者还有李锐,李锐(2011)利用马克思的地租理论,对无形资产进行分析,认为无形资产也存在着级差地租和绝对地租以及垄断地租。他认为由于每个拥有无形资产的公司并不能获得相同的超额利润,因此存在着无形资产的地租现象。因为拥有的无形资产数量和质量不同而获得不同水平的超额利润这种现象是无形资产的级差地租;拥有知名品牌等无形资产的企业与不拥有类似无形资产的企业相比所获取的利润较高,这是无形资产的绝对地租;因为拥有土地使用权、特许经营权、技术秘密或诀窍而使产品价格以垄断价格出售获得超额利润,这是无形资产的垄断地租。无形资产的价格是其获取的超额利润的资本化。[②]

---

① 何娟:《品牌资本运营论》,四川大学博士学位论文,2005 年。
② 李锐:《马克思的地租理论在无形资产领域的运用与发展》,《郑州轻工业学院学报(社会科学版)》2011 年第 1 期。

　　李锐借鉴马克思的地租理论对无形资产超额利润进行了论述,把级差地租、垄断地租、绝对地租三种不同形式在无形资产的不同要素分类中进行了一一对应。马克思的地租理论是建立在土地这种特殊资源的基础上,具有特别的针对性。对于无形资产来说,特性不同于土地,它是人类的劳动产品①,土地的稀缺性和垄断属性主要是自然形成的,土地制度导致的私有权是社会附加的;而无形资产都是社会创造的,具有社会属性,自然属性几乎不存在。自然属性的垄断在无形资产中也不多见,大部分是新技术采用导致的技术性垄断。绝对地租是由于土地所有权的存在而必须获得的地租,可是无形资产并不因为所有权必然拥有收益,无形资产可以是负值,如会计科目中商誉一栏,经常会出现负数,而不是正数。垄断地租是建立在垄断价格基础上的,特别好的土地生产出的农产品具有特殊的价格,这种垄断价格形成垄断地租。无形资产因为质量会存在特殊的产品价格,因此垄断地租现象是可以存在的。但是他否认无形资产是商品,认为无形资产没有价值。他把会计学意义上的资本概念套用过来,认为通过对外投资,无形资产可以转化为经济实体的资本,无形资产此时便转化为无形资本。他对无形资产和无形资本的论述与我们的很多观点不一致。但是他对马克思地租理论在无形资产和无形资本问题方面的运用提供了很好的思路和借鉴。

　　以上两位学者的研究具有一个共同特点:运用马克思的地租理论研究无形资本,指出了无形资本中存在的级差地租和垄断地租现象。垄断地租现象如果也和马克思一样,是建立在特殊资源和特殊质量上面的无形资产所获得的垄断利润,那只有一些特殊的与历史、地理等因素结合在一起的无形资本才属于这种情况,如茅台酒是由于特殊的窖藏、特殊的酿造、特殊的气候才具有了特殊的品质,因此具有特殊的价格;青岛啤酒具有特殊的水源,因此啤酒具有特殊的品质和特殊的价格;同仁堂药业因为历史原因,加上特殊的商业技巧,产品具有特殊的功效,当然价格也会比较特殊。景德镇的瓷器、安徽的宣纸和徽墨等,既有历史原因也有地理原因,才形成了特殊的品质和声誉,当然也包括特殊的商业技巧。这些都可以看作是无形资本的垄断地租现象。但是这种垄断地租现象在无形资本总量中所占比重并不高,因为特殊的历史和地

---

　　①　除了土地所有权(使用权)、特许经营权少数无形资产不是人类劳动产品以外,其他都是。

理因素也是稀缺资源,仅仅在某些特殊行业存在,如文物文化产品、农产品、酒类酿造、药物制造等领域。这些领域可以作为特殊的对象进行研究,我们在这里不做特别研究。因此,级差地租现象是无形资本的主要现象。

马克思的地租理论是针对土地这种特殊的稀缺资源的,也是建立在土地所有权基础上的。绝对地租就是基于所有权而必须支付的地租。无形资本中的土地所有权(使用权)与马克思的地租理论基本上是相对应的。土地所有权(使用权)不能脱离土地这种资源的属性和稀缺性去谈,作为无形资本,土地所有权(使用权)也存在着级差地租现象。基于土地肥沃程度和位置的不同,马克思提出了级差地租Ⅰ;基于在同一地块上的连续投资马克思提出了级差地租Ⅱ。土地所有权(使用权)基于土地的这个属性,也必然存在着级差地租。不同的土地所有权(使用权),由于土地所在位置和可利用程度的不同,也必然存在着不同的价格,这就是级差地租Ⅰ;对同一土地所有权(使用权)对应下的土地进行连续投资,也必然可以获得级差地租Ⅱ。

特许经营权也需要结合权利的不同进行定价。权利能够带来收益的大小,决定了特许经营不同的价格。不同产品、不同公司的特许经营权也都存在着收益的不同。同一产品系列的特许经营权,会因为产品价值的不同,权利的大小,产生不同的价格。对于同一权利所对应的产品或者技术的连续研发或宣传投资,也会带来收益增长;依托相应产品和技术进行的配套研发和宣传,也会整体上增加特许经营权的市场价值,带来额外收益。所以,特许经营权也存在着级差地租现象。

对于土地所有权(使用权)和特许经营权的级差地租现象,后面将不再进行单独论述。我们把它看作与其他无形资本要素一样,没有不同。我们更侧重无形资本整体的级差地租现象,而不是某一种无形资本要素的级差地租现象。由于无形资本不是土地,它所带来的是超额利润,我们称之为"级差超额利润",也分级差超额利润Ⅰ和级差超额利润Ⅱ。

二、无形资本级差超额利润Ⅰ

马克思在土地肥沃与否和位置等因素以及投资差异的基础上提出了级差地租理论,认为级差地租是等量资本投在面积相等的土地上具有不同生产率、由个别生产价格与社会生产价格的差额所构成的超额利润转化形成的地租。

投资农业的前提是必须赚钱,必须能获得与工业资本一样的平均利润,否则投资失败,利润减少。而土地的差异性提供了这样的条件,劣等地也能获得平均利润,而优等地却可以获得超额利润。劣等地的产品价格决定了市场价格。这种自然力的差别是形成级差地租的条件,也是优等地可以获得超额利润的前提,而土地的垄断经营属性是级差地租产生的现实基础。无形资本的质量也存在着优劣之分,尤其是产业的发展需要一定的专利技术、专有技术链条,在不同产业层次不同的专利技术和专有技术所发挥的作用不同,而这些无形资本的排它性使其具有了类似的垄断经营属性,所以无形资本也具有级差地租现象。我们前边已经分析过,无形资本是劳动产品(土地所有权和特许经营权等除外),也产生剩余价值,因此,这种级差地租利润也必然是雇佣工人,或者说人力资本创造的。我们为了和马克思的级差地租相区别,把这种级差地租现象称为级差超额利润。因为级差地租的实质是超额利润。

马克思把级差地租分为级差地租Ⅰ和级差地租Ⅱ。级差地租Ⅰ是由于土地肥沃程度和位置差别所导致的地租。不同肥沃程度和地理位置的土地,在同等投资情况下的生产率会有不同。土地肥沃、离市场较近的土地生产率会高一些,相反则会低一些。无形资本会由于在产业价值链中的位置处于核心地带还是边缘地带、无形资本质量好坏而决定了利润率的高低不同。处于核心地带的无形资本利润率会高一些,质量好的无形资本利润率也会高一些。核心地带的无形资本也必然生产率高一些,从而垄断优势也高,由于其稀缺性和垄断优势的原因,垄断价格导致的利润也高,加上效率利润,超额利润会比较高。相反,边缘地带的无形资本,生产率会低一些,相对的重要性比较弱,稀缺性低,垄断优势比较差,定价能力比较弱,因此获得的垄断利润也比较少,加上较低的效率利润,总体的超额利润会比较低。同样,质量较好的无形资本利润率较高;质量较差的无形资本利润率较差。这是无形资本的级差超额利润Ⅰ。我们因此也可以把无形资本分为核心无形资本、中等无形资本、边缘无形资本,或者优质无形资本、中等无形资本、劣质无形资本。总之,无形资本的超额利润是有级差的,可以根据产业发展情况划分无形资本的等级与超额利润级差。

与级差地租不同的是,无形资本的级差超额利润是相互依存的。如果核心无形资本或优质无形资本的利润率下降,那么其他级别的无形资本利润率也会下降。在经济全球化背景下,同一个产业中不同等级的无形资本形成一个产业链和价值链,缺少了任何一个链条的无形资本,产业链将不完整,产品难以完成制造,产品的最终价值也难以形成。相对来说,低等级的无形资本对高等级的无形资本的依赖性更高一些,低等级的无形资本会因为研发成本低、价值低、替换成本低等原因,使核心无形资本对低等级无形资本的依赖性差一些。如 2018 年中美贸易战中,中兴通讯因为美国拒绝提供芯片等核心配件,而导致整个公司停产。中兴通讯作为一个高科技公司,在产业链中有自己的无形资本,可是层次比较低,所获得的利润率也比较低,对核心无形资本的依赖性强,因此当被停止供应核心配件时,被迫全面停产歇业。直到达到美国整改要求,缴纳罚款之后,美国才恢复芯片供应,中兴通讯也才起死回生。我们把这种因为在产业链中所处位置不一样和质量优劣不同而导致的级差超额利润称为级差超额利润Ⅰ。

我们以美国的苹果公司 iPhone 手机的利润分配为例来说明级差超额利润Ⅰ。该手机主要由中国工厂代工制造,中国代工制造可以看作基本不存在无形资本问题,就是简单加工,因此利润分配也很少,仅占 1.8%。韩国、美国等供应商则分别占据了 4.7%、2.4% 的利润,可以看作是存在不同层次的低端无形资本而带来的利润;苹果公司却占有 58.5% 的利润,可以看作是拥有核心无形资本而带来的高利润。这个比重是一部手机利润在产业链中的分配比重,并不是某公司的利润率,实际上按照公开的财务报告,苹果公司每年的利润率高达 90% 左右。以一部 32G 的 iPhone 7 来估算,总成本为 224.80 美元,折合人民币大约为 1500 元。其中物料成本为 219.8 美元,约合 1466 元人民币,人工装配、测试等成本仅为 5 美元,约合 33 元人民币。而一部 128G 的 iPhone 7 的成本大概为 292 美元,折合人民币 1948 元,同期国内 32G 的 iPhone 7 的售价为 5388 元人民币,以 1500 元直接成本计算利润率为 259%;而 128G 的 iPhone 7 的售价为 6188 元,以 1948 元的直接成本计算利润率为 218%。即使加上前期的开发,iOS 的系统软件以及后期的市场推广、运输等成本,iPhone 7 的成本价格仅为售价的 40% 左右。算上其他的成本,一部 iPhone 7 的利润也几乎可以保证在 50% 左右。这么高的利润率,我们仅仅把它看作是剩余价值的转化是不合理的,人为垄断性定价是主要原因,能够定价如此之高是因为苹果手机在手机制造产业链中所处的位置最核心和垄断优势最大造成的。这种由于在产业链中所处的位置不同而导致的利润率不同的现象,我们称之为无形资本的级差超额利润Ⅰ。

三、无形资本级差超额利润Ⅱ

马克思指出在同一块土地上连续追加等量的资本所导致的生产率的不同而形成的级差地租称为级差地租Ⅱ。当连续投资同一块土地所产生的生产率高于劣等地的生产率时,就会产生级差地租Ⅱ。级差地租Ⅰ和级差地租Ⅱ实质上是一致的,正如马克思所说:"级差地租Ⅱ只是级差地租Ⅰ的不同的表现,而实质上二者是一致的。"①级差地租实质上是等量投资投在土地上形成不同的生产率的结果。在不同地块上形成级差地租Ⅰ,在同一地块上形成级差地租Ⅱ。级差地租Ⅰ被看作是土地粗放经营的结果,而级差地租Ⅱ被看作是土地集约经营的结果。无形资本是否存在持续投资提升价值和利润率的问题呢?我们在前两节的利润分析中已经假设通过无形资本投资可以保持垄断优势,实际上已经承认了通过无形资本投资可以产生新的收益。因为垄断优势就意味着效率的提高和定价权的强化,因此效率利润和价格利润都会因此而增加。

我们以专利和专有技术为例,随着创新的发展,尤其是替代品的出现,原有的专利和专有技术会发生贬值,如果不遏制这种趋势,原有的垄断优势会被替代品竞争冲击并撼动垄断地位。因此,理智的选择是通过继续投资,在同一技术路径上继续领先,获取更多的专利和专有技术,形成专利群和专有技术群,这会在整体上增大无形资本价值,强化公司的垄断优势。所以垄断优势不是原有技术的垄断优势,而是在原有技术的基础上,通过新的研发和创新,产生新的配套专利和专有技术,强化专利和专有技术壁垒,从而整体上提高了无形资本的价值。专利和专有技术是无形资本中的核心要素,依托这个核心要素,商标权、网络域名权以及社会性无形资本,进一步加大无形资本的整体价值,强化无形资本的垄断优势,最终巩固企业的垄断地位,确保企业获取超额利润的能力。因此,我们若是单一地看某一无形资本要素,除了在原有技术上的再创新可以增加价值以外,更主要的是随着时间发展和竞争加剧而不断贬

---

① 马克思:《资本论(纪念版)》第3卷,人民出版社2018年版,第763页。

值。而一旦采取整体视角,从无形资本价值总体来看无形资本,那么任何新的投资都会增加无形资本的价值,因为这意味着新创造性劳动的投入,也意味着新劳动价值的产生。在新劳动价值增加量可以抵销原有无形资本贬值幅度而且还有增长的情况下,无形资本的总体价值是增加的,垄断优势也是上升的。

我们把无形资本的总体价值增加和垄断优势上升看作是正相关的,价值增加越大,垄断优势提升幅度也越大。在这个假设之下,通过持续的无形资本投资,无形资本的价值不断增加,垄断优势也不断上升,企业获取超额利润的能力也得到提高,绝对利润量增加。利润率并不必然提升,但是只要垄断优势没有消失,定价主动权始终存在,垄断性的价格利润也就始终存在。利润率的大小取决于资本有机构成的大小和增长的幅度及速度。通过持续的投资获得的超额利润,我们称之为级差超额利润Ⅱ。

举例来说,一个公司的无形资本初始价值为1000万元,通过持续的投资收益不断增长。假设社会的平均利润是100万元,无形资本原来的初始投资获取的收益为200万元,扣除平均利润100万元,剩余的100万元为超额利润;为了保持垄断优势,继续投资1000万元,获取利润150万元,扣除平均利润100万元,剩余的50万元为超额利润。由于是在原有初始投资基础上进行的继续投资,总的利润量增加,累计投资2000万元,总利润为350万元,扣除平均利润200万元,超额利润为150万元,这150万元就是连续两次投资获得的总的超额利润,后续投资所得的50万元超额利润是级差超额利润Ⅱ。平均利润是根据社会整体的资本利润率获得的基准利润,对于无形资本而言必须获得超额利润,无形资本的级差超额利润必须建立在每一种无形资本都能获得超额利润的基础上。所对比的资本利润率就是社会整体资本的平均利润率。但是初始投资的超额利润可以看作是初始对比的开始,看作是优等地最基础的级差地租,作为对比基准的劣等地地租是社会平均利润。因此,与社会平均利润相比较,最低端的无形资本也有级差超额利润,通过连续投资可以获得更多的超额利润,这个利润称为级差超额利润Ⅱ。

对于持续的投资而言,投资利润率可以是增长的,也可以是下降的,这取决于新的投资对于垄断优势和效率提高的作用,如果能够不断提高要素使用效率,效率利润会增加;如果能够不断增加垄断优势,定价能力得到提高,价格利润也会增加。总体来说应该会导致利润总量绝对值增加,这是必然的结果。

但是利润增长率的高低取决于资本有机构成的大小和增长速度与幅度,也取决于效率与垄断优势的提高幅度与速度。

根据 2017 年公开的财务数据显示,苹果公司截止到 2017 年第三季度,一年的研发支出达到 112 亿美元,占公司同期总营业收入的 5% 左右。2016 财年,苹果公司的研发支出是 104 亿美元,增长了 8 亿美元。苹果公司非常善于整合现有的技术、推出用户需要的一流的产品,研发效率相对较高。其他的高科技公司也非常注重研发,根据标普智汇(S&P Capital IQ)统计,高通(Qualmcomm)2017 年研发支出约占营业收入的 23%,Facebook 则占 20.5%,Google、Microsoft、Amazon 也都投入占营业收入 10% 以上的资金。这些公司之所以对研发投资这么重视,投入重金进行研发,就是为了保持自己在某一方面的领先优势,强化垄断地位。通过这种持续的投资,无形资本的价值不断增加,垄断优势得到强化,保持了公司获取超额利润的能力。根据国际市场调查机构 Counter Point 2017 年调查报告显示,过去 10 年,苹果公司的 iPhone 一共卖出了 11.7 亿台,营业收入为 7750 亿美元、利润为 2500 亿美元。扣除硬件、研发和运输等全部成本之后,该手机的利润率依然高达 32%。所以,一方面是大量的研发投资,另一方面是持续的高利润增长。费用的增加不仅没有减少利润,而且带来了超额利润。通过持续的研发投入,包括广告投入等,无形资本价值增加,生产效率提高,企业垄断优势得到巩固甚至提升,利润收益也增加,这种超额利润就是级差超额利润Ⅱ。上述苹果智能手机的例子不完全是级差超额利润Ⅱ,它还存在着级差超额利润 Ⅰ,也就是苹果公司那么高的利润率,很大一部分是由产业链中的核心无形资本带来的。但是苹果公司重视研发,通过持续不断的投入带来的级差超额利润Ⅱ在总的利润中占有很大的比重,这也是苹果公司保持多年领先优势和垄断地位,持续获取超额利润的重要原因。如果持续的投资不能带来级差超额利润,那么企业继续投资的热情就会下降。所以,级差超额利润Ⅱ一定是存在的。

第八章 无形资本的价值循环与周转

无形资本的循环和周转与有形资本的循环和周转是分不开的,无形资本与有形资本往往是共同发挥作用。但是无形资本毕竟不同于有形资本,因此会给资本循环和周转带来一些新的特点。

第一节 经营性无形资本的价值循环

我们把经营性无形资本按照它发挥作用的主要领域划分为生产型无形资本和流通型无形资本。生产型无形资本主要包括专利权、专有技术、计算机软件、著作权、特许经营权、土地所有权(使用权)等。流通型无形资本主要包括商标权和网络域名权。

一、生产型无形资本的价值循环

生产型无形资本是指用于直接生产过程的无形资本,主要包括专利、专有技术、计算机软件、著作权、特许经营权、土地所有权(使用权)等,按其来源分,可以分为自创生产型无形资本与外来生产型无形资本。自创生产型无形资本按其目的不同,可分为自创自用与自创出售两种;外来生产型无形资本又分为对外购买和外来捐赠两种。

我们以专利和专有技术为例,对外购买的无形资本,首先要付出货币 G,购买无形资本 W,W 用于企业生产经营,与有形资本一起共同创造利润,最后收回货币 G′,这时的 G′ 已产生增殖,是在原来 G 的基础上多出了 g,因此,其图示可以用公式 1 表示就是:

$$G-W\cdots P\cdots W'-G'(G+g) \qquad\qquad (公式1)$$

事实上无形资本发挥作用是与有形资本一起完成的。而有形资本循环的过程与公式 1 没有任何区别。这两个循环过程都是从预付货币出发,然后通过购买生产资料进入生产过程,这个生产资料可以是有形的也可以是无形的,往往是有形资本与无形资本共同采购才能进入真实的生产过程。所以,二者共同发挥作用的公式与上面没有什么区别,仅仅是 W 划分为 W_1 和 W_2,我们把 W_1 当作是有形资本,W_2 看作无形资本,这种划分从总的形式上并不改变总的循环公式:$G-W(W_1+W_2)\cdots P\cdots W'-G'(G+g)$。

$$G\begin{Bmatrix} W_2\cdots P\cdots W_2' \\ W \end{Bmatrix} W\cdots P\cdots W'-G'(G+g)$$

如果是自主研发获得的无形资本,那么资本循环开始略有不同。预付货币分为两个方向:一个是研发无形资本 W_2,一个是购买有形资本 W_1。

其中,W_2 是预付货币购买的研发无形资本的生产资料和劳动力,通过研发过程,最终获得无形资本 W_2',与 W_1 只是在形态上不一样,二者仍然是正常生产所必需的生产资料和劳动力,缺一不可。对于 W_2 而言,是研发所需要的生产资料和高级劳动力;对于 W_1 而言,是产品生产所需要的有形的生产资料和劳动力,根据需要,劳动力可以是高级的,也可以是低端的。都可以表示为 A 和 Pm,A 是劳动力,可以是简单劳动力 A_1,也可以是复杂劳动力 A_2;Pm 是生产资料,可以用来表示生产无形资本 Pm_2,也可以用来表示生产有形资本 Pm_1。所以,公式的详细形式可以是:

$$G\begin{Bmatrix} W_2(A_2+Pm_2)\cdots P\cdots W_2' \\ W_1(A+Pm_1) \end{Bmatrix} W\begin{Bmatrix} A \\ Pm\cdots P\cdots W'-G'(G+g) \end{Bmatrix}$$

由于如果继续采取以上分解的模式,公式的详细过程表达起来比较复杂,我把详细的分解过程用加号来表示,那么 $W_2(A_2+Pm_2)\cdots P\cdots W_2'$ 最终的形式还是 W。我们忽略这种详细形式,公式还是公式 1 所表示的 $G-W\cdots P\cdots W'-G'(G+g)$。所以,无论是外购的无形资本,还是自主研发的无形资本,最终都不影响资本的循环公式。

土地所有权(使用权)如果是自有的,则可以直接以生产资料的形式加入资本循环。当货币已经转化为生产资料时,土地所有权(使用权)也直接转化为生产资料,成为 W 的一部分,具体来说是 Pm 的一部分。对于企业来说节省了一笔货币支出,但是在会计账目上仍然要作价计入账簿,实际上也相当于付出了一笔支出才获得土地所有权(使用权),只不过是对自有企业来说,相当于其他企业节省了成本,增加了利润。对于资本循环的公式并没有实质的影响。如果是通过购买获得,则直接纳入 W,成为生产资料的一部分,公式开端为 G-W,W 仍然可以分为无形资本 W_2 和有形资本 W_1,后续的循环过程与公式 1 没有区别。

特许经营权一般是对外的,直接为企业获取特许经营费,以货币形式再加入资本循环。也就是用公式可以表示为 $W'-G'$。特许经营权是在专利、专有技术基础上衍生出来的一种无形资本,表现为企业收益的增加。一旦转化为货币收益以后,与其他货币一样,都可以作为预付资本进入资本循环。对于需要支付货币获得特许经营权的企业,那么公式的开端与公式 1 表示的资本循环公式没有什么两样,特许经营权也成为生产资料的一部分,可以表示为 G-W,W 仍然可以分为无形资本 W_2 和有形资本 W_1,后续的循环过程与公式 1 没有区别。

著作权更多的是一种法律权利,它保护著作者的版权不受侵犯,以及由此衍生的经济权利。它的价值实现方式类似于特许经营形式下的价值实现方式,在第三者想对著作者的著作进行再版获利时,第三者必须对著作者支付一定的费用,经过授权之后才能进行。这种授权可以是一次性的,也可以是多次的。无论是一次性还是多次,都可以表示为 $W'-G'$。一旦著作权进入生产领域,需要加入其他有形资本,如纸张、油墨等耗材及其简单劳动力投入,通过著作销售获取销售收入,那么资本循环公式就变成了:G-W…P…W'-G'(G+g)。自有的著作权可以直接加入 W,表现为预付资本的部分节省,但是并不改变资本循环公式;如果是外购的著作权,此时著作权表示为生产资料的一部分,那么整个资本循环从 G 到 G' 都不需要进行任何变动。

计算机软件也是一样,无论是自主研发,还是外购,都不改变资本循环公式。自主研发的情况,与专利和专有技术的研发过程相类似,忽视掉详细过程,资本循环公式还是和公式 1 一样。所以,具体不同的无形资本形式,总体来说,并不改变资本循环的顺序和整体功能。资本循环公式并不因为无形资本而发生改变。因此,公式 1 始终成立。

$$G-W\cdots P\cdots W'-G'(G+g) \qquad\qquad （公式1）$$

与单纯的有形资本循环不同的是,g 代表的数量是不一样的。在有形资本循环条件下,g 代表的是剩余价值;而在有无形资本参与的情况下,由于超额利润的原因,g 不仅包括剩余价值,还包括价格利润,也就是价格超过价值而获得的垄断利润。这在资本循环中也表现为最终的资本增殖,货币额增多。与有形资本相比较,g 所代表的货币量大于有形资本条件下的数额。我们如果用 g_1 表示有形资本条件下的增殖额,而用 g_2 表示无形资本条件下的增殖额,那么必然有 $g_2>g_1$。

总之,生产领域的无形资本就像固定资产那样,是生产的前提条件,它在生产过程中只是转移自己的价值而不创造价值,但是,由于用于生产的无形资本价值一般比较高,所以每次转移的价值量和无形资本生产者所创造的剩余价值量也就相对较高;同时,由于利用无形资本生产的有形产品保持了无形资本的垄断性特征,所以,企业可以利用这个特征制定较高的价格,来获取较高的垄断利润。

二、流通型无形资本的价值循环

有些无形资本并不在生产领域发挥作用,而主要在流通领域发挥作用,这种无形资本就是流通型无形资本。具体来说,包括商标权、网络域名等。下面就对这几种无形资本的价值循环进行分析。

从形式上来说,商标一般是在生产过程刚刚结束时才开始与有形产品进行结合的。产品从生产线上下来以后,资本所有者为了使自己的产品区别于其他企业的产品,就在自己的产品上贴上商标,以标明该产品的优良品质,对该厂家或者该产品有好感的消费者于是从商标上就可以区别出该种产品和其他产品,从而节省搜寻时间和成本,并表现出对该产品一定的忠诚度。商标本身的设计、宣传,花费了一定的活劳动和物化劳动,耗费了一定的社会劳动时间,商标本身作为一种特殊产品,具有一定的价值。因此,商标本身可以独立出售。对于广告宣传而言,既是针对产品,也是针对商标,是通过商标对产品进行宣传,最终的费用要通过产品销售来进行补偿。但是在广告宣传过程中商标的价值也因为广告宣传的投入而不断增殖。因此,广告宣传既增加了商标价值,也增加了产品价值。商标价值又通过产品销售逐渐收回成本,获得价值补偿。广告费用也通过产品销售逐渐得到补偿。

消费者购买的是产品而不是商标,但是没有商标的产品往往让人缺乏信任感,不愿意支付更高的价格。因此,商标价值高的产品往往定价也高,消费者愿意支付更高的价格。商标使产品具有了一定的差异性,厂家可以因此在产品销售中处于主动地位。基于产品的优良品质,厂家可以对产品进行较高的定价,获得较高的利润。我们假设一定时期内商标的价值一定,那么,商标的价值是如何参与循环的呢?

如果商标直接出售,那么,W-G 是它循环的模式。而一旦回收货币之后,货币就可以进入下一轮毫无差异的资本循环:G-W…P…W′-G′(G+g)。如果是通过购买别人的商标,进行贴牌销售,那么商标就作为生产资料之一,加入 W,在生产过程中逐渐转移价值。那么为了购买就需要预付货币 G,购买包括商标在内的生产资料①,然后进入生产过程。虽然贴牌是在产品生产之后,但是没有进入市场流通之前,商标的制作和加工都要完成,因此也可以看作是生产过程的延续。形成新的商品 W′通过销售实现增殖,获得 G′。

如果是通过自我设计、自我宣传形成商标,那么和专利、专有技术的研发没有什么区别。因为,商标的设计也需要预付货币,购买原材料,聘请设计人员和创意策划人员进行创造性劳动。实际上在进入生产过程之前,就开始了一个小的生产过程,类似于专利和专有技术的研发过程,即 $G-W_2(A_2+Pm_2)…P…W_2′$,$W_2′$就是新的商标。预付货币 G,购买 $W_2(A_2+Pm_2)$,A_2 是设计策划人员工资,Pm_2 是商标设计需要的设备、原材料等,进入设计过程…P…,最终形成 $W_2′$。如果我们忽略掉这个详细的过程,那么,G-W…P…W′-G′(G+g)这个公式仍然成立。所以,虽然商标发挥作用、促进销售是在流通领域,但是,它实际上是作为生产资料的一部分参与到了产品制造过程中,把价值逐渐转移到了商品上面,通过产品销售,实现价值循环和成本回收。因此,用公式来描述就是:

G-W…P…W′-G′(G+g)　　　　　　　　　　　　　　　　(公式1)

商标随着时间的推移可以不断增殖,也就是说,它不但转移自身价值到有

---

① 商标此时作为无形固定资本存在。

形产品中去,而且在转移过程中,自身的价值也不断增长①。对于商标权来说,由于可以不断延展,新的劳动可以不断加入,所以它的价值可以不断增长。当然,如果经营不当,也可能价值下降。所以说,商标的价值是不稳定的。但是无论怎样,商标随着有形产品的销售,不断转移自己的价值,并使之随着产品销售而得到实现。在这个过程中,无形资本并没有参与创造价值,只是转移了自身价值。正如马克思所说,在流通领域并不创造价值,只实现价值。无形资本在流通领域也不例外,它也是为了实现自身的价值而参与了流通。但是,由于无形资本具有垄断性,它的参与使有形产品具有了一定的差异性,所有者可以据此进行定价,而将产品价格定的高一些,所以无形资本所有者可以获得超额利润。这个超额利润也是在流通领域实现的。所以,通过循环之后实现的价值增殖不仅表现为剩余价值的实现,通过定价权也实现了垄断利润,在货币数额上面多出了一个超出剩余价值的数额,这就是价格利润。

网络域名也是一种流通型无形资本,它的主要作用也是发生在流通领域。作为无形资本,它需要脑力劳动者的创意和技术维护,因此它本身具有一定的价值,它的价值也需要转移和实现。网络域名主要是作为一个窗口,起到对外宣传的作用,使更多消费者了解该公司的产品。因此,网络域名可以增加商标的价值,属于衍生性无形资本。它的价值转移和实现是与商标权的价值转移和实现相似。也是最终必须依靠与有形产品相结合,才能完成价值循环。域名的价值也是不稳定的,随着时间的延长,域名价值可能增殖,也可能减少。所以,每次价值转移额的多少并不确定。但是域名可以一直经营下去,只要经营得当,其价值是可以不断增殖的。网络域名的存在,也并不改变资本循环的过程,资本循环公式仍然是:

$$G-W\cdots P\cdots W'-G'(G+g)\qquad\text{(公式 1)}$$

与单纯的有形资本循环不同,公式 1 中 g 代表的数量是不一样的。在有形资本循环条件下,g 代表的是剩余价值;而在有无形资本参与的情况下,由于超额利润的原因,g 不仅包括剩余价值,还包括价格利润。与有形资本相比较,g 所代表的货币量大于有形资本条件下的数额。我们如果用

① 对于商标的价值和它所代表的价值是两个概念。商标所代表的价值包括有形产品的价值,我们这里只讨论商标和商标权自身的价值。

g_1 表示有形资本条件下的增殖额,而用 g_2 表示无形资本条件下的增殖额,那么必然有 $g_2>g_1$。

由此可见,流通型无形资本在流通领域也只实现自身的价值,并不参与创造价值,转移和实现价值的过程,也就是实现无形资本生产者所创造的剩余价值的过程。它在转移自身价值的同时,使有形商品也具有了无形资本的垄断特性,因此,资本所有者就可以制定较高的价格,获得垄断利润。与单纯的有形资本循环相比较,货币的增殖额要大很多,因为无形资本实现的是超额利润。

三、对于经营性无形资本参与资本总循环的再说明

通过以上分析可以知道:经营性无形资本参与资本循环,并没有改变资本循环总公式,资本循环总公式仍然具有如下特征:

第一,经营性无形资本与有形资本相结合,不再区分资本形态,资本的价值属性在循环中得到体现,循环过程仍然是货币资本、生产资本和商品资本。

第二,经营性无形资本参与的循环仍然要经过购买、生产和销售三个环节。偶然的独立的购买、生产和销售环节并不改变总循环的整体顺序和功能。

第三,资本循环的总目的是实现价值增殖,这个目的没有变,所不同的是经营性无形资本参与的资本循环实现的价值增殖额要远远大于单纯的有形资本循环,因为无形资本可以实现超额利润。

第四,经营性无形资本循环参与产业资本循环,从货币开始最终再次回到货币,实现价值增殖,周而复始的特征没有发生改变。

第五,无论是生产型无形资本还是流通型无形资本,都是以无形固定资本的形式发挥作用,逐渐转移价值,实现自身价值。

第二节 社会性无形资本的资本循环

人力资本、企业文化资本、社会关系与渠道资本作为社会性无形资本,是否也参与资本循环呢?如果不能参与资本循环,那么它们的资本属性也就值得怀疑。如果参与资本循环,那么是如何进行的呢?

一、人力资本的循环过程

人力资本是复杂劳动力,是简单劳动力的倍加。在现代化大生产条件下,尤其是在知识经济条件下,人力资本所起的作用越来越重要,已经超过简单劳动力的作用,处于主导地位。但这并不表明资本家在可变资本的预付中,在人力资本上面支付的工资会超过简单劳动力。从单个人来说,人力资本代表者所获得的工资是简单劳动力的若干倍,这被看作是人力资本知识、经验和资历等投资的收益兑现。但是整体来看,人力资本所受到的剥削比一般劳动力只会更高,而不是更低。因为资本家在预付人力资本工资时,会根据他的能力和实际贡献进行支付。所依据的标准就是一个人力资本所能代替的简单劳动力数量是多少,假设一个人力资本所能代替的简单劳动力是 n 个,那么资本家预付给人力资本的工资上限一定是这 n 个简单劳动力的工资总额。一般情况下,资本家会用低于 n 个简单劳动力的工资支付人力资本的薪酬,这样从工资总额的绝对量来看,人力资本的工资远远大于平均的单个简单劳动力的工资,而实际上人力资本的被剥削程度远远大于简单劳动力。这样资本家通过雇佣人力资本获得了延长工作时间、提高劳动强度之外的一个剩余价值,表现为劳动生产率的提升。这个剩余价值成为相对剩余价值的内容。

人力资本作为复杂劳动力,作为可变资本的一部分,在资本家预付资本之后就进入了资本循环过程,可以表示为 $G-W(A+Pm)$,预付货币 G,购买生产要素商品 W,其中 A 代表劳动力,可以是简单劳动力也可以是复杂劳动力,也可以是两种劳动力的结合。我们可以把劳动力分为简单劳动力 A_1 和复杂劳动力也就是人力资本 A_2。Pm 代表生产资料。因此在预付资本阶段就表示为 $G-W(A+Pm)$。

之后人力资本 A_2 与生产资料 Pm 相结合,进入生产过程…P…,并生产出新的商品 W',最终进入销售阶段,获得货币 G',实现价值增殖,$G'=G+g$,g 就是增殖部分。不过这个增殖部分,在无形资本参与下实现的不仅仅是剩余价值,而是超额利润。价格利润的实现也是要通过资本循环来体现,而不是单独的循环。这样,人力资本参与的资本循环全部过程就可以表示为:$G-W(A_2+Pm)\cdots P\cdots W'-G'(G+g)$,忽略掉详细的过程,则公式变为 $G-W\cdots P\cdots W'-G'$,与公式 1 完全一致。所以,人力资本是作为可变资本的一部分进入资本循环,并与生产资料相结合发挥作用。

二、企业文化资本的循环过程

（一）企业文化发展的历史阶段性

企业文化是历史的产物，不是从企业诞生开始就有的。在自由竞争阶段，企业无法突出自身优势，规模小，产品无差异，企业只是生产要素组合起来进行生产的场所和平台，企业在市场竞争中处于被动地位，无法影响和控制市场价格。这种情况下，没有以营利为目的、可以突出竞争优势的企业文化。即使有一些企业存在一些经营理念和独特的风格，也是自然形成的，不是自觉行为，更不是以提高竞争优势为目的的主动投资行为。在人类进入垄断竞争阶段后，市场竞争日益激烈，产品差异性成为突出特征，差异化需求和供给成为不完全竞争市场下的主要特征，垄断性组织出现，通过企业文化建设，促进创新，打造产品差异性，提高效率，成为强化竞争优势的重要手段。优秀的企业文化可以有效地提高劳动者积极性，降低成本，提高了效率。尤其是20世纪80年代企业文化理论的兴起，标志着企业文化成为企业管理的重要手段，成为现代化大企业经营管理不可缺少的要素。从企业文化兴起和发展的过程来看，企业文化只存在于不完全竞争市场，是在企业稳定发展达到一定规模以后，规模经济产生，管理费用增加并不明显提高企业运行成本，反而提高了效率，促进了创新，增加了产品差异性，提高了竞争优势。这时候，企业文化建设成为企业的主动投资行为，并且带来明显的绩效提升。只有这个时候，现代意义的企业文化才产生了。

（二）企业文化的作用

现代意义的企业文化一旦被认识到其强大的作用之后，企业文化部门就成为企业常设部门，企业文化专员成为企业不可缺少的工作人员。现代化的大企业和集团公司，都存在着企业文化部和相应的工作人员。每年企业文化部的日常工作预算也都数目不菲，成为企业正常开销的一部分。这些费用一般是作为管理费用存在的，用于员工的岗位和技能培训，用于企业文化宣传，用于宣传用品的采购和制造等。这些费用并不直接进入生产领域，但是培训的增加，宣传的提高，可以提高人力资本水平和劳动者积极性，从而提高劳动生产效率。在同等投入的情况下，与其他没有企业文化的企业相比，表现为成本的节省和效率的提高。企业的产品因此而获得竞争优势，个别价值低于社会价值，获得高于其他一般企业的利润。除此之外，企业文化也能促进创新，间接提升产品质量,增加产品差异性。优秀的企业文化鼓励员工创新,精益求精,不断提升产品质量。企业文化成为企业区别于其他企业的标志之一,是提升企业形象的重要途径。对于产品而言,企业文化工作者的劳动并不直接参与产品生产,因此也不直接创造产品价值。但是企业文化提升劳动生产率,增加产品差异性,提升企业形象,企业文化的价值需要得到体现。唯一的途径也是借助产品销售,实现企业文化的价值。因此,企业文化作为一种费用,能够增加产品价值①,并能够借助产品销售实现价值补偿。企业文化费用不是单纯的费用扣除,它对于剩余价值的创造和企业利润的增加具有不可忽视的作用。

企业文化作为一种管理费用,从传统会计学的角度来看,它表示为一种费用的增加、利润的扣除。但是传统会计忽略了这种费用增加的目的和结果,目前也缺乏合理的工具来测量这种费用增加的效果。美国的学者科特曾经长期跟踪研究企业文化问题,发现企业文化对于增加企业绩效成正相关关系,而且效果明显,这是不容否定的事实。显然传统会计的计量方法具有局限性,不能真实地反映这种费用支出的效果。

从生产经营的过程来看,企业文化主要在生产经营领域存在并发挥作用。企业文化的理念、风格、规范、制度、氛围发挥作用主要是针对直接生产领域的劳动者。企业文化的存在,使企业生产在流水线、技术、生产要素的组合配比等客观约束之外,劳动者之间的沟通、协作、态度、做事风格、集体的劳动氛围等因素会在企业文化作用下得到激发,发挥积极作用,提高劳动生产率,提升产品质量,促进创新,增加产品差异性,企业也因此而获得更多的产量、更低的成本、更好的创新、更高的质量、更明显的产品差异性,增强竞争优势,获得更多的利润。生产领域在除去生产技术、资本与劳动组合等正常生产条件之下的劳动产出,因为优秀企业文化的存在,而多出了一个新的生产力,表现为产量的增加或产品质量的提高。更高的质量和更明显的产品差异性部分地改变了产品使用价值,因此也增加了产品价值。直接劳动是生产者进行的,但是企业文化工作者也间接地参加了产品的生产,参与了产品的价值增加过程。他

---

①　企业文化费用增加产品价值,但是企业文化专员并不直接创造价值。作为生产者大众的一分子,他们也为资本家带来剩余价值和利润。增加产品价值部分并不会全部被企业文化专员作为工资拿走,剩余部分作为剩余价值被资本家无偿占有。

们的劳动是在直接生产领域之外,在生产开始之前,通过培训和宣传,传播企业文化,改变直接劳动者的行为。企业文化工作者的劳动是生产的必须,对于整个社会而言也是必要的。不是有了生产线、有了技术、有了资金,就一定能够组合生产出高质量的产品,企业文化已经成为企业运转不可缺少的要素。

(三)企业文化的可投资属性、无形固定资本属性与资本循环

企业发展过程中积淀下来的文化,以管理费用的形式转化为资本,通过产品销售,利润回收获得补偿。企业也有意识地通过企业文化投资,使企业文化建设正规化、成熟化、科学化,以此作为提高效率,提升形象,增加利润的手段。企业文化成为企业经营管理中必不可少的组成部分,成为企业主动投资的对象。这时,企业文化也成为一种特殊的产品和资产,可投资,可生产,最后带来高收益。这样资本家对于企业文化建设的投资积极性因为企业文化的高收益性而高涨,并成为有目的的投资行为。企业文化成为企业正常生产经营的一个必要条件。管理费用投入转变为主动的投资行为,费用转变为预付资本,作为一般的货币形式 G,通过购买企业文化生产资料 Pm,预付企业文化工作人员工资 A_2,形成企业文化产品 W',通过产品销售获得利润 G'。在最后的销售阶段,W'-G'不是企业文化本身的直接销售,而是通过企业主营产品的销售,实现价值回收。这是企业文化和其他产品不一样的地方。企业文化不能作为独立的产品对外销售,需要借助有形产品或者其他载体的销售实现价值回收和价值增殖。这个依靠产品销售渐次转移价值的形式,是固定资本的价值实现形式。因此,企业文化在这个过程中,一旦形成以后,就以无形固定资本的形式发挥作用。企业文化投资的目的是获取更高的效率和利润,如果不能实现价值增殖,那么这个投资是不可持续的,资本也就难以循环起来。只要能够借助产品销售实现价值增殖,那么资本循环的公式仍然是:G-W(A_2+Pm)⋯P⋯W'-G'(G+g),忽略掉详细过程就是:G-W⋯P⋯W'-G',与最初的公式 1是相同的。

企业文化投资的目的不仅仅是实现企业文化投资的价值增殖,而且是要实现整个企业预付资本的价值增殖,企业文化建设和投资要服务于这个大目的。因此预付货币资本不是为了仅仅进行企业文化建设,而是要整个企业的资本都运转起来。因此,企业文化建设和企业生产也就同步起来。预付资本既包括采购产品生产的生产资料和劳动力,也包括购买企业文化建设所需要

的生产料和劳动力,这样 A 分化为 A_1 和 A_2,Pm 分化为 P_1 和 P_2,A_1 是简单劳动力,A_2 是复杂劳动力也就是人力资本,P_1 是有形资本的生产资料,P_2 是无形资本的生产资料。然后进入生产过程…P…,生产出新的产品 W',通过销售,实现货币增殖 G',$G'=G+g$,g 是实现的价值增殖额。我们假设除了企业文化以外,没有其他无形资本参与资本循环,这样就形成了一个新的资本循环公式:$G-W(A_1+A_2+P_1+P_2)\cdots P\cdots W'-G'(G+g)$。即使是历史上已经形成了企业文化资本,可以直接加入生产经营过程,它也是通过预付货币资本通过一系列的建设过程才形成的,这并不改变资本循环公式。在产业资本的循环总公式中,企业文化资本和其他资本形式一样,淡化掉企业文化的特殊性,作为资本价值的一分子,和其他资本一样,整体地参与资本循环,他和其他资本的循环总公式仍然是:

$$G-W\cdots P\cdots W'-G'(G+g) \tag{公式1}$$

最终,企业文化资本作为企业生产的必要条件之一,以无形固定资本的形式参与价值生产,并通过产品销售实现自身价值。企业文化在传统会计学上的管理费用性质,因为费用本身的投资属性和企业文化的无形固定资本特征而资本化,通过参与资本循环实现价值增殖。

三、社会关系与渠道资本的循环过程

(一)从马克思对商人的论述谈起

马克思在《资本论》第 2 卷中指出:"一个商人(在这里只是看作商品的形式转化的当事人,只是看作买者和卖者)可以通过他的活动,为许多生产者缩短买卖时间。因此,他可以被看作是一种机器,它能减少力的无益消耗,或有助于腾出生产时间。"[①]他把商人的劳动看作是缩短买卖时间、减少无益损耗的行为,为商品转化为货币提供便利条件。他还指出:"他和别人一样劳动,不过他的劳动的内容既不创造价值,也不创造产品。他本身属于生产上的非生产费用。他的作用,不是使一种非生产职能转化为生产职能,或使非生产劳动转化为生产劳动。""既然这个当事人是由资本家使用的,资本家会由于未对这两小时支付报酬而减少他的资本的流通费用,而这种费用是对他的收入

---

① 马克思:《资本论(纪念版)》第 2 卷,人民出版社 2018 年版,第 148 页。

的扣除。"①马克思把商人的劳动看作是为资本家节省流通费用,节省的费用成为资本家的收益,减少了资本家利润增殖所受到的消极限制因素的影响,这种积极的影响是以商人被资本家剥削为代价,商人的剩余劳动为资本家节省了费用增加了收益。

在现代社会,商人仍然存在,但是如果商人,如供应商、经销商已经成为竞争优势的必要条件,成为优质原材料保质保量供应的前提,成为产品销售正常进行和销量增加的必要条件,商人就成为资本的代名词,而不是商品转化为货币的一个当事人那么简单。马克思假设的是自由竞争条件下,所有产出能够自动出清,销售不存在问题,原材料的供应不存在问题,原材料的质量不存在差异,产品不存在差异,这种情况下的商人只能是一个中介,是商品转化为货币的中介,如果能够通过他们的劳动节省流通时间,也必然节省费用,增加资本家的收益。

但是在不完全竞争条件下,市场并不能完全出清,谁能够提供具有质量好、差异性大、消费者认可的产品,谁能保证自己的产品销量高于其他竞争对手,获取超额利润,谁就能在市场上生存下来。资本家的收益不是由费用节省而得到增加,而是由于生产的顺利进行,价值增殖、效率利润和价格利润顺利得到实现而带来的,供应商、经销商、企业销售人员、公关人员、广告人员、法律人员都成为企业正常生产经营所必不可少的条件,他们的劳动不仅节省了流通时间,更是保证了原材料的供应,增加了产品的差异性,提高了产品的知名度,巩固了企业的垄断优势和垄断地位,促进了销售,实现了超额利润。

在流通领域,供应商和经销商通过自己的劳动增加产品的垄断性差异,使企业获得主导定价权并获取垄断性的价格利润。他们的劳动对于增加垄断优势,强化企业垄断地位,实现垄断利润不可或缺。因此,供应商和经销商是现代企业生产经营的必要条件之一,是超额利润的创造条件之一。马克思把商人看作是流通当事人,与价值创造没有关系,他指出:"资本的这种预付,既不创造产品,也不创造价值。它相应地缩小预付资本生产地执行职能的范围。"②对于流通领域而言,主要的职能是实现价值而不是创造价值。由于并

---

① 马克思:《资本论(纪念版)》第2卷,人民出版社2018年版,第149页。
② 马克思:《资本论(纪念版)》第2卷,人民出版社2018年版,第150页。

不参与直接的产品生产,商人的劳动无法加入生产者劳动中,因此商人的劳动并不创造价值。作为资本的承载,能够强化企业垄断优势,为垄断利润的实现创造条件,只是价值实现的条件,是垄断利润实现的条件。

马克思在周转时间的论述中谈到了供货契约的作用。供货契约可以看作是渠道资本的内容。马克思说:"周转时间的差别也是由供货契约的规模引起的。而供货契约规模随资本主义生产的规模和水平一同扩大。作为买者和卖者之间的交易的供货契约,是一种与市场即流通领域有关的业务。因此,由此引起的周转时间的差别,是由流通领域引起的,不过这种差别又反过来直接影响生产领域,而且把所有支付期限和信用关系撇开不说,即使在现金支付的情况下也影响生产领域。"①马克思的这段论述表明了流通领域对生产领域的影响,也是供货契约对生产领域的影响。马克思没有把供货契约看作是无形资本,只是客观地论述了契约的作用,认为供货契约的范围可以通过影响生产而引起周转时间的差别,从而引起资本周转速度和效率的不同。供货契约可以有利于预付资本的周转,也可以不利于预付资本的周转。这取决于供货契约的范围,供货内容、数量多少、货款支付周期都会影响到资本的周转效率。对于属于社会关系和渠道资本内容的供货契约来说,肯定是有利于资本的周转。不仅如此,不完全竞争条件下还会提供垄断优势,这是马克思时代不可能发生的事情,也是马克思没有论述的内容。

在不完全竞争中,商品实现价值的过程可以通过垄断定价获得垄断利润,这个利润的创造和实现都是在流通领域。垄断利润部分并不是剩余价值的转化,而是垄断优势的货币化。垄断优势是可以通过投资进行打造的。供应渠道和销售渠道可以通过垄断获得垄断优势,因此也是值得投资的对象。供应商和经销商也成为资本的化身,成为被投资的对象。除了日常的感情投资、信任投资,还有法律合同投资,也包括对经销商和供应商经营条件的投资。这些综合投资强化了销售渠道和供应渠道与生产企业的关系,排他地垄断了销售渠道和供应渠道,使生产企业在市场竞争中获得垄断优势。这时,渠道和关系成为企业获利的资本。当然,社会关系和渠道并不仅仅是供应商和经销商,还包括一切可以使企业获得有利经营条件的外部关系和渠道。只要这些关系和

---

① 马克思:《资本论(纪念版)》第2卷,人民出版社2018年版,第281页。

渠道是可以投资的,可以帮助企业获得垄断优势,都是有价值的。资本家通过预付资本进行投资,使社会关系和渠道成为企业的特殊资本,并通过产品销售收入,逐渐回收成本。当社会关系和渠道可以被投资,成为生产经营的重要条件时,这些社会关系和渠道都资本化了,成为企业获得竞争优势的重要手段,也成为企业的无形固定资本,通过价值转移,逐渐地实现自身价值。

(二)社会关系和渠道资本的循环过程

社会关系和渠道也是不完全竞争的产物,完全竞争条件下不存在市场出清问题,原材料供应和产品销售都不成问题。只有到了不完全竞争阶段后,市场不能完全出清,竞争更加激烈,为了保证原材料供应和产品销售,突出产品差异性等竞争目的,社会关系和渠道才成为具有投资价值的资本,成为企业正常生产经营的条件和获得垄断优势的重要手段。

社会关系和渠道一旦可以被投资,成为资本,那么也就有了资本循环公式。它也需要参加资本循环,实现自身价值。一般性的关系和渠道,在完全竞争中可以忽略不计,没有投资价值。只有可以被控制、提供可靠的原材料供应和产品销售、可以提供有利的经营环境的关系和渠道才能成为资本。这是需要投入的,无论什么样的投入,我们假设都是可以货币化的,包括感情、信任关系、法律合同等,投资行为都是可以用货币来衡量。这样就有了社会关系和渠道的资本循环公式:$G-W(A_2+Pm)\cdots P\cdots W'-G'(G+g)$。通过预付货币 G,进行感情、信任关系、法律合同等方面的投资,这也需要专门的人力资本 A_2 和专门的生产资料 Pm,无论是请供应商和经销商喝茶、吃饭、打高尔夫还是其他健身娱乐,包括最终的法律文书,都是需要一定的物质条件和场所,这可以看作是生产资料 Pm。$\cdots P\cdots$是生产过程,感情的培育、信任关系的建立、最终排他性合同的签订,是最终的产品 W',这个最终产品具有一定的市场价值,可以进行销售获得货币 G',实现价值增殖,g 是在原来预付货币额 G 基础上的增殖额。社会关系和渠道资本可以被买卖转让,在现实中是不稳定的。有些大公司把自己的订单或者客户关系转让,赚取一定的利润,这可以被看作是社会关系和渠道资本的市场价格。作为独立的资本形式,当它可以被销售转让时,社会关系和渠道资本可以实现一个独立的资本循环,它的循环公式与资本循环总公式没有区别。

但是,社会关系和渠道的建立,一般情况下是企业自用的。因此,社会关系和渠道资本也成为一种生产资料,与其他资本一起,共同实现资本价值的转移,这时候它也具有了无形固定资本的属性。更为重要的是,它通过排他性合同,使生产企业获得了垄断优势,可以实现垄断定价,获得垄断利润。

我们假设除了社会关系和渠道资本以外,没有其他无形资本参与资本循环。那么,社会关系和渠道与整个产品生产一起也拥有了一个总体的资本循环公式:

$$G-W(A_1+A_2+Pm_1+Pm_2)\cdots P\cdots W'-G'(G+g)$$

通过预付货币资本 G,购买生产资料和劳动力,生产资料包括有形产品生产所需要的生产资料 Pm_1 和简单劳动力 A_1,还包括社会关系与渠道资本生产所需要的生产资料 Pm_2 和人力资本 A_2;经过生产环节$\cdots P\cdots$,形成新的商品 W',通过销售回收货币 G',实现价值增殖,g 是在预付货币资本 G 基础上实现的价值增殖额,它不仅仅是剩余价值,还包括由于垄断优势进行垄断定价获得的垄断利润。因此比单纯的有形产品生产实现的价值增殖要大得多。我们把上面的公式简化一下,忽略掉详细的过程,就得到一个资本循环总公式:

$$G-W\cdots P\cdots W'-G'(G+g)$$

与最初的公式 1 是相同的。社会关系与渠道资本参与资本总循环,并没有改变资本循环的总公式。

与单纯的有形资本循环不同的是,公式中(G+g)代表的数量是不一样的。在有形资本循环条件下,g 代表的是剩余价值;而在有无形资本参与的情况下,由于超额利润的原因,g 不仅包括剩余价值,还包括价格利润。与有形资本相比较,g 所代表的货币量大于有形资本条件下的数额。我们如果用 g_1 表示有形资本条件下的增殖额,而用 g_2 表示无形资本条件下的增殖额,那么必然有 $g_2>g_1$。

四、对于社会性无形资本参与资本总循环的再说明

通过以上分析可以知道:社会性无形资本参与资本循环,并没有改变资本循环总公式,资本循环总公式仍然具有如下特征:

第一,社会性无形资本与有形资本相结合,不再区分资本形态,资本的价值属性在循环中得到体现,循环过程仍然是货币资本、生产资本和商品资本。

第二,社会性无形资本参与的循环仍然要经过购买、生产和销售三个环节。偶然的独立的购买、生产和销售环节并不改变总循环的整体顺序和功能。

第三,资本循环的总目的是实现价值增殖,这个目的没有变,所不同的是社会性无形资本参与的资本循环实现的价值增殖额要远远大于单纯的有形资本循环,因为无形资本可以实现超额利润。

第四,社会性无形资本循环参与产业资本循环,从货币开始最终再次回到货币,实现价值增殖,周而复始的特征没有发生改变。

第五,社会性无形资本除了人力资本以外,都是以无形固定资本的形式参加资本总循环,逐渐转移自身价值,实现自身价值。人力资本直接以可变资本的身份参与资本循环。

五、从马克思的相关论述看社会性无形资本的生产属性

马克思在论述生产条件时,把棉屑的浪费也看作是生产的必须,并把棉屑的价值也加到产品价值中去,以此说明产品价值的决定,不是由产品的物质构成决定的,而是由生产的必要性和社会性决定的,他说:"正如一部分棉花变成棉屑,不加入产品,但仍把自己的价值转移到产品中去,是生产的条件一样。"[1]棉屑并不加入产品,而是作为产品的一部分,但是浪费的棉屑是生产必要的条件,这种浪费是必需的,是生产条件之一,因此棉屑的价值也要得到体现。价值体现不是把浪费掉的棉屑重新作为有价值的产品卖掉,除非这些棉屑还有其他用途。纯粹的生产浪费,在每一个生产过程中总会发生,如果对剩余价值生产和利润的实现不起任何作用,这样的浪费和成本沉淀是资本家不希望看到的。资本家会在产品价值中人为地增加一块利润来弥补这种生产浪费,随着产品销售而实现价值回收,弥补原材料的消耗。所以,不是所有的浪费都是单纯的消耗,这种不可避免的浪费是生产条件之一,它的价值需要得到实现,价值转移并不是以产品中是否包含了这一部分原材料为标准,而是以在生产中发挥的作用为标准。这部分浪费是生产的必须,也是生产和创造剩余价值的条件,所以它是生产性的,也是有价值的。作为生产条件的原材料浪费,"只加进价值,不加入产品的形成。"[2]是否加入产品,成为产品物质构成的

---

① 马克思:《资本论(纪念版)》第 2 卷,人民出版社 2018 年版,第 140 页。
② 马克思:《资本论(纪念版)》第 2 卷,人民出版社 2018 年版,第 140 页。

一部分,并不是判断产品价值增加与否的标准。因此,产品生产本身的社会性和生产过程的必须性,是判断这些浪费或者费用生产性的根本标准。

马克思还指出:"维持这种储备所需要的费用,也就是储备形成的费用,即用于这方面的对象化劳动或活劳动,不过是社会生产基金或社会消费基金的维持费用的一种变形。由此引起的商品价值的提高,只是把这种费用按比例分配在不同商品上,因为这种费用对不同种商品来说是不同的。储备形成的费用仍然是社会财富的扣除,虽然它是社会财富的存在条件之一。"①这种储备费用实际上是作为资本进行预付的,目的是获取利润。没有这种费用的预付,商品向货币的转化难以完成。如果是原材料的储备,则是生产正常进行的一种必要条件。费用的发生不是单一的成本扣除,是剩余价值生产和利润获取的条件。资本家在正常生产开始之前就已经做好预算准备,作为总预付资本的一部分支出。所以,这些费用已经资本化,服务于生产,服务于价值创造,服务于利润实现。当然也就有价值产生,需要把这些费用,严格来说是资本的价值按比重分配到产品中去。从而使产品价值增加,价格变贵。

运输业作为现代生产必须的一种生产条件,运输工人的劳动是社会性的,耗费的物化劳动和活劳动都要通过产品价值销售实现补偿。因此马克思指出:"投在运输业上的生产资本,会部分地由于运输工具的价值转移,部分地由于运输劳动的价值追加,把价值追加到所运输的产品中去。后一种价值追加,就像在一切资本主义生产下一样,分为工资补偿和剩余价值。"②无论是运输工具的消耗还是运输工人付出的活劳动,都会因为产品正常生产经营的必须性和劳动的社会性而增加产品价值。生产工人的劳动也创造剩余价值。

马克思的有些论述把费用和资本等同起来,他说过:"一切只是由商品的形式转化而产生的流通费用,都不会把价值追加到商品上。这仅仅是实现价值或价值由一种形式转变为另一种形式所需的费用。投在这种费用上的资本(包括它所支配的劳动),属于资本主义生产上的非生产费用。"③在这里,马克思把费用和资本的概念等同起来,但是还是把这种资本定性为费用。所以,实际上,在马克思眼里费用是可以作为资本存在,是资本的一种形式。非生产

---

① 马克思:《资本论(纪念版)》第2卷,人民出版社2018年版,第166页。

② 马克思:《资本论(纪念版)》第2卷,人民出版社2018年版,第168页。

③ 马克思:《资本论(纪念版)》第2卷,人民出版社2018年版,第167页。

性费用是一种资本,那么生产性费用更是一种资本。

在传统的会计计量中,人力资本之外的社会性无形资本——企业文化和社会关系与渠道资本都是作为费用存在的,并没有被看作是资本或者资产。但是这并不否定企业文化和社会关系与渠道的无形固定资本属性。从以上的论述来看,虽然企业文化、社会关系与渠道并不参与产品的直接生产,并不构成产品的一部分,但是在现代化条件下,它们已经成为生产经营的必要条件,成为生产经营不可缺少的部分。这既是企业自身生产经营的需要,也是社会承认的资本条件。所以,虽然传统会计计量中,企业文化、社会关系与渠道都体现为费用的增加,但是由于它们在现代化生产中的必须性和社会性,决定了这两种费用都是生产性的,不同程度地增加产品价值。借助产品销售逐渐实现自身价值。它们的作用类似于固定资本,我们把它定义为无形固定资本的一种,蔡吉祥(1999)、于吉林(2001)、李连光(2012)也都这样定义无形资本的属性,但是他们的定义不包括企业文化和社会关系与渠道资本,他们对无形资本的定义仅局限于我所说的经营性无形资本。

第三节　无形资本与周转方式

马克思说过:"资本的循环,不是当作孤立的过程,而是当作周期性的过程时,叫做资本的周转。这种周转的持续时间,由资本的生产时间和资本的流通时间之和决定。这个时间之和形成资本的周转时间。"[1]在资本循环的基础上,无形资本周转也是具有一定的特殊性的,但是整体来说,无形资本的特殊性并不改变资本周转的规律。对于无形资本的周转问题,国内学者也有所涉及,李连光(2013)认为无形资本各个部分的周转速度表现不一样,技术周转最快,应用技术周转比基础技术周转更快,制度周转要慢于技术周转,作为品牌内在规定性的制度周转要快于品牌,作为技术、制度外在表现的品牌周转最慢。[2]他把无形资本分为技术、制度和品牌,按照这个分类来区分不同的无形

---

①　马克思:《资本论(纪念版)》第 2 卷,人民出版社 2018 年版,第 174 页。

②　李连光:《无形资本的形成及其运动过程》,《商业研究》2013 年第 5 期,第 171—175 页。

资本周转速度。与马传兵(2010)对于无形资本的分类相对应,技术类无形资本主要是经营性无形资本,制度类无形资本主要是社会性无形资本。在企业无形资本总值中一般经营性无形资本的比值要高于社会性无形资本,因为社会性无形资本除人力资本以外均是以费用的形式列入会计科目,没有独立的会计科目,在总资产中所占比重也比较低。与有形固定资本相比较,比值也是低的。因此,社会性无形资本在总的资本中所占比重不高,与经营性无形资本相比较而言周转速度比较慢。但是我们在说无形资本时,指的是无形资本整体,不是单一的哪一类无形资本。社会性无形资本和经营性无形资本两者相结合,加权平均计算,所得出的周转速度仍然会比较快,快于有形资本的周转速度。因为经营性无形资本为了避免无形损耗,一般会加速折旧,从而使周转速度加快;而社会性无形资本也需要与时俱进,不断投资才能增加其价值,否则有可能出现贬值。

按照生产资本的不同周转方式,无形资本可以划分为无形固定资本和无形流动资本,人力资本是无形流动资本的唯一内容,其他的无形资本均属于无形固定资本。

一、无形固定资本和无形流动资本周转的区别

(一)无形固定资本

传统会计中的固定资本是指机器、厂房等劳动资料。它的价值是逐渐地、点滴地转移到产品中去的。马克思指出:"这个资本部分的流通是独特的流通。首先,这个资本部分不是在它的使用形式上进行流通,进行流通的只是它的价值,并且这种流通是逐步地、一部分一部分地进行的,和从它那里转移到作为商品进行流通的产品中去的价值相一致。在它执行职能的全部时间内,它的价值总有一部分固定在它里面,和它帮助生产的商品相对立,保持着自己的独立。由于这种特性,这部分不变资本取得了固定资本的形式。"[①]

无形资本发挥作用的特点也是这样,具有长期性,不会在短期内消失。无论是经营性无形资本还是社会性无形资本(人力资本除外),可能是主动投资形成的不受法律保护的,如企业文化、社会关系与渠道;可能是法律赋予的,如

---

① 马克思:《资本论(纪念版)》第2卷,人民出版社2018年版,第177页。

土地所有权(使用权)、特许经营权;或者是企业研发形成并受法律保护的,如专利、专有技术等。这些都不是短期内形成的,也不会一下子消失,所凝结的人类劳动或者物化劳动耗费比较高。包括土地所有权(使用权)、特许经营权的获得,也需要支付成本,一般来说数额都非常巨大。这些耗费或者付出都需要在未来生产经营中获得补偿,无论是有价值的(如专利、专有技术等),还是纯粹权利型的(如土地所有权(使用权)、特许经营权)。由于投资成本大,这种投资的回收需要逐次地、分批地进行,在会计学上主要表现为折旧。它们的使用价值是无形的,不参加流通,直到最终权利消失,不再受法律保护,始终独立地存在并发挥作用。随着法律期限的到来,或者无形损耗的发生①,或者生产经营的转型等②,存在的必要性和客观性受到影响,难以继续存在,它们的价值才会快速减少或者消失。它们的价值随着无形资本本身时间寿命的折损而逐步地、分批地转移到产品中去。假设专利代表的价值是 100000 元,法律保护期限是 10 年,我们可以把这 10 年看作是专利的使用寿命,假设全部价值都转移到产品中去,那么每年因损耗而转移到产品中去的价值为 10000 元。经过 10 年,全部价值 100000 元全部转移完毕,需要新的无形资本加入。这时无形资本的价值才全部完成一次周转。这种价值转移的渐次性是判断无形资本固定资本属性的根本标准。事实上,无形资本折旧大多数是以直线折旧的形式完成的,在会计学上按照固定资本的折旧方法来进行计提折旧。

(二)无形流动资本

传统意义上的流动资本,主要是指原材料和劳动力,马克思说:"一部分是由存在于辅助材料和原料上的不变资本要素构成,一部分是由投在劳动力上的可变资本构成。"③流动资本周转的特点是投入生产的使用价值一次性全部消耗掉,价值全部一次转移到产品中去,随着产品流通完成周转。马克思指出:"只要辅助材料和原料在形成产品时全部消费掉,它们就把自己的全部价值转移到产品中去。"④

无形资本中的人力资本是无形流动资本的唯一内容,不存在其他的无形

---

① 新的无形资本产生会导致原有的无形资本贬值,产生无形损耗。
② 这时原有的企业文化、社会关系与渠道的价值将缩小或消失。
③ 马克思:《资本论(纪念版)》第 2 卷,人民出版社 2018 年版,第 183 页。
④ 马克思:《资本论(纪念版)》第 2 卷,人民出版社 2018 年版,第 184 页。

流动资本。也许信息、技术、知识等无形要素可以算作无形流动资本,但是可以用信息、技术、知识作为原材料的产业是特定的,属于知识产业或者信息技术产业,并不是所有的行业,不具有普遍性,所以我们暂且不讨论。马克思指出:"生产资本的这两个组成部分——投在劳动力上的价值部分和投在形成非固定资本的生产资料上的价值部分——由于它们在周转上的这种共同性,便作为流动资本与固定资本相对立。"①人力资本属于复杂劳动力,是简单劳动力的倍加,所发挥的作用与简单劳动力而言是可以换算的,在本质上是一致的。所以,人力资本也是流动资本属性。鉴于人力资本的无形资本属性,我们把它界定为无形流动资本。人力资本的作用通过生产过程也是一次性转移价值、通过工资获得补偿。这个一次性转移不是人力资本自身的全部价值,而是资本家预付的价值,随着生产资料和劳动过程的完成,这部分预付的可变资本价值一下子被消耗掉,转化为产品的价值并创造出新的价值,也就是剩余价值。

(三)无形固定资本和无形流动资本的区别

第一,周转方式不一样。无形固定资本的价值转移是渐次性的,一部分一部分地转移,而无形流动资本的价值是一次性的,一下子全部转移完成。这种周转上的区别和传统的固定资本与流动资本的区别没有两样,"又是由于生产资本借以存在的物质形态有差别,这个物质形态的一部分在形成单个产品时全部消费掉,另一部分只是逐渐消耗掉。"②

第二,周转时间不一样。固定资本由于价值巨大,发挥的作用特殊,周转一次需要的时间也特别长,往往是多年才周转一次,而流动资本在一年内可以周转多次。无形固定资本和无形流动资本在这一点上和传统的固定资本与流动资本是一致的。

第三,资本的回收方式不一样。无形固定资本是一次性预付,然后逐渐计提折旧,慢慢回收,全部资本回收时间比较长。而无形流动资本,也就是人力资本价值的回收表现为预付可变资本的回收,不断地预付,不断地回收,资本回收期短。人力资本的工资每个月都要支付,人力资本每天都要劳动,资本家

---

① 马克思:《资本论(纪念版)》第 2 卷,人民出版社 2018 年版,第 184—185 页。

② 马克思:《资本论(纪念版)》第 2 卷,人民出版社 2018 年版,第 187 页。

在人力资本上面预付的资本随着生产的正常进行和产品的销售可以很快就回收回来。

二、无形固定资本的损耗、维护和更新

（一）无形固定资本的损耗

无形固定资本具有实物形态，不存在有形损耗。但是这并不代表无形固定资本不会出现价值性损耗。对于专利、专有技术、计算机软件而言[1]，新的专利、专有技术和计算机软件随时可能出现，它们所代表的无形资本会由于新的技术和专利的出现而迅速贬值。因此，对于无形固定资本来说，主要是无形损耗。除此之外，外部侵权也会导致技术类无形资本价值下降，这也是无形损耗。

"劳动资料大部分都因为产业进步而不断变革。因此，它们不是以原来的形式，而是以革新的形式进行补偿……另一方面，竞争斗争，特别是在发生决定性变革的时候，又迫使旧的劳动资料在它们的自然寿命完结之前，用新的劳动资料来替换。迫使企业设备提前按照更大的社会规模实行更新的，主要是大灾难即危机。"[2]这是马克思对于无形损耗的论述。马克思把无形损耗看作是只能影响机器设备的一种损耗方式，只存在于技术层面。但是无形资本的大量存在，技术性的无形损耗只是一小部分内容。非技术类的无形资本也存在无形损耗，只是损耗的原因不同而已。

技术性无形损耗的发生对于技术类无形资本而言，更为经常。由于创新频率和速度的加快，技术类无形资本的无形损耗也被迫加快。这就导致一种新的技术出现之后，企业会充分利用超额利润的"初恋期"尽可能快的把投资成本收回并赚取利润。在剩余价值生产难以提高，也就是劳动强度和劳动时间难以改变的情况下，通过垄断优势，最大化地通过垄断定价获得垄断利润，成为企业加速获得超额利润的一种行为。例如电影《我不是药神》里面治疗癌症的特效药勃列宁，明明生产成本很低，却定价很高，30000 块钱一瓶；而同期印度的仿制药，只有 500 块钱一瓶。关键是 500 块钱一瓶也赚钱。30000

---

[1] 我们把这种无形资本称为技术类无形资本。

[2] 马克思：《资本论（纪念版）》第 2 卷，人民出版社 2018 年版，第 190—191 页。

块钱的药让很多病人倾家荡产,可是即使如此,勃列宁的生产厂家也不愿意降价,因为它有专利垄断,可以任性地进行垄断定价。这个定价对于厂家而言也有理由,那就是前期的研发成本比较高,需要回收成本。这是所有拥有无形资本的资本家的借口,实际上是凭借垄断优势,进行超高利润的定价。因为他们知道仿制和更好的创新随时可以发生,会剥夺他们获取超额利润的机会。马克思讲的超额利润的"初恋期"在创新加快和盗版模仿能力增强的今天,显得更为短暂。这就加剧了资本家充分利用"初恋期"回收成本和获取超额利润的紧迫心情。在可以继续投资,强化垄断优势的情况下,新的无形资本出现的速度和频率也加快了,这样,原来无形资本的价值被无形地贬值了。新的无形资本代替了原有的无形资本,或者与原有的无形资本一起,更加强化了垄断优势,但是原有的无形资本肯定贬值了。新的垄断优势是通过新的无形资本得到和强化的。

商标权、网络域名权也会因为技术原因而出现贬值。著作权也会随着同类著作权的出现而贬值。土地所有权(使用权)一般情况下会随着时间的推移因为土地的稀缺性而升值,但是由于土地所有权(使用权)具有时间期限①,随着时间的流逝,在不考虑土地稀缺性因素的情况下,权利本身会贬值。特许经营是一种衍生权力,在核心资本,如专利、专有技术、计算机软件受到侵权或者无形损耗较大的时候,特许经营权的价值也会下降。

企业文化具有适应性,要与企业的发展阶段、主营业务、外部环境等相适应。一旦内外部环境发生变化,原有的企业文化会因为不适应而出现贬值。社会关系与渠道也不是一成不变的,作为外部因素,可控性比较小,随时会发生流失;也会因为企业发展转型,社会关系和渠道的自身原因而出现贬值,当然也可能升值。如果外部关系和渠道发展壮大了,所在行业利润率提升了,可以看作是升值了。但是在假设社会关系和渠道的原来价值不增加的情况下,社会的竞争、环境的变化、行业利润率的降低等都可以导致关系和渠道资本贬值,如供应商原来所在的行业利润率很高,由于竞争的原因,供给增加,利润率下降,所提供的原材料附加价值也下降,这时候供应商的价值也会下降。这些损耗都是无形的,属于无形损耗。

---

① 在私有制条件下所有权没有时间限制,使用权有时间限制。

李连光(2013)认为无形资本的损耗是随着时间的流逝而产生,新的风险问题、市场变化、技术过时、品牌遗忘、质量危机事件冲击等都会对无形资本造成损耗。他所说的损耗,基本上属于贬值性损耗。与我们说的无形损耗在本质上是一致的。

(二)无形固定资本的日常维护和再投资

无形固定资本并不发生有形磨损,只是发生无形损耗。为了维持无形固定资本的价值,使之保持相对稳定,就需要日常维护。

技术类无形资本由于无形损耗较快,因此新的研发投入会不断增加原有技术资本的价值。技术的日常维护也必不可少,比如某些技术或软件的日常使用,出现问题需要专门人员负责解决问题,这种支出都属于维护费用。对于局部问题的创新性技术修复不仅可以维护产品价值,甚至可以增加产品价值。能够增加价值的,这种维护就成为新的产品改变和价值投资了。

对于技术类无形资本的法律维护,也属于日常维护的内容,是保证其权利不受侵犯、价值不降低的手段。通过打击盗版、侵权等行为,维护原有无形资本的价值。这种维护支出是纯粹的费用性支出,需要从总利润中扣除。

商标权、网络域名权也需要打击侵权。著作权也需要打击盗版、维护权益。土地所有权(使用权)、特许经营权几乎不发生维护费用,但是权证类的印刷费用、注册登记费用依然会发生。

企业文化需要企业文化工作者不断宣传相关理念、行为规范、制度等,也需要根据时代的发展、企业所处的阶段,对企业文化进行再提炼、再发展,否则价值就会下降。这既是一种再投资,也是一种日常维护。这种维护不仅是维持企业文化的原有价值,还要发现企业文化的不适应性因素,加以消除,提炼新的理念,制定新的行为规范和制度。如果企业文化的价值因此而提升,那么该维护就转变为再投资了。

社会关系和渠道资本也需要专门的人员进行维护。这个维护是相对于新的关系和渠道的搭建工作而言的,属于日常性工作。公关部、广告部、法律事务部、对外投资部的一些相关工作,都可以看作是对社会关系和渠道资本的日常维护,保证其价值不下降,保证该资本的稳定性。

(三)无形固定资本的更新

传统固定资本的更新主要分为两种形式:一是局部更新,二是全部更新。

马克思指出:"劳动资料大部分都因为产业进步而不断变革。因此,它们不是以原来的形式,而是以变革的形式进行补偿。"①技术的进步使资本家感觉更新设备会带来更大的收益,所以会主动进行设备更新。另外,竞争和周期性的危机都会为机器设备更新提供压力和契机,正如马克思所说:"竞争斗争,特别是在发生决定性变革的时候,又迫使旧的劳动资料在它们的自然寿命完结之前,用新的劳动资料来替换。迫使企业设备提前按照更大的社会规模实行更新的,主要是灾祸、危机。"②

在不完全竞争条件下,一旦垄断优势还可以保持,那么这种更新和投资是不会发生的,因为这会导致成本的增加。只有垄断优势丧失,竞争威胁到利润下降时,才可能会迫使企业进行无形固定资本更新。但是社会大变革大创新发生的时候,无形固定资本的更新速度也会加快。因为大革新和大变革的出现会加速无形固定资本的贬值。竞争的压力如果危及垄断优势的存在,也会导致无形固定资本更新加快。危机与灾祸是传统固定资本更新的契机,一旦危机和灾祸从形式上毁灭有形固定资本,那么更新必然发生。但是对于无形固定资本来说,即使厂房、机器设备被损坏,但是专利、专有技术、计算机软件在还有价值、垄断优势仍然存在的前提下可以继续使用,不需要更新。商标权、网络域名权、企业文化与社会关系和渠道也有延续性,在灾祸和危机面前不被消灭,在原有价值不降低的情况下还可以继续使用。可口可乐的老总曾经说过:如果可口可乐在世界各地的厂房被一把大火烧光,只要可口可乐的品牌还在,就可以在几个月内重新建厂投资,获得新发展。这充分说明灾祸和危机并不是无形资本更新的契机。即使危机从根本上导致企业破产,企业原有的无形固定资本的价值也不必然因为破产而出现贬值。无形的属性导致无形固定资本可以相对独立地存在,价值决定也有独立的规律,不必然受有形资本的影响。

传统固定资本可以进行局部更新,通过价值回流回收的货币资金用来扩大再生产规模。正如马克思指出的:"固定资本价值中这个转化为货币的部分,可以用来扩大企业,或改良机器,以提高机器效率。这样,经过一段或长或

---

①　马克思:《资本论(纪念版)》第2卷,人民出版社2018年版,第190页。

②　马克思:《资本论(纪念版)》第2卷,人民出版社2018年版,第190—191页。

短的时间,就有了再生产,并且从社会的观点看,是规模扩大的再生产。"①这种规模扩大的再生产不是由积累引起的,而是从固定资本的本体中分离出来的价值分子,以货币的形式再次转化为追加的或效率更高的同一种固定资本而引起的。资本家没有更多地预付资本,而是从流通中因为价值回流而多出一部分货币进行再投资导致更新。

无形固定资本也具有类似的效应。为了维持无形资本的价值,对于原无形资本进行部分更新和再投资,保证其价值不会因为贬值而迅速下降。如对软件进行部分更新,这种更新也是再投资。这种更新需要新的劳动投入,会增加无形固定资本的价值,从而抵销无形资本贬值和无形损耗的速度。这种更新如果导致了原来无形固定资本价值的绝对增加,那么可以看作是规模扩大再生产。李连光(2013)认为无形资本的更新是边际性的,逐渐改善,只有在了解原来的技术路径基础上才能进行改善和更新。对无形资本的价值补偿超过损耗,才能实现无形资本的扩大再生产。李连光所说的更新属于局部更新,渐进性的更新,他否定了无形资本的一次性更新,认为只有有形资本才会一次性更新,这是不妥的。无形资本的完全置换在改变技术路线、转产等情况下是存在的,不能把渐进性更新看作是无形资本的唯一更新形式。

当然,在无形资本参与下,对有形固定资本的投资也是规模扩大再生产。所以,无形固定资本的局部更新可以带来两种形式的扩大再生产:一是对无形固定资本的继续投资,二是对有形固定资本的继续投资。无形固定资本投资属于内涵式扩大,导致生产效率提高;有形固定资本投资可能是新机器的添置,也可能是生产场所的扩大,属于外延式扩大再生产。

为了保证实现固定资本的局部更新特别是全部更新,企业必须建立折旧基金及其管理制度。无形固定资本的折旧有两种形式,一种是直线型的折旧,在固定期限内平均折旧,与传统有形固定资本的折旧方法一致;另一种是加速型折旧方法,这个方法用得比较多,因为无形固定资本的无形损耗比较大,贬值速度比较快,所以快速折旧可以快速弥补价值损失,加快无形固定资本的更新。

---

① 马克思:《资本论(纪念版)》第2卷,人民出版社2018年版,第192页。

（四）无形固定资本维护费用的性质

马克思在论述固定资本的维修劳动时指出："这里说的是一种追加劳动，没有这种追加劳动，机器就会变得不能使用；这里说的是对那些和生产过程不可分开的有害的自然影响的单纯预防，因此，这里说的是在最严格意义上把机器保持在能够工作的状态中。""这里说的不是机器所做的劳动，而是加于机器的劳动，在这种劳动中，机器不是生产的当事人，而是原料。投在这种劳动上的资本，虽然不进入作为产品来源的真正的劳动过程，但是属于流动资本。这种劳动在生产中必须不断地耗费，因而它的价值也必须不断地由产品价值来补偿。投在这种劳动上的资本，属于流动资本中要弥补一般非生产费用的部分，这个部分要按年平均计算，分摊到价值产品中去。"①对于机器日常的维护是一种必须的支出，这种支出并不参与直接生产过程，但是直接生产正常进行需要这种维护，因此也要添加到产品价值中去。也就是说，价值增加不一定在直接生产过程中，只要是正常生产经营所需要的劳动，对于直接生产价值创造所必须的辅助的、追加的劳动，都是可以增加产品价值的，这就是价值创造的社会性，而不是生产领域的局限性。价值的增加也是付出劳动需要补偿的一种机制，所以价值创造或者增加，本质上是一种社会劳动需要获得补偿，需要进行等价交换的社会理由和根据。我们没有必要把价值创造和增加局限于单一的直接生产领域，要立足于剩余价值的生产和利润的创造，立足于有效社会劳动的价值补偿和等价交换。但是不可否认的是，马克思所说的这些追加的劳动属于非生产费用，因为并没有参加直接生产过程，并没有参加价值的直接创造过程，是非生产性的。

对于无形资本来说，不一定是有形的机器，绝大部分是法律规定的权利，部分地需要借助机器体现自己的价值，如专利和专利技术。借助机器体现价值的，机器本身的日常维护可以另外计算，按照马克思所说的非生产费用计入价值增加。我们假设所有的无形资本都是不需要日常有形的维护，如擦拭机器等，但是并不表明无形资本就没有这种非生产费用的产生，由于涉及法律保护，日常的文本撰写、登记注册、法律咨询、法律维权、权利展期等，都可以看作是对无形资本的日常维护性支出，是非生产费用，但是也增加无形资本的价

---

① 马克思：《资本论（纪念版）》第 2 卷，人民出版社 2018 年版，第 194 页。

值。这是对法律工作者、知识产权的日常维护工作者劳动价值的认可。马克思指出:"任何固定资本都需要事后在劳动资料和劳动力上一点一滴地支出这种追加资本。""修理劳动虽然有偶然的性质,但仍然会不均衡地分配在固定资本寿命的不同时期。"①"这种投在真正修理上的资本,从某些方面看,形成一种独特的资本,既不能列入流动资本,也不能列入固定资本,但作为一种经常支出,宁可算作流动资本。"②

对于维修和补偿所支付费用的多少,也决定了资本家获取利润的多少。马克思说:"在实践中,一个资本家机器等等的使用超过平均寿命,另一个达不到平均寿命。一个资本家的修理费用会高于平均数,另一个资本家的修理费用会低于平均数,如此等等。但是,由损耗和修理费用决定的商品加价,却是一样的,都是由平均数决定的。因此,一个资本家由这种价格追加得到的,比他实际追加的要多,另一个资本家则要少。"③维修费用增加机器价值,但不是个别追加劳动增加价值,而是按照社会的平均追加劳动量来计算价值的。这里又回到了社会劳动的概念,任何劳动必须是社会需要的、平均化的劳动才会创造和增加价值,否则就是一种浪费。如果个别资本家支付的维修费用超过了社会平均的费用,那么超出部分是不能形成价值的,也是得不到补偿的,因此对资本家来说是得不偿失,与其他少于社会平均支出的资本家相比就要吃亏。无形资本的维护费用如果过多,超出社会平均的维护费用,那也是一种无用的支出,并不会增加无形资本的价值。

三、无形固定资本与预付资本的总周转

无形固定资本和有形固定资本在性质上是一致的,不同的只是形态与特征。影响预付资本总周转的是固定资本和流动资本的比重,无形固定资本也要以固定资本的身份加入固定资本总值中,由此确定的固定资本比重和流动资本比重才会决定预付资本的周转。在流动资本中,无形流动资本也就是人力资本的多少并不影响总周转,流动资本的总值与固定资本总值的比重才是真正影响预付资本总周转的决定性因素。

---

① 马克思:《资本论(纪念版)》第2卷,人民出版社2018年版,第194页。
② 马克思:《资本论(纪念版)》第2卷,人民出版社2018年版,第196页。
③ 马克思:《资本论(纪念版)》第2卷,人民出版社2018年版,第198页。

因此,我们在确定固定资本和流动资本比重的时候,就没有必要把有形固定资本和无形固定资本区分开来。但是有形资本和无形资本相互结合的比重不同,也说明不同的问题。无形资本多一些还是有形资本多一些,决定了哪一种资本形态发挥的作用大。无形资本的价值比重超过有形资本说明无形资本发挥的作用大一些,相反则有形资本发挥的作用大一些。我们这里主要探讨固定资本和流动资本比重对周转的影响,有形资本与无形资本的比重问题暂且不讨论。

马克思说过:"预付资本的总周转,是它不同组成部分的平均周转。"那么预付资本的总周转速度既取决于固定资本和流动资本各自周转的快慢,也取决于两种不同资本之间的比重关系。固定资本所占比重如果较高,总周转就比较慢;固定资本所占比重如果比较低,总周转就会比较快。因为,固定资本周转的速度慢于流动资本的周转速度。

马克思对于预付资本的周转周期也进行了研究,他指出:"周期是由所使用的固定资本的寿命决定的,从而是由他的再生产时间或周转时间决定的。"[①]一个周转周期是指从预付固定资本投入生产开始,直至价值转移完成,回收全部价值数额的货币。但是固定资本的不同组成部分的寿命不同,各自对于周转周期的影响也不同。对于无形固定资本,整体来说无形损耗速度快,计提折旧一般的加速折旧法,因此周转速度也比较快,能够较早地回收价值。因此无形固定资本在固定资本总值中所占的比重如果比较大,那么固定资本的周转速度就会快一些;相反,如果无形资本在固定资本中所占的比重比较小,那么固定资本的周转速度就会慢一些。整体来说,应该是各个不同组成部分,按照各自的周转时间加权平均以后共同决定固定资本的周转周期。

例如,固定资本总额 80000 元,其中机器价值 20000 元,寿命 10 年;厂房建筑价值 30000 元,寿命 15 年;无形资本价值 30000 元,寿命 5 年。该固定总资本的周转周期计算如下:

周转周期 = (20000 + 30000 + 30000) ÷ [(20000 ÷ 10) + (30000 ÷ 15) + (30000÷5)] = 80000÷10000 = 8 (年)

也就是各组成部分加权平均之后计算的固定资本周转周期是 8 年,既不

---

① 马克思:《资本论(纪念版)》第 2 卷,人民出版社 2018 年版,第 206 页。

是机器的 10 年,也不是厂房建筑的 15 年,更不是无形资本的 5 年。但是无形资本在总资本中的比重明显会影响总的周转年限。假设无形资本比重下降为10000 元,而机器价值增长到 40000 元,那么总的周转周期就变为 10 年,有形资本占优,所以较慢的周转速度拖慢了总周转周期。在无形资本的周转时间快于有形资本的周转时间的前提下,根据这个特点,我们可以得出推论 9:

在固定资本总值不变的情况下,无形资本所占的比重越高,固定资本的周转速度也越快;反之,则越慢。

对于固定资本的周转周期马克思指出了两个相反的趋势,他说:"一方面,固定资本的发展速度使这种寿命延长,而另一方面,生产资料的不断变革——这种变革也随着资本主义生产方式的发展而不断加快——又使它缩短。因此,随着资本主义生产方式的发展,生产资料的变换加快了,它们因无形损耗而远在自己有形寿命终结之前就要不断补偿的必要性也增加了。"①固定资本的价值量由于技术进步的原因而不断增加,质量也会不断提高,因此固定资本的平均寿命会延长,周转周期也会随之加长。但是,马克思又指出技术进步的速度加快,这也是社会进步的表现,现代社会创新的速度和频率不断缩短已经证明了这一点。技术进步加快带来的是无形损耗加剧,因为新技术会随时出现,取代原有技术,因而固定资本的更新周期会缩短。马克思的这个论述非常鲜明地指出了固定资本周转存在的两种相反的趋势,也非常适合于无形固定资本的周转规律。技术创新和制度创新的加快,使经营性无形资本和社会性无形资本(人力资本除外)快速周转获得补偿的需要加强,但是社会进步的趋势表明,无形资本的作用越来越大,无形资本的价值总额越来越多,无形资本的质量也越来越好,因此无形资本周转的速度和时间取决于这两种趋势的对比,如果价值增加过快,那么周转的速度仍然是变慢;如果价值增加比较慢,比较少,那么创新的速度和频率就决定了无形损耗的速度,从而加快周转获得补偿的动机会更强。马克思所在的时代,固定资本周转的速度一般 8—10 年,而现代资本主义发达国家固定资本的周转速度,尤其是无形固定资本的周转速度只有 2—3年。② 总体来说,无形固定资本的周转周期还是大大缩短了。

---

① 马克思:《资本论(纪念版)》第 2 卷,人民出版社 2018 年版,第 206—207 页。
② 鲁从明:《〈资本论〉的思想精华和伟大生命力》,中共中央党校出版社 1998 年版,第206 页。

第四节　无形资本与资本周转时间

资本的"周转时间等于资本的生产时间和流通时间之和。"[①]那么,无形资本的周转对于资本周转时间有没有什么影响呢?

一、无形资本与劳动期间

生产时间包括劳动期间和非劳动期间,我们首先分析劳动期间。所谓劳动期间,是指劳动者运用劳动资料将劳动对象加工成一件产品所需要的时间。这个概念和我们所说的劳动时间是不同的,每人每天的劳动时间属于工作日的概念范畴,而不是加工生产某件产品的时间,劳动期间是按照一件产品被完整加工所耗费时间的长短来计量的。马克思说:"我们讲工作日,指的是工人每天必须耗费劳动力,每天必须劳动的劳动时间的长短。而我们讲劳动期间,指的是一定生产部门为提供一件成品所必需的互相连接的工作日的数目。"[②]

劳动期间的长短主要是由产品的性质、生产技术、生产规模和经营管理水平等条件决定的。产品的性质是最基本的决定因素,"产品的特殊性质或制造产品时所应达到的有用效果,使劳动期间有长有短。"[③]专利、专有技术如果与产品的生产技术相关联,那么对于缩短劳动期间是有帮助的。产品的性质和生产规模不是依靠技术可以改变的,属于自然属性和客观属性,非人为可以控制,因此难以从这两个方面来改变劳动期间。企业的经营管理水平与企业文化密切相关,优秀的企业文化可以提高劳动生产率,提高企业经营管理水平,也就可以缩短劳动期间。

劳动期间的长短对资本周转具有重要影响。在预付资本总额一样的情况下,不同的劳动期间会导致不同的周转速度,最终的周转时间也不同。劳动期间短的会周转比较快,劳动期间长的会周转比较慢。正如马克思所说:"因

---

① 马克思:《资本论(纪念版)》第2卷,人民出版社2018年版,第259页。
② 马克思:《资本论(纪念版)》第2卷,人民出版社2018年版,第257页。
③ 王珏编著:《重读〈资本论〉》第二卷,人民出版社1998年版,第1103页。

此,生产时间的延长,和流通时间的延长一样,会减慢周转的速度。"①在无形
资本的内容可以缩短劳动期间的情况下,也就可以加快资本周转。这种情况
比较少,专门用来进行缩短劳动期间的专利、专有技术属于特定的无形资本,
并不广泛存在。劳动生产率的提高是普遍趋势,随着社会的进步,劳动期间有
不断缩短的倾向,因此现代社会的资本周转速度具有不断加快的趋势。但是
劳动生产率的提高不能违背产品属性而缩短劳动期间,产品属性是决定劳动
期间的基础性因素。

劳动期间的长短也影响到预付资本总量的多少。在其他条件不变的情况
下,劳动期间越短,资本周转速度越快,周转所需要的预付资本就会越少,这里
主要是流动资本的预付量。相反,劳动期间越长,流动资本的预付量就会越
多。因此,如果特定的无形资本可以缩短劳动期间,那么也必然会减少预付流
动资本。

为了竞争的需要和对利润的追求,资本家会想尽一切办法来缩短劳动期
间。"例如协作、分工、机器的使用,可以增加一个工作日的产品,同时可以在
互相联系的生产行为中缩短劳动期间。"②优秀的企业文化可以更好地进行协
作和分工,更好地提高效率;既包括社会关系与渠道,也包括协作与分工的内
容。作为社会性无形资本,包括人力资本在内,都可以通过协作、分工以及个
人经验、技术、知识等提高工作效率,缩短劳动期间。机器可以看作是技术类
无形资本的代表,马克思时代没有无形资本的概念,但是新机器是专利、专有
技术的代表,也可以提高生产效率,缩短劳动期间。

马克思指出:"这些缩短劳动期间,从而缩短流动资本预付时间的改良,
通常与固定资本支出的增加联系在一起。"③马克思这里所说的固定资本是传
统的固定资本,是指有形资本,主要是机器的改良和新机器的采用。实际上在
现代社会,机器的改良和新机器的采用往往伴随专利和专有技术等无形资本,
因此固定资本支出不仅仅是有形资本的支出,也包含无形资本的支出。除了
人力资本以外,无形资本的支出都属于固定资本。凡是有利于提高生产效率,

① 马克思:《资本论(纪念版)》第2卷,人民出版社2018年版,第259页。
② 马克思:《资本论(纪念版)》第2卷,人民出版社2018年版,第261页。
③ 马克思:《资本论(纪念版)》第2卷,人民出版社2018年版,第262页。

缩短劳动期间的无形资本的增加,都可以看作是固定资本的增加。当然,传统会计条件下,大多是以费用的形式列入账目的,但是这并不改变无形固定资本的属性。固定资本支出的增加又会拖慢总资本的周转时间,因此,在采用新技术新机器的过程中要避免固定资本增长太快,要尽量节约固定资本支出,尤其是有形固定资本的支出。为了既提高效率缩短劳动期间,又不至于固定资本总值增加导致周转变慢,可以提高无形资本在固定资本中的比重,减少有形资本在固定资本中的比重,从而抵销固定资本增长带来的周转变慢的可能性。

二、无形资本与非劳动期间

生产时间是由劳动期间和非劳动期间共同组成的。资本处于生产过程的全部时间并不必然就是劳动时间,劳动时间和生产时间之间的差额就是非劳动时间。非劳动时间主要包括特殊劳动对象接受自然力作用的时间、生产资料储备的时间和停工时间等。

一些特殊的行业,如酿酒业,除了劳动期间以外,还需要专门的发酵时间,面包制作也是这样,这个发酵时间就是非劳动时间。这些自然力的作用是生产时间不可缺少的一部分。在种植业中,从播种到收获的劳动期间之外,植物的自然成长过程是难以通过人为手段进行干预的,属于自然力作用过程,只能是静等花开花落,静等秋季收获。当然,这个过程中自然力作用和人的劳动过程是交叉进行的。不可否认的是劳动期间和生产期间之间是不一致的,"生产期间比劳动期间长。"①自然力的作用在现代科学技术进步的条件下,有些也是可以改变的,比如缩短发酵时间、缩短生长期,在现代农业中越来越普遍。这期间特定行业的专利、专有技术就发挥了作用,达到了缩短非劳动期间的作用。马克思指出:"生产时间和劳动期间的差别,在农业上特别明显。"②这种缩短劳动期间的技术创新、技术类无形资本在农业中也是最多的。

生产资料储备的时间是指进入生产领域但还没有被加工制作的原料和辅助材料的储备时间。"这个资本量的大小因此也会影响周转,但它取决于流通资本只作为可能的生产资本停留在生产储备形式上的时间的长短。"③预付

---

① 马克思:《资本论(纪念版)》第 2 卷,人民出版社 2004 年版,第 267 页。
② 马克思:《资本论(纪念版)》第 2 卷,人民出版社 2004 年版,第 268 页。
③ 马克思:《资本论(纪念版)》第 2 卷,人民出版社 2004 年版,第 273 页。

在储备材料上面的资本耽搁的时间越长,资本周转越受影响。因此,要想方设法减少这种储备所耗费的时间。

"对一定的企业或有一定规模的资本主义生产来说,这种生产储备的大小,取决于它在更新时困难的大小,取决于供应市场的相对距离,取决于交通运输工具的发展等等。"①现代科学技术的发展使储备材料的运输越来越快,现代管理模式的发展也越来越倾向于零库存。20 世纪 50 年代产生于日本的及时化生产模式(Just In Time, JIT),实施生产同步化、提高生产系统灵活性、减少不合理的生产过程、保持库存最优化,不仅仅是减少生产资料的库存储备,还优化生产过程,减少不必要的浪费,这些对于缩短非劳动期间是非常有效果的。管理模式可以看作是与企业文化密切相关的无形资本。在这个过程中,还需要相应生产系统的配合,这需要计算机软件。也需要相应的技术革新,一些专利、专有技术也会因此而产生。为了优化生产,减少不必要的环节,保证生产的正常运行,社会关系和渠道建设也成为必须。所以,及时化管理模式需要一系列无形资本作为支撑。

停工时间的长短也是非劳动时间的内容。在生产过程中,生产资本已经进入生产过程但没有发挥作用所耗费的时间就是停工时间。这个时间的长短也会影响资本的周转。这主要是制度性安排造成的,在劳动时间已经被法律规定情况下是难以改变的。但是相应的企业文化会鼓励员工多做奉献,义务加班,减少非必要的停工时间。如果是技术性停工,如自然灾害导致的,这取决于再投资的速度,一定程度上技术类无形资本可以加快复工速度。

总之,非劳动期间原则上是必要的,是生产时间的一个组成部分,但是资本家总是力图缩短非劳动期间,因为"当生产资本处在超过劳动时间的那一部分生产时间时,即使价值增殖过程的完成和它的这种休止是不可分离的,生产资本还是不会增殖。显然,生产时间和劳动时间越吻合,在一定期间内一定生产资本的生产效率就越高,它的价值增殖就越大。因此,资本主义生产的趋势,是尽可能缩短生产时间超过劳动时间的部分。"②而无形资本对于这种非劳动期间的缩短具有一定的作用,主要是技术类无形资本和社会性无形资本

① 马克思:《资本论(纪念版)》第 2 卷,人民出版社 2004 年版,第 273 页。
② 马克思:《资本论(纪念版)》第 2 卷,人民出版社 2018 年版,第 141 页。

可以通过提高效率缩短非劳动期间。

三、无形资本与流通时间

马克思所说的流通时间主要是狭义的流通时间,它包括购买和出售两个阶段。其中出售阶段更为重要,它决定着货币回收速度,也就是资本周转速度。马克思指出:"W—G 即卖,是资本形态变化的最困难部分,因此,在通常的情况下,也占流通时间较大的部分。"[①]"流通时间,从而整个周转期间,是按照这个时间的相对的长短而延长或缩短的。"[②]这个时间就是出售时间,是流通时间最有决定意义的时间,也是相对较长的时间。因此,周转期间部分地决定于产品的出售时间。在生产规模和时间相同的情况下,流通时间越长,资本周转就越慢,从而需要预付的资本总量就越多;流通时间越短,资本周转就越快,从而需要预付的资本总量就越小。

马克思把影响流通时间的长短因素总结为三个:生产和市场的距离;交通运输状况;市场供求关系。这三个因素在社会关系与渠道资本成为企业必须的无形资本之后,在购买和销售两个阶段,都极大地保证了企业原材料的及时和保质保量的供应,生产和市场的距离问题、交通运输状况问题、市场供求关系问题已经被社会关系和渠道资本的存在把消极影响控制在最低范围之内。及时生产管理模式的出现,也强化了社会关系和渠道资本存在的必要性。

马克思指出:"商品的销售市场和生产地点的距离,是使出售时间,从而使整个周转时间产生差别的一个竞争性原因。"一般来说,距离越远,所耗费的流通时间越长。但是社会关系和渠道资本的存在,保证了运输和销售的效率,在信息沟通、产品运输、广告营销、市场销售等方面都会最大效率地进行,减少不必要的拖延和浪费环节,因此,提高了生产和市场之间流通的效率。

"交通运输工具的改良,会绝对缩短商品的移动期间"[③]"在随着运输工

---

①　马克思:《资本论(纪念版)》第 2 卷,人民出版社 2018 年版,第 143 页。

②　马克思:《资本论(纪念版)》第 2 卷,人民出版社 2018 年版,第 276 页。

③　马克思:《资本论(纪念版)》第 2 卷,人民出版社 2018 年版,第 277 页。

具发展的同时,不仅空间运动的速度加快了,而且空间距离在时间上也缩短了。"①马克思把交通运输的改良和发展看作是提高运输效率、缩短流通时间的有效手段。现代交通科技的发展,尤其是高铁的出现,已经大大提高了运输效率。"缩短流通时间的主要方法是改进交通"②,无论是改良还是发展,交通运输技术的进步离不开交通运输业的技术类无形资本。

马克思在论述中谈到了供货契约的作用,他说:"周转时间的差别也是由供货契约的规模引起的。而供货契约规模随资本主义生产的规模和水平一同扩大。作为买者和卖者之间的交易的供货契约,是一种与市场即流通领域有关的业务。"③事实上供货契约属于社会关系与渠道资本的内容。马克思没有把供货契约看作是无形资本,只是客观地论述了契约的作用,认为供货契约的范围可以通过影响生产而引起周转时间的差别,从而引起资本周转速度和效率的不同。市场是否发达,流通渠道是否畅通,供货契约范围多大,都会影响流通时间的长短。社会关系和渠道资本的存在,保证了原材料供应,保证了产品销售,减少了市场波动带来的风险。这也是在现代社会条件下,不完全竞争情况下,企业强化自身垄断优势的重要手段。这是马克思时代所不具备的。

总之,无形资本对于生产时间和流通时间的缩短都有一定的贡献。某些特定的技术类无形资本和社会性无形资本,可以提高劳动生产效率,达到缩短生产时间和流通时间的目的。但是马克思也指出了,在提高劳动生产率的过程中要避免出现"昂贵"的固定资本增加过快的现象,如果固定资本总值增加过快,超过了缩短生产时间和流通时间的程度,预付资本的周转速度和效益也会下降。这个辩证关系对于无形资本而言也是存在的。无形资本总值增加过快,也会影响资本周转的效率。

第五节　无形资本与资本周转效益

相对于有形资本,无形资本可以提高劳动生产率,缩短生产时间和流通时

---

① 马克思:《资本论(纪念版)》第2卷,人民出版社2018年版,第278页。

② 马克思:《资本论(纪念版)》第3卷,人民出版社2018年版,第84页。

③ 马克思:《资本论(纪念版)》第3卷,人民出版社2018年版,第281页。

间,促进资本周转。那么对于预付资本总量、年剩余价值率以及社会资本再生产的影响如何呢?

一、无形资本对预付资本总量的影响

(一)无形资本与有形资本周转的比较

正常情况下,无形固定资本周转速度快于有形固定资本。无形资本可以缩短生产时间和流通时间。因此,无形资本对于预付资本总量也必然形成影响。

资本周转时间的长短或周转速度的快慢,与预付资本总量的大小密切相关。在其他因素不变的情况下,资本周转的时间越短,或者资本周转的速度越快,所需要的预付资本总量就越小;资本周转的时间越长,或者资本周转的速度越慢,所需要的预付资本总量就越大。

由于无形资本一定程度上可以缩短生产时间和流通时间,也就是促进周转速度加快,因此无形资本对于减少预付资本总量有一定的帮助。假设某资本的生产时间和劳动期间一致,生产时间是 9 周,流通时间是 3 周,资本周转时间是 12 周。假定这个产品的价值为 1200 元,那么每周支出 100 元,生产正常进行,资本正常周转。由于无形资本的采用,生产时间缩短为 8 周,流通时间缩短为 2 周,资本周转的时间缩短为 10 周,假定还是每周需要支出 100 元,那么总的预付资本只需 1000 元,比原先的 1200 元减少 200 元,周转的效率提高了,预付资本节省了①。

资本周转对预付资本量的影响与资本的形式密切相关,固定资本和流动资本不同的周转速度对于资本总的预付量影响不同。如果固定资本中采用的无形资本比重较高,根据推论 9,总的固定资本的周转速度会加快。根据无形资本加速折旧的通用方法,可以有更多的资金用于固定资本的更新,在更大限度内进行扩大再生产,减少或避免无形损耗造成的资本贬值。假如固定资本 100000 元全部是有形资本,周转时间 10 年,那么每年实现价值转移 10000 元,10 年后收回全部成本。假设无形资本占到 80%,无形资本的折旧时限为 5 年,那么 20000 元的有形固定资本需要 10 年周转完成,每年实现价值 2000

---

① 为了研究的便利,这里没有考虑有形固定资本和剩余价值的问题。

元;80000 元的无形资本 5 年周转完成,每年实现价值转移 16000 元,那么总的周转时间为 100000÷(16000＋2000)＝5.6 年,周转时间缩短了。原来每年计提折旧 10000 元,现在计提折旧 16000 元,每年增加 6000 元,可以有更多资金用来更新设备,扩大再生产,或者用于研发新的无形资本,加快无形资本的更替,减少或避免无形损耗带来的资本贬值。这新增加的 6000 元折旧资金不需要新的预付,是原有预付资本本身分离出来的,相当于多出来一笔可用资金。如果没有这笔资金,设备更新或者扩大再生产就需要再多预付 6000 元新的资金。

无形固定资本可以加速折旧的特点,可以更快地回收货币资金。马克思说过:"生产要不间断地进行,产业资本就始终只能有一部分实际上加入生产过程。当一部分处在生产期间的时候,另一部分必须总是处在流通期间。换句话说,资本的一部分,只有在另一部分脱离真正的生产而处于商品资本或货币资本形式的条件下,才能作为生产资本执行职能。忽视这一点,也就完全忽视了货币资本的意义和作用。"①货币资本在资本周转中发挥着重要作用,决定着资本周转和预付资本量的关系。只有掌握必要的货币资本,才能保证资本周转和剩余价值生产的正常实现。所以,无形固定资本加速折旧的特点,有利于促进资本周转,有利于更快地掌握更多货币资金,从而节省预付货币资本总量。

(二)超额利润对于预付资本的影响

无形资本可以实现超额利润的特点,也有利于快速地回收货币。由于无形资本可以通过垄断优势进行垄断定价,获得垄断利润,超过一般企业获得超额利润,在剩余价值之外获得一部分垄断性的价格利润。因此每一次周转不仅仅是原预付资本的回收,还会多出一个货币额,这个货币额可以用来扩大再生产,也可以用来进行设备更新,进一步节省了预付资本总量。举例来说:假如某企业预付总资本 100000 元,其中有形固定资本 20000 元,周转时间 10年,那么每年实现价值转移 2000 元,10 年后收回全部成本;无形资本 60000元,折旧时限为 5 年,那么每年实现价值 12000 元;流动资本 20000 元,其中可变资本 10000 元,流动资本每年周转 5 次,每年实现剩余价值 10000 元,实现

---

① 马克思:《资本论(纪念版)》第 2 卷,人民出版社 2018 年版,第 294 页。

价格利润 10000 元。这样,每年实现周转的资本在不考虑剩余价值和价格利润的情况下,是 2000+12000+20000×5＝114000 元。假设流动资本全部用来再周转,那么可以用来进行积累和扩大再生产的就是固定资本的价值实现额14000 元。如果不考虑无形资本的加速折旧,有形资本的折旧额只有 2000元;假设无形资本都是有形资本,那么折旧额也只是 7000 元①。但现在是60000 元的无形固定资本,20000 元的有形固定资本,还实现了超额利润10000+10000＝20000 元。因此在计提折旧 14000 元的基础上,还有 20000 元利润可以进行积累和消费。假设利润的积累率是 60%,那么就有 12000 元可以用来积累,加上原来折旧基金 14000 元,共有 26000 元作为积累,用于更新设备,扩大再生产或者研发,预付资本量再次减少。

所以,无形资本可以获得超额利润的特点,可以增加积累,减少资本预付,加快货币回收。对于资本周转而言,超额利润是新获得的货币资金,谈不上促进资本周转。我们在论述资本周转的时候,主要是指资本自身价值的回收,而不是新的增加额对于原有价值的补偿。上面的例子每年实现资本周转额就是114000 元,而不是 114000+20000＝134000 元。20000 元是新获得的货币利润,是资本的增殖,不是原有预付资本的价值周转。但是由于新增的超额利润多于一般企业的平均利润,因此可以用来积累的资金更多,相对于原来的预付资本额而言,多出了一部分增量资金可以作为新的预付,因此相当于进一步节省了原预付资本量。

（三）产品价格上涨与无形资本垄断定价的比较

马克思对于市场价格波动对于流通的影响也进行了研究,认为价格上涨会带来可以利用的多出来的货币。他指出:"如果产品价格上涨,X 就能从流通中占有一个不是他所预付的资本部分。这部分资本不是生产过程中预付的资本的有机部分,因此,如果生产不扩大,它就会成为可分离的货币资本。"②那么无形资本导致的垄断定价和这种流通领域的价格上涨有没有区别呢?无形资本导致的垄断定价是主动行为,是出厂进入流通领域之前就已经定下来的,但是超过价值的定价,属于垄断定价,是企业利用垄断优势主动寻求垄断

---

① 此处假设有形资本的折旧时限都是 10 年。

② 马克思:《资本论(纪念版)》第 2 卷,人民出版社 2018 年版,第 325 页。

利润的行为。这部分垄断利润,是超出价值的部分,也不是预付资本的有机组成部分,是通过主观定价从流通领域或者消费者手中获取的垄断利润,没有这部分利润,并不影响企业获取正常利润或者平均利润,这是多出来的一部分利润,是垄断优势的货币化。这部分资本也是可以从流通中分离出来,作为多余的货币资本用于资本家的消费或者进一步的积累。因此,也相当于节省了预付资本。

二、无形资本周转对年剩余价值率等指标的影响

无形资本周转速度比较快,但是无形资本主要是以固定资本形式加入周转,只有人力资本以可变资本形式计入流动资本,周转速度快于其他无形资本。

剩余价值是劳动者创造的被资本家无偿占有的那部分价值。在完全竞争条件下,在价格与价值相等的情况下,剩余价值是利润的唯一来源。但是我们的假设是不完全竞争,价格可以高于价值,垄断利润成为利润总额不可缺少的一部分。由此获得的利润是由剩余价值和价格利润共同构成的。也就是利润来源有两个,一个来自生产者贡献的剩余价值,一个来自市场消费者贡献的价格利润①。资本家利用垄断优势,不仅剥削生产者,而且也从市场获得垄断利润剥削消费者。生产者和消费者从整个社会的角度来看是一致的,但是从剥削的对象来看是不同的。生产者被剥削的是剩余劳动,消费者被剥削的是收入。从消费者作为生产者的角度来看,收入是必要劳动的货币表现形式。如果把超额利润都看作是生产者创造的超额剩余价值,那就是把生产者必要劳动所创造的价值部分也转化为剩余价值,这是违背生产者意愿的。但是作为消费者,在信息不对称和无可选择的情况下,接受市场垄断定价,获得品牌消费品,消费者是自愿的,收入转化为消费资料,只是消费资料的价值与货币支出不匹配,是非等价交换,消费者被剥削了。消费者通过必要劳动获取的工资在消费资料的交换过程中被无偿拿走了,而且是消费者心甘情愿地被拿走了,

---

① 保罗·斯威齐在《马克思主义价值论与危机》中论述转型问题时,提出"全部价格不再等于全部价值,价格利润也不再和价值利润率相等"的观点。罗默也有类似观点。受他们的启发,我提出了价值利润和价格利润的概念。此处的价格利润与他们的价格利润并不一致,他们的价格利润是价值转化为价格后形成的利润。

消费者因此而获得物质满足和心理满足,多支付的价格满足了消费者的心理需求,既具有一定的合理性,也具有一定的欺骗性。

那么,我们就有必要把剩余价值和价格利润分开,来区别生产者和消费者分别受到的剥削程度。假设利润总额是 N,剩余价值为 m,价格利润为 p,那么就有 N＝m+p。剩余价值率就可以表示为 $m'=m/v$。消费者所受到的剥削应该是价格利润与收入的比值,价格利润知道,收入也可以用生产者的工资表示,因为在这里他们是统一的。生产者的收入就是消费者的收入。我们把消费者所受到的剥削称为社会剥削,或者消费剥削,用 p' 来表示,那么 $p'=p/v$。对于资本家来说谁受剥削都无所谓,他关心的只是利润。所以,N＝m+p 这个总额是资本家最为关心的。我们也可以用 N 与 v 相比较得出一个资本家想要的数值,即 N/v,我们用 R′ 表示,就有 $R'=N/v$,代表预付工资和利润总额之间的关系,数值越大,表明资本家获得的利润越多。这个比值不是利润率,是工人工资与利润之间的比较关系,可以看作是工资对利润的贡献率,这是资本家衡量工人对利润贡献的指标之一。这样就有了三个指标,资本家关心的工资利润贡献率 $R'=N/v$,与消费者有关的消费剥削率 $p'=p/v$,与生产者有关的剩余价值率 $m'=m/v$。

由于以上公式的分母都是 v,是可变资本,因此决定比值的是可变资本的周转速度。可变资本的周转具有相对独立性,每年的周转次数由可变资本的性质和在生产中发挥的作用决定。无形固定资本作为生产领域的资本形式,与可变资本是生产组合关系,间接地影响可变资本的周转速度。一般来说,无形固定资本的周转速度越快,那么可变资本也会周转越快。但是可变资本属于流动资本,它的周转速度总是快于固定资本,所以这种影响是间接的,不明显的。

可变资本中人力资本是重要组成部分,人力资本是知识、经验、能力超出一般劳动力的复杂劳动力的代名词,一般来说效率比较高,同等情况下工作效率高于普通劳动力,生产率也就比较高,可以更好地为资本家创造剩余价值。例如,分别预付 10000 元在人力资本和普通劳动力身上,人力资本的劳动效率比较高,节省成本增加产出,创造价值 15000 元;而普通劳动力效率较差,最终创造价值 12000 元。同样的生产周期(假设流通时间为零,产品生产出来就销售完毕),人力资本为资本家创造 5000 元剩余价值,而普通劳动力只创造

2000 元。人力资本创造的 5000 元比普通劳动力创造的 2000 元多出 3000 元，人力资本在下一次的生产周期里面因此比普通劳动力节省了 3000 元的预付资本。在考虑剩余价值创造效率的情况下，人力资本的周转速度应该快于普通劳动力的资本。因此，同样是预付可变资本，由于人力资本的劳动效率高于普通劳动力，人力资本所代表的可变资本周转速度快于普通劳动力代表的可变资本。在人力资本身上预付的货币回收的速度会快于在一般劳动力身上预付的资本。资本周转的速度不是天生设定的，而是取决于它在生产中发挥的作用。人力资本所代表的可变资本如果在总的可变资本中所占比值比较高，可变资本的总体周转速度就会比较快；相反，则会比较慢。

马克思指出："我们把一年内生产的剩余价值总额和预付的可变资本的价值额之比，称为年剩余价值率。……年剩余价值率，等于预付可变资本在一个周转周期内生产的剩余价值率乘以可变资本的周转次数。"[1]我们用公式来表示：年 $M' = m/v.n = m'n$。n 代表预付可变资本在一年内的周转次数。由此可见，预付可变资本的周转次数或者速度与年剩余价值率成正比，一年内周转的次数越多，年剩余价值率也就越高，反之则越低。

可变资本实际发挥的作用决定了周转的次数，正如马克思所说："为一定期间而预付的可变资本只是随着它实际进入那个期间由劳动过程填满的阶段，随着它在劳动过程中实际执行职能而转化为所使用的可变资本，即实际执行职能和发挥作用的可变资本。"[2]人力资本作为复杂劳动力和关键性劳动力，往往是在劳动环节不可或缺或者关键的位置发挥作用，是一般劳动力不可替代的，那么在劳动过程中实际执行职能的时间和作用也会高于普通劳动力。因此，人力资本所占比重如何，决定了可变资本周转的速度。如一个工程师，在项目执行过程中是不可或缺的，而一个普通劳动力是随时可以替换的，也是可以减少的，他们所代表的可变资本在劳动中发挥的作用也是不一样的。工程师的劳动决定了工程本身的成败，而普通劳动力只是拿钱干活，对成败并不负责。遇到困难的时候，工程师不能休息，要研究如何攻克难关；而普通劳动者可以休息换班，甚至停工。

---

① 马克思：《资本论（纪念版）》第 2 卷，人民出版社 2018 年版，第 328—329 页。
② 马克思：《资本论（纪念版）》第 2 卷，人民出版社 2018 年版，第 332 页。

因此,无形流动资本,也就是人力资本所代表的可变资本周转速度快于一般劳动力所代表的可变资本,人力资本所占的比重比较大,则可变资本周转的速度就会加快,周转次数增多,那么年剩余价值率也就会提高。不仅仅是年剩余价值率会提高,年工资利润贡献率、年消费剥削率都会提高,因为年 R = N/v.n = R′n,年 P = p/v.n = p′n。

三、无形资本周转对社会资本再生产的影响

根据前面的论述,无论是无形固定资本还是无形流动资本,相对于有形资本而言可以加快周转,实现资本的尽快回收。这对社会再生产的影响是积极的。

第一,无形资本周转可以节省预付资本,可以用节省的货币来给工人发工资。由于周转快于有形资本,因此相对而言,可以用工人自己创造的产品价值的货币形式的一部分给工人发工资,而不是重新预付货币资本,这样可以节省预付货币资本。

第二,无形资本可以与社会进行更快的交换,促进社会资本的整体流通。由于周转较快,无形资本生产领域的工人可以早于有形资本生产领域的工人获得工资,获得生活资料,企业也可以早于有形资本生产领域的企业获得生产资料的补偿。周转越慢,从社会交换生活资料和生产资料的速度也就越慢。

第三,无形资本可以从本企业生产的产品中获得生活资料或者生产资料的供应,而周转慢的企业则只能从它之外的社会产品中获得供应。由于无形资本周转比较快,特别是人力资本周转速度更快,一年内如果总的周转次数比较多,工人所需要的生活资料以及企业所需要的生产资料,有可能从本企业的产品中得到供应。如一个企业畅销某种科技产品,周转速度比较快,工人工资高,企业收入高,资金回笼快,每年预付资本周转次数多,工人完全可以在获得工资之后从本企业获得科技产品作为个人消费品。工人有能力支付,企业有能力提供。企业也有能力利用已有的资金获得生产资料,或者利用本企业的产品作为生产资料,进行扩大再生产。

总之,无形资本的快速周转特性可以促进社会再生产。有必要利用无形资本对社会再生产中周转比较慢的部门进行改造,促进社会各个资本的周转。要把周转比较慢的有形资本,尤其是周转时间比较长的产业部门,在社会中的比重控制在一定比重范围之内,如果比重太大,会影响整个社会的再生产。

第九章　无形资本与积累及其
社会扩大再生产^①

　　无形资本作为不完全竞争市场下的资本形态,它的垄断性和超额收益性,决定了无形资本的积累和有形资本的积累必然不一样,对于社会扩大再生产的影响也不一样。在没有无形资本的状态下,有形资本统治所有的社会再生产,在生产集中还没有完全形成垄断之前,我们认为是完全竞争的市场,正如马克思所假设的那样。但是一旦集中导致垄断,有形资本也就成为垄断资本,也就可以获得垄断利润,这种垄断主要是行政垄断。无形资本的出现,使垄断利润的获得在集中手段之外获得了新的途径,它的合法性使垄断利润成为日常合理的现象,使消费者愿意接受超出产品价值的价格加价,从而为生产者贡献价格利润。价格利润的实质也是垄断利润,但是更具有隐蔽性。因为无形资本的产生被看作社会进步的表现,一般情况下带来的是生产效率的提高,产品质量的提升,可以满足消费者差异化的需求,因此较高的价格代表的是差异化的产品消费,消费者剩余的增加。差异化产品生产和消费的出现是无形资本存在的社会基础,而世界范围内知识产权体系的完善是无形资本成为资本形式的社会法律保障。无形资本已经成为一种被社会普遍接受的新的资本形态存在于社会,必然会对人类社会产生巨大的影响。资本积累和社会扩大再生产是人类发展不可回避的经济问题,我们有必要对此进行研究。

---

　　① 本章涉及超额利润时仍然以讨论垄断性价格利润为主,效率利润只在涉及时略加讨论,不详细展开。

第一节　无形资本与积累

由于无形资本具有垄断性和超额收益性,可以为企业带来超额利润。对于单个资本来说,积累的速度和总量必然要优于有形资本。

一、从产品价值公式看无形资本与积累

马克思说过:"积累的第一个条件,是资本家能够卖掉自己的商品,并把由此得到的绝大部分货币再转化为资本。"①产品创造出来之后,能够顺利地卖掉,并收回货币,才能形成积累的条件。但是按照价值出售还是可以加价出售,这影响到回收货币的多少。

马克思说过:"现在,如果一个特殊生产部门实际生产的剩余价值或利润,同商品出售价格中包含的利润相一致,那只是一种偶然的现象。现在,不仅利润率和剩余价值率,而且利润和剩余价值,通常都是实际不同的量。"②马克思承认利润与价格一致是偶然的,不一致是经常的,但是没有说明这种不一致是怎么样的,二者的差额是什么? 时代的发展要求我们对于这种价格与价值不一致导致的价格利润的存在和贡献做出说明。而价格利润的存在,导致单个资本积累量和积累速度的改变。

马克思指出:"同一剩余价值量的表现上的这种差别,或利润率从而利润本身的差别,在劳动的剥削程度相等时,也可以由别的根源引起;但是它也可以只是来源于两个企业的经营技巧上的差别。"③马克思的本意是用这种差别来说明资本家的错觉,证明资本家对劳动剥削的不可置疑,但是却潜在地指出了利润和利润率的变化可以是由其他原因引起的,并且指出了经营技巧的差别作为原因之一。这种经营技巧的差别也可以体现在无形资本的投资和选用上,在当今时代非常明显。具有无形资本意识,拥有大量高质量的经营性无形资本,同时也乐于建设社会性无形资本的企业,获取超额利润的能力都很强,

---

① 马克思:《资本论(纪念版)》第 1 卷,人民出版社 2018 年版,第 651 页。
② 马克思:《资本论(纪念版)》第 3 卷,人民出版社 2018 年版,第 187—188 页。
③ 马克思:《资本论(纪念版)》第 3 卷,人民出版社 2018 年版,第 155 页。

而利润的多少决定了回收货币的多少和积累的多少。

在没有无形资本参与的情况下,我们假设没有垄断优势,不能进行垄断定价并获得价格利润,剩余价值是利润的唯一来源,积累也全部来源于剩余价值。假设积累率为 r,那么剩余价值 m 乘以 r 就是产品价值实现后用来积累的量 mr。

c+v+m＝M,mr＝AC

AC 是积累的代表符号。

在无形资本参与生产之后,产品具有垄断优势,并进行垄断定价,获得价格利润。假设价格利润为 P,那么公式变为:

c+v+m+P＝M+P

M+P 是产品自主定价后对外销售的总价格,包含价格利润 P,因此公式左边产品价值 c+v+m 基础上,需要加上一个价格利润 P,即 c+v+m+P,m+P 是产品的总利润,那么可以用来积累的利润总和就是 m+P。在积累率不变的情况下,积累量增加了,变为 AC＝(m+P)r,与有形资本生产条件下的积累量增加了 Pr。相对于有形资本而言,(m+P)r/mr＝(m+P)/m＝1+P/m>1(P>0),积累的速度超过有形资本的积累速度。在剩余价值不变的情况下,价格利润 P 越高,那么积累的速度就越快。在剩余价值也上升的情况下,价格利润 P 增长速度超过剩余价值 m 的增长速度,那么总的积累速度也仍然快于有形资本的积累速度。价格利润的多少取决于企业垄断优势的多少,价格控制能力的大小。垄断优势的获得,可以靠增加无形资本投资获得。而剩余价值的增加要靠劳动生产率的提高、工作日的延长、劳动强度的提升。技术进步带来的劳动生产率的提高并不总是发生,这本身也是无形资本范畴内可以达到的目标。工作日的延长和劳动强度的提升是有限度的,在目前社会情况下,受很多法律的制约,工作日不能无限延长,劳动强度也不能无限提高。所以,总体来说,还是价格利润提升速度快于剩余价值提升速度的社会可能性更大。

对于单个资本来说,价格利润的增加,使积累量增加,积累速度加快。"具体说来,积累就是资本以不断扩大的规模进行的再生产。"[1]"竞争迫使资

---

[1]　马克思:《资本论(纪念版)》第 1 卷,人民出版社 2018 年版,第 671 页。

本家不断扩大自己的资本来维持自己的资本,而他扩大资本只能靠累进的积累。"①积累量的增加,积累速度的加快,会更快地扩大再生产规模,会更加提升企业的竞争优势,使企业在规模不断扩大的同时,竞争力进一步增强。

当然,超额利润也为资本家奢侈的消费和浪费提供了更多的条件。马克思说过,资本主义生产的进步创造了一个"享乐世界",为资本家的挥霍提供了条件。他说:"虽然资本家的挥霍从来不像放荡的封建主的挥霍那样是直截了当的,相反地,在它的背后总是隐藏着最肮脏的贪欲和最小心的盘算;但是资本家的挥霍仍然和积累一同增加,一方决不会妨害另一方。"②超额利润让资本家更加奢侈浪费了,更加享乐了,腐败的社会现象增加。但是,这并不影响积累与扩大再生产。在积累率一定的情况下,资本家积累量和消费量的增加是同时进行的,并不互相影响。超额利润总是一分为二,留下消费的部分就是积累的部分,只要积累率不变,二者互不影响。

二、关于资本有机构成与利润率的讨论

资本有机构成是马克思积累理论中重要的一环。马克思指出:"最重要的因素就是资本的构成和它在积累过程进行中所起的变化。"③马克思的资本构成要从两个方面去理解:一是技术层面,是指生产资料与劳动力之间的比重关系,不同时期这个比重关系是不同的。一般来说,技术水平越高,比重也越高;技术水平越低,则比重也越低,代表的是不同技术水平下劳动力可以推动生产资料的多少,马克思把这种比重关系称为资本的技术构成;二是价值层面,是指技术构成决定的生产资料和劳动力的价值之间的比重关系,称之为资本的价值构成。马克思把由技术构成决定并反映技术构成变化的资本价值构成称为资本的有机构成。马克思认为,随着劳动生产率的提高,资本有机构成也会不断提高,"劳动生产率的增长,表现为劳动的量比它所推动的生产资料的量相对减少,或者说,表现为劳动过程的主观因素的量比它的客观因素的量相对减少。""资本技术构成的这一变化,即生产资料的量比推动它的劳动力

---

①　张佳:《大卫·哈维的历史—地理唯物主义理论研究》,人民出版社 2014 年版,第 34 页。
②　马克思:《资本论(纪念版)》第 1 卷,人民出版社 2018 年版,第 685 页。
③　马克思:《资本论(纪念版)》第 1 卷,人民出版社 2018 年版,第 707 页。

的量相对增长,又反映在资本的价值构成上,即资本价值的不变组成部分靠减少它的可变组成部分而增加。"①

由于资本有机构成的提高,利润率会逐渐趋于下降,因为利润率等于剩余价值和预付资本总量的比重。按照马克思对于资本有机构成的定义,可以得出公式:$R = m/(c+v) = m'/(c/v+1) = m'/(k+1)$,k 是资本有机构成比值,m′是剩余价值率。从这个公式来看,在剩余价值率 m′不变的情况下,k 越大则利润率 R 会越小。所以,从马克思的有机构成定义和不断提高的可能性就可以得出利润率不断下降的判断。马克思也是根据资本家越来越喜欢用机器代替人,从而资本有机构成不断提高得出利润率不断下降的结论。

对于这个判断,有很多学者有不同的评判,并进行了很多正反两方面的论证。美国经济学家莫斯莱曾经进行过统计,对美国 1947—1976 年的资本有机构成、利润率进行比较,统计显示,美国在这 30 年间资本有机构成总体趋势是增长的,但增速不大,增加的量也不大。而且不是线性的,有些年间还有下降,之后又上升。利润率总体趋势是下降的,但有些年间也上升。因此得出结论,资本有机构成是非均衡上升,利润率下降也是一样的。②中国学者李民骐等也研究了美国的利润率波动情况,并划分为四个"长波"来考察:第一波是自由竞争期间(1869—1897 年)平均利润率达 17.5%,第二波是私人垄断时期(1898—1940 年),利润率是 13%;第三波是国家垄断时期(1941—1982 年)降至 11.9%;第四波是新自由主义时期(1983—2000 年),利润率是 12.7%。实证分析得出结论:美国利润率在近一个半世纪以来总体呈下降趋势,但降速趋缓,甚至有提高可能。③

在资本主义进入垄断阶段后,马克思所描述的资本有机构成与利润率之间的关系受到了种种质疑。斯威齐(P.Sweezy,1942)、巴兰(P.Baran,1973)、布劳格(M.Blaug,1992)、迪金森(H.Dickinson,1957)、米克(R.Meek,1960)、罗宾逊(J.Robinson,1962)、萨缪尔森(P.Samuelson,1957)、置盐信雄(N.Okishio,

---

① 马克思:《资本论(纪念版)》第 1 卷,人民出版社 2018 年版,第 718 页。

② 李永军等:《马克思经济增长理论与内生经济增长理论的融合——基于资本有机构成的新解释》,《内蒙古财经学院学报》2010 年第 4 期。

③ 周世良:《马克思资本有机构成与利润率关系理论再探讨》,《经济研究导刊》2013 年第 28 期。

1961）、罗默（J.Roemer,1978 ）、布伦纳（R.Brenner,1998）、萨查里亚斯（A.Za-charias,2002）等均对马克思的利润率趋于下降规律持否定态度,从不同的角度加以论证反驳。斯威齐（1942）认为,一般情况下提高资本有机构成和提高剩余价值率是同步进行的。在资本有机构成提高的背后,隐藏着资本的积累过程,同时存在着一些压低和抬高利润率的力量。垄断价格对积累有重要影响。垄断价格是被转型的价值,分析垄断价格并不意味着否定价值论。布劳格（1992）也认为存在一些阻止利润率下降的因素;迪金森（1957）认为在实际工资保持不变的情况下,利润率随着资本有机构成的提高而提高,只有在非常特殊的情况下（资本积累超过某一临界点）,利润率才会下降 ;罗宾逊（1962）指出各部门资本有机构成不一致时,其利润率和剩余价值率不可能同时一致,资本积累和技术进步不一定意味着每人所用资本的增加,在劳动生产率提高的情况下,剥削率也可以随之提高,有助于抑制利润率的下降。萨缪尔森（1957）认为,在实际工资不变的情况下,如果一项技术革新确实被资本家所采用,利润率一定会上升,技术进步、实际工资不变和利润率下降三种情形不可能同时存在。置盐信雄（1961）对此提供了证明,这个观点被称为"置盐定理 "（Okishio Theorem ）。罗默（1978 ）也曾利用新古典分析工具对实际工资、技术革新和利润率变化三者之间的关系进行过系统的分析并得出类似的观点。[1] 罗默认为,马克思忽视了技术进步对提高利润率的作用。资本有机构成的提高总是和技术进步联系在一起,重大的技术进步可以大大提高价值利润率的变动范围,从而也大大提高价格利润率的变动范围[2]。[3]

卡尔多（ N.Kaldor,1956,1958 ）用"程式化事实"（Stylized Facts）来解释经济增长。他认为在这些"程式化事实"中,资本有机构成不断增长,但是不断提高的劳动生产率会使产出不断增加,从而可以保持利润率不变。在资本主义国家经济发展过程中,利润率的变化都存在特定的历史背景和具体的影响因素。吉尔曼（1957）对美国 1849—1952 年间制造业的资本有机构成、剩

---

[1]　朱奎:《利润率的决定机制及其变动趋势研究——基于劳动价值论的新解释》,《财经研究》2008 年第 7 期,第 27 — 28 页。

[2]　罗默也承认有价格利润和价值利润,他和斯威齐的价格利润都是价值转型为价格后形成的利润,不同于我的价格利润定义。

[3]　彭必源:《对国外学者非议马克思利润率下降规律的分析》,《当代经济研究》2008 年第 1 期,第 1 页。

余价值率和利润率进行了统计检验。他在统计验证中发现,在 1919 年前后利润率变动趋势发生明显的断裂——1919 年之前,资本有机构成和剥削率明显上升,但是资本有机构成的提高为剥削率提高所抵消,因此利润率变化不明显;1919 年之后,这三个比率几乎都没有发生变化。他的统计验证并未导出关于利润率变化的任何规律。因此,吉尔曼认为,马克思的利润率趋于下降规律只适用于资本主义发展的早期阶段,或者必须对马克思的定理重新进行表述。

以上这些学者看到了资本有机构成提高与利润率下降之间并不完全对应的关系,从不同的角度对资本有机构成和利润率之间的关系进行了研究,得出了非常近似的结论:资本有机构成的提高并不一定导致利润率的下降。但是对于背后的原因,大家众说纷纭,难以达成一致。他们的论述基本上没有充分考虑市场结构问题,没有考虑价格利润在总利润中的比重和贡献,不完全竞争市场的特殊性没有得到相应的重视。斯威齐注意到了垄断的作用,也注意到了垄断定价的可能,但是他的论述是结合工资的变动来谈的,把垄断价格看作是转移高工资成本的手段;罗默提到了价格利润,但是主要是通过数理推导来探讨价格利润率和价值利润率的变动方向,他对价格利润的界定不同于本课题研究中的价格利润,对于价格超出价值部分形成的利润在总利润中的重要性也没有研究。

三、关于无形资本投资与资本有机构成的相关性分析

邓晓丹、李鸿燕(2007)把不变资本根据其有形或无形的特质,将其划分为有形不变资本和无形不变资本。有形不变资本即物质性不变资本,包括厂房、机器设备、原材料、燃料等物质性预付资本投入;无形不变资本即非物质性不变资本,包括技术专利、品牌、商誉、知识产权以及管理流程、生产流程等非物质性预付资本投入。她们认为技术进步的实质是调整不变资本内部的结构关系,用更多的无形不变资本去替代有形的不变资本。[①] 她们对无形不变资本和有形不变资本的划分和我们对无形资本界定为无形固定资本是一致

---

① 邓晓丹、李鸿燕:《经济发展方式转变的马克思主义经济理论依据——从创新资本有机构成论视角解析经济发展的持续性》,《学术交流》2007 年第 12 期,第 64 页。

的。她们认为对无形不变资本的投入就是用更高效率的资本替代更低效率的资本，也就是有形不变资本。

汤湘希等（2014）通过收集沪深股市 2007—2010 年样本企业的知识资产、研发成本等相关变量数据，进行回归分析，得出结论：所有行业企业滞后一期及滞后两期的研发投入与知识资产价值都存在显著的相关性。如果我们把知识资产看作是无形资本的一部分，那么研发投资可以看作是无形资本投资的一种形式。由于会计记账的原因，研发投资转为无形资本的时间有所滞后，但是对于增加无形资本的价值是正相关的。而企业的竞争优势与企业的知识资产价值的大小也是正相关关系，也就是企业的知识资产价值越大，那么企业的竞争优势也就越强。他们还对分行业的数据进行了回归分析，主要是制造业和信息技术业。通过分析得出：制造业企业前三期的研发投入与知识资产价值都存在显著的相关性，说明制造业的知识资产研发周期平均为 3—4 年左右，滞后两期的研发投入系数最大，对当期知识资产价值的贡献也最大。三期研发投入的系数之和为 0.7079113，该系数大于所有样本企业的回归系数之和，说明制造业企业知识资产价值受到研发成本因素的影响较大，大于所有行业企业的平均水平。制造业的企业竞争优势与企业的资产价值也呈正相关关系。对于信息技术产业，滞后一期研发投入与知识资产价值存在显著的相关性，说明我国信息技术企业的研发周期为两年左右。滞后一期研发投入的系数为 0.48353794，高于所有样本企业的系数之和，说明信息技术企业研发投入对知识资产价值的影响高于所有样本企业的平均水平。同时信息技术产业市场竞争优势与企业资产价值存在显著的相关性。[1]

汤湘希等人在研究的过程中还发现，样本企业在 2007—2010 年间研发投入均值在 1 亿元以上的企业仅有 21 家，占样本总量的 7.75%，而知识资产总额却占样本企业知识资产总额的 44.52%，说明知识资产集中在大规模企业，研发投资能力强的企业知识资产越多，因此，知识资产并不呈现均衡分布。大规模企业的垄断性较强，获取知识资产的能力也较强，获取知识资产的目的也是为了增强自己的垄断优势，在市场竞争中表现为竞争能力强于其他规模小的企业。因此，对于一个行业不分规模大小，不论所面对的市场结构如何就进

---

[1]　汤湘希等：《企业知识资产价值论》，知识产权出版社 2014 年版，第 250—255 页。

行总体统计是错误的。这种统计方法忽视了企业的差异性,忽视了市场结构的作用,也很难得出更为科学的结论。

汤湘希等人的研究说明了研发投入和企业知识资产价值之间存在正相关关系,也说明了企业知识资产价值与企业竞争优势之间存在着正相关关系。根据垄断优势理论,竞争优势是可以向垄断优势转化的,那么自然在垄断优势增强的同时,企业的控制市场的能力也会增强,定价主导权越大,获得的垄断利润也越大。

样本选择与描述性统计

汤湘希等人的研究都是一般性研究,没有考虑市场结构的问题。在样本选择时,都是针对整个行业,而没有考虑企业的大小、垄断性特征的大小,从而抹杀了市场结构对企业的影响。在市场竞争优势研究中,也忽略了市场结构对优势的影响。考虑到市场结构问题,我们选择规模比较大的行业龙头企业作为样本,以美国股票市场为例,选择谷歌、微软、维萨、联合健康、辉瑞、思科、英特尔、威瑞森、宝洁、美国电报电话、强生、葛兰史素克、高通、联合技术、安进、奥多比、IBM、百事、迪士尼、英伟达、可口可乐等 21 家垄断型企业,涉及互联网、计算机软件、半导体、航空航天、数据处理、健康管理、生物制药、信息科技咨询、综合电信、通信设备、软饮料、居家用品、电影娱乐等 13 个行业,其中生物制药上市公司 4 家,占 19.05%;信息技术类公司 11 家,占 52.38%;其 wb 各类共占 28.57%。选择的标准:1. 市值 1000 亿美元以上;2. 近 12 年的(2006—2017 年)数据齐全;3.盈利能力强,毛利率不低于 20%;4.经营正常,未出现明显的利润下滑现象;5. 总固定资本①中,无形资本占比不低于 30%。这些企业绝大部分是世界五百强企业,规模大,垄断性强,利润率高。一些老牌知名美股企业如亚马逊、苹果并没有被纳入,是因为企业近几年经营数据不正常,或者指标不符合。我们此处选择毛利率作为指标之一,因为数据比较直接,与价格直接相关,能够体现企业定价能力,并且不涉及管理效率问题。因为净利润要从毛利中扣除各种成本和费用,与垄断优势所导致的定价权关系不大。以上数据均来源于东方财富网站美国股票市场财务分析报告(2006—2017 年)。

---

① 不是有形固定资本,此处包含无形固定资本,是有形和无形固定资本的总称。

从数据来看,绝大多数企业研发费用和营销费用增长幅度快于薪酬福利增长幅度,研发和营销费用总额也大于薪酬福利总额,研发营销薪酬比绝大多数大于1,说明无形资本投资导致 $\Delta c/\Delta v$ 增长,且增长速度比较快。有几家公司研发营销薪酬比成线性上升态势,绝大多数呈不规则上升态势。从21家公司汇总的数据来看,研发营销薪酬比均值为 1.1819。按照资本有机构成的公式 $c/v = (c+\Delta c)/(v+\Delta v)$,如果 $\Delta c/\Delta v$ 增长大于1,那么资本有机构成总值就是增长的。采集数据 v 是每年度的薪酬福利总额,个别企业因财务报表的原因以应付账款和流动负债代替,v 的数值始终大于 Δv。每年度的研发营销费用是在上一年度基础上的新的研发营销费用,假设研发营销费用能够全部转化为无形资本(目前传统会计并不允许),那么采集的数据实际上属于 Δc,而研发营销薪酬比是 $\Delta c/v$,数值大于 $\Delta c/\Delta v$,所以,在 $\Delta c/v$ 大于 1 的情况下,$\Delta c/\Delta v$ 必定大于 1。因此推论,$c/v = (c+\Delta c)/(v+\Delta v)$[1]是不断上升的。

从实际的统计结果来看,平均有机构成为 20.2805,最小值为 16.9195,最大值为 22.2641,从 2006 年开始,初始值 19.5405,2017 年达到 22.2642,呈不规则上升态势,其间有下降,2008 年最低至 16.9195。所以,马克思所说的资本有机构成不断上升的趋势对于垄断型企业而言是存在的。我们第八章关于资本有机构成不断增加的假设是成立的。

平均无形资本[2]最小值是 257.6078 亿美元,最大值是 512.2674 亿美元,平均值为 374.2684。平均无形资本占比[3]最小值为 0.5647,最大值为 0.6545,均值为 0.6261。说明这 21 家企业无形资本在总固定资本中的占比都很高,平均比重在 63% 左右,无形固定资本是有形固定资本的 2 倍多。

平均毛利率最小值为 0.6007,最大值为 0.6409,均值为 0.6148。从个别企业角度来看,最高达到 100%,最低 20% 左右,仅有两家企业(联合技术、联合健康)获利能力较强。从个别企业来看,毛利润率呈稳定状态,绝大多数围绕均值上下波动,变化幅度不大。表明毛利润率呈稳定状态,并未出现明显下降状态。

---

① 此处 c 和 v 均为常数,比值不变,变化量只有 Δc 和 Δv,因此只比较二者变化关系即可得出结论。

② 21 家企业的无形资本汇总后再进行简单平均得到的数值。

③ 平均每个企业无形资本总值在总固定资本中的比重。

平均毛利均值为 295.5035 亿美元,最小值为 124.1305 亿美元,最大值为 348.3776 亿美元。总体盈利水平比较高。

其他指标选择了固定资本、研发营销资费、薪酬应付①、资本有机构成、毛利率、销售毛利、总无形资本②、无形资本占比③、无形资本资费比④、研发营销薪酬⑤等。描述性统计如表 9-1 所示。

通过对各个变量之间进行双变量的相关性分析,可以看出:无形资本与固定资本、研发营销费用、毛利率和销售毛利都是极强相关,显著性均为 0,极其显著,与我们在前面的研究中的研究假设是一致的。我们可以得出如下结论:

1. 无形资本与固定资本、研发营销资费、薪酬、销售毛利是极强正相关关系。我们前面把无形资本直接假设为无形固定资本,是固定资本的一种。并把无形资本直接计算为固定资本的一部分,这种计算结果,与验证是相符的,系数为 0.968,在 1% 水平上极强相关,显著性系数为 0。这里并不存在验证的问题,更多的是计算结果之间存在逻辑关系,因此极强相关。研发营销费用与无形资本正相关。我们前边假设研发营销费用对于无形资本的增加是正相关的,实际证明假设成立,研发营销费用(合计)对于无形资本的相关性系数为 0.900,在 1% 水平上极强相关。薪酬与无形资本的相关系数为 0.9700,在 1% 水平上极强正相关。说明薪酬水平越高,无形资本增加越多。研发营销经费的增加也需要人力资本的投入,无形资本的投资属于复杂劳动,薪酬增加也是必然的。只有人力资本的薪酬水平增加,调动劳动积极性,提高劳动生产率,才可能有更高效率的创造性劳动,从而增加无形资本总量。通过散点图观察,二者相关性明显。研发营销费用不能增加太快,如果超过薪酬,增加太快,反而会引起无形资本总量下降。

---

① 以应付薪酬福利科目为主,部分财务报表没有此项数值,就以就近的应付账款或者流动负债代替,因此相对数值会比真实数据要大一些。

② 无形资产与商誉的加总。

③ 总无形资本在总固定资本中的比重。

④ 总无形资本与研发营销费用的比值,可以看出研发营销费用的产出效率,比值越高越有效。

⑤ 研发营销费用与薪酬的比值,表示费用增加与薪酬增加之间的快慢比较。

表 9-1　描述统计

	个案数 统计	范围 统计	最小值 统计	最大值 统计	平均值 统计	平均值 标准误差	标准差 统计	方差 统计	偏度 统计	偏度 标准误差	峰度 统计	峰度 标准误差
固定资本	13	20833.37	0	20833.37	13050.33632	1403.630793	5060.862797	25612332.25	-1.281	0.616	3.146	1.191
资费合计	12	716.23	1732.68	2448.91	2083.32035	56.5755375	195.983411	38409.497	0.016	0.637	0.18	1.232
薪酬应付	12	574.7723	881.9497	1456.722	11641.23488	56.8150586	196.8131363	38735.411	-0.003	0.637	-1.409	1.232
有机构成	12	112.2381583	355.3089954	467.5471537	425.8906187	9.569661988	33.15028155	1098.941	-0.656	0.637	0.286	1.232
毛利率	12	0.8423	12.6157	13.458	12.910642	0.0845988	0.293059	0.086	0.944	0.637	-0.657	1.232
销售毛利	12	2606.74	4709.19	7315.93	6205.5742	218.02871	755.27361	570438.227	-0.505	0.637	-0.234	1.232
总无形资本	12	5347.8519	5409.7631	10757.615	7859.637383	507.1137376	1756.693518	3085972.115	0.112	0.637	-0.971	1.232
无形资本占比	12	1.885453373	11.85885142	13.7443048	13.147815	0.14893849	0.51591506	0.266	-1.332	0.637	2.73	1.232
无形资本资费比	12	49.6804602	49.03608832	98.71654852	71.04932861	4.131641008	14.31242429	204.845	0.876	0.637	0.751	1.232
研发营销薪酬比	12	0.524986704	1.553466761	2.078453464	1.818767321	0.050557636	0.175136788	0.031	-0.146	0.637	-1.47	1.232
有效个案数（成列）	12											

表 9-2 相关性

		研发营销薪酬比	固定资本	资费合计	薪酬应付	有机构成	毛利率	销售毛利	总形资本	无形资本占比	无形资本资费比
研发营销薪酬比	皮尔逊相关性	1	-0.821**	-0.613*	-0.908**	-0.433	0.382	-0.730**	-0.849**	-0.612*	-0.684*
	显著性（双尾）		0.001	0.034	0.000	0.160	0.220	0.007	0.000	0.034	0.014
	平方和与叉积	-5282.747	-5282.744	-231.282	-344.348	-27.643	0.216	-1062.516	-2871.688	-0.608	-18.871
	协方差	-480.25	-480.25	-21.026	-31.304	-2.513	0.020	-96.592	-261.063	-0.055	-1.716
	个案数	12	12	12	12	12	12	12	12	12	12
固定资本	皮尔逊相关性	-0.821**	1	0.872**	0.938**	0.716**	-0.357	0.880**	0.968**	0.475	0.812**
	显著性（双尾）	0.001		0	0	0.009	0.254	0	0	0.119	0.001
	平方和与叉积	-5282.747	307347987	6282350.44	6788508.596	873106.503	-3847.927	24427848.84	62525010.2	9005.556	426977.902
	协方差	-480.25	25612332.25	571122.767	617137.145	79373.318	-349.812	2220713.531	5684091.837	818.687	38816.173
	个案数	12	13	12	12	12	12	12	12	12	12
资费合计	皮尔逊相关性	-0.613*	0.872**	1	0.884**	0.598*	-0.166	0.967**	0.900**	0.606*	0.56100
	显著性（双尾）	0.034	0		0	0.040	0.607	0	0	0.037	0.058
	平方和与叉积	-231.28	6282350.44	422504.471	375133.609	42705.462	-104.68	1574347.232	3410135.215	674.136	17306.37
	协方差	-21.026	571122.767	38409.497	34103.055	3882.315	-9.516	143122.476	310012.292	61.285	1573.306
	个案数	12	12	12	12	12	12	12	12	12	12

		研发营销薪酬比	固定资本	资费合计	薪酬应付	有机构成	毛利率	销售毛利	总无形资本	无形资本占比	无形资本资费比
薪酬应付	皮尔逊相关性	-0.908**	0.938**	0.884**	1	0.538	-0.333	0.931**	0.970**	0.662*	0.70888
	显著性（双尾）	0.000	0	0.000		0.071	0.290	0.000	0.000	0.019	0.010
	平方和与叉积	-344.348	6788508.596	375133.609	426089.517	38601.672	-211.422	1522050.619	3690791.648	738.986	21937.791
	协方差	-31.304	617137.145	34103.055	38735.411	3509.243	-19.22	138368.238	335526.514	67.181	1994.345
	个案数	12	12	12	12	12	12	12	12	12	12
有机构成	皮尔逊相关性	-0.433	0.716**	0.598**	0.538	1	-0.071	0.611*	0.669*	0.360	0.589*
	显著性（双尾）	0.160	0.009	0.040	0.071		0.826	0.035	0.071	0.250	0.044
	平方和与叉积	-27.643	873106.503	43705.462	38601.672	12088.353	-7.607	168288.606	428460.428	67.819	3074.966
	协方差	-2.513	79373.318	3882.315	3509.243	1098.941	-0.692	15298.964	38950.948	6.165	279.542
	个案数	12	12	12	12	12	12	12	12	12	12
毛利率	皮尔逊相关性	0.382	-0.357	-0.166	-0.333	-0.071	1	-0.223	-0.335	-0.075	-0.623*
	显著性（双尾）	0.220	0.254	0.607	0.290	0.826		0.487	0.287	0.818	0.030
	平方和与叉积	0.216	-3847.927	-104.68	-211.422	-7.607	0.945	-541.954	-1898.75	-0.124	-28.742
	协方差	0.202	-349.812	-9.516	-19.22	-0.692	0.086	-49.269	-172.614	-0.011	-2.613
	个案数	12	12	12	12	12	12	12	12	12	12

续表

		研发营销薪酬比	固定资本	资费合计	薪酬应付	有机构成	毛利率	销售毛利	总无形资本	无形资本占比	无形资本资费比
销售毛利	皮尔逊相关性	-0.730**	0.880**	0.967**	0.931**	0.611*	-0.223	1	0.942**	0.759**	0.593**
	显著性(双尾)	0.007	0.000	0.000	0.000	0.035	0.487		0.000	0.004	0.042
	平方和与叉积	-1062.516	24427848.84	1574347.232	1522050.619	168288.606	-541.954	6274820.498	13747448.44	3252.318	70494.126
	协方差	-96.592	2220713.531	143122.476	138368.238	15298.964	-49.269	570438.227	1249768.04	295.665	6408.739
	个案数	12	12	12	12	12	12	12	12	12	12
总无形资本	皮尔逊相关性	-0.849**	0.968**	0.900**	0.970**	0.669*	-0.335	0.942**	1	0.656*	0.770**
	显著性(双尾)	0.000	0.000	0.000	0.000	0.017	0.287	0.000		0.022	0.003
	平方和与叉积	-2871.688	62525010.2	3410135.215	3690791.648	428460.428	-1898.75	13747448.44	33945693.26	6526.974	212926.133
	协方差	-261.063	2220713.531	143122.476	138368.238	15298.964	-49.269	570438.227	1249768.04	295.665	6408.739
	个案数	12	12	12	12	12	12	12	12	12	12
无形资本占比	皮尔逊相关性	-0.612*	0.475	0.606*	0.662*	0.360	-0.075	0.759**	0.656*	1	0.226
	显著性(双尾)	0.034	0.119	0.034	0.019	0.250	0.818	0.004	0.021		0.480
	平方和与叉积	-0.608	9005.556	674.136	738.986	67.819	-0.124	3252.318	6536.974	2.928	18.375
	协方差	-0.055	818.687	61.285	67.181	6.156	-0.011	295.665	594.27	0.266	1.67
	个案数	12	12	12	12	12	12	12	12	12	12

续表

无形资本资费比		研发营销薪酬比	固定资本	资费合计	薪酬应付	有机构成	毛利率	销售毛利	总无形资本	无形资本占比	无形资本资费比
无形资本资费比	皮尔逊相关性	-0.684*	0.812**	0.561	0.708**	0.589*	-0.623*	0.593*	0.770**	0.226	1
	显著性(双尾)	0.014	0.001	0.058	0.010	0.044	0.030	0.042	0.003	0.480	
	平方和与叉积	-18.871	426977.902	17306.37	21937.791	3074.966	-28.742	70496.126	212926.133	18.375	2252.3
	协方差	-1.716	38816.306	1573.306	1994.345	279.542	-2.613	6408.739	19356.921	1.67	204.845
	个案数	12	12	12	12	12	12	12	12	12	12

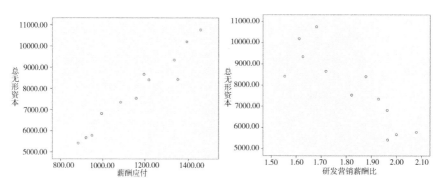

2. 资本有机构成与固定资本等是强正相关关系,与研发营销费用、无形资本、销售毛利和无形资本资费比均是显著正相关关系。固定资本与有机构成在计算上本身就存在逻辑关系,因此强正相关。无形资本属于固定资本的一部分,本身也存在间接的计算逻辑,属于显著相关,系数为 0.669,在 5% 水平上显著正相关。与研发营销费用的显著正相关关系与我们在前面的论述假设中,认为研发和营销费用可以转化为无形资本,而无形资本又是无形固定资本,属于固定资本的一部分,因此二者之间虽然不存在直接计算逻辑,但是这种相关性说明研发和营销费用对于无形资本和固定资本的逻辑假设是成立的。资本有机构成与研发营销费用的相关系数为 0.598,在 5% 水平上显著相关。说明企业研发和营销费用的增加也有利于企业资本有机构成的增加。通过散点图可以观察验证,二者具有正相关性。

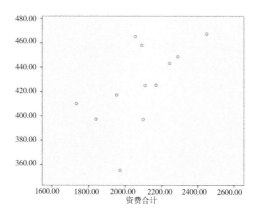

无形资本与资本有机构成也是正相关关系,通过散点图可以看出,二者正相关关系较为明显,随着无形资本的增加,资本有机构成也不断增加。

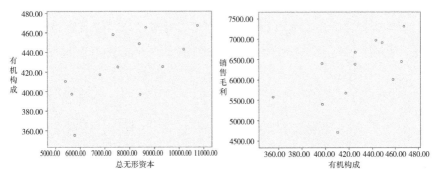

资本有机构成与销售毛利也是显著正相关,与销售毛利的相关系数为
0.611,在5%水平上显著相关。说明资本有机构成的增加伴随着销售利润的
上升,这与目前所有研究的结论是一致的。马克思的研究也认为,随着资本有
机构成的增加,利润总量会增加,但是利润率下降。但是此处的研究并不能得
出资本有机构成和毛利率之间的负相关关系。两者之间并不显著相关。相关
系数为0.589,在5%水平上显著相关。研发营销费用与资本有机构成是显著
相关关系,相关系数为0.589,在5%水平上显著相关。

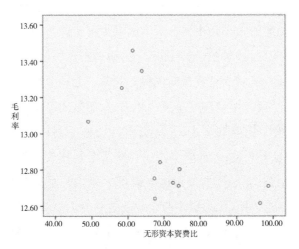

3.毛利率与固定资本、无形资本、研发营销费用、资本有机构成和销售毛
利均不显著相关,与无形资本资费比呈负相关关系,在5%水平上显著。但是
通过观察无形资本资费比和毛利率的散点图,二者并不线性相关,所以,负相
关关系证伪。

销售毛利与无形资本、研发营销费用、薪酬等是极强正相关关系,与固定

资本、无形资本占比是强正相关关系,与研发营销薪酬比是负的强相关关系,与无形资本资费比呈中等显著相关。我们可以通过散点图来观察检验,以无形资本、固定资本为例,如图,无形资本、固定资本与销售毛利呈明显线性相关。

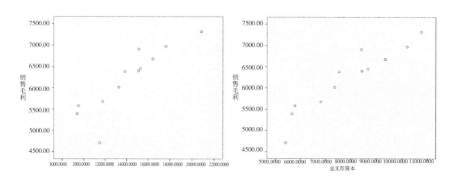

在实际观察中,个别企业利润率是上升的,个别企业利润率是微弱下降的,总体较为稳定,并不因为其他要素的变动而变动。这与我们在前期研究中对毛利率的假设也是一致的:在市场不完全的情况下,资本家对于利润率的确定是由垄断优势的大小决定的,垄断优势决定定价能力,定价能力决定利润率的大小。垄断优势的大小是由无形资本的多少决定的。在垄断基础上的定价是主观的,并不能用具体的数据来测定。价格并不严格按照成本来定价,价格的高低取决于资本家对于自身垄断优势的判断。毛利率与销售价格和销售收入直接相关,但是与无形资本并不直接相关,只能是间接相关。无形资本的数量和质量决定垄断优势的大小,无形资本与销售毛利相关系数是 0.942,在 1%水平上极强显著相关;无形资本占比与销售毛利相关系数是 0.759,在 1%水平上显著强相关;无形资本资费比与销售毛利相关系数是 0.593,在 5%水平上显著相关。这说明,无形资本与企业的盈利能力显著相关,无形资本的多少,研发营销费用向无形资本的转化效率的高低直接影响着企业的利润水平。会计上,销售毛利是指主营业务收入-主营业务成本-营业费用-主营业务税金及附加;毛利率的计算是:不含税销售收入-不含税成本/不含税销售收入。二者之间并不直接相关。因此,销售毛利与无形资本相关,并不必然与毛利率相关。通过散点图可以观察得出,二者不相关。

销售毛利与研发营销费用、薪酬之间也是极强正相关关系,系数都在 0.9

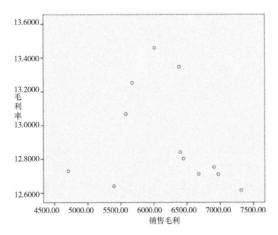

以上,在1%水平上显著相关。说明研发营销经费的增加和适度的增加员工薪酬,都是可以增加企业销售毛利的。研发营销费用的增加可以增加无形资本的价值,提升企业垄断优势。而薪酬的增加可以提高员工积极性,提高劳动生产率,增加销售量,提高销售毛利水平。销售毛利与固定资本、无形资本占比是正相关关系,在1%水平上显著强相关,系数分别为0.880和0.759,说明无形资本在固定资本中占比越高,销售毛利增加越多;固定资本越多,销售毛利越多。无形资本占比高,说明无形资本发挥的作用大,垄断优势强;而包含无形资本的固定资本越多,垄断优势也必然越强。所以,会出现销售利润增加现象。

研发营销薪酬比与销售毛利的相关系数为-0.730,在1%水平上显著负相关。说明研发营销费用与薪酬比不能增长太高,否则会打击员工积极性,出现劳动效率下滑现象,导致销售毛利下降。也就是说,虽然研发营销费用增加可以增加无形资本总值,提高垄断优势,但是如果增加太快,远远超过薪酬的增长幅度,会影响员工积极性,降低劳动生产率,从而降低盈利水平。通过观察散点图,二者负相关关系明显,通过检验。

无形资本资费比与销售毛利的相关系数为0.593,在5%水平上显著相关。我们通过散点图来观察检验,发现二者相关性并不明显,因此对此结论不采用。

通过以上相关性研究,我们可以证明我们在此之前(如第七章)的一些隐含假设:

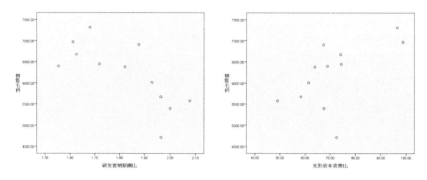

（1）研发营销费用作为无形资本投资可以增加无形资本；

（2）无形资本作为固定资本的一部分，无形资本增加可以使固定资本增加；

（3）无形资本在固定资本总值中的比重越高，企业垄断优势越强，获利能力越强；

（4）资本有机构成随着研发营销经费的增加和无形资本的增加，也不断提高；

（5）资本有机构成提高并不一定导致利润率下降，但是销售毛利同向不断提高；

（6）薪酬增加速度慢于无形资本投资（研发营销费用）增加的速度，但是无形资本投资增加速度不能过快。

通过以下的散点图可以看出，随着研发营销费用的增加，薪酬也增加。但是薪酬增加的起点数量小于研发薪酬费用增加的起点数量。薪酬增加的起点数量为800，而研发营销费用增加的起点数量为1600。横轴单位比重小一些，纵轴单位比重大一些。实际同比重下的散点图呈线性缓慢上升趋势。

随着无形资本的增加，薪酬也是增加的，呈明显的正相关关系。通过散点图观察也可以看出，二者线性相关关系明显。但是增加的快慢不一样，无形资本作为横轴起点数量为5000，而薪酬起点数量为800。无形资本每单位增加数量为1000，而薪酬每单位增加数量为200，无形资本增加速度明显快于薪酬增加速度。

但是通过前面的研究得出：研发营销薪酬比与销售毛利呈反比例关系，因此研发营销费用不能增加太快,否则会引起利润下降。

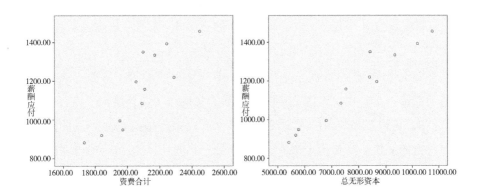

第二节 无形资本与简单再生产

无形资本可以带来超额利润,为资本家进行更多的积累提供条件。我们首先从简单再生产的角度来分析无形资本前提下的简单再生产的过程和条件。

一、马克思关于社会资本简单再生产的公式和交换过程

马克思根据社会总产品的价值构成和物质构成,列出了简单再生产的公式:

I.c+v+m=W

II.c+v+m=W

第一部类是生产资料生产部门,第二部类是消费资料生产部门。假定:

1.剩余价值全部用于资本家的生活消费,没有任何积累;2.两大部类的资本有机构成均为一致;3.两大部类的剩余价值率均为100%;4.商品的价值不发生改变,价格永远等于价值。

在以上假设前提下,通过两大部类之间的物质交换和价值补偿实现社会资本的再生产。马克思认为有三大交换过程,可以用图表示如下:

首先,是Ⅰ.部类内部为实现c这部分产品的两个补偿而进行的交换。这部分产品,从价值上来看,它们属于第一部类生产的生产资料的不变资本;从

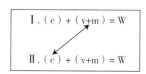

实物形态上来看,它们是第一部类生产的生产资料产品的一部分。这一部分产品是在第一部类内部通过生产资料之间的交换而实现补偿。

其次,是第二部类内部为实现可变资本和剩余价值这部分产品的两个补偿而进行的交换。从价值上来看,这一部分产品是工人新创造的可变资本价值(也就是工资部分)和剩余价值,它们都要用来购买消费资料;从实物形态上看,它们是第二部类生产的消费资料产品的一部分。所以,(v+m)这部分产品是在第二部类内部通过消费资料之间的交换而实现两个补偿。

最后,是第一部类的(v+m)和第二部类的 c 两部分产品之间的交换。I.(v+m)这部分产品从价值上来看,是第一部类的工人和资本家的收入,按照简单再生产的要求,需要全部购买消费资料;从实物形态上来看,它们都是生产资料产品,需要和第二部类交换消费资料。II.(c)是第二部类在生产中消耗掉的不变资本,只能用生产资料来补偿;但是从实物形态上来看,它们是第二部类生产的消费资料的一部分,必须要与第一部类进行交换生产资料。通过 I.(v+m)和 II.(c)之间的交换,使这两部分产品都实现了两个补偿。

通过以上三大交换过程,年总产品都实现了价值补偿和物质补偿,从而使简单再生产能够继续。通过对以上三大交换过程的论述,我们可以得出,简单再生产的条件就是:

I.(v+m)= II.c

也就是第一部类产品价值中的可变资本与剩余价值之和,必须等于第二部类产品价值中的不变资本部分。根据这个平衡公式,还可以派生出第二个平衡公式:

I.(c+v+m)= I.c+II.c

它的含义是:第一部类生产的产品价值总和,应该能够补偿第一部类和第二部类不变资本的价值消耗。

根据 I.(v+m)= II.c 这个平衡公式,还可以派生出第三个平衡公式:

II.(c+v+m)= I.(v+m)+II.(v+m)

这个公式的含义是:第二部类生产的消费资料的产品价值总和,应该能够补偿第一部类和第二部类可变资本与剩余价值购买消费资料的需要,也就是满足两个部类工人和资本家消费的需要。

二、无形资本条件下的简单再生产

我们也是假设社会存在着生产资料和消费资料两个生产部类,每一个部类都存在着无形资本占优生产部门。所谓的无形资本占优生产部门就是指无形资本在生产过程中发挥着主导作用的部门,无形资本的存在可以使该生产部门具有产品价格定价主导权,从而获得垄断性的价格利润。无形资本不能发挥主导的生产部门我们称之为有形资本占优生产部门,不存在垄断性价格利润。我们在这里先不考虑生产效率提高带来的效率利润,只考虑垄断性价格利润对企业超额利润的贡献。这样,在生产生产资料的第一部类存在着无形资本占优和有形资本占优两种生产部门;在生产消费资料的第二部类,也同样存在着这样的两种生产部门。这样我们就得出了无形资本条件下的简单再生产公式:

$\mathrm{I}.c_0+v_0+m_0=W_0$

$\mathrm{I}.c_1+v_1+m_1+p_1=W_1+p_1$

$\mathrm{II}.c_0+v_0+m_0=W_0$

$\mathrm{II}.c_1+v_1+m_1+p_1=W_1+p_1$

$\mathrm{I}.c_0+v_0+m_0=W_0$ 是第一部类中有形资本占优部门,$\mathrm{I}.c_1+v_1+m_1+p_1=W_1+p_1$ 是第一部类中无形资本占优部门;$\mathrm{II}.c_0+v_0+m_0=W_0$ 是第二部类中有形资本占优部门,$\mathrm{II}.c_1+v_1+m_1+p_1=W_1+p_1$ 是第二部类中无形资本占优部门。其中无形资本占优部门的资本有机构成保持一致,并且均高于有形资本占优部门的有机构成。

无形资本占优部门中有一个价格 p_1,是由于无形资本导致的垄断价格,它不属于劳动创造的实际价值,在产品的总价值中相对于劳动创造的价值是虚假的价值,没有实际的劳动价值与之对应,因此产品的总价值是 W_1+p_1,$c_1+v_1+m_1=W_1$,p_1 是在实际产品价值 W_1 基础上人为的加价,是垄断价格部分。无论是第一部类还是第二部类,无形资本占优部门的产品总价值都是如此。

为了简化公式,我们可以把无形资本占优和有形资本占优两个部门归类排列到一起,那么我们可以得:

$$I.c_0+v_0+m_0 = W_0 \tag{1}$$

$$II.c_0+v_0+m_0 = W_0 \tag{2}$$

$$I.c_1+v_1+m_1+p_1 = W_1+p_1 \tag{3}$$

$$II.c_1+v_1+m_1+p_1 = W_1+p_1 \tag{4}$$

由于有形资本占优部门不涉及加价问题,因此有形资本占优部门的内部交换和外部交换可以保持平衡。有可能导致不平衡的是无形资本占优部门的内部交换和外部交换。也就是公式(1)和公式(2)可以保持平衡,公式(3)和公式(4)可能会不平衡。但是简单再生产的条件是,所有的部门应该都要保持平衡。

但是,在第二部类的不变资本部分,并没有与 p_1 相对应的部分,交换并不能完全等价完成。由于 p_1 属于主观加价,是虚假的产品价值,如果这个虚假的产品价值完全实现,就必须有等量的劳动价值与之对应。综观整个社会产品价值来说,并没有多余的劳动价值产品与之相对应。因此,p_1 成为一个纯粹的价格现象,它的实现属于纯粹的货币实现,并没有劳动价值与之相对应,我们也可以称之为货币现象,相当于在价格与价值相等时的货币流通量又增加了一部分,使 p_1 得以在货币形式上实现。生产流通领域会因此多出一部分货币,超出劳动价值总量的货币表现需要。多出的这部分货币,在第一部类和第二部类生产流通中均表现为 p_1,所以两个部类因为无形资本占优部门垄断定价而需要的多出来的货币量等于:

$$I.p_1 + II.p_1$$

社会的总产品价值等于 $I.(W_0+W_1)+II.(W_0+W_1)$,在价格等于价值的情况下,货币的需要量与价值总量相等。由于垄断定价多出来的货币需求量会导致社会产品的总价格水平上升,也就是出现通货膨胀。我们假设这个通货膨胀率为 r,那么就会有:

$$r = (I.p_1 + II.p_1)/[I.(W_0+W_1) + II.(W_0+W_1)]$$

这样,两个部类的产品价值都会因为通货膨胀而出现贬值,第一部类和第二部类公式的两边都需要乘以一个减去通货膨胀率 r 之后的数值,于是公式就变为:

$$\text{I} . [(c_0+c_1)+(v_0+v_1)+(m_0+m_1)] (1-r)+p_1 = (W_0+W_1)(1-r)+p_1 \quad (5)$$

$$\text{II} . [(c_0+c_1)+(v_0+v_1)+(m_0+m_1)] (1-r)+p_1 = (W_0+W_1)(1-r)+p_1 \quad (6)$$

这里的公式（5）是由公式（1）和公式（3）合并组成的，然后加上垄断性价格利润 p_1；公式（6）是由公式（2）和公式（4）合并组成的，然后加上垄断性价格利润 p_1。p_1 没有价值，是通货膨胀导致的原因，此处不再与通货膨胀率相关。

进一步推导得出：$\text{I} .(c_0+c_1)(1-r)$ 和 $\text{II} . [(v_0+v_1)+(m_0+m_1)] (1-r)$ 可以通过内部交换完成两个补偿；$\text{I} . [(v_0+v_1)+(m_0+m_1)] (1-r)$ 和 $\text{II} .(c_0+c_1)(1-r)$ 必须可以等价交换保持平衡。

这样，由于通货贬值，第一部类内部的生产资料价值交换和物质交换总量比以前减少了，减少的比重是通货膨胀率 r；第二部类内部的消费资料价值交换和物质交换总量也比以前减少了，减少的比重也是通货膨胀率 r。由此，第一部类节省出一部分生产资料与 p_1 相对应，第二部类节省出一部分消费资料与 p_1 相对应。这也就保证了垄断价格 p_1 部分，在第一部类和第二部类均有相应的生产资料和消费资料与之对应。垄断价格部分可以通过原有产品价值的贬值实现货币兑现和实物补偿。这样一来，无形资本条件下两大部类进行简单再生产的平衡条件就是：

$$\text{I} . [(v_0+v_1)+(m_0+m_1)] (1-r)= \text{II} .(c_0+c_1)(1-r)$$

三、举例推理

我们举例来解释这个平衡条件。假设有形资本占优的生产部门的资本有机构成是 $4:1$，无形资本占优的生产部门的资本有机构成是 $5:1$；剩余价值率是 100%；无形资本占优部门的垄断性价格利润率是 50%（固定资本和可变资本投资的 50%），有形资本占优部门的利润完全由剩余价值转化而来，垄断性价格利润率是 0；两大部类仍然是生产资料生产部门和消费资料生产部门；无形资本占优部门和有形资本占优部门的产品价值大致保持 $1:1$ 的比重①。我们得出如下公式：

①　如果两个部门的资本有机构成相等这个比重很容易达成，但是我们假设无形资本占优部门的资本有机构成高于有形资本占优部门的有机构成，因此这个比重只能大致等于 $1:1$。

Ⅰ.4000c+1000v+1000m=6000W (7)

Ⅰ.5000c+1000v+1000m+3000p=10000W(=7000w+3000p) (8)

Ⅱ.2000c+500v+500m=3000W (9)

Ⅱ.2000c+400v+400m+1200p=4000W(=2800w+1200p) (10)

由以上公式可以看出,社会总产品的价值是6000+7000+3000+2800=18800,而市场上的社会产品的总价格是6000+10000+3000+4000=23000,比原来产品的总价值多出了23000-18800=4200。为了支撑23000的社会产品总价格,社会货币发行量就要多出4200,因此社会的通货膨胀率为4200÷18800=22.34%。货币实现集中在无形资本占优部门,但是货币的流通会让整个社会的商品价格上升22.34%,这22.34%的通货膨胀率会让所有部门的产品贬值,因此在交换的过程中,都要扣除22.34%的通货膨胀率才是产品的原来价值。这样一来,有形资本占优部门生产的产品总价值Ⅰ.6000w+Ⅱ.3000w就贬值9000×22.34%=2010.6,实际产品价值为9000-2010.6=6989.4。无形资本占优部门产品的总价值为7000+2800=9800,贬值22.34%以后的实际的产品价值为9800×(1-22.34%)=7610.68。第一部类垄断价格3000和第二部类垄断价格1200都是价格现象,是导致社会货币供给增加和总产品价格上升的主要原因,属于自变量,不存在贬值的问题。

通过观察我们可以看出,公式(7)和公式(9)实际上是可以实现平衡的,在实现通货膨胀贬值之后,也是可以实现平衡的。仍然符合Ⅰ.(v+m)=Ⅱ.c这个条件。也就是在不考虑无形资本占优部门的情况下,有形资本占优部门无论社会产品价格发生什么变化,只要是同一幅度都是可以实现平衡的。

而对于公式(8)和公式(10),我们再进一步观察:

Ⅰ.5000c+1000v+1000m+3000p=10000W(=7000w+3000p)

Ⅱ.2000c+400v+400m+1200p=4000W(=2800w+1200p)

由于Ⅰ.(v+m+p)≠Ⅱ.c,无形资本占优部门的单独平衡难以实现。但是由于存在通货膨胀,Ⅱ.c=2000,贬值22.34%以后实际价值只有1553.2,第一部类可变资本和剩余价值贬值后Ⅰ.(v+m)=2000×(1-22.34%)=1553.2,在不考虑垄断价格的情况下,是可以实现平衡的;加上垄断价格3000,则严重失衡。第二部类垄断性价格利润1200也难以实现内部交换,因为产品的价值仅有Ⅱ.(v+m)=800可以进行内部交换,多出的1200难以实现补偿,这就意味着超额的货币积累并不能够通过传统的内部交换原则完全实现价值补偿和实物补偿。

但是由于通货膨胀的存在,有形资本占优部门的产品价值可以通过贬值,减少有形资本占优生产部门内部交换,参与无形资本占优生产部门的交换。我们可以观察有形资本占有生产部门的产品价值公式:

Ⅰ.$4000c+1000v+1000m=6000W$

Ⅱ.$2000c+500v+500m=3000W$

根据公式(7)和公式(9),通过 22.34% 的货币贬值,第一部类有形资本占优部门生产资料产品价值可以游离出 $6000×22.34\%=1340.4$;第二部类有形资本占优部门消费资料产品价值可以游离出 $3000×22.34\%=670.2$。我们假设,这些游离出的生产资料和消费资料均进行同一部类内部的交换。

Ⅰ.$5000c+1000v+1000m+3000p=10000W(=7000w+3000p)$

Ⅱ.$2000c+400v+400m+1200p=4000W(=2800w+1200p)$

第二部类的内部交换,有形资本占优部门游离出 670.2,与无形资本占优部门的垄断性价格利润 1200 进行交换,使 670.2 的垄断性价格利润在实物形态上获得补偿,还剩余 529.8。我们这里不要忘记无形资本占优部门整个产品自身的贬值,第二部类不变资本以及可变资本和剩余价值等部分贬值 22.34% 后游离出 $(2000+400+400)×22.34\%=625.52$,可以用来实现垄断价格的实物补偿,进行内部交换,这样剩余 529.8 的垄断性价格利润可以通过无形资本占优部门自身的贬值,也就是不变资本、可变资本和剩余价值的贬值,游离出一部分价值使垄断性价格利润得到补偿,也就是通过不变资本、可变资本和剩余价值贬值,而把部分产品价值平均到价格利润获得者那里,使他们获得实物和价值补偿。通过内部交换之后,第二部类贬值游离出的公式(9)$3000×22.34\%=670.2$ 和公式(10)贬值游离出的 $(2000+400+400)×22.34\%=625.52$,共 1295.72,通过对价格利润 1200 的补偿,还多出 95.72,参与两大部类之间的交换,形成第一部类对第二部类的剥削。

根据公式(8),那么公式(7)溢出的 $6000×22.34\%=1340.4$ 与公式(8)的垄断性价格利润 p 交换,则有 $3000-1340.4=1659.6$。第一部类无形资本占优部门内部的贬值,也可以是不变资本、可变资本和剩余价值贬值游离出 $7000×22.34\%=1563.8$,与没有实现补偿的价格利润 1659.6 进行内部交换,得出:1659.6-1563.8=95.8。这个数值与第二部类自我补偿之后剩余的价值95.72近似相等,这主要是计算时小数点取舍造成的,二者实际上应该完全相等。这样价格利润通过原有产品价值的贬值就可以得到货币实现和实物补偿。必要时二部类之间可以通过价值差额交换实现对垄断价格的货币兑现和实物补偿。

至此,两个部类的垄断价格通过全社会产品价值的贬值而实现了自身的货币兑现,垄断定价的产品价格在市场上得到了实现。但是由于交换的需要,货币量增加了,社会的通货膨胀增加了,通过货币贬值,垄断定价的无形资本所有者获得了垄断利润,通过原有产品的价值交换,获得了多出原有产品价值总量的货币额,实现了超额货币积累。并通过市场的价格传导机制,把垄断价格导致的虚假的社会价值在自己这里变成了真实的货币和实物形态,而从原有产品价值拥有者手里通过货币贬值剥削了他们。在同一部类内部,无形资本占优部门对有形资本占优部门征收了通货膨胀税;无形资本占优部门内部,垄断定价者对原有的不变资本、可变资本和剩余价值征收了通货膨胀税,以保证垄断价格的货币实现。这里面资本家自己剥削了自己一部分,因为不变资本和剩余价值主要是资本家自己的投资和收益,而对可变资本部门征收的通货膨胀税,则是对人力资本赤裸裸的剥削。在我们上面举的例子中,第一部类还对第二部类进行了剥削。因为第二部类贬值之后游离出的价值补偿完第二部类内部的垄断性价格利润之后还有剩余,被第一部类无偿拿走了。实际上这取决于通货膨胀率的大小,也可以是恰好本部类内部的贬值游离出能够完全补偿本部类的垄断定价。两部类之间的垄断价格总量与两部类的产品价值总和的贬值总量是相等的,因为通货膨胀率公式为:$r = (Ⅰ.p_1 + Ⅱ.p_1)/[Ⅰ.(W_0+W_1) + Ⅱ.(W_0+W_1)]$,所以$r[Ⅰ.(W_0+W_1) + Ⅱ.(W_0+W_1)] = (Ⅰ.p_1 + Ⅱ.p_1)$。

实际上,货币贬值游离出来的价值与垄断性的价格利润形成了相对独立的交换模式,并不影响社会产品其他部分的交换。我们也可以得出一个特别的公式:

$$Ⅰ.[(c_0+c_1)+(v_0+v_1)+(m_0+m_1)]r + Ⅱ.[(c_0+c_1)+(v_0+v_1)+(m_0+m_1)]r = (Ⅰ.p_1 + Ⅱ.p_1)$$

这个公式表明:两大部类的货币贬值等于无形资本占优部门的价格利润,

无形资本占优部门的价格利润可以通过两大部类贬值游离出来的物质资料获得补偿，可以是本部类内部的补偿，也可以是两大部类之间的交换。总的原则是价格利润与贬值的总量相等。在此之前假设的第一部类的无形资本占优部门从本部门内部获得价值和物质补偿，第二部类也从本部门内部获得价值和物质补偿是在推导的过程中为了计算的准确和方便做的假设，实际上，只要贬值总量和价格利润总量保持一致，它们的交换完全可以是两大部类之间进行的。这主要是根据资本家获得垄断性价格利润后如何积累，如何消费。贬值游离出的生产资料和消费资料的价值与实物，为价格利润实现价值对应和实物对应提供了条件。

在解决了垄断性价格利润的货币实现和实物补偿之后，第一部类的可变资本与剩余价值之和与第二部类的不变资本部分仍然是相等的。无论是否出现贬值，二者之间只要不受垄断价格的影响，都永远是相等的。也就是说：$I.(v_1+m_1)(1-r)=II.c_1(1-r)$，两边共同去掉因子$(1-r)$，仍然是没有通货膨胀时的平衡条件：$I.(v_1+m_1)=II.c_1$。这样综合起来，把无形资本占优部门和有形资本占优部门结合起来考虑，得到共同的平衡公式：

$I.[(v_0+v_1)+(m_0+m_1)](1-r)=II.(c_0+c_1)(1-r)$

我们也可以推导出第二个平衡公式：

$I.[(c_0+c_1)+(v_0+v_1)+(m_0+m_1)](1-r)=I.(c_0+c_1)(1-r)+II.(c_0+c_1)(1-r)$

也就是说，第一部类在垄断定价条件下所生产的产品价值，与第一部类和第二部类的不变资本因通货膨胀贬值之后的价值损耗相等，能够使两个部类实现贬值之后的价值损耗补偿。我们也可以得出第三个平衡公式：

$II.[(c_0+c_1)+(v_0+v_1)+(m_0+m_1)](1-r)=I.[(v_0+v_1)+(m_0+m_1)](1-r)+II.[(v_0+v_1)+(m_0+m_1)](1-r)$

也就是说，第二部类在垄断定价条件下所生产的消费资料的产品价值，与第一部类和第二部类的可变资本及剩余价值因通货膨胀贬值之后的价值损耗相等，能够使两大部类实现贬值之后的价值损耗补偿。

实际上也就是说，只要两大部类之间在没有无形资本占优部门时是平衡的，在两大部类同比重共同拥有了无形资本占优部门之后，无形资本占优部门在垄断性价格利润率一致的情况下，可以通过通货膨胀实现垄断性价格利润的货币兑现和实物补偿,通货膨胀使有形资本占优部门和无形资本占优部门的产品价值,实现贬值并游离出一部分价值和实物,与垄断性价格利润相对应。垄断性价格利润可以通过使社会产品价值贬值实现相对独立的贬值价值与价格利润之间的内部交换。交换的公式为:

$$I.[(c_0+c_1)+(v_0+v_1)+(m_0+m_1)]r+II.[(c_0+c_1)+(v_0+v_1)+(m_0+m_1)]r=(I.p_1+II.p_1)$$

这个公式和前面的三个平衡公式是相互联系在一起的,是以上三个平衡公式的附加条件,需要同时成立。以上的三个平衡公式两边相乘的系数$(1-r)$在实际的运行中不能简单地进行约分,把公式简化为没有通货膨胀之前的平衡条件。也就是说$I.[(v_0+v_1)+(m_0+m_1)](1-r)=II.(c_0+c_1)(1-r)$和$I.[(v_0+v_1)+(m_0+m_1)]=II.(c_0+c_1)$两个不同的公式表达的含义并不一样。带系数$(1-r)$的平衡公式$I.[(v_0+v_1)+(m_0+m_1)](1-r)=II.(c_0+c_1)(1-r)$是考虑到通货膨胀贬值之后的平衡公式,而没有系数的平衡公式$I.[(v_0+v_1)+(m_0+m_1)]=II.(c_0+c_1)$是不存在无形资本占优部门和通货膨胀条件下的传统的简单再生产条件。

四、推论及其现实含义

(一)推论

通过以上研究,我们可以得到如下推论:

1. 由于无形资本占优部门可以进行垄断定价,获得垄断利润,社会货币需求量会增加,会导致货币发行量高于实际产品价值总量,出现通货膨胀。

2. 通货膨胀的出现,会导致垄断定价部门对其他部门征收通货膨胀税,实现无形资本占优部门对有形资本占优部门的剥削,也实现了对人力资本劳动者实际收入的剥削。

3. 通货膨胀会导致两大部类的生产资料和消费资料出现贬值,游离出一部分价值和物质资料,与垄断性价格利润相对应,使垄断性价格利润能够在货币上得以实现并获得相应的实物补偿。

4. 垄断性价格利润无论是用来消费还是积累,都是在社会产品价值贬值游离出来的价值和物质资料部分获得货币实现和实物补偿,不影响两大部类原来的交换模式,但是两大部类内部交换和部门间的交换数值与没有垄断性价格利润之前相比较,因为通货膨胀而产生相应比重的缩减。

5. 在两大部类存在相同比重的无形资本占优部门的条件下,两大部类的简单再生产的平衡条件是在传统的平衡条件基础上扣除通货膨胀率的影响之后仍然成立。

(二)推论的现实含义

通过以上的推论,我们可以对一些社会现象进行分析或者解释。

1. 无形资本并不创造实际的社会价值,超额利润越高社会通货膨胀率也就越高。

无形资本的存在,主要是通过垄断定价为资本家获得垄断利润,对于整个社会来说并不创造实际的价值,只会为社会带来通货膨胀,并会因为通货膨胀而发生社会再分配,使无形资本的拥有者获得超额垄断利润。无形资本的超额垄断利润是通过垄断定价获得的,并不是实际创造的社会价值。因此,超额利润越高,对社会发行货币的压力就越大,垄断定价需要货币支撑的压力越大,在货币发行量超过社会实际产品价值总量的基础上,必然会带来通货膨胀。超额利润越高,社会发行的货币量越大,通货膨胀率也就越高。通货膨胀率越高,对社会造成的影响也就越大,通过征收通货膨胀税使社会贫富差距进一步拉大,降低了劳动者的实际收入水平,不利于社会稳定和长期发展。在一定范围内,良性的通货膨胀可以促进经济发展,这也是为什么无形资本能够促进经济发展的原因之一。但是如果带来恶性的通货膨胀,会导致社会分配不公,经济发展活力不强,甚至阻碍经济的发展。所以,一个社会不是无形资本越多越好,也不是超额利润越多越好,形成无形资本价值泡沫,应该要把无形资本及其超额利润控制在可以带来温和通货膨胀范围之内,而不是恶性通货膨胀。无形资本价值泡沫是超额利润过高的表现,对社会是一种剥削,带来的是恶性通货膨胀。事实上,无形资本占优部门只是在一定范围内存在,目前对社会通货膨胀的影响并不太大,决定通货膨胀率的是相对独立的货币政策。因此,无形资本带来恶性通货膨胀的可能性目前基本不存在。无形资本整体上有利于社会经济的发展。

2. 无形资本可以促进新兴产业发展,使新兴产业发展越来越快;但是会剥削传统产业,使传统产业发展失血,并逐渐萎缩。

无形资本对传统有形资本生产部门形成事实上的剥削,导致传统有形资本生产部门生产受损,逐渐萎缩。这一现象可以很好地解释为什么传统的农业部门在国民经济生产总值当中所占的比重逐渐下降,而新兴的工业部门所占的比重却越来越高。传统农业部门实际上通过通货膨胀税,实现了价值转移,无偿地支援了新兴产业部门的发展。我国自1949年以来存在的农业和工业"剪刀差",也可以用这种差别来进行解释。工业在发展之初,由于新技术新设备的采用,会导致超额利润的出现,因此积累较多。这种超额利润主要是靠工业产品市场供不应求,或者人为进行垄断定价而获得的,而农产品的价格却非常低。这种"剪刀差"长期存在,除非在农业部门采用了高新技术等无形资本来提高生产率并进行垄断定价,才有可能使农产品获得远高于其价值水平的超额利润。中华人民共和国成立之初,人为地压低农产品的价格也相当于是一种社会收入再分配,把农业部门创造的价值无偿地转移到了资本有机构成比较高、技术水平比较先进、无形资本拥有量较多的工业生产部门。

自20世纪90年代以来美国信息技术的迅速发展,使信息技术经济在国民生产总值中所占的比重越来越高。信息技术的迅速发展与无形资本为这个行业带来的超额利润和超额积累密切相关。一个行业如果利润水平远高于其他行业,会吸引社会资源涌入并加大投资,从而促进该行业发展。信息技术产业所带来的超额利润,并不纯粹是这个行业自身所创造的价值,更多的是来自传统产业部门所创造价值无偿的转移。这样的结果就是传统产业逐渐萎缩,新兴产业逐渐发展壮大。农业作为传统产业的代表,在美国GDP中所占的比值也越来越小,仅占2%—3%。

3. 无形资本占优的发达国家会对以有形资本为主的发展中国家通过无形资本输出进行实际剥削,导致发展中国家越来越贫穷,发达国家越来越富裕,南北差距越来越大。

通过前面的推论,无形资本占优部门会对有形资本占优部门形成剥削。通过对有形资本占优部门的剥削,来实现无形资本占优部门的超额垄断利润,实现超额积累,促进经济发展。我们现在把部门换成国家,也是一样成立的。只要存在着垄断定价,存在着垄断优势,那么无形资本给发达国家带来的必然是垄断利润。这个垄断利润的来源就是对发展中国家的剥削。这样一来,发达国家必然越来越富裕,发展中国家越来越贫困。

实际资料表明,世界上最富有的20个国家,它们的人均收入等于最贫穷的 20 个国家人均收入的 38 倍。最不发达国家的数量 1970 年是 25 个,到了 2017 年增加到 47 个,主要集中在非洲和亚洲。根据世界银行的统计,这些最 不发达国家总人口有 7.5 亿人(其中 31 个国家位于非洲撒哈拉沙漠以南,涉 及近 7 亿人口),将近一半的人每天生活费不足 1 美元,婴儿死亡率高,人均寿 命短,文盲比重高。根据联合国发布的《2017 年最不发达国家报告》,2015 年 47 个最不发达国家平均经济增长率仅为 3.8%,为 20 年来最低;FDI 由 2015 年的 440 亿美元下降至 2016 年的 380 亿美元,降幅达 13%;贸易总额持续下 降,由 2014 年的 1.09% 降至 2015 年的 0.97%。虽然这些数据随着时代变化 会有所不同,也有历史原因,导致了目前这种状况。但是发达国家依靠自身雄 厚的无形资本实力,通过垄断定价输出发达国家自己的产品,廉价地进口发展 中国家的资源,使发展中国家对发达国家越来越形成依赖,而发达国家却轻而 易举地通过这种"剪刀差"剥削获得超额垄断利润。2017 年美国媒体 USA Today 根据企业在 2016 年和 2017 年所获得的专利数量发布了一份榜单,统计 了世界上最具创新力的 50 家企业,美国企业占到了 20 家,发展中国家除了中 国华为上榜以外,其他均为欧日韩等发达国家企业。这个布局说明,发达国家 在无形资本领域占据绝对的优势。南北方国家在无形资本的数量和质量方面 存在巨大差距,无形资本所导致的垄断利润是南北方差距进一步拉大的重要 因素之一。

第三节　无形资本与扩大再生产

马克思曾经对社会资本扩大再生产进行两个积累的必要性进行过论述, 无形资本条件下这两个积累也是必须的,一个是货币积累,一个是实物积累。

一、无形资本条件下社会资本扩大再生产与两个积累

在企业的利润只是剩余价值的基础上,把货币化的、准备用于扩大再生产 的剩余价值积累到一定程度,以满足扩大再生产的需要,这个过程就称之为货 币积累。无形资本生产条件下,企业的超额利润不再局限于剩余价值,剩余价 值成为货币积累的内容之一,而垄断性的价格利润成为积累的另外一个重要

内容。马克思说过："在一定的技术条件下,这个货币额或者足以增加正在执行职能的不变资本,或者足以开办一个新的工业企业。"①无形资本的存在,使企业获取利润的能力大大增强,在剩余价值之外,又开拓了获取利润的重要来源,积累的速度进一步加快,企业进行再投资或者扩大再生产的能力进一步增强。

在货币积累的基础上,还必须有相应的生产要素与之相对应,才能进行实际的扩大再生产。对于无形资本占优的生产模式来说,货币积累不仅仅是靠劳动创造出来的,更多的是通过垄断定价得来的。货币所对应的实物资料,主要是依靠对有形资本占优部门征收货币通货膨胀税剥削得来的。因此,垄断定价是一种不公平的剥削手段。在这种模式下,有形资本占优部门对无形资本占优部门既输出了价值也输出了实物资料,自身的积累和发展必然受到影响。所以一般来说,传统的产业部门总是以牺牲自己的发展为代价,为新兴产业部门的发展贡献力量。也正是因为这种不公平的积累,使无形资本占优的新兴产业部门在短时间内获得了更多的补偿,加快了自身的发展。马克思指出:"要使货币(即以货币形式储藏的剩余价值)能够转化为生产资本的要素,这些要素必须是在市场上可以买到的商品;即使这些要素不是作为成品来买,而是按订货制造,在这里不会有什么差别。""再生产扩大的可能性在没有货币的情况下就已经存在;因为货币本身不是实际再生产的要素"。② 在无形资本生产条件下,货币积累速度加快了,同时也必然要求实物资料的积累速度同等加快,这样才能满足扩大再生产的需要。这种实物资料的积累,主要是通过货币贬值、有形资本占优生产部门等游离出的生产资料和消费资料来实现的,不是通过社会生产本身的增加来实现的。生产效率的增加,我们已经在剩余价值生产中进行了假设——也就是劳动生产效率的增加,会使资本家的相对剩余价值提升,货币积累和实物积累的速度也因此提升;无形资本的采用,是暗含着劳动生产效率提高的生产前提,因此存在着相对剩余价值提升和货币积累、实物积累不断增加的实际效果。我们在这里不再进行单独论述。

无论是剩余价值形成的利润,还是垄断价格形成的利润,既带来了货币

① 马克思:《资本论(纪念版)》第 2 卷,人民出版社 2018 年版,第 550 页。
② 马克思:《资本论(纪念版)》第 2 卷,人民出版社 2018 年版,第 551 页。

积累,也带来了实物积累,这两种积累必须保持平衡,这是社会扩大再生产的客观要求。当然这种平衡本身是一种偶然现象,不平衡才是更经常的现象。马克思指出,在资本主义"这种生产的自发形式中,平衡本身是一种偶然现象"①。

二、马克思对社会资本扩大再生产的论述

(一)第一部类必须能够生产出多余的生产资料

马克思指出:"简单再生产的前提是 $I.(v+m)=II.c$。……资本主义积累的事实排斥了 $II.c=I(v+m)$ 这一可能性。"②资本主义扩大再生产是建立在资本主义积累的基础上。资本主义积累要求打破简单再生产的模式,在生产资料有剩余的基础上进一步扩大再生产。因此,从生产资料的条件上来看,就要求 $I.(v+m)>II.c$。马克思指出:"不言而喻,既然把积累作为前提, $I.(v+m)$ 就大于 $II.c$,而不像简单再生产那样,和 $II.c$ 相等;因为 1. 第 I 部类已经把它的一部分剩余产品并入自己的生产资本……2. 第 I 部类要用它的剩余产品,为第 II 部类进行积累时所必需的不变资本提供材料,就像第 II 部类必须为第 I 部类的可变资本提供材料完全一样,这个可变资本应当推动由第 I 部类自己用作追加不变资本的那部分剩余产品。"③也就是说,为了满足扩大再生产的需要,第一部类必须有可以追加的生产资料,第 II 部类也必须有可以追加的生产资料,这就要求 $I.(v+m)>II.c$。

由此也可以推导出: $I.(c+v+m)>I.c+II.c$。也就是说,第一部类的生产资料的生产,在维持了简单再生产的需要之后,必须还要有多余的生产资料,这样才能够为两大部类的扩大再生产提供追加生产资料的条件,即 $I.\Delta c+II.\Delta c$。

(二)第二部类必须能够生产出多余的消费资料

马克思指出:" $I.(v+m/x)$ 必须总是小于 $II.(c+m)$,其差额就是第 II 部类的资本家在 $II.m$ 中无论如何必须由自己消费的部分。"④也就是说,要实现

---

① 马克思:《资本论(纪念版)》第 2 卷,人民出版社 2018 年版,第 557 页。
② 马克思:《资本论(纪念版)》第 2 卷,人民出版社 2018 年版,第 587 页。
③ 马克思:《资本论(纪念版)》第 2 卷,人民出版社 2018 年版,第 580 页。
④ 马克思:《资本论(纪念版)》第 2 卷,人民出版社 2018 年版,第 588 页。

扩大再生产,第二部类生产的消费资料扣除了本部类工人的消费Ⅱ.v以后剩下的部分即Ⅱ.(c+m),在满足了第一部类工人和资本家的消费即Ⅰ.(v+m/x)之后,还能有一个剩余差额,这个差额除了满足第二部类资本家的消费即Ⅱ.m/x以外,还能满足两大部类追加对可变资本投资的需要,即满足(Ⅰ.Δv+Ⅱ.Δv)的需要。用公式来表示:Ⅱ.(c+m)>〔Ⅰ.(v+m/x)+Ⅱ.m/x〕,差额部分就是(Ⅰ.Δv+Ⅱ.Δv)。由此可以推导得出:Ⅱ.(c+v+m)>〔Ⅰ.(v+m/x)+Ⅱ.(v+m/x)〕,差额部分仍然是(Ⅰ.Δv+Ⅱ.Δv)。也就是说,第二部类生产的全部消费资料,在满足了两大部类工人和资本家的全部消费之后,还应该有多余的消费资料,才能够为两大部类扩大再生产新增加的劳动力提供追加的消费资料。

(三)实现社会资本扩大再生产的平衡式

马克思指出:"在以资本的增加为基础的生产中,Ⅰ.(v+m)必须等于Ⅱ.c加上再并入资本的那部分剩余产品,加上第Ⅱ部类扩大再生产所必需的不变资本的追加部分"[①],用公式表示就是:

$$Ⅰ.(v+m) = Ⅱ.c+(Ⅰ.Δc+Ⅱ.Δc)$$

由第一个平衡式还可以派生出以下两个平衡式:

$$Ⅰ.(c+v+m) = (Ⅰ.c+Ⅱ.c)+(Ⅰ.Δc+Ⅱ.Δc)$$

即第一部类的不变资本、可变资本和剩余价值之和等于两个部类的不变资本与追加的不变资本之和。

$$Ⅱ.(c+v+m) = (Ⅰ.v+Ⅱ.v)+(Ⅰ.m/x+Ⅱ.m/x)+(Ⅰ.Δc+Ⅱ.Δc)$$

也就是第二部类的不变资本、可变资本和剩余价值之和,等于两大部类的可变资本、资本家消费的剩余价值和追加的可变资本之和。

我们可以把以上的平衡式与简单再生产的平衡式相比较,可以得出如下的结论:一定要在维持简单再生产的基础上进行积累,两大部类必须同时进行积累和扩大再生产,生产资料和消费资料的总供给与总需求必须保持平衡。

三、无形资本条件下的社会扩大再生产

(一)无形资本条件下的简单再生产

无形资本条件下的简单再生产公式是:

---

① 马克思:《资本论(纪念版)》第2卷,人民出版社2018年版,第583页。

$$I . c_0 + v_0 + m_0 = W_0 \qquad\qquad\qquad (1)$$

$$II . c_0 + v_0 + m_0 = W_0 \qquad\qquad\qquad (2)$$

$$I . c_1 + v_1 + m_1 + p_1 = W_1 + p_1 \qquad\qquad (3)$$

$$II . c_1 + v_1 + m_1 + p_1 = W_1 + p_1 \qquad\qquad (4)$$

其中，$I . c_0 + v_0 + m_0 = W_0$ 是第一部类中有形资本占优部门，$I . c_1 + v_1 + m_1 + p_1 = W_1 + p_1$ 是第一部类中无形资本占优部门；$II . c_0 + v_0 + m_0 = W_0$ 是第二类中有形资本占优部门，$II . c_1 + v_1 + m_1 + p_1 = W_1 + p_1$ 是第二类中无形资本占优部门。其中无形资本占优部门的资本有机构成保持一致，并且均高于有形资本占优部门的有机构成。

无形资本占优部门中有一个价格 p_1，是由于无形资本导致的垄断价格，它不属于劳动创造的实际价值，在产品的总价值中相对于劳动创造的价值是虚假的价值，没有实际的劳动价值与之对应，因此产品的总价值是 $W_1 + p_1$，$c_1 + v_1 + m_1 = W_1$，p_1 是在实际产品价值 W_1 基础上人为的加价，是垄断价格部分。无论是第一部类还是第二部类，无形资本占优部门的产品总价值都是如此。

在简单再生产的条件下，由于垄断定价多出来的货币需求量会导致社会产品的总价格水平上升，也就是出现通货膨胀。通货膨胀率 r 由下面的公式决定：

$$r = (I . P_1 + II . P_1) / [I . (W_0 + W_1) + II . (W_0 + W_1)]$$

这样，两大部类的产品价值都会因为通货膨胀而出现贬值，第一部类和第二部类公式的两边都需要乘以一个减去通货膨胀率 r 之后的数值，最终推导得出：$I . (c_0 + c_1) (1-r)$ 和 $II . [(v_0 + v_1) + (m_0 + m_1)] (1-r)$ 可以通过内部交换完成两个补偿；$I . [(v_0 + v_1) + (m_0 + m_1)] (1-r)$ 和 $II . (c_0 + c_1) (1-r)$ 必须可以等价交换保持平衡。无形资本条件下两大部类进行简单再生产的平衡条件就是：

$$I . [(v_0 + v_1) + (m_0 + m_1)] (1-r) = II . (c_0 + c_1) (1-r)$$

还继续推导出第二个平衡公式：

$$I . [(c_0 + c_1) + (v_0 + v_1) + (m_0 + m_1)] (1-r) = I . (c_0 + c_1) (1-r) + II . (c_0 + c_1) (1-r)$$

也就是说，第一部类在存在垄断定价条件下所生产的产品价值，与第一部类和第二部类的不变资本因通货膨胀贬值之后的价值损耗相等,能够使两大部类实现贬值之后的价值损耗补偿。

也得出了第三个平衡公式:

$$Ⅱ.[(c_0+c_1)+(v_0+v_1)+(m_0+m_1)](1-r)=Ⅰ.[(v_0+v_1)+(m_0+m_1)](1-r)+Ⅱ.[(v_0+v_1)+(m_0+m_1)](1-r)$$

也就是说,第二部类在存在垄断定价条件下所生产的消费资料的产品价值,与第一部类和第二部类的可变资本及剩余价值因通货膨胀贬值之后的价值损耗相等,能够使两个部类实现贬值之后的价值损耗补偿。

实际上也就是说,只要两大部类之间在没有无形资本占优部门时是平衡的,在两大部类同比重共同拥有了无形资本占优部门之后,无形资本占优部门在垄断性价格利润率一致的情况下,可以通过通货膨胀实现垄断性价格利润的货币兑现和实物补偿,通货膨胀使有形资本占优部门和无形资本占优部门的产品价值,实现贬值并游离出一部分价值和实物,与垄断性价格利润相对应。垄断性价格利润可以通过使社会产品价值贬值实现相对独立的贬值价值与价格利润之间的内部交换。交换的公式为:

$$Ⅰ.[(c_0+c_1)+(v_0+v_1)+(m_0+m_1)]r+Ⅱ.[(c_0+c_1)+(v_0+v_1)+(m_0+m_1)]r=(Ⅰ.p_1+Ⅱ.p_1)$$

这个公式和前面的三个平衡公式是相互联系在一起的,以上的三个平衡公式两边相乘的系数$(1-r)$在实际的运行中不能简单地进行约分,把公式简化为没有通货膨胀之前的平衡条件。也就是说,$Ⅰ.[(v_0+v_1)+(m_0+m_1)](1-r)=Ⅱ.(c_0+c_1)(1-r)$和$Ⅰ.[(v_0+v_1)+(m_0+m_1)]=Ⅱ.(c_0+c_1)$两个不同的公式表达的含义并不一样。带系数$(1-r)$的平衡公式$Ⅰ.[(v_0+v_1)+(m_0+m_1)](1-r)=Ⅱ.(c_0+c_1)(1-r)$是考虑到通货膨胀贬值之后的平衡公式,而没有系数的平衡公式$Ⅰ.[(v_0+v_1)+(m_0+m_1)]=Ⅱ.(c_0+c_1)$是不存在无形资本占优部门和通货膨胀条件下传统的简单再生产条件。

(二)无形资本与积累及其扩大再生产

我们仍然沿用简单再生产条件下的公式:

$$Ⅰ.c_0+v_0+m_0=W_0 \tag{1}$$

$$Ⅱ.c_0+v_0+m_0=W_0 \tag{2}$$

$$Ⅰ.c_1+v_1+m_1+p_1=W_1+p_1 \tag{3}$$

$$\text{II} . c_1 + v_1 + m_1 + p_1 = W_1 + p_1 \tag{4}$$

由于垄断利润可以通过货币贬值，征收通货膨胀税的形式实现货币兑现和实物补偿。因此，某种程度上，价格利润可以不体现在平衡公式里，这样简单再生产条件下的平衡公式可以与价格利润无关。但是价格利润对于无形资本部门而言增加了货币积累，需要参与到扩大再生产中。因此，扩大再生产的公式不再和传统的扩大再生产公式一样，应该是：

$$\text{I} . [(v_0 + v_1) + (m_0 + m_1)] (1 - r) = \text{II} . (c_0 + c_1) (1 - r) + (\text{I} . \Delta c_0 + \text{II} . \Delta c_1) + (\text{II} . \Delta c_0 + \text{II} . \Delta c_1) \tag{5}$$

这里追加的不变资本，分为有形不变资本 $\text{I} . \Delta c_0$、$\text{II} . \Delta c_0$ 和无形不变资本 $\text{I} . \Delta c_1$、$\text{II} . \Delta c_1$。垄断性的价格利润可以作为货币资本体现在追加的不变资本和可变资本中，同时符合以下条件：

$$\text{I} . [(c_0 + c_1) + (v_0 + v_1) + (m_0 + m_1)] r + \text{II} . [(c_0 + c_1) + (v_0 + v_1) + (m_0 + m_1)] r = (\text{I} . p_1 + \text{II} . p_1)$$

也就是说，在垄断价格导致通货膨胀的基础上，无形资本占优部门因为有形资本占优部门、无形资本占优部门劳动者和资本家工资及利润的贬值，游离出的生产资料和消费资料，需要重新加入资本再生产。它们并不会以特别的形式加入，仍然在原有的生产逻辑基础上，以生产资料和消费资料的形式继续加入。它表现为资本家货币积累的增加，可以通过对游离并多余的生产资料和消费资料的购买进行再投入。垄断性价格利润，和剩余价值一样也被划分成被资本家用来消费的部分和用来投资的积累部分，这一点和剩余价值没有任何区别。公式(5)是贬值后的社会生产部门进行扩大再生产的公式，同时垄断性价格利润按照资本家的积累与消费的划分比重，单独存在并与以上的公式同时成立。也可以与公式(5)合并形成新的公式：

$$\text{I} . [(v_0 + v_1) + (m_0 + m_1)] (1 - r) + (\text{I} . p_1 / x + \text{II} . p_1 / x) = \text{II} . (c_0 + c_1) (1 - r) + (\text{I} . \Delta c_0 + \text{I} . \Delta c_1) + (\text{II} . \Delta c_0 + \text{II} . \Delta c_1) + (\text{I} . P_1 / x + \text{II} . P_1 / x) \tag{6}$$

$\text{I} . p_1 / x$ 是第一部类价格利润用来积累的部分，$\text{II} . p_1 / x$ 是第二部类用来积累的部分。为了保持公式的平衡，(6)的两边都需要同时加上 $(\text{I} . p_1 / x + \text{II} . p_1 / x)$，这有两层含义：一是说明垄断性价格利润并不改变扩大再生产公式的平衡；二是表明垄断性价格利润也可以用来积累，应该算作是社会扩大再生产的一部分。但是，由于两大部类又划分为有形资本占优部门和无形资本占优部门,而垄断利润仅仅存在于无形资本占优部门,因此对于各子部门来说,$I.\Delta c_0$ 和 $II.\Delta c_0$ 代表的是两大部类的有形资本扩大再生产追加不变资本部分;$I.\Delta c_1$ 和 $II.\Delta c_1$ 以及($I.p_1/x+II.p_1/x$)代表的是无形资本占优部门的扩大再生产的积累部分。也就是说,公式(5)还可以分化出两个平衡式同时成立:

$$I.(v_0+m_0)(1-r) = II.c_0(1-r)+(I.\Delta c_0+II.\Delta c_0) \tag{5a}$$

$$I.(v_1+m_1)(1-r)+(I.p_1/x+II.p_1/x) = II.c_1(1-r)+(I.\Delta c_1+II.\Delta c_1)+(I.p_1/x+II.p_1/x) \tag{5b}$$

由以上的平衡公式,可以派生出第一部类以下平衡式:

$$I.(c_0+v_0+m_0)(1-r) = (I.c_0+II.c_0).(1-r)+(I.\Delta c_0+II.\Delta c_0) \tag{6a}$$

$$I.(c_1+v_1+m_1)(1-r)+(I.p_1/x+II.p_1/x) = (I.c_1+II.c_1)(1-r)+(I.\Delta c_1+II.\Delta c_1)+(I.p_1/x+II.p_1/x) \tag{6b}$$

即第一部类有形资本占优生产部门的不变资本、可变资本和剩余价值之和扣除通货膨胀带来的贬值影响之后,应该等于两个部类的不变资本之和($I.c_0+II.c_0$)扣除贬值影响之后的数值加上追加的不变资本之和($I.\Delta c_0+II.\Delta c_0$);第一部类无形资本占优生产部门的不变资本、可变资本和剩余价值之和扣除通货膨胀带来的贬值影响之后,加上两个部类垄断利润带来的积累($I.p_1/x+II.p_1/x$),应该等于两个部类的不变资本之和($I.c_1+II.c_1$)扣除贬值影响之后的数值加上追加的不变资本之和($I.\Delta c_1+II.\Delta c_1$),再加上两个部类的垄断利润带来的积累($I.p_1/x+II.p_1/x$)。这表明:无形资本占优部门的积累速度要远远快于有形资本占优部门的积累,由于通货膨胀贬值的影响,第一部类有形资本占优部门的规模有逐渐缩小的趋势,也就是表面上每年都有追加的积累用于扩大再生产,实际上通货膨胀的存在会导致该部门在国民经济中的比值越来越小。以公式(6a)为例,只要 r 不小于零,那么 $1-r<1$,则有如下结果:

$$I.(c_0+v_0+m_0)(1-r) < I.(c_0+v_0+m_0)$$

在公式(6b)的基础上,两边同时除以($1-r$),则得到:

$$I.(c_1+v_1+m_1)+(I.p_1/x+II.p_1/x)/(1-r) = (I.c_1+II.c_1)+(I.\Delta c_1+II.\Delta c_1)/(1-r)+(I.p_1/x+II.p_1/x)/(1-r)$$

因为 r 一般不为负数(垄断价格一般是正数,导致的通货膨胀率只能是正数),所以 $1-r<1$,则($I.p_1/x+II.p_1/x$)/($1-r$)趋向无穷大,公式左端 I.

$(c_1+v_1+m_1)+($Ⅰ$.p_1/x+$Ⅱ$.p_1/x)/(1-r)$永远大于Ⅰ$.(c_1+v_1+m_1)$,即Ⅰ$.(c_1+v_1+m_1)+($Ⅰ$.p_1/x+$Ⅱ$.p_1/x)/(1-r)>$Ⅰ$.(c_1+v_1+m_1)$。这意味着第一部类无形资本占优部门有不断扩大规模的趋势。而且价格利润越高,分母越大,分子越小,规模扩大也越快,有加速的趋势。

由以上(5a)和(5b)的平衡公式,可以派生出第二部类以下平衡式:

$$Ⅱ.(c_0+v_0+m_0)(1-r)=(Ⅰ.v_0+Ⅱ.v_0)(1-r)+(Ⅰ.m_0/x+Ⅱ.m_0/x)(1-r)+(Ⅰ\Delta v_0+Ⅱ\Delta v_0) \tag{7a}$$

$$Ⅱ.(c_1+v_1+m_1)(1-r)+(Ⅰ.p_1/y+Ⅱ.p_1/y)=(Ⅰ.v_1+Ⅱ.v_1)(1-r)+(Ⅰ.m_1/x+Ⅱ.m_1/x)(1-r)+(Ⅰ.\Delta v_1+Ⅱ.\Delta v_1)+(Ⅰ.p_1/y+Ⅱ.p_1/y) \tag{7b}$$

即第二部类有形资本占优生产部门的不变资本、可变资本和剩余价值之和扣除通货膨胀带来的贬值影响之后,应该等于两个部类的可变资本(Ⅰ$.v_0+$Ⅱ$.v_0$)、资本家消费的剩余价值之和(Ⅰ$.m_0/x+$Ⅱ$.m_0/x$)扣除通货膨胀带来的贬值影响之后的数值加上追加的可变资本之和(Ⅰ$.\Delta v_0+$Ⅱ$.\Delta v_0$);Ⅰ第二部类无形资本占优生产部门的不变资本、可变资本和剩余价值之和扣除通货膨胀带来的贬值影响之后,加上两个部类垄断利润带来的消费数值(Ⅰ$.p_1/y+$Ⅱ$.p_1/y$),应该等于两个部类的可变资本(Ⅰ$.v_1+$Ⅱ$.v_1$)、资本家消费的剩余价值(Ⅰ$.m_1/x+$Ⅱ$.m_1/x$)之和扣除通货膨胀带来的贬值影响之后的数值加上追加的可变资本之和(Ⅰ$.\Delta v_1+$Ⅱ$.\Delta v_1$),再加上两个部类的垄断利润给资本家带来的消费(Ⅰ$.p_1/y+$Ⅱ$.p_1/y$)。这表明:无形资本占优部门的消费数量要远远多于有形资本占优部门的消费,由于通货膨胀贬值的影响,第二部类有形资本占优部门的规模有逐渐缩小的趋势。也就是表面上每年都有追加的积累用于扩大再生产,实际上通货膨胀的存在会导致该部门在国民经济中的比值越来越小。以公式(7a)为例,只要r不小于零,那么1-r<1,则有如下结果:

$$Ⅱ.(c_0+v_0+m_0)(1-r)<Ⅱ.(c_0+v_0+m_0)$$

在公式(7b)的基础上,两边同时除以(1-r),则得到:

$$Ⅱ.(c_1+v_1+m_1)(1-r)+(Ⅰ.p_1/y+Ⅱ.p_1/y)=(Ⅰ.v_1+Ⅱ.v_1)(1-r)+(Ⅰ.m_1/x+Ⅱ.m_1/x).(1-r)+(Ⅰ.\Delta v_1+Ⅱ.\Delta v_1)+(Ⅰ.p_1/y+Ⅱ.p_1/y) \tag{7b}$$

因为r一般不为负数(垄断价格一般是正数,导致的通货膨胀率只能是正数),所以1-r<1,则(Ⅰ$.p_1/y+$Ⅱ$.p_1/y$)/(1-r)趋向无穷大,公式左端Ⅱ$.(c_1+v_1+m_1)+($Ⅰ$.p_1/y+$Ⅱ$.p_1/y)/(1-r)$永远大于Ⅱ$.(c_1+v_1+m_1)$,即Ⅱ.

$(c_1+v_1+m_1)+(Ⅰ.p_1/y+Ⅱ.p_1/y)/(1-r)>Ⅱ.(c_1+v_1+m_1)$。这意味着第二部类无形资本占优部门规模有不断扩大的趋势。而且价格利润越高,分母越大,分子越小,规模扩大也越快,有加速的趋势。

通过以上的平衡公式可以得知:一定要在满足简单再生产基础上进行扩大再生产;两大部类必须同时进行积累和扩大再生产;有形资本占优部门在通货膨胀作用下有逐渐萎缩的趋势;无形资本占优部门有逐渐扩大规模并加速①的趋势。

四、推论及其现实意义

(一)推论

根据以上的推导,我们可以得出以下的推论:

1. 垄断性价格利润的存在,并不是劳动创造的社会价值,而是凭借无形资本的垄断性通过人为的主观定价而获得的价格利润,社会总价值并不因此增加。

2. 垄断性价格利润的存在,会倒逼社会货币量发行增多,导致社会出现通货膨胀,通过对社会征收通货膨胀税,实现社会价值在不同部门的再分配。

3. 无形资本条件下的社会扩大再生产,有形资本占优部门的生产由于通货膨胀的存在,通过本部门的贬值对外进行价值输出,生产规模有不断缩小的趋势。

4. 无形资本占优部门,由于承接价值输入,而导致货币积累和实物积累较多,规模有不断增大的趋势,发展速度会比较快。

5. 在存在无形资本的条件下,社会应该优先发展无形资本占优的新兴产业部门,从而加速产业发展转型,带动经济发展升级。

6. 传统的有形资本占优的部门会不断萎缩,在短时间内会影响社会总需求,并导致大量摩擦性失业。

(二)推论的现实意义

以上的研究结论,与无形资本条件下对简单再生产的推论在本质上是一致的。

---

① 以垄断性价格利润越来越高为前提。

1. 在不考虑无形资本带来的生产效率提高的前提下,垄断性价格利润带来的只是通货膨胀,并不实际创造社会价值,是对社会所创造的价值进行再分配的过程。

对无形资本的存在,我们要充分衡量它的效率提高带来的贡献和垄断性价格利润对社会价值再分配的影响两者之间的比较。我们以上的推论过程并没有涉及效率的问题,更多的是针对垄断性价格利润对社会价值再分配的影响和对社会扩大再生产的影响。按照马克思对超额利润"初恋期"的研究,在无形资本刚刚兴起的初级阶段,它对劳动生产率的提高是最显著的,因此对于无形资本初级阶段的知识产权保护是必要的。但是随着无形资本垄断性的增加,无形资本数量的增多,无形资本发展阶段由初级向高级的发展,由效率提高带来的效率利润,逐渐地向由垄断带来的垄断利润过渡,这对整个社会来讲,并没有提高资源配置和使用的效率,仅仅是对社会价值的一种再分配,是对其他部门的一种剥削。因此,垄断性价格利润不是越多越好,而应该进行适当的限制。

2. 对新兴产业部门的知识产权保护就是对新兴产业部门最好的扶持发展政策,但是新兴产业发展到一定阶段以后要适当地控制垄断利润的规模。

对于一个新兴产业来说,在发展初级阶段,为了促进和扶持它的发展,可以适当地鼓励无形资本占优生产部门的扩大,通过无形资本占优部门的垄断利润,以"剪刀差"式的超额利润积累模式,以牺牲传统的有形资本占优部门的发展来扶持和促进新兴产业的发展。因此,在新兴产业发展的初级阶段,对它的知识产权保护就是最好的扶持和发展政策。只要无形资本获取超额利润的能力得到保护,新兴产业在短时间内就有能力获得超额货币积累和实物积累,自我发展,不断扩大规模,迅速形成某一产业的竞争优势。

对新兴产业的知识产权保护,也有利于一个国家尽快抢占新兴产业发展高地,在较短时间内确立竞争优势。但是,一个国家新兴产业已经发展起来,树立了竞争优势的前提下,不应该过分鼓励垄断性价格利润长期存在。垄断性价格利润对于整个社会而言,并不实际提高劳动生产效率和增加社会生产价值。国家应该在限制和平衡产业发展比重上进行研究,在新兴产业发展到一定程度以后,适当限制其垄断利润,促进先进技术的社会扩散,提高整个社会资源的配置和使用效率。对内不能过分支持新兴产业垄断利润的继续存在和扩大;在对外竞争中,可以适当地放松管制,通过垄断利润提高竞争优势。

3.无形资本的超额收益性很容易导致不同产业部门发展比重失衡,国家需要适当限制无形资本占优部门的发展,适当鼓励和扶持有形资本占优部门,如传统制造业、农业等部门的发展,以保证整个国民经济健康协调发展。

只要存在着无形资本,无形资本占优部门和有形资本占优部门获取利润的能力不同,发展的速度也会不同,必然会形成"剪刀差"式的发展——无形资本占优部门越来越繁荣,规模越来越大,竞争优势越来越强;而有形资本占优部门获取利润的能力越来越低,利润水平逐渐下降,自身对外价值输出失血过多,发展规模逐渐萎缩,在国民经济中的比重和对社会的贡献越来越低,竞争优势越来越弱。

从新兴产业发展的角度看,由于过分地对传统产业进行价值转让剥削,导致传统产业失血过多,产业发展比重失衡,社会经济发展不协调,国家如果不能从总体上进行控制,就会导致某些传统产业永久性退出。

例如,随着美国新经济在20世纪90年代的繁荣,利润比较低的传统制造业逐渐萎缩,或者是转移到国外,形成了传统制造业空心化的局面,导致美国日常消费品严重依赖国外产品进口,传统贸易逆差严重。仅就中美之间而言,2017年中美之间贸易逆差超过5000亿美元,美国日常消费品市场中国制造的传统产品占据半壁江山。而实际上,美国通过无形资本获取的垄断利润非常高,苹果、微软、Intel等大型垄断公司,从中国获得的超额利润不计其数,但是在传统贸易领域,中美之间仍然表现为中国出超,美国为进超,逆差严重。中美贸易争端最根本的原因是美国产业发展比重失衡,以高科技为代表的无形资本占优部门过度发展,国家对于产业发展之间的比重平衡没有任何控制和调整,最终导致了这种局面。表面上是产业空心化造成的,实际上是无形资本占优部门过度发展带来的产业发展比重失调。因此,中美贸易争端的根本原因在于美国国内,而不是不平等的贸易条件。中国作为有形资本占优的传统国家,被过分地剥削,在国际产业链条中,处于劣势地位,对以美国为首的发达国家价值输出严重,但是在有形产品的国际贸易中却表现为国际贸易顺差严重,外汇积累较多。实际上中国以高科技为代表的无形资本数量和质量都不如美国等发达国家,在经济领域的国际竞争力也远不如美国等发达国家。

中国需要不断地增加和提升无形资本的数量和质量,实现产业升级和生产模式的转型,逐渐由有形资本占优转向以无形资本占优为主,才能在国际竞争中树立真正的大国强国形象。

4.由于无形资本的数量和质量占据绝对优势地位,发达国家进行垄断定价获取垄断利润,对发展中国家的剥削非常严重。发展中国家通过输出有形资源获取有限的经济收益,状况越来越恶化。

对于整个世界而言,发达国家与发展中国家经济发展所依赖的资本形式不同。发达国家所依赖的主要是无形资本,发展中国家所依赖的主要是有形资本。2008年美国金融危机导致的世界性经济萧条,到现在为止都没有看到好转的迹象。美国依靠其美元霸主地位,通过量化宽松货币政策,对世界进行金融掠夺,经济出现了缓慢的复苏迹象;但是对于长期受以美国为首的发达经济体剥削的发展中国家来说,经济状况却不断恶化,阿根廷、委内瑞拉、俄罗斯等国家经济一直处于萧条状态。这种美国一国独荣,世界其他国家遭殃的世界经济格局,与美国依靠高科技为主的无形资本建立的无形资本霸权密不可分。这也是美国积极推进世界范围内知识产权保护的重要原因,因为最能从知识产权保护中得益的国家就是那些无形资本数量和质量占据绝对优势地位的国家。

5.由于无形资本的存在和过度发展,容易导致无形资本价值泡沫,经济波动可能会更为剧烈,经济繁荣周期和萧条周期会更长。

在无形资本已经成为主导性资本的知识经济社会,新旧产业之间的更替会越来越频繁,更替的速度越来越快,新的生产模式、产品形式、消费方式层出不穷,旧的传统的生产模式、产品形式、消费方式被淘汰的速度越来越快。社会发展一方面表现为经济活力增强,新兴产业欣欣向荣,发展速度快,发展潜力大,社会需求增长和社会进步明显,在一定时间范围内带动社会资源向新兴产业投入,从而进一步加快新兴产业发展速度,加快新旧产业更替速度;另一方面,旧的传统产业会越来越萎缩,对社会发展的贡献越来越低,对就业的吸纳能力越来越差,社会资源浪费,生产能力闲置,在供给侧一端导致产能过剩,社会需求下降,供需失衡、经济萧条,给社会发展带来阵痛。因此,新旧产业对社会发展贡献的大小,在经济发展不同的阶段表现不同。在新兴产业发展的初级阶段,如果经济发展处于上升阶段,新兴产业的发展对于经济发展和繁荣具有加速度的促进作用;而一旦经济处于下降阶段,旧的传统产业萎缩带来的产业阵痛,社会需求的下降,会使经济加速进入萧条,并带来长期的衰落。繁荣期如果无形资本过度发展,容易形成无形资本价值泡沫,无形资本投资过多,无形资本市场估值过高,导致经济虚假繁荣,一定程度上延长经济繁荣周期;一旦无形资本价值泡沫被刺破,加上社会两极分化带来的需求结构不平衡,经济发展需求动力严重透支,经济衰退迅猛,经济复苏需要更长时间。

美国在 20 世纪 90 年代进入了长达十几年的高增长、低通货膨胀、低失业率的新经济发展阶段,当众多经济学家惊呼新经济到来时,实际上是以高科技为代表的无形资本在美国经济发展中起到了重要的推动作用。无形资本的超额收益性使新兴信息技术产业逐渐成为美国的主导型产业,吸引众多社会资源进入该领域,促进了信息技术产业的发展,也带动了其他产业和社会需求的增长,美国因此出现了较长时期的经济繁荣。但是,经济发展比例失调,新旧产业失衡,最终仍然导致经济危机的爆发。2008 年全球金融危机的产生,实际上是在现有的信用体系下,以无形资本为主的美国新经济难以为继的结果,是新经济对传统产业过分剥削,对金融信用过分依赖,导致债务高企,坏账增多,最终在金融领域以房地产金融为爆发点,引发整个社会的金融危机和经济危机。这实际上是美国新旧产业发展失衡,无形资本密集型产业发展快,传统劳动密集型产业发展滞后甚至萎缩,社会消费需求减少,两极分化严重,社会需求刺激严重依赖金融而导致的。金融危机后的消费需求占 GDP 比重 2009 年为 29%、2010 年为 29.8%、2011 年为 31.3%,长期在 30% 左右徘徊。2017 年美国社会消费品零售总额为 5.7564 万亿美元,GDP 总量为 19.39 万亿美元,消费占比 29.69%。2017 年 6 月,美国居民房贷余额约 10 万亿美元,美国个人消费者信贷规模约 3.85 万亿美元,合计约 13.85 万亿美元,约占 GDP 的 71.43%,需求刺激严重依赖金融信贷。

作为次贷危机的源头,房地产抵押贷款的过快增长是导致这次次贷危机的直接原因。从数据上来看,2017 年住房贷款余额仍然高达 10 亿美元,占 GDP 的 51.57%;2008 年全球金融危机刚刚爆发时占比 71.87%①。房产抵押的过程中,无形资本作为房地产成本的一部分,实际上成为抵押物的一部分。

---

① 以上数据根据公开的住房贷款数据和美国 GDP 计算得出。

因为房地产的成本中有一部分是土地价格。这部分成本实际上是作为购买土地所有权而支付的成本。土地作为一种稀有资源,由此而产生的所有权和使用权都是无形资本。比如,中国政府就把土地使用权作为无形资产的一项重要内容。虽然美国并不承认土地所有权和使用权是无形资产,但是它们作为无形资产的特点始终是存在的。首先这些权利是无形的,也是稀缺的;其次,能够给占有者或者所有者带来收益。美国的富豪中,如美国现任总统特朗普就是一个地道的房地产商,他因为房地产而拥有巨额的财富,其中土地所有权(使用权)为其财富的增长作出了很大贡献。所以,此次次贷危机中,无形资本作为房地产抵押贷款的源头因素,在推高房地产成本与价格方面,已经发挥了作用。根据全美住宅建筑商协会(NAHB)对 1995—2011 年房地产建筑成本的调查,美国房地产商获得土地的成本大约在 20%,1995 年为 24.4%,2004年最高达到 26%,2011 年为 21.7%。

土地所有权(使用权)使房地产的成本增加,价格虚高;20 世纪 90 年代积累起来的科技泡沫,也就是扩大再生产模式下无形资本占优部门的垄断性的虚高价格也造成了社会产品价格的普遍上涨,传导到房地产领域。20 世纪 90年代信息技术的繁荣导致美国的网络经济领域的投资越来越多,股票市场也开始繁荣,吸引世界投资逐渐转向美国的网络经济,导致股票市场出现泡沫,在 1997 年亚洲金融风暴和 1999 年科索沃战争中,美国纳斯达克指数狂升4000 点,出现了表面繁荣现象。但是 2000 年前后,泡沫开始破灭,一年之内就从最高 5300 点跌到最低 1600 点,很多信息技术公司破产。为了刺激经济发展,2001 年 1 月至 2003 年 6 月,美联储先后连续 13 次下调联邦基金利率,使利率从 6.5%降至 1%的历史最低水平,鼓励老百姓将储蓄拿去投资房地产,导致美国房地产泡沫持续膨胀。当货币政策连续收紧的时候,房地产泡沫开始破灭,导致房地产金融成为金融危机的爆发点。对外经济贸易大学金融科技研究中心副主任侯玉成认为,美国金融危机是由价格泡沫引起的,他认为价格泡沫主要体现在房地产市场。① 实际上,20 世纪 90 年代信息技术领域网络经济的价格泡沫是最根本的原因,房地产市场的价格泡沫只是社会通货膨

---

① 侯玉成:《新解美国金融危机——我国坚持改革开放,转危为机》,《(数字)商业时代》2008 年第 21 期。

胀传导的最终结果。按照我们前面对垄断性价格利润的分析,无形资本占优部门的垄断性价格利润,最终会转化为整个社会的通货膨胀,从而实现无形资本占优部门对传统的有形资本占优部门的剥削。房地产市场因为土地所有权(使用权)等无形资本,价格本身一定高于其本身的价值。在高科技为代表的无形资本占优部门输出通货膨胀的情况下,加上金融信贷的助推,房地产价格不断上涨,形成价格泡沫。这种价格泡沫也包含我们所说的无形资本价值泡沫,是土地所有权(使用权)等无形资本价值虚高的表现。房地产价格泡沫还包含科技产业无形资本价值泡沫的价格传导,属于泡沫叠加现象。

房地产领域的无形资本和科技泡沫的价格传导,两方面的因素进一步推高了房地产的价格,房地产评估市场过度繁荣,高估房地产资产成为普遍现象。在房地产贷款抵押过程中,评估得出的资产数值越高,越可以使购房者得到更多贷款,从而推高抵押贷款的风险。

在抵押贷款证券化的过程中,标普、穆迪、惠誉等评级公司,充分利用自身的品牌优势,通过评级推动金融创新的发展,使次贷衍生品处于过度繁荣状态,积累了风险,为后期风险爆发奠定了基础。在银根收紧、经济下滑的情况下,老百姓房贷压力增大,收入水平下降,还款能力降低,从而断贷现象日益增多,银行坏账增加;此时房地产估值也下降,房地产资产净值减少,可用于还款的抵押物净值不足以偿付银行贷款,银行难以全额回收贷款,资不抵债,最终导致某些银行破产倒闭,引发整体的金融危机,并传播到整个世界。2008 年以来美国破产银行超过 450 家,仅 2010 年破产银行就达 157 家。

可以说,2008 年美国金融危机是典型的无形资本价值泡沫破灭引起的金融危机。科技泡沫、房地产高估等都是垄断性价格严重超出产品价值,形成虚假的社会价值,对社会实体产业过度剥削造成的。实际社会产品价值难以支撑虚高的产品价格,当外界风险因素发展到一定程度刺破这个泡沫的时候,危机就来了。在金融业高度发达的今天,金融信贷和无形资本价值泡沫互为因果,对实体经济的影响非常巨大。金融领域的坏账很大一部分就是无形资本价值泡沫带来的后遗症,如房地产抵押贷款坏账,土地所有权(使用权)属于无形资本,是房地产价格不可忽视的第一部分;房地产抵押贷款过程中的高估现象,也是房地产公司品牌以及土地所有权(使用权)高估的后果,是无形资本价值泡沫造成的虚假繁荣现象。

从 2008 年全球金融危机爆发起,到现在为止已经整整十年,但是金融危机的影响仍然没有消除,世界经济仍然处于低迷状态。金融危机带来的危害巨大而深远。

6.垄断性价格利润导致通货膨胀,减少了劳动者的实际货币收入,提高了以无形资本所有者为代表的资本家的总收入水平。这些加剧了社会两极分化,社会贫困增加,以劳动者为代表的社会消费总需求下降,从长期来讲也减小了社会经济发展的总需求动力。

无论是简单再生产还是扩大再生产,有形资本占优的生产部门,劳动者的工资都会因为垄断性价格利润导致的通货膨胀,使劳动者的工资水平发生实际的下降。根据第一部类的平衡公式:

$$\text{I} . (c_0+v_0+m_0)(1-r) = (\text{I} . c_0+\text{II} . c_0)(1-r) + (\text{I} . \Delta c_0+\text{II} . \Delta c_0) \qquad (6a)$$

$$\text{I} . (c_1+v_1+m_1)(1-r) + (\text{I} . P_1/x+\text{II} . P_1/x) = (\text{I} . c_1+\text{II} . c_1)(1-r) + (\text{I} . \Delta c_1+\text{II} . \Delta c_1) + (\text{I} . P_1/x+\text{II} . P_1/x) \qquad (6b)$$

在第一部类中,无论是有形资本占优部门还是无形资本占优部门,以劳动者为代表的 v_0 和 v_1 都需要考虑通货膨胀贬值的影响。资本家获得的剩余价值 m_0 和 m_1 也需要考虑通货膨胀贬值的影响,但是,以无形资本所有者为代表的资本家获得了通货膨胀贬值所发生的社会再分配的收入($\text{I} . P_1+\text{II} . P_1$),这一部分收入大大超出了资本家剩余价值的贬值,因为这里面包含了对劳动者货币收入的贬值,也包含了不变资本部分的贬值。资本家用这一部分无偿获得的社会再分配收入,进行超额的货币积累和实物积累,进一步加快了无形资本占优部门的发展。($\text{I} . P_1/x+\text{II} . P_1/x$)就是资本家所获得的超额的货币和实物积累。

同理,在第二部类的平衡式中也存在着同样的情况:

$$\text{II} . (c_0+v_0+m_0)(1-r) = (\text{I} . v_0+\text{II} . v_0)(1-r) + (\text{I} . m_0/x+\text{II} . m_0/x)(1-r) + (\text{I} . \Delta v_0+\text{II} . \Delta v_0) \qquad (7a)$$

$$\text{II} . (c_1+v_1+m_1)(1-r) + (\text{I} . P_1/y+\text{II} . P_1/y) = (\text{I} . v_1+\text{II} . v_1)(1-r) + (\text{I} . m_1/x+\text{II} . m_1/x)(1-r) + (\text{I} . \Delta v_1+\text{II} . \Delta v_1) + (\text{I} . P_1/y+\text{II} . P_1/y) \qquad (7b)$$

在第二部类的消费资料通货膨胀中,由于消费资料的价格上升,进一步减少了消费者手中货币可实际购买的消费资料数量。劳动者的工资 v_0 和 v_1 需要考虑通货膨胀贬值的影响。资本家的剩余价值 m_0 和 m_1 也需要考虑通货膨胀贬值的影响,但是,以无形资本所有者为代表的资本家获得了通货膨胀贬值所发生的社会再分配的收入($I.P_1+II.P_1$),这一部分收入大大超出了资本家剩余价值的贬值,因为这里面包含了对劳动者货币收入的贬值,也包含了不变资本部分的贬值。而资本家用这一部分无偿获得的社会再分配收入进行更多的消费,从消费资料生产部门获得更多的消费资料。($I.P_1/y+II.P_1/y$)就是资本家所获得的超额的消费资料。

根据美国学者弗雷德·马格多夫与约翰·贝拉米·福斯特的说法,美国所有工人的实际工资自 20 世纪 70 年代以来就呈下降趋势,比 40 年前降低了 10% 以上。另外,根据美国 Go Banking Rates 的统计数据,有 34% 的美国人账户上没有存款,意味着美国有超过 1.08 亿的人没有储蓄。美国学者 Kathryn J.Eden 和 H.Luke Shaffer 在 2015 年出版的 *$2.00 a Day:Living on Almost Nothing in America* 指出,在 1996 年美国大约有 150 万个极度贫困的家庭每天靠 2 美元生活,而到 2015 年,这种极度贫困的家庭数量已经增加到 300 万个。

美国皮尤研究中心研究报告称,2000 年至 2014 年,美国 229 个大都市区中有 203 个出现中产阶层占总人口比重下降的情况。美国中产阶层占总人口比重从 2000 年的 55% 降至 2014 年的 51%。根据美国的官方统计,全美贫困人口大约有 4670 万,占人口总数的 15%。根据美银美林的估算,近 30 年来,占人口 90% 的美国普通家庭拥有的总体财富在全国所占比重直线下滑,从 36% 降至 23%,而占人口 0.1% 的最富有家庭财富占比自 20 世纪 70 年代起就一直增加,已经升至 22%。占总人口 0.1% 的最富有家庭和占人口 90% 的普通家庭拥有的财富不相上下。

皮凯蒂在 2014 年出版的《21 世纪资本论》用翔实的材料证明了资本主义国家,包括美国,资本收益率一直远超经济增长率,财富的增长速度远远高于劳动收入。皮凯蒂还特别指出"如今美国的财富分配比世界上几乎所有其他地方都更不平等"。

诺贝尔经济学奖得主约瑟夫·斯蒂格利茨就曾撰文指出:"过去 40 年里,美国的国内生产总值已经增长了 4 倍多,在过去 25 年里,则几近翻了一番。然而,其中的利益都归于最高收入人群了,而且,这种利益越来越集中于最高收入人群中的最富有人群……不断加剧的不平等侵蚀了我们的政治体制和民主治理。"①

　　社会两极分化的加剧,使社会财富愈加集中在资本家手中。以劳动者为代表的消费者收入水平和消费水平不断下降,必然使社会总需求的结构受到影响,作为消费主体的普通劳动者对于社会发展总需求的贡献越来越小,使社会发展的总需求动力越来越弱。在西方发达国家,无一例外都要依靠发达的金融产业,依靠积极的货币政策和信用扩张来刺激社会的总需求,在短期内使经济保持虚假的繁荣,透支未来的发展潜力。而经济一旦进入萧条之后,很多深层次的矛盾暴露出来。社会分配不公,两极分化严重,对社会长远发展所造成的影响是灾难性的。资本主义社会的根本性矛盾,在无形资本条件下进一步加剧了。

---

① 王如君:《贫富分化加剧美国社会不公　削弱经济增长动务——占人口 0.1% 的最富有家庭和占人口 90% 的普通家庭拥有的财富不相上下贫富分化加剧美国社会不公》,《人民日报》2016 年 7 月。

第十章　结论与展望

随着经济全球化的发展,时代的进步,知识经济的到来,无形资本已经取代有形资本成为主要的资本形式,在经济生活中发挥着重要的作用。

第一节　结论回顾

随着世界性知识产权保护体系的完善,无形资本在世界范围内的存在与扩张成为现实。西方发达国家是世界性知识产权保护体系的积极推动者,也是无形资本的主要拥有者,西方发达国家拥有的无形资本在数量和质量方面占有绝对优势。在西方发达国家,无形资本在企业的整个资本结构中已经占据主体地位,很多高科技企业无形资本是有形资本的2—3倍,在经济上发挥着独特的作用。无形资本是资本主义经济发展的必然产物,是资本主义发展到垄断阶段之后的一种新型资本,本质上是一种垄断资本,其出现也是历史的必然。马克思列宁的研究中,也有一些符合现代意义的无形资本思想,受历史局限他们没有提出无形资本概念。但是他们对无形资本要素作用的肯定,对于我们研究无形资本具有重要的指导意义。

无形资本分为经营性无形资本和社会性无形资本两大类。经营性无形资本主要是指专利权、专有技术、商标权、商业秘密、著作权、计算机软件、特许经营权、土地所有权(使用权)等,与企业的生产经营紧密相关的无形资本;社会性无形资本主要是指人力资本、企业文化资本、社会关系及渠道资本等,与人和社会等因素紧密相关的无形资本。社会性无形资本也需要资本家进行投入,并在企业的日常经营管理中发挥重要作用,是企业生产经营不可缺少的必要的支撑部分,也需要参加资本循环,实现价值增值。无形资本是企业的无形固定资本,是由复杂劳动力经过创造性劳动所创造的资本形式,人力资本就是复杂劳动的主体,也是创造无形资本的主体。在无形资本要素中,人力资本是最活跃的因素,是能够创造超额剩余价值的无形资本形式,不同于其他无形资本。人力资本是人的因素,其他的无形资本是物的因素,是人类复杂劳动的成果。人力资本在创造价值和剩余价值中所发挥的作用大于一般劳动力,人力资本所代表的复杂劳动者往往遭受更大程度的剥削。

无形资本不仅具有无形性,还具有垄断性和超额收益性。二者是相辅相成的,垄断性可以保证企业获得垄断利润;无形资本同时也可以提高劳动生产率,因此获得的利润称之为效率利润;垄断性价格利润和效率利润共同构成无形资本的超额利润。垄断性价格利润是构成无形资本超额利润的重要组成部分,甚至超过效率利润对超额利润的贡献。剩余价值是利润来源之一,不是唯一。效率利润往往表现为超额剩余价值。

垄断性价格利润,主要来自企业无形资本垄断性导致的垄断优势,在不完全竞争市场条件下,这种垄断优势可以增强企业进行垄断定价的能力;垄断定价能力越强,定价越高,企业获得的垄断性价格利润也就越多,无形资本给企业带来的超额利润也就越多。无形资本所面临的市场结构一定是不完全竞争的市场结构,市场的不完全性为企业获取垄断优势提供了条件。只要存在无形资本,那么企业所面临的市场结构就一定是不完全竞争性的。经营性无形资本和社会性无形资本对于增强企业的垄断优势,提高企业的垄断定价能力,获取垄断性价格利润,所发挥的作用是一致的,相互支持的。人力资本可以通过创造性复杂劳动为资本家创造超额剩余价值,带来效率利润;在增加人力资本投资的同时,一般也会增加对经营性无形资本的投资与之相匹配,这样就会带来垄断优势,获得垄断性价格利润。社会关系与渠道资本,可以使企业获得独特的垄断优势,对外联盟扩大生产规模可以提升效率利润,这些都可以帮助企业获得超额利润。企业文化通过提升生产经营者的生产积极性和创新积极性,可以提高效率,增加效率利润。社会性无形资本和经营性无形资本往往是相互结合发挥作用,而不是单独发挥作用。一方面是提高生产经营效率,增加效率利润;另一方面是提升垄断优势,获得垄断性价格利润。这样,超额利润在两个不同来源的共同作用下形成了。

无形资本的超额利润存在级差现象。经济全球化背景下,同一个产业中不同等级的无形资本形成一个产业链和价值链,缺少了任何一个链条的无形资本,产业链和价值链将不完整,产品难以完成制造,产品的最终价值也难以形成。低等级的无形资本对高等级的无形资本的依赖性高,核心无形资本对低等级无形资本的依赖性差一些。如2018年中美贸易战中,"中兴通讯"因为美国拒绝提供芯片等核心配件,而导致整个公司停产。"中兴通讯"作为一个高科技公司,在产业链中也有自己的无形资本,可是层次比较低,所获得的利润率也比较低,对核心无形资本的依赖性强,因此当被停止供应核心配件时,被迫全面停产歇业。我们把这种因为在产业链中所处位置不一样和质量优劣不同而导致的级差超额利润称为级差超额利润 I 。

与社会平均利润相比较,最低端的无形资本也有级差超额利润,通过连续投资可以获得更多的超额利润,这个利润称之为级差超额利润 II 。对于持续的投资而言,投资利润率可以是增长的,也可以是下降的,这取决于新的投资对垄断优势和效率提高的作用,如果能够不断提高要素使用效率,效率利润会增加;如果能够不断增加垄断优势,定价能力得到提高,价格利润也会增加。总体来说应该会导致利润总量绝对值增加。但是利润增长率的高低取决于资本有机构成的大小和增长速度与幅度,也取决于效率与垄断优势的提高速度与幅度。这能很好地解释很多高科技企业为什么要持续投资研发,以获得更多专利和专有技术,保持垄断优势,获得更多的级差超额利润 II 。

经营性无形资本分为生产型无形资本和流通型无形资本。生产领域的无形资本是生产的前提条件,它在生产过程中只转移自己的价值而不创造价值。由于用于生产的无形资本价值一般比较高,所以每次转移的价值量和无形资本生产者所创造的剩余价值量也就相对较高;同时,由于利用无形资本生产的有形产品保持了无形资本的垄断性特征,所以,企业可以制定较高的垄断性价格,获取较高的价格利润。流通型无形资本在流通领域也只是实现自身的价值,并不参与创造价值,转移和实现价值的过程,也就是实现无形资本生产者所创造的剩余价值的过程。它在转移自身价值的同时,也转移了自身的垄断属性,因此,资本所有者可以制定垄断价格,获得较高的价格利润。无论是生产型无形资本还是流通型无形资本,都是以无形固定资本的形式发挥作用,逐渐转移价值,实现自身价值。

人力资本是作为可变资本的一部分进入资本循环,并与生产资料相结合发挥作用。企业文化资本作为企业生产的必要条件之一,以无形固定资本的形式参与价值生产,并通过产品销售实现自身价值。企业文化费用在传统会计学上一般列为管理费用,因其投资属性和企业文化的无形固定资本特征而资本化,通过参与资本循环实现价值增值。社会关系和渠道资本是一种生产资料,与其他资本一起,共同实现资本价值的转移,具有无形固定资本属性。通过排他性的合同安排,社会关系和渠道资本使生产企业获得了垄断优势,可以实现垄断定价,获得价格利润。总之,社会性无形资本参与资本循环,并没有改变资本循环总公式。无论是经营性无形资本还是社会性无形资本,在资本运动中与有形资本相结合,不再区分资本形态,资本的价值属性在循环中得到体现,循环过程仍然是货币资本——生产资本——商品资本——货币资本。

无形固定资本和有形固定资本在性质上是一致的,影响预付资本总周转的是固定资本和流动资本的比重。在固定资本总值不变的情况下,无形资本所占的比重越高,固定资本的周转速度也越快;反之,则越慢。无形资本对于生产时间和流通时间的缩短都有一定的贡献。某些特定的技术类无形资本和社会性无形资本,可以提高劳动生产效率,达到缩短生产时间和流通时间的目的。无形资本可以加速资本周转,促进社会再生产。有必要利用无形资本对社会再生产中周转比较慢的部门进行改造,促进社会总资本的周转。

考虑到市场结构问题,本研究选择规模比较大的行业龙头企业作为样本,以美国股票市场为样本来源,选择谷歌、微软等21家垄断型企业作为样本,通过相关性分析发现:无形资本可以加速企业积累,扩大企业规模,提高企业竞争力。无形资本投资可以增加无形资本总量,也可以提高资本有机构成,增加企业获利能力,但不一定导致利润率下降。

按照马克思两大部类的划分方法,在假设两大部类均存在无形资本占优和有形资本占优两个部门的情况下,从简单再生产和社会扩大再生产的角度推导,得出以下结论:垄断性价格利润的存在,并不是劳动创造的社会价值,社会总价值并不因此增加;垄断性价格利润的存在,会倒逼社会货币量发行增多,导致社会出现通货膨胀,通过对社会征收通货膨胀税,实现社会价值在不同部门的再分配;无形资本条件下的社会扩大再生产,有形资本占优部门的生产由于通货膨胀的存在,通过本部门的贬值对外进行价值输出,生产规模有不断缩小的趋势;无形资本占优部门,由于承接价值输入,而导致货币积累和实物积累较多,规模有不断增大的趋势,发展速度会比较快;在无形资本条件下,社会应该优先发展无形资本占优的新兴产业部门,从而加速产业发展转型,带动经济发展升级;无形资本如果过度发展,形成无形资本价值泡沫,一旦泡沫破裂,给经济带来的损害会更大;由于传统的有形资本占优部门会不断萎缩,短时间内会影响社会总需求,并导致大量失业,带来经济波动。

根据以上推论,我们应该正确认识无形资本垄断性价格利润的作用,合理控制社会价值再分配,防止出现更多的社会不公平和两极分化;在制定新兴产业部门的发展政策时,要保护知识产权,维护市场公平,对新兴产业在不同发展阶段采取不同的政策;合理控制无形资本占优部门的发展,适当鼓励和扶持有形资本占优部门,以保证整个国民经济健康协调地发展;要正确认识当今世界政治经济格局,探求发展中国家追赶发达国家的无形资本战略;从宏观角度科学认识无形资本可能带来的经济影响,避免无形资本价值泡沫和经济剧烈波动的出现,保证国民经济健康稳定发展。

第二节　研究展望

本书不能穷尽所有无形资本相关问题的探讨,自身研究也存在很多问题与不足,需要未来逐步完善。

一、研究不足

（一）对马克思的资本理论借鉴引用多,对西方学者的资本理论借鉴引用少

本书对马克思的理论借鉴引用较多,目的是保证研究的马克思主义方向,保证结论的科学性。虽然也力图学习和借鉴西方学者的理论,但是整个研究的逻辑是马克思的资本逻辑,从马克思的定义,到马克思对剩余价值、超额利润、生产性劳动、生产总工人、科学技术的论证,基本上遵循马克思的原意来指导课题研究,在此基础上学习借鉴西方学者的研究理论,如不完全竞争理论、垄断优势理论等。在资料的借鉴和引用方面,对马克思列宁文献的借鉴引用

多,对西方学者的研究成果学习借鉴引用少,很多研究结论也必然容易遭受西方经济学者的质疑,当然也包括马克思主义学者的质疑。

(二)理论推导多,实证研究少

由于力图建立以马克思主义为指导的无形资本理论体系,马克思的研究方法学习借鉴较多,马克思的研究逻辑在推导过程中成为主导性指导方法。本书也借助对现实世界的观察和部分实证研究,局部地验证了一些隐含的推理假设和结论。但是实证研究不够,很多结论还需要在现实社会的发展过程中逐渐地接受检验,需要更丰富深入的资料,更全面科学实证方法来验证。

(三)研究视角从微观到中观和宏观,跨度较大,内在的逻辑验证和推理不足

本书从无形资本的超额利润出发,逐渐上升到中观和宏观层次。简单再生产和扩大再生产的推理,在产品价值构成基础上,直接引入垄断价格作为变量,运用抽象的假设和推理,得出垄断价格会导致通货膨胀和社会价值再分配,新兴产业部门在无形资本占优的情况下会出现超额积累,快速发展,规模不断壮大;而传统产业部门,在有形资本占优的情况下会出现"剪刀差"式的输血现象,遭受新兴部门剥削,从而逐渐萎缩。这中间的传导机制如何?多大程度上受到影响?历史上的状况如何?实际的"剪刀差"输血中无形资本发挥了多大作用?如何通过实证的方法验证这个结论?这些问题都需要以后加以研究和完善。

(四)仅仅局限于对无形资本特征和作用的研究,对于有形资本的作用、金融资本的作用没有加以充分考虑,相对研究不足

无形资本作为一种新型资本,不可能独自发挥作用。在现实世界中,有形资本的发展也严重制约着无形资本的发展。金融资本也是现代经济不可忽略的组成部分,2008年发生的金融危机,金融部门发挥了重要的作用,如何认识金融部门对现代经济的影响?如何看到金融资本和无形资本之间的关系?如何看待当前已经发生的金融危机?本书虽有涉及,但是深入程度不够,需要在今后的研究中进一步思考和完善。

(五)对于开放经济条件下无形资本的作用研究不足,没有纳入更多的开放经济条件进行研究,对当今世界经济格局分析不够

任何内部研究,也必然涉及外部因素。在开放经济条件下,尤其是经济全

球化背景下,如何考虑无形资本的作用? 哪些因素应该纳入研究范畴? 无形资本在当今世界的实际分布格局如何? 对于不同发展水平的国家影响如何? 当今世界经济的格局背后无形资本发挥的作用如何? 这些问题在本研究中没有涉及,需要在今后的研究中不断思考和完善。

二、研究展望

根据以上的不足和学科发展的需要,今后需要不断深入拓展和研究的问题可能有:

(一)在开放经济条件下无形资本的作用问题研究

在经济全球化背景下,任何一个国家都不可能封闭发展,必须要考虑到当今世界的进出口、国际金融等外部因素。在这样的条件下,无形资本如何发挥作用? 对于本国的影响如何? 政府当局如何在开放经济条件下充分利用无形资本的积极作用? 如何科学规避无形资本的消极作用? 如何提高本国企业产业的发展竞争力? 如何提高本国的综合国力? 各个不同无形资本要素之间的关系应该如何平衡? 应该优先发展什么要素?

(二)无形资本和金融资本之间的关系研究

金融资本在当今世界经济发展中的作用极其重要,是现代经济发展的血液。如何看待无形资本和金融资本之间的关系? 金融资本对于无形资本的发展有何影响? 无形资本对于金融资本的影响如何? 金融资本和无形资本共同对实体经济的影响如何? 无形资本和金融资本对于实体经济的发展哪一个更为重要? 政府部门应该优先发展金融资本还是无形资本?

(三)无形资本发展对当今世界经济格局的影响

发达国家与发展中国家在拥有的无形资本数量和质量方面的实际情况如何? 世界知识产权保护体系的合理性和局限性怎样? 发达国家无形资本占绝对优势的局面是否是经济霸权的一种? 发展中国家能否在无形资本发展战略中占据主导地位? 发展中国家如何通过无形资本战略实现跨越性发展并赶超发达国家? 如何缩小发达国家和发展中国家在无形资本数量和质量方面的差距? 当今世界经济格局是否会发生改变? 南北差距是否会逐渐缩小?

(四)对无形资本在企业、产业、国家宏观经济发展中的作用进行历史的考证和现实的验证

从无形资本发展的历史出发,研究无形资本对企业发展、产业发展、国家

宏观经济的发展具有哪些影响？如何去验证这些影响的存在？如何判断垄断型市场和垄断型企业？如何采取更多的样本来验证无形资本对企业竞争力的影响？如何验证各不同变量之间的关系？

（五）跟踪研究马克思主义学者和西方经济学者对无形资本问题的研究，学习借鉴他们对无形资本问题的研究结论和研究方法

任何研究都需要站在巨人的肩膀之上。无论是西方经济学者还是马克思主义学者，他们对无形资本问题的研究，都可以为我所用。只有这样才能扩大视野，不断丰富和完善无形资本理论体系，更好地指导现实世界。

总之，本书还有很多的不足，还需要今后进行更深入和更全面的研究，不断去完善和补充。无形资本研究领域也还有很多未尽的课题，需要更多的学者加入，不断深化和丰富该领域的研究。

参 考 文 献

《马克思恩格斯文集》第 8 卷，人民出版社 2009 年版。

《马克思恩格斯全集》第 8 卷上册，人民出版社 2011 年版。

《马克思恩格斯文集》第 3 卷，人民出版社 2009 年版。

马克思：《资本论（纪念版）》第 1、2、3 卷，人民出版社 2018 年版。

马克思：《机器、自然力和科学的应用（1861—1863）》，人民出版社 1978 年版。

《马克思恩格斯全集》第 47 卷，人民出版社 1979 年版。

《马克思恩格斯全集》第 46 卷下册，人民出版社 1980 年版。

《马克思恩格斯全集》第 8 卷上册，人民出版社 2011 年版。

《马克思恩格斯全集》第 38 卷，人民出版社 1980 年版。

《马克思恩格斯全集》第 26 卷上册，人民出版社 2011 年版。

《列宁选集》第 2 卷，人民出版社 1995 年版。

《列宁全集》第 1 卷，人民出版社 2013 年版。

《列宁全集》第 27 卷，人民出版社 2017 年版。

《列宁全集》第 28 卷，人民出版社 2017 年版。

《列宁选集》第 3 卷，人民出版社 1995 年版。

《回忆列宁》第 4 卷，人民出版社 1982 年版。

《革命与发展中的人权探索：列宁的人权思想及其实践研究》，人民出版社 2017 年版。

《列宁文化观研究》，人民出版社 2017 年版。

《列宁全集》第 29 卷，人民出版社 1987 年版。

《列宁全集》第 8 卷，人民出版社 1986 年版。

《列宁全集》第 38 卷，人民出版社 1986 年版。

《列宁全集》第 34 卷，人民出版社 2017 年版。

国家技术委员会办公厅编：《马克思　恩格斯　列宁论技术革命》，人民出版社 1958 年版。

《列宁全集》第 37 卷，人民出版社 2017 年版。

《马列著作选读（政治经济学）》，人民出版社 1988 年版。

朱春晖：《马克思分配正义理论的承传与创新研究》，人民出版社 2016 年版。

《列宁全集》第 40 卷,人民出版社 2017 年版。

《列宁全集》第 42 卷,人民出版社 2017 年版。

《列宁全集》第 41 卷,人民出版社 1987 年版。

魏则胜主编:《当代思想政治教育的理论与实践》,人民出版社 2018 年版。

[美]约翰·科特、詹姆斯·赫斯克特:《企业文化与经营业绩》,曾中等译,华夏出版社 1997 年版。

[美]西奥多·W.舒尔茨:《教育的经济价值》,曹延亭译,吉林人民出版社 1982 年版。

中国科学院自然科学史研究所编:《马克思恩格斯列宁斯大林论科学技术》,人民出版社 1979 年版。

中央编译局编译:《列宁论工业化》,人民出版社 1956 年版。

中央编译局编译:《列宁专题文集:论社会主义》,人民出版社 2009 年版。

马克思:《机器、自然力和科学的应用》,人民出版社 1978 年版。

[美]迈克尔·茨威尔:《创造基于能力的企业文化》,王申英等译,华夏出版社 2002 年版。

[美]威廉·大内:《Z 理论——美国企业界怎样迎接日本的挑战》,孙煜君、王祖融译校,中国社会科学出版社 1984 年版。

[美]约翰·P.科特、詹姆斯·L.赫斯克特:《企业文化与经营业绩》,李晓涛译,中国人民大学出版社 2004 年版。

[美]凯文·莱恩·凯勒:《战略品牌管理》,李乃和等译,中国人民大学出版社 1998 年版。

[美]爱德华·张伯仑:《垄断竞争论》,周文译,华夏出版社 2009 年版。

[美]米林德·莱利:《垄断法则》,王力译,中国社会科学出版社 2008 年版。

[苏]O.N.利特维年科:《"不完全"竞争条件下的超额利润》,王慰庭译,《华东经济管理》1998 年第 6 期。

[美]保罗·斯威齐:《资本主义发展论》,陈观烈、秦亚男译,商务印书馆 1997 年版。

[日]浅田实:《东印度公司》,顾姗姗译,社会科学文献出版社 2016 年版。

[法]路易·阿尔都塞、艾蒂安·巴里巴尔:《读〈资本论〉》,李其庆、冯文光译,中央编译出版社 2008 年版。

[美]约瑟夫·E.斯蒂格利茨:《重构美国经济规则》,张昕海译,机械工业出版社 2017 年版。

刘松博、苏中兴:《管理学研究领域中各类"资本"概念的相互关系》,《江淮论坛》2008 年第 5 期。

胡世凯:《大卫·李嘉图的生平和著作》,《山东大学学报(哲学社会科学版)》1987 年第 S1 期。

蒋萍:《知识经济和可持续发展:测算方法与实证分析》,北京师范大学出版社 2011 年版。

马晓华、吴群:《簿记费用本质上应是生产性费用》,《会计研究》1984 年第 6 期。

刘兵勇:《试论反垄断的理论基础》,《南京社会科学》2002 年第 5 期。

叶留娟、赵有广:《国际知识产权贸易在世界经济发展中的作用》,《黑龙江对外经贸》2008 年第 4 期。

徐崇温:《国际金融危机与当代资本主义》,重庆出版社 2015 年版。

韩廷春:《金融发展与经济增长:经验模型与政策分析》,《世界经济》2001 年第 6 期。

宋会丽:《无形资产与经济增长关系的实证研究》,天津财经大学硕士学位论文,2009 年。

戴书松:《无形资本投资、价值创造与经济增长方式转变》,上海社会科学院博士学位论文,2007 年。

邓晓丹、李鸿燕:《经济发展方式转变的马克思主义经济理论依据——从创新资本有机构成论视角解析经济发展的持续性》,《学术交流》2007 年第 12 期。

文礼朋、郭熙保:《借用技术与资本积累型经济增长——兼论全要素生产率与经济增长效率的异同》,《当代财经》2010 年第 8 期。

侯若石、李金珊、侯方玉:《中国经济发展方式转变的国际经验》,《中国市场》2010 年第 42 期。

朱迎春:《基于无形资本测算的科技进步贡献率》,《科技日报》2012 年 12 月 24 日第 1 版。

黄亮雄、才国伟、韩永辉:《我国省区财富结构及其发展模式研究》,《经济学家》2013 年第 7 期。

柳思维:《知识经济下无形资本营销若干策略》,《市场营销导刊》1999 年第 4 期。

柳思维:《企业无形资本》,中国财政经济出版社 2000 年版。

柳思维:《论经济全球化与企业无形资本的国际化经营》,《湖南财经高等专科学校学报》2001 年。

李连光:《国际分工下的制造业资本分类配置与价值链利益分配》,《财贸经济》2012 年第 11 期。

李连光:《资本分类配置国家角色变化的历史经验:1970—2010》,《云南财经大学学报》2013 年第 6 期。

李连光:《无形资本的形成及其运动过程》,《商业研究》2013 年第 5 期。

王仲兵:《论扩展资本保全理论》,《四川会计》1999 年第 6 期。

王仲兵:《论无形资产对企业竞争优势的贡献》,《华北电力大学学报(社会科学版)》2000 年第 3 期。

吕凌:《企业技术创新的资产战略研究》,中国社会科学院研究生院博士学位论文,2001 年。

宋小敏:《企业联盟中无形资本深化问题的制度思考》,《经济管理》2003 年第 11 期。

孙白杨、曹邦英、李虹:《关于运作无形资本提升企业核心竞争力的探讨》,《统计与咨询》2008 年第 5 期。

汤湘希等:《企业知识资产价值论》,知识产权出版社 2014 年版。

李生、于君:《无形资本质量的含义、影响因素及评价标准》,《财会月刊》2009 年第 15 期。

何国臣:《论企业无形资本的经营运作》,《辽宁经济》1998 年第 2 期。

缑毛生:《无形资本经营解考》,《经济师》1998 年第 8 期。

徐远明:《关于我国国有工业企业无形资本营运的探讨》,西南财经大学硕士学位论文,2000 年。

谢代银:《现代企业融资策略研究》,西南农业大学博士学位论文,2001 年。

张铭:《无形资产资本化运营问题研究》,首都经济贸易大学硕士学位论文,2002 年。

刘艳龙:《浅谈企业的无形资本经营》,《税务与经济》2002 年第 6 期。

蒋政、王琪、韩立岩:《企业无形资本》,《资本市场》2002 年第 6 期。

苑泽明:《无形资本运营对策的经济学思考》,《商业研究》2002 年第 14 期。

王晓燕:《论无形资本的运作》,《中国轻工教育》2003 年第 1 期。

张建:《浅谈无形资本融资——品牌融资和人力资本融资》,《知识经济》2008 年第 2 期。

丁泉、戚振忠、曲海潮:《企业资本运营的内涵与外延:一个分析框架》,《重庆社会科学》2013 年第 12 期。

彭坚:《无形资产经营与无形资本经营的联系与区别》,《政策与管理》1998 年第 8 期。

何娟:《品牌资本运营论》,四川大学博士学位论文,2005 年。

李锐:《马克思的地租理论在无形资产领域的运用与发展》,《郑州轻工业学院学报(社会科学版)》2011 年第 1 期。

韩刚:《无形资本理论与国有企业的制度创新》,《理论导刊》2001 年第 5 期。

王晨、茅宁:《以无形资产为核心的价值创造系统》,《科学学研究》2004 年第 4 期。

章继刚:《战略资本运营:提高企业核心竞争力的新途径》,《柴达木开发研究》2008 年第 4 期。

潘文年:《谈市场化条件下民营书业无形资本的营造》,《出版发行研究》2008 年第 6 期。

杨碧萍:《论中小企业无形资本的管理与经营》,《邵阳学院学报(社会科学版)》2008 年第 4 期。

霍世平:《试论我国高校无形资本运作方式的创新》,《山西高等学校社会科学学报》2011 年第 12 期。

王莉红、顾琴轩:《组织无形资本对突破性与增量性创新能力的影响——以组织二元学习为中介》,《科学学与科学技术管理》2013 年第 10 期。

王莉红、顾琴轩、吴一穹:《团队错误中学习对成员创造力的跨层次影响:基于无形资本视角》,《科技管理研究》2016 年第 13 期。

莫守忠:《中小企业无形资本融资担保法律问题研究》,湘潭大学硕士学位论文,2005 年。

鲍盛祥:《企业清算中损耗的无形资本》,《经济师》2005 年第 1 期。

曾洁琼:《我国企业智力资本计量和报告研究》,华中科技大学博士学位论文,2006 年。

李虹、孙白杨:《无形资本及其会计处理刍议》,《会计之友》2007 年第 2 期。

贺云龙:《无形资本的识别与确认》,《财经科学》2010 年第 5 期。

赵志坚:《知识经济下公司资本保全措施探讨》,《商丘职业技术学院学报》2008 年第 1 期。

蒋冲、罗焰:《基于低碳经济的无形资本战略财务学思考》,《财会通讯》2013 年第 30 期。

罗焰、王凯:《无形资本战略下财务管理的路径选择与实施障碍》,《商业时代》2014 年第 16 期。

向显湖、刘天:《论表外无形资产:基于财务与战略相融合的视角——兼析无形资源、无形资产与无形资本》,《会计研究》2014 年第 4 期。

杨林:《无形资产价值创造研究——基于经济增加值的视角》,西南财经大学博士学位论文,2014 年。

郑黎星:《知识与人力资本的价值贡献机理及价值载体的选择》,《生产力研究》2014 年第 6 期。

白福萍:《企业知识资本创造价值的机理与过程研究》,中国海洋大学博士学位论文,2015 年。

梅琳:《无形资本和金融资本对创意产业新创企业成长性影响的比较研究》,华中科技大学硕士学位论文,2009 年。

梅琳:《无形资本对创意产业新创企业成长性的影响——以广告业为例》,《科技管理研究》2012 年第 9 期。

买忆媛、梅琳、Yanfeng Zheng:《无形资本 VS 有形资本:创意产业新企业生存能力的影响因素分析》,《管理学报》2011 年第 4 期。

黄亮雄、才国伟、韩永辉:《我国省区财富结构及其发展模式研究》,《经济学家》2013 年第 7 期。

王书瑶:《无形价值论和经济动力学》,《数量经济技术经济研究》1986 年第 1 期。

王书瑶:《无形价值论》,东方出版社 1992 年版。

郑文范:《科技进步与劳动价值论的发展》,东北大学博士学位论文,2001 年。

马传兵:《运用劳动价值论科学分析无形资产》,《当代财经》2003 年第 2 期。

马传兵:《无形资本与女企业家经营绩效的关系研究》,《中华女子学院学报》2009 年第 4 期。

马传兵:《无形资本价值转移与实现方式研究及其现实意义》,《中华女子学院学报》2012 年第 2 期。

魏杰:《国企经营者是一种无形资本》,《经理人》1999 年第 8 期。

杨新年:《无形资产的营运与关于无形资本的系统研究》,《科技进步与对策》1995 年第 4 期。

李欣广:《知识经济与资本理论的发展》,《广西大学学报(哲学社会科学版)》2000 年

8 月。

王泽应、刘湘波:《论道德资本要素对市场经济低效困境的化解》,《湖南师范大学社会科学学报》1999 年第 5 期。

王小锡:《论道德资本》,《江苏社会科学》2000 年第 3 期。

张鹄:《道德资本论——道德资本的效用及供给路径》,首都师范大学硕士学位论文,2002 年。

王雁飞、朱瑜:《心理资本理论与相关研究进展》,《外国经济与管理》2007 年第 5 期。

曹任飞、芮雪:《本土心理资本研究综述》,《科技经济导刊》2018 年第 8 期。

于玉林主编:《现代无形资产学》,经济科学出版社 2001 年版。

孙慕天、刘玲玲:《知识经济:前所未有的经济》,《光明日报》1998 年 6 月 5 日。

徐海燕:《中国近现代专利制度研究(1859—1949)》,知识产权出版社 2010 年版。

邹琳:《英国专利制度发展史研究》,湘潭大学博士学位论文,2011 年。

王诗宗:《知识经济与当代科技革命》,浙江大学出版社 1999 年版。

曾广波:《马克思的人力资本思想及其当代价值研究》,湖南大学博士学位论文,2016 年。

鲁从明:《〈资本论〉的思想精华和伟大生命力》,中共中央党校出版社 1998 年版。

李永军等:《马克思经济增长理论与内生经济增长理论的融合 ——基于资本有机构成的新解释》,《内蒙古财经学院学报》2010 年第 4 期。

周世良:《马克思资本有机构成与利润率关系理论再探讨》,《经济研究导刊》2013 年第 28 期。

朱奎:《利润率的决定机制及其变动趋势研究——基于劳动价值论的新解释》,《财经研究》2008 年第 7 期。

彭必源:《对国外学者非议马克思利润率下降规律的分析》,《当代经济研究》2008 年第 1 期。

国家知识产权局规划发展司:《中国专利统计简要数据 2017 年》,知识产权局网站,2018 年 3 月。

科技部:《2017 年度美国专利授权排名报告发布》,科技部网站,2018 年 2 月。

陈力霈:《欧洲专利局发布 2017 年度报告》,华孙欧洲知识产权网,2018 年 3 月。

Robert E. Hall, *E-Capital*: *The Link between the Stock Market and the Labor Market in the 1990s*, Brooking Papers on Economic Activity 2000, 2. pp. 73–102/10. 1353/ ceca. 2000. 0018.

Han-nu Piekkola, *Intangible Capital*: *The Key to Growth in Europe*, Inter-economics 2011, 4. pp. 222–228.

Mark A. Dutzetal, *Measuring Intangible Assets in an Emerging Market Economy-An Application to Brazil*, The World Bank, Poverty Reduction and Economic Management Network, Economic Policy and Debt Department, July 2012.

Kirk Hamilton & Gang Liu, *Human Capital*, *Tangible Wealth*, *and the Intangible Capital Residual*, Policy Research Working Paper 6391, The World Bank 2013.

Carol Corrado, Charles Hulten, Daniel Sichel, *Intangible Capital and U.S. Economic Growth*, The Review of Income and Wealth, Series 55, Number 3, September 2009.

Nazim Belhocine, *The Embodiment of Intangible Investment Goods: A Q-Theory Approach*, IMF Working Paper, WP/10/86, 2010.

Felix Roth & Anna-Elisabeth Thum, *Intangible Capital and Labor Productivity Growth: Panel Evidence for the EU from 1998—2005*. Review of Income and Wealth, Series 59, No 3, Sept 2013.

Where is the Wealth of Nations? – Measuring Capital for the 21st Century, The World Bank, 2006.

Anil Markandya, Suzette Pedroso Galinato, *Economic Modeling of Income, Different Types of Capital and Natural Disasters*, The World Bank, Policy Research Working Paper 4875.

Susana Ferreira, *Kirk Hamilton, Comprehensive Wealth, Intangible Capital, and Development*, The World Bank, Development Research Group, Environment and Energy Team, October 2010.

Keqiang Hou, *Alok Johri, Intangible Capital, Corporate Earnings and the Business Cycle*, Department of Economics Working Paper Series 2009—2017, McMaster University.

Stefano Giglio, "Tiago Severo, Intangible Capital, Relative Asset Shortages and Bubbles", *Journal of Monetary Economics*, 2012, pp.303—317.

Kashif Zaheer Malik, "Syed Zahid Ali, Ahmed M. Khalid, Intangible capital in a real business cycle model", *Economic Modelling*, 2014, pp.32—48.

David G. Hula, "Intangible Capital, Market Share and Corporate Strategy", *Applied Economics*, 1989, pp.1535—1547.

Michael G. Harvey and Milorad M. Novicevic, "The Challenges Associated with the Capitalization of Managerial Skills and Competencies", *Int. J. of Human Resources Management* 16, 8 August 2005, pp.1374—1398.

Emanuela Marrocu et al., "Intangible Capital and Firms' Productivity", *Industrial and Corporate Change*, Volume 21, Number 2, pp.377—402, 2011, July 22.

David A. Griffith, Goksel Yalcinkaya, Roger J. Calantone, "Do Marketing Capabilities Consistently Mediate Effects of Firm Intangible Capital on Performance across Insititutional Environments?", *Journal of World Business*, 2010, pp.217—227.

Antonio Falato, Dalida Kadyrzhanova, Jae W. Sim, "Rising Intangible Capital, Shrinking Debt Capacity, and the US Corporate Savings Glut", 2013, p.67. Finance and Economics Discussion Series, DI. visions of Research & Statistics and Monetary Affairs, Federal Reserve Board, USA.

Cristina Ionela Fa˘dur & Daniela Ciotina˘, "The Accounting of Intangible Capital, Annals", *Economics Science Series*. Timisoara (Anale. Seria St Ⅱ nte Economice. Timisoara), issue: XV Ⅱ / 2011, pp.848—852.

Shigeki Sugiyama, Intangible Capital Management Method as Dynamic Knowledge Wisdom. DOI: 10. 4018/978-1-4666-3655-2. ch002, IGI Global, 2013.

Sergio Bossier, "What if Development is Really the Emergency of a System", *Working Paper*,

No 6,2003,p.21,Esther Gravalos Publishing House.

Sergio Bossier & Giancarlo Canzanelli, "Globalization and Local Development", *Universality Forum of International Journal on Human Development and International Cooperation*, Vol 1, No 1,2008.

Maricela Flotts de los Hoyos & Paula Antunez Diaz, "Cognitive, Culture, and Institutional Capital: An Approximation to a Local Development Perspective", *International Social Work*,2012, 55(3),369-382.

C.O.Hardy &S.P.Meech, "Analysis of Financial Statements", *The University Journal of Business*, Vol. 3, No. 4, Sept.1925,pp.378-396.

David G. Hula, "Intangible Capital, Market Share and Corporate Strategy", *Applied Economics*,1989,21,pp.1535-1547.

Stefano Giglio, "Tiago Severo, Intangible Capital, Relative Asset Shortages and Bubbles", *Journal of Monetary Economics*,59(2012,pp.303-317.

Mark A.Dutz et al., *Measuring Intangible Assets in an Emerging Market Economy-An Application to Brazil*, The World Bank, Poverty Reduction and Economic Management Network, Economic Policy and Debt Department, July 2012.

C.A.Wright et al., *Cross Talk and Inductive Interference*, Engineering Experiment Station of the Ohio State University,1920.

John F.Tomer, *Intangible Capital*, Edward Elgar Publishing, Number 12605,2008.

David A.Griffith, Goksel Yalcinkaya, Roger J.Calantone, "Do Marketing Capabilities Consistently Mediate Effects of Firm Intangible Capital on Performance across Institutional Environments?" *Journal of World Business*,2010,pp.217-227.

Susana Ferreira, Kirk Hamilton, "Comprehensive Wealth, Intangible Capital, and Development", *The World Bank, Development Research Group, Environment and Energy Team*, October 2010.

F.Braudel, "Civilization and Capitalism, 15th-18th Century", *Vol.* II : *The Wheels of Commerce*, N.Y.: Harper and Row,1982,p.233.

Schultz TW., "Capital Formation by Education", *Journal of Political Economy*, 1960, 68 (6),pp.571-583.

Becker GS., "Investment in Human Capital: A Theoretical Analysis", *Journal of Political Economy*,1962,70(5),p.949.

Mincer J., "Human Capital Responses to Technological Change in the Labor Market", *Social Science Electronic Publishing*,1989,31(3),pp.20-202.

Lucas R E., "On the Mechanics of Economic Development", *Journalof Monetary Economics*, 1988,22(1),pp.3-42.

Bourdieu,P., "The Forms of Capital", Richardson J.G., *Handbooko of Theory and Research for The Sociology of Education*", New York: Greenwood, 1985, pp.241-258.

Coleman, J., " *Foundations of Social Theory* ", Cambridge, MA: Harvard University Press, 1990.

Nick Bontis, "*Assessing Knowledge Assets:A Review of the Models Used to Measure Intellectual Capital*", Intellectual Journal of Management Reviews, 2001, 13(1), 1990, *pp.*41-60.

Karl Erik Sveiby, " *The New Organization Wealth: Managementand Measuring Knowledge Based Assets*", San Francisco, Barrett Koehler Publication, 1997, 5.

Leif Edvinson & Patrick Sullivan, "*Develop a Model forManagement Intellectual Capital*", European Management Journal, 1996, 14(4), *pp.*356-364.

Stewart Thomas A, " *Brainpower: How Intellectual Capital is Becoming America's Most Valuable Assets*", Fortune, 191, 123(11), *pp.*44-70.

Dave Ulrich, "*Intellectual Capital = Competence× Commitment*", *Sloan Management Review*, 1998, 39(2), *pp.*15-26.

James A.Frazier & S.W.Siebern et al, " *Supreme Court of Ohio. The American Law Register* (1852-1891)", *Vol.*15, *No* 8, *New Series Volume* 6(*Jun.*, 1867), *pp.*475-486.*Published by: The University of Pennsylvania Law Review.*

George John Kruell, "*Cost of Making Physical Valuation of Wisconsin Public Utilities Properties*", University of Wisconsin-Madison, 1910.

J.Bauer, " *Rents in Public Utility Accounting*", Journal of Accountancy (*Pre* - 1986), *New York Volume* 20, *Issn* 00001, *July* 1915, *pp.*21.

Roberta C, Alessandra F, " *Collective Learning and Relational Capital in Local Innovation Processes*", Regional Studies, 2005, 39(1), *pp.*75-87.

责任编辑:李怡然　王世勇

封面设计:汪　莹

图书在版编目(CIP)数据

无形资本论——用马克思资本逻辑对知识经济的新阐释/马传兵 著. —
　北京:人民出版社,2019.6
　ISBN 978－7－01－020874－9

Ⅰ.①无…　Ⅱ.①马…　Ⅲ.①知识经济学-研究　Ⅳ.①F062.3

中国版本图书馆 CIP 数据核字(2019)第 099025 号

无形资本论

WUXING ZIBENLUN

——用马克思资本逻辑对知识经济的新阐释

马传兵　著

人民出版社 出版发行

(100706　北京市东城区隆福寺街 99 号)

北京虎彩文化传播有限公司印刷　新华书店经销

2019 年 6 月第 1 版　2019 年 6 月北京第 1 次印刷

开本:710 毫米×1000 毫米 1/16　印张:29

字数:433 千字

ISBN 978－7－01－020874－9　定价:78.00 元

邮购地址 100706　北京市东城区隆福寺街 99 号

人民东方图书销售中心　电话 (010)65250042　65289539